新时代教育创新系列丛书　　"大平台+"丛书

产教融合实训基地优秀案例集

一

刘志敏　主编

中国财经出版传媒集团

中国财政经济出版社

图书在版编目（CIP）数据

产教融合实训基地优秀案例集.一/刘志敏主编.
-- 北京：中国财政经济出版社，2020.5
（新时代教育创新系列丛书）
ISBN 978-7-5095-9717-0

Ⅰ.①产… Ⅱ.①刘… Ⅲ.①产学合作-案例-中国
Ⅳ.①G520

中国版本图书馆CIP数据核字（2020）第046420号

责任编辑：张怡然	责任印制：张　健
责任校对：徐艳丽	封面设计：北京兰卡绘世

CHANJIAO RONGHE SHIXUN JIDI YOUXIU ANLIJI（YI）
产教融合实训基地优秀案例集（一）

中国财政经济出版社 出版

URL：http：//www.cfeph.cn
E-mail：cfeph@cfeph.cn

（版权所有　翻印必究）

社址：北京市海淀区阜成路甲28号　邮政编码：100142
营销中心电话：010-88191537　北京财经书店电话：64033436　84041336
北京富生印刷厂印刷　各地新华书店经销
787×1092毫米　16开　23.5印张　568 000字
2020年5月第1版　2020年5月北京第1次印刷
定价：118.00元
ISBN 978-7-5095-9717-0
（图书出现印装问题，本社负责调换）
本社质量投诉电话：010-88190744
打击盗版举报热线：010-88191661　QQ：2242791300

《新时代教育创新系列丛书》编委会

主　编：陈　锋

副主编：邬国强　陈建荣

编　委（按姓氏笔画排序）：

　　　　王丽萍　王真龙　王　晴　刘志敏

　　　　关　欣　张振笋　张海昕　张　智

　　　　郑德林　郭　军　葛佑勇

《"大平台+"丛书》编委会

主　编：刘志敏

副主编：王丽萍

编　委（按姓氏笔画排序）：

　　　　于　竞　王　宇　王大鹏　王子行

　　　　王子铭　王友磊　王佳敏　左玉珍

　　　　卢博超　史少杰　史玉丁　兰天一

　　　　许　诺　任　峰　李　鹏　李广平

　　　　张　伟　张　泳　张闳肆　张维贤

　　　　张景胤　张　煜　胡雪丹　徐梦阳

　　　　黄大伟　魏慧敏

本书编委会

主　编： 刘志敏

副主编： 王丽萍

编　委（按姓氏笔画排序）：

　　　　王大鹏　王子行　王子铭　王佳敏
　　　　卢博超　史少杰　兰天一　许　诺
　　　　李广平　张　伟　张闳肆　张维贤
　　　　张景胤　张　煜　胡雪丹　徐梦阳
　　　　黄大伟　魏慧敏

《新时代教育创新系列丛书》
总序

  党的十九大报告明确提出，到 2035 年基本实现社会主义现代化，到本世纪中叶把我国建成富强民主文明和谐美丽的社会主义现代化强国。建设教育强国是中华民族伟大复兴的基础工程，必须把教育事业放在优先位置，深化教育改革，加快教育现代化，办好人民满意的教育。这明确了新时代教育事业改革发展的总体方向，教育要承担起新的历史重任。

  习近平总书记在全国教育大会上指出："新时代新形势，改革开放和社会主义现代化建设、促进人的全面发展和社会全面进步对教育和学习提出了新的更高的要求。"从现在开始到 2050 年的 30 年时间里，将有 6 亿多学生进入国民教育体系，他们是到 2035 年和 2050 年实现国家现代化的生力军和主力军。教育工作者必须面向未来，思考未来。当前，随着中国特色社会主义进入新时代，我国经济由高速增长阶段转向高质量发展阶段，落实创新驱动发展战略，提高国家综合竞争力，需要加快培养创新人才；人民对美好生活的期盼要求教育不断提高质量、优化结构、促进公平，进行结构性改革；新兴产业的蓬勃发展与传统产业的深刻重塑对未来人才培养结构和人的知识技能结构也提出新的需求；科学技术革命，特别是人工智能、大数据、云计算、区块链等新技术正在不断改变人类社会生活，正在对学校形态和教学方式产生重大冲击；"一带一路"建设的全面推进和人类命运共同体获得更广泛的认可，全球化格局深刻变化，同样对教育提出了一系列新任务、新挑战。

  创新是民族进步的灵魂，是国家兴旺发达的不竭动力，我们必须跟上国家战略的需求和时代发展的步伐，致力以未来为导向，认真思考教育面临的重大问题，不断推动教育创新发展。教育部学校规划建设发展中心自成立之初，就同相关学校、地方政府、行业组织、科研院所、专业化服务机构、新闻媒体和国际组织等广泛合作，汇聚来自理论研究、行政管理、产业发展、一线工作的专家学者，聚焦教育改革创新发展和人的全面发展等重大教育问题，开展了多层次、多领域、多方面的理论研究和实践探索，推动实施"建设绿色、智慧和面向未来的新校园""智慧学习工场"和"未来学校研究与实验计划"，致力于将中心打造成为教育创新要素聚集的平台和全球教育变革影响力的中心。在这一过程中，我们形成了一些阶段性研究和实践成果。现遴选其中部分内容形成了这套《新时代教育创新系列丛书》，供各级政府、教育战线的同志和研究人员参考。由于时间仓促、水平有限，本系列丛书难免存在不足之处，敬请各位读者批评指正。

陈锋

前　言

　　实训是知行合一、工学结合，技术技能人才培养机制的基础，也是各级各类人才提升实践能力的关键环节。实训基地建设是深化产教融合的重要载体，是"四链融合"的连接器，是推动产教融合型城市、企业、校园建设的重要抓手，是产教融合改革的实践支撑。国务院印发的《国家职业教育改革实施方案》提出，到2022年，我国应推动建设300个具有辐射引领作用的高水平专业化产教融合实训基地。

　　为深化对产教融合规律的认识，把握产教融合实训基地建设的新内涵、新特征、新经验，教育部学校规划建设发展中心（以下简称"中心"）于2019年先后面向社会征集遴选了两批产教融合实训基地优秀案例，初步建成了"产教融合实训基地案例库"，部分优秀案例在第六届产教融合发展战略国际论坛期间展示交流，广受好评。

　　目前，中心从"产教融合实训基地案例库"中遴选优秀案例集结出版，并将陆续推出一系列产教融合实训基地优秀案例集。本书作为首批案例集共收录了30个具有借鉴意义的实训基地案例，从创新实训集成平台、实训内容模块构建、机制创新多元合作、服务产业聚焦行业四个方面，对产教融合实训基地进行生动展示。

　　产教融合实训基地优秀案例申报工作现已进入常态化征集阶段，欢迎广大院校和企业等相关单位踊跃投稿，共同建设探索制度创新的交流平台，进一步研究总结实训基地建设的经验，发挥先进经验的引领示范作用，加速放大产教融合实训基地的平台载体作用，完善实践教学体系和实训课程建设，为区域开展产教融合创新实验和共建共享机制开拓思路。（投稿方式见中心官网：http://www.csdp.edu.cn/）

目　录
Contents

创新实训集成平台 / 001

  产品为对象的工程教学和科技开发综合平台——上海第二工业大学智能制造工厂 / 003
  以赛代练　项目教学——商丘师范学院大数据应用创新中心实训基地 / 019
  服务地方的大数据+城建平台——河南城建学院大数据协同创新基地 / 029
  线上线下结合的"未来云"——河北民族师范学院创新创业实训基地 / 038
  以实战案例践行实践教学——三明市汽车工程职业教育实训基地 / 049
  打造多功能民族特色饮食基地——锡林郭勒职业学院乳品工程实训基地 / 061
  混编+共建，扎实推进课程建设——贺州学院ICT产教融合创新基地 / 076
  充分发挥第二课堂功效——洛阳理工学院曙光瑞翼大数据学院大数据应用创新中心 / 087

实训内容模块构建 / 103

  实训基地：技术中心+工业生产线——枣庄学院智能制造实训基地 / 105
  先进技术培养先进人才——泉州信息工程学院ICT产教融合创新基地 / 117
  工学结合的虚拟仿真实训中心——滨州职业学院航海虚拟仿真实训中心 / 128
  教学实训一体化——常州科教城现代工业中心焊接与检测实训基地 / 139
  理念引领　标准对接——天津职业技术师范大学工程实训中心 / 148
  深度融合双创教育——武昌首义学院中软国际产学研基地 / 160
  垂直整合项目化教学体系——池州学院大数据应用创新实训基地 / 172

机制创新多元合作 / 185

"工—管"联合专业建设模式——上海商学院大学生职业发展教育 CO-OP 校企联盟实践基地建设 / 187

校企协同"六共"模式——沈阳工学院环境设计实训基地 / 203

院园合一的协同机制——青岛黄海学院产教融合实训基地 / 216

三位一体建队伍——辽宁科技学院新松机器人实训基地 / 225

混合所有 四方协同——东莞职业技术学院建筑工学研一体产教融合实训基地 / 238

政府主导 多方融通——宁波卫生职业技术学院家政创业学院 / 249

"一带一路"上的实训基地——恒华科技职业技术学院"一带一路"职业教育产教融合实训基地 / 259

政府引导搭平台——天津市大学软件学院软件人才培养基地 / 269

服务产业聚焦行业 / 279

深度融合共育光伏人才——新余学院 & 江西赛维 LDK 太阳能产教融合实训基地 / 281

面向三七产业 创新人才培养——文山学院现代生物医药实训基地 / 294

专业跟着产业走——烟台南山学院纺织工程专业实训基地 / 307

四链融合 九群对接——湖南三一工业职业技术学院装配式建筑生产性实训基地 / 318

"文科"改革新路径——阿坝师范学院科学工作能力实训基地 / 334

建在铁路上的实训基地——河南铁路与轨道交通行业产教融合实训基地 / 346

打造行业检测新标杆——许昌学院食品安全检测与品质控制产教融合创新实训基地 / 354

创新实训集成平台

产品为对象的工程教学和科技开发综合平台
——上海第二工业大学智能制造工厂

关键特征： 上海第二工业大学智能制造工厂是一个面向人工智能、大数据、数字孪生、工业互联网、高端智能装备等学科，覆盖智能制造工程、机械工程、机械电子工程、工业工程、自动化、计算机科学、电子通信等专业，包含多模块、多任务，集人才培养、科学研究与社会服务等功能于一体，向大平台化迈进的集成化、综合性的产教融合实训基地。

创新要点： 以智能化产品（校园共享单车及其大数据运行平台）为载体，通过以智能制造技术、工业4.0技术为核心的生产实景展现，有效地推动了智能制造工程专业及其专业群的工程教育改革和实践探索，达到资源整合、学科交叉、产教融合、开放共享、服务教学、促进科研的宗旨。

上海第二工业大学智能制造工厂面向国家制造业转型升级，服务上海"五个中心""四大品牌"建设，顺应"新工科"发展趋势，体现"产学研用"四位一体的办学模式，是学校应用技术人才培养和开展智能制造应用技术研究的重要基地，是发展共性关键技术、增强技术辐射能力、推动"产学研用"相结合的重要平台。

智能制造工厂以智能自行车产品（见图1）为生产对象，通过多学科、跨专业融合，打造一个基于智能制造和工业4.0概念的工程实践教学和科研技术开发综合型平台，将学生培养、教师科研、社会服务深度融入，从而构建一个产教融合的新平台。

图1 智能校园共享单车

一、基地基本情况

智能制造工厂是学校"十三五"期间内涵建设的一项重大工程，投入经费近3000万元，占地2500平方米，主要建有：自行车智能装配生产线、智能仓储物流与配送系统、数字化建模与设计系统、生产制造与质量管理执行系统、智能制造企业资源管理系统、核心技术研发中心、CPS可视化中心、自行车文化体验与新技术展示中心等实验实训室。实训基地外观如图2所示。

图2 智能制造工厂实训基地外立面

（一）基本功能

1. 人才培养

基地服务于学校以"智能制造工程"为代表的20多个本科专业，推动其课程教学改革，坚持职业导向的应用型人才培养，特别聚焦于"智能制造工程"一流本科专业建设，为国家和地方经济发展培养各类智能制造工程技术应用型人才。图3为学生在进行智能装配项目实训。

图3 学生在进行智能装配项目实训

2. 社会服务

基地紧密跟踪智能制造技术发展的前沿，与行业企业建立密切合作，探索"产学研用"结合的科技创新体系，不断提高自主创新和服务社会的能力，为企业技术人员提供专业技能培训。

（二）服务面向

基地服务对象以学校机械类、电气类、信息类等专业学生为主体，兼顾管理类、设计类等专业，每年服务学生群体不小于3000学时。在满足学校教学的基础上，基地面向区域行业的骨干技术人员等开展培训服务，开展智能制造关键技术研究、工艺技术方案服务，计划不小于2000学时。

（三）组成架构

智能制造工厂总体架构由管理层、硬件层、软件层、功能层、目标层、数据交换管理和采集任务监控管理、云平台等组成（见图4）。

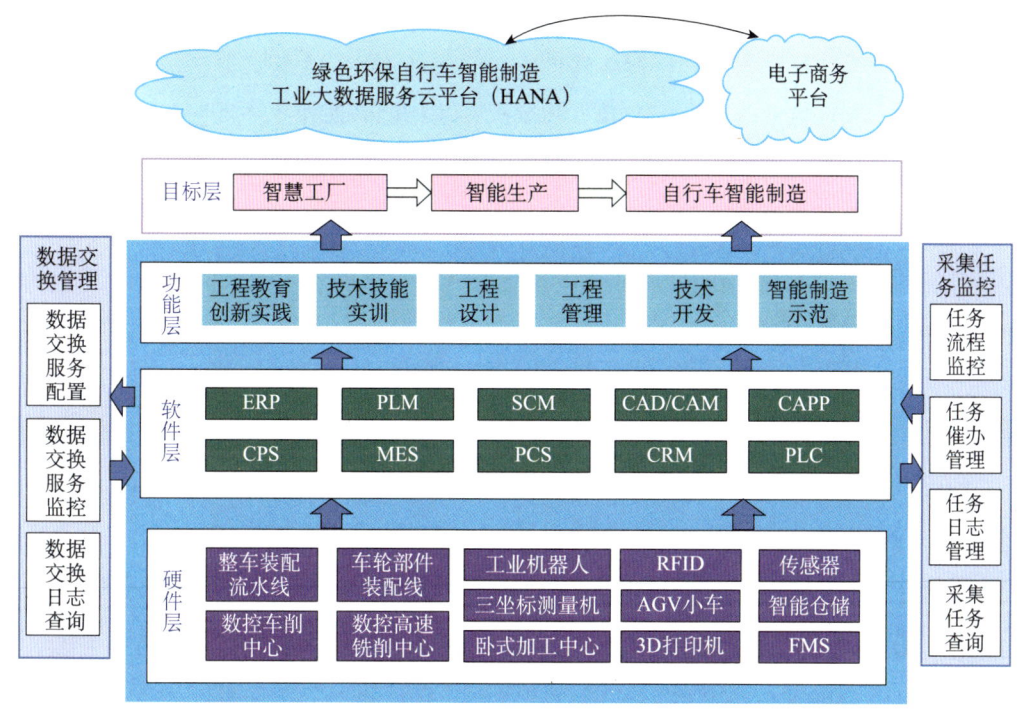

图4　智能制造工厂的总体架构拓扑图

管理层：智能制造以工业物联网为基础，通过工业物联网管理智慧工厂的硬件、软件、数据交换和任务采集等。管理层负责生产组织管理、系统用户管理、角色权限管理和子系统维护等，是智能制造工厂的"大脑"。

硬件层：包括工业机器人、AGV小车、装配托板及其工装、数字式拧紧枪、RFID、路由器、传感器和工业物联网等智能制造必需的硬件设备，是智能制造工厂的"骨架"，是实现智能生产的关键。

软件层：包括ERP、MES、PLM、SCM、CRM和CAD/CAM等制造执行系统控制、企业资源管理、供应链管理等软件，软件层连接硬件层、数据交换、任务监控和功能层，是智能制造工厂的"血液"。

功能层：教学和科研的基本功能层，教师可以从事科学研究、应用技术开发，学生可以进行工程实践、创新实践和技术技能实训，是智能制造工厂的基本目标。

目标层：智能制造工厂包括工程技术、生产制造和供应链这三个维度的全部活动及其软、硬件资源，最终实现智能生产和智能制造，是智能制造工厂的最高目标。

数据交换管理和采集任务监控管理：连接软件层、硬件层和功能层。数据交换管理具有数据交换服务配置、监控和日志查询的功能，采集任务监控管理负责任务流程监控、任务催办管理、任务日志管理和查询管理等。

云平台：为工厂提供生产性服务转型支撑的云托管平台。智能制造工厂采用国际先进的大数据、云计算、物联技术等建立与国内外接轨的专业化生产性服务云平台，发挥学校现有教育资源优势，将工业4.0可落地的方案和培训体系引入云平台，并植入培养方案之中，为企业提供培训和输送人才。

二、全面建设

（一）投入与建设情况

智能制造工厂总建设资金近3000万元，其中基础性设施建设经费约为400万元，日常运行投入近1100万元，设备投入1400余万元。

工厂建设分为3期完成，第1期（2017年）投入资金1430余万元，主要完成智能装配总装生产线的硬件配置工作（见图5）；第2期（2018年）投入资金650万元，主要完成了自行车车轮自动化装配的部装线建设和自动化上料工序的配置等（见图6）；第3期（2019年）投入资金800余万元，主要完成了工厂的资源管理系统、制造执行系统、产品数据管理、产品智能设计与制造等应用软件平台的建设以及产品智能制造关键工位装备（补充部分）等工作（见图7）。

图5　自行车智能装配生产线

图6　工业机器人协同装配前车轮

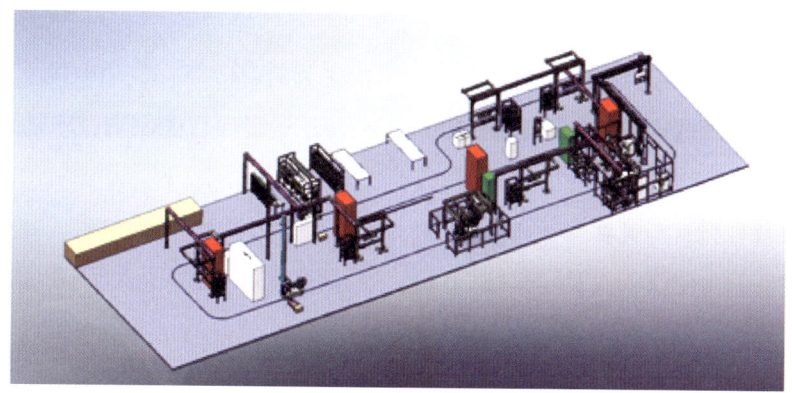

图 7　自行车智能装配生产线工位模型图

（二）建设过程

1. 设立双岗式管理机构

成立智能制造工厂管理委员会、总师专家小组和工作团队。管理委员会由 1 位校领导任主任，全面协调工厂建设与运行；总师专家小组由 1 位校外专家任组长，全面负责技术总体工作；工作团队负责日常建设和运行，成员由本校教师、社会兼职人员和企业派驻人员等相结合组成。本校教师的岗位设置采用"双岗位"的虚拟化运作模式，教师在工厂上班可作为产学研践习项目申报。

2. 与行业企业密切合作

智能制造工厂已与中国自行车协会、上海市机械工程学会、上海交通大学、同济大学、上海大众汽车发动机厂、中路股份有限公司（永久自行车）、美国 Predator 软件技术公司、达索软件有限公司和上海先惠自动化有限公司等多家单位开展了多领域的合作。在中国自行车协会的大力支持下，成立了中国自行车智能制造研发中心和中国自行车智能制造示范基地（见图 8）。

图 8　智能制造研发中心和智能制造示范基地

3. 聚焦教学模式改革

智能制造工厂积极推进基于智能制造技术的工程教育改革，成功申报了"智能制造工程"本科专业（国内首批4个获批高校之一），开展多项智能制造技术的培训与证书的考核，促进智能制造技术的推广运用。

4. 助力双创教育与竞赛

鼓励学生参与创新创业及学科技能竞赛，鼓励优秀教师担任创新创业和学科竞赛导师，邀请企业专业人士对学生进行创新创业指导，为学生深入企业学习提供机会。

5. 强化人才队伍建设

根据学校总体规划及工厂建设规划，吸引副高级职称和博士学位以上的高层次人才共12人，通过校企合作等方式积极推动双师型教师队伍的建设，近年来共培养双师型教师10余人。

三、基地运行

（一）体制机制

1. 组织架构

智能制造工厂由生产制造部、技术开发部、产品与技术服务部、专家委员会和总经理办公室等部门构成（见图9）。各部门由若干专业团队组成。

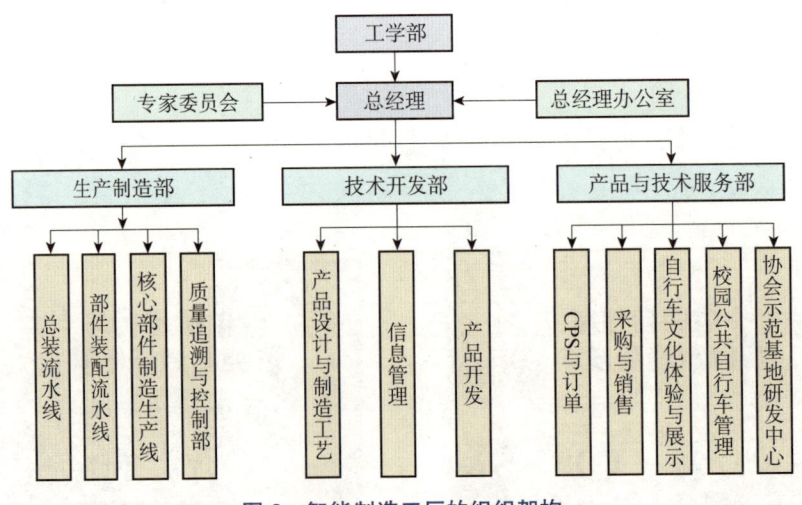

图9 智能制造工厂的组织架构

2. 运行模式及岗位设置

智能制造工厂实行以工学部党政集体领导下的总经理负责制,专家委员会在战略发展与规划方面予以指导。重大决策由工学部党政联席会议制订,总经理(CEO)全面负责工厂的正常工作和运行,并不定期地向学校和专家委员会报告运行情况。

每个部门设部长和部长助理岗位,分别落实部门的业务工作和教学工作。总经理办公室设主任和副主任岗位,负责对外和对内的相关业务和行政工作。除了上述岗位之外,每个专业都会派遣1~2名"双岗位"人员进入工厂工作,并可替代学校规定的专业教师下企业和新进教师专业培训等任务要求。

3. 绩效考核与激励措施

智能制造工厂"双岗位"聘任教师必须承担1门及以上与本专业相关并结合"智能制造工厂"项目的课程开发和任教工作,此外还必须参与工厂的基本建设和日常管理工作。课程开发和技术开发项目的工作将以开放基金的形式设置科研子项目并可冲抵科研考核指标。"双岗位"聘任教师在满足工作要求的基础上,其国家工资、基本工作量津贴和奖励性绩效工资以及团队激励计划的报酬均可得到有效保证。

(二)人才培养

智能制造工厂以学校应用型本科教育和学科建设为服务对象,教学功能辐射到学校20多个专业,尤其对学校计划新开设的"智能制造工程""机械设计制造及其自动化""工业自动化"等专业有着极其重要的实践教学支撑作用。学科建设功能主要辐射在"材料科学与工程""机械工程"和"控制理论与控制工程"3个学科。智能制造与控制工程学院学生的教学覆盖面达到90%以上,教师可从事科研工作的覆盖面达80%以上。

工厂建设坚持"专业设置与产业需求对接、课程内容与职业标准对接、教学过程与生产过程对接",着力进行以下人才培养工作:

促进多学科、多专业融合,积极推进"新工科"建设,紧扣国家发展需求,深化专业综合改革,优化专业结构,改造传统专业,打造特色优势专业。

带动相关课程建设。聚焦应用型本科专业课程改革,建设一批具备理实一体理念、符合产业需求的课程,涉及的相关课程教改项目30多门,并进行相关课程教材开发、建设全英文课程、开设毕业设计题库等工作。

创新人才培养模式。顺应"新工科"发展趋势,不断完善应用型、技术技能型人才培养方案,落实工程实践在人才培养中的教学体系、考核体系和管理体系,实现应用型人才培养模式的改革与创新。

努力打造科研与教学融合的典范，为学生创新、教师科研提供助力。

（三）社会服务

智能制造工厂秉承"产教融合""企业化""市场化"和"应用型"原则，积极探索具有自身"造血"功能和社会服务兼容的运行机制体制，具体举措如下：

第一，基于自身团队及合作企业的研发能力和综合资源，进行校园、园区、社区等公共场所的智能共享单车的产品推广和技术转移等经济活动。

第二，通过校企合作等模式，开展与推广智能制造技术应用，特别是基于实验室的数控机床、工业机器人、3D打印设备、数字化设计与制作的软硬件等平台和设备以及场地的科学合理利用，开展各类服务于社会与企业的技术创新活动。

第三，承接各类智能制造技术相关的研究和开发等课题，以课题组模式开展各类智能制造工程的横纵向的课题研究与技术转移活动。

第四，与相关共享单车企业合作，承接企业智能制造系统技术的推广应用。

第五，试行工厂开放模式，开展对企事业单位和兄弟院校的智能制造技术等内容的培训业务。

四、建设成效

（一）主要成绩

1. 人才培养成效

秉承"边投入边产出"的原则，工厂运行至今共接受21个专业、2000多人次的学生进入实验室完成相应的实践教学任务。具体情况如下：

（1）项目训练课程教学：开设了全英文课程、本科毕业设计题库；申报2019年上海市创新项目18项。

（2）课程教材及其他教学资源开发与建设：开发项目训练课程教学大纲（CDIO模式）；编写培训教材及教案设计；校级教学改革项目立项。

（3）学生课外实践活动：智能制造中心开放日接待活动500人次以上；设置自行车核心部件创新设计研究室和AGV智能机电系统与控制研究室，分别指导研究生和本科生的课外创新实践。

工厂聘请资深教师作为指导老师，同时邀请企业专家、全国劳动模范徐小平开设双创系列讲座。2018—2019学年学生参加各类学科竞赛、创新创业竞赛获得省部级以上奖励80余项（见附件4）。

此外，工厂已与中国自行车协会及其下属企业、上海机械工程学会先进制造技术专业委员会及其下属企业、江南重工集团、盖勒普工程咨询（上海）有限公司、上海允杰精密机械有限公司、沈阳创新设计服务有限公司等20余家企业就学生实习实训等事项开展合作，可为学生提供实习和就业岗位。

2. 社会服务情况

（1）目前工厂开设的培训主要有：SolidWorks培训和CSWP认证、MES培训和认证、UG培训和西门子认证、CATIA培训和认证、西门子PLC培训、ABB工业机器人培训等，培训对象主要是本校及周边大学学生，后续会进一步对社会开放。

（2）对外开放参观服务。工厂自建成一年多来总计接待参观人数约1800人次，参观人员来自国内外企业和高校。

（3）联合企业开展联合研发和课题研究。工厂与中国自行车协会签署并成立了"中国自行车智能制造研发中心"和中路股份有限公司签署并成立了"永久牌自行车智能制造联合生产基地"。工厂已与15家企业联合开展了25项横向课题研究（见附件5），获得省市级纵向课题12项。

（4）学校与中国自行车协会共同承办了金辕奖——中国"七立方杯"国际个人交通工具创新设计大赛，推动产教深度融合的创新教育模式改革。

（二）创新经验

智能制造工厂紧跟"新工科"发展趋势，以智能自行车产品为生产对象，以产品的个性化需求来驱动和演绎工程（产品）项目的智能化设计、制造及运行维护的全生命周期过程，通过以智能制造技术、工业4.0技术为核心的生产实景展现，有效整合资源，实现多学科交叉融合，将人才培养、科学研究、社会服务融入产品全生命周期中的各环节。工厂与行业、企业在产、教、研多方面进行了密切合作，实现了产教深度融合。

工厂的建设目标是打造全国同类院校中具有一流水平的特色实验室，自2018年初步建成运行至今，已获得了上海市教育委员会的"上海市首批虚拟仿真实验教学项目"和中国教育工会上海市委员会颁发的"何亚飞智能工厂劳模创新工作室"称号。

五、发展规划

智能制造工厂目前已具备完善的日常运营、人员管理的规章制度和工作流程，并形成了完备的行动激励、执行力推进、质量管控、运营成本控制等体制机制与文化建设。关于未来，有以下几方面的规划：

人才培养方面，成立长三角智能制造工厂创新联盟，探索智能制造工程技术人才培养新模式；团队建设方面，加强人才梯队建设，优化团队专业结构，组建各有特色研究方向的科研团队；校企合作方面，推动校企深度项目合作及成果转换，深化复合型技术技能人才培养改革，推动"双创"教育模式实质落地；社会服务方面，打造高水平专业化产教融合实训基地，面向校内外开展职业培训，推动开放共享。

工厂将以习近平新时代中国特色社会主义思想为指导，贯彻《国家职业教育改革实施方案》，对接科技发展趋势和市场需求，立足学校深化办学体制改革和育人机制改革，与国际先进标准接轨，传承"工匠精神"，为制造业转型升级、区域经济社会发展提供高水平技术技能型人才。

附件：
1. 基地保障性制度文件清单
2. 基地承担实训课目一览
3. 课程开设清单
4. 学生科技创新部分成果
5. 科研成果一览
6. "产教融合实训基地"优秀案例信息统计

附件 1

基地保障性制度文件清单

《上海第二工业大学科研项目管理办法》
《上海第二工业大学工学部教师考核实施细则》
《上海第二工业大学工学部科研工作管理办法》
《上海第二工业大学研究生导师管理办法（2018年修订）》
《上海第二工业大学工程教育专业认证工作实施方案（试行）》

《上海第二工业大学关于修订本科人才培养方案的原则意见》

《上海第二工业大学教育教学激励办法（试行）》

《上海第二工业大学教学成果奖管理办法（试行）》（沪二工大教〔2014〕219号）

《上海第二工业大学"大学生创新创业活动计划"项目管理办法》

《上海第二工业大学创新创业学分管理办法》

《上海第二工业大学"第二课堂学分"实施办法（试行）》

《上海第二工业大学学业导师管理办法》

《上海第二工业大学关于加强双师型教师队伍建设的实施办法》

《上海第二工业大学精密贵重仪器设备类档案管理办法（修订稿）》

《上海第二工业大学实验室安全事故应急预案》

《上海第二工业大学实验室安全与环保管理办法（试行）》

《上海第二工业大学实验室安全责任追究办法（试行）》

《上海第二工业大学实验室工作规程（试行）》（沪二工大资〔2018〕206号）

《上海第二工业大学实验室安全准入制度》

《上海第二工业大学实践教学及实验室管理办法（2017年修订）》

附件2

基地承担实训课目一览

序号	实训课目名称	教学目标	面向专业
1	智能装配项目训练	通过对智能工厂14个工作站的实训，让学生掌握智能制造的相关技术	智能制造工程、机械工程、车辆工程、工业工程、机械电子工程、留学生等
2	智能机电系统集成	对学生进行智能机电系统的设计、制造、装配、调试等项目全过程训练	智能制造工程
3	机器视觉技术及应用	培养学生机器视觉技术的基本概念、系统构成以及发展趋势；机器视觉系统的硬件技术和教学实验设备、组态软件和图像处理技术，机器视觉应用测量技术与缺陷检测技术、模式识别技术和图像融合技术等	智能制造工程
4	工业机器人技术	通过实训单元提升学生对于机器手的实际应用与操作能力	智能制造工程、机械电子工程、机械工程
5	智能制造执行系统（MES）	熟悉车间生产管理的流程以及MES系统的功能模块与实际操作	智能制造工程
6	机器视觉组装实训	熟悉基于视觉的中等复杂产品的组装，进一步提高对机器视觉的实际运用能力	智能制造工程、机械电子工程、机械工程
7	工厂数据采集与监视控制系统实训	熟悉机械制造工厂中的数据采集与监控系统，具备一定的实际操控能力	智能制造工程、机械电子工程

附件3

课程开设清单

序号	课程类别	课程名称	课程性质
1	通识课	工程导论	联合开发
		人工智能技术*	自主开发
2	专业课	Mechanical Design Practice*	自主开发
		机械制造技术	联合开发
		工业机器人*	自主开发
		先进制造技术	联合开发
		智能制造执行系统（MES）*	自主开发
		现代设计理论与方法	联合开发
		嵌入式系统设计*	自主开发
		机器视觉技术及应用*	自主开发
		工业机器人技术与应用*	自主开发
		智能制造系统集成*	自主开发
		智能制造生产管理（MES/ERP）	联合开发
		物联网技术与应用	联合开发
		智能装备故障诊断与维护*	自主开发
		大数据与深度学习	联合开发
3	专业实训实践课	机制工艺规程设计实践	联合开发
		企业生产实习*	自主开发
		智能制造生产实习*	自主开发
		工业机器人应用与维护实践*	自主开发
		CAD/CAM*	自主开发
		智能制造工程专业创新创业*	联合开发
4	项目课程	Research Project——Intelligent Manufacturing of Key Parts of Chainless Bicycle*	自主开发
		工程设计与制造集成项目*	自主开发
		嵌入式系统应用实践（二级项目）*	自主开发
		数字化设计与制造（二级项目）	联合开发
		PLC技术应用实践（二级项目）*	自主开发
		传感器与智能检测技术综合（二级项目）	联合开发
		智能机电系统综合实践（二级项目）	联合开发
		智能机电系统设计、制造与集成Ⅰ（一级项目）*	自主开发
		智能机电系统设计、制造与集成Ⅱ（一级项目）*	自主开发
		机械工程专业毕业实习与毕业设计（论文）*	自主开发
		智能制造工程专业毕业实习与毕业设计（论文）*	自主开发

附件 4

学生科技创新部分成果

2017 年参赛双创项目及获奖情况：

1. 2017 年上海市大学生物理学术竞赛，获省部级一等奖 1 项、二等奖 1 项
2. 第 8 届中国大学生物理学术竞赛，获国家级二等奖 1 项
3. 第 7 届全国大学生电子商务"创新、创意及创业"挑战赛上海赛区，获省部级三等奖 1 项
4. 第 9 届上海市大学生计算机应用能力大赛，获省部级三等奖 1 项
5. 2017 中国机器人大赛服务机器人专项赛，获国家级一等奖 2 项、二等奖 5 项、三等奖 7 项
6. 第 6 届上海市大学生机械工程创新大赛，获省部级二等奖 2 项
7. 第 8 届"蓝桥杯"全国软件和信息技术专业人才大赛上海赛区，获省部级一等奖 4 项、二等奖 7 项、三等奖 9 项
8. 2017 中国机器人大赛，获国家级一等奖 2 项、二等奖 1 项、三等奖 1 项
9. 2017 网络技术挑战赛全国赛区赛华东赛区，获省部级一等奖 2 项、二等奖 1 项、三等奖 2 项
10. 2017 网络技术挑战赛全国总决赛，获国家级一等奖 1 项

2018 年参赛双创项目及获奖情况：

11. 华为 ICT 学院 2018 大学生 ICT 大赛上海赛区，获省部级一等奖 1 项、二等奖 6 项、三等奖 5 项、优秀组织奖 1 项
12. 2018 中国工程机器人大赛暨国际公开赛，获国家二等奖 1 项、三等奖 2 项
13. "西普杯"信息安全铁人三项，获国家级三等奖 1 项
14. 2018 中国大学生程序设计竞赛全国邀请赛（湖南），获省部级铜奖 1 项、顽强拼搏奖 1 项
15. 第 43 届 ACM 国际大学生程序设计竞赛全国邀请赛（西安站），获省部级铜奖 2 项
16. 2018 庞源杯企业模拟经营大赛上海高校邀请赛，获省部级特等奖 1 项
17. "游族杯"上海市高校程序设计邀请赛暨华东师范大学第 10 届程序设计竞赛，获省部级一等奖 1 项
18. 2018 年"中国高校计算机大赛——团体程序设计天梯赛"全国总决赛，获国家级三等奖 1 项
19. 2018 年"中国高校计算机大赛——团体程序设计天梯赛"上海赛区，获省部级一等奖 1 项、三等奖 2 项、高校特等奖 1 项
20. 第 9 届"蓝桥杯"全国软件和信息技术专业人才大赛上海赛区，获省部级一等奖 6 项、二等奖 10 项、三等奖 7 项

2019 年参赛双创项目及获奖情况：

21. 第 10 届"蓝桥杯"全国软件和信息技术专业人才大赛上海赛区，获省部级二等奖 2 项、三等奖 2 项
22. 2019 中国工程机器人大赛暨国际公开赛，获国家级二等奖 1 项、三等奖 2 项
23. 第 11 届上海市大学生计算机应用能力大赛，获省部级三等奖 1 项
24. 华为中国区大学生 ICT 大赛实践赛，获省部级二等奖 5 项、三等奖 10 项

25. 第4届中国高校计算机大赛团体程序设计天梯赛上海赛，获省部级一等奖1项、三等奖1项、上海市团体一等奖2项、团体三等奖1项
26. 第4届中国高校计算机大赛团体程序设计天梯赛全国总决赛，获国家级铜奖2项
27. "纽勋杯"第十六届同济大学程序设计竞赛暨上海高校邀请赛，获省部级二等奖1项
28. 2019"游族杯"上海市高校程序设计邀请赛，获省部级二等奖1项、三等奖1项
29. 2019年中国大学生程序设计竞赛全国邀请赛（湖南），获国家级铜奖2项
30. 2019年ACM-ICPC国际大学生程序设计大赛西安邀请赛，获省部级铜奖4项

附件5

科研成果一览

序号	姓名	项目	签订时间	合作方
1	杨敬辉	智能生产线线边仓储管理系统	2017.01	上海麦乐实业有限公司
2	周平	焊接机器人焊缝精确定位工艺参数优化系统	2017.05	联盟计划科促会项目（纵向）
3	陈进	六轴转台控制系统研制	2017.05	上海联谊光纤激光机械有限公司
4	杜万和	定制化MES软件功能模块开发	2017.06	上海西派埃自动化技术工程有限公司
5	杨敬辉	怡博船务企业管理信息系统	2018.02	上海怡博船务有限公司
6	杨敬辉	背负式移动机器人	2018.05	深圳前海科力智能系统有限公司
7	何成	消防阀门智能装配生产线	2018.05	浙江超亿消防装备有限公司
8	石林祥	企业生产管理软件开发	2018.05	上海汉丝装饰材料有限公司
9	周平	基于仿真及路径参数优化的机器人焊接工艺研究	2018.06	途宏自动化仪表（上海）有限公司
10	王漫	载人潜器无线通信联调装置开发与试验	2018.06	济南钰业数控机械有限公司
11	郝皓	面向服务型企业的逆向物流典型案例开发	2018.06	上海大学
12	管传金	电力行业环氧树脂废弃物资源化研究及生产线建设	2018.07	上海华明电力设备集团有限公司
13	汪志锋	柔性自动生产线虚拟仿真平台研究	2018.07	启东威艾信息技术有限公司
14	汪志锋	长棒料自动剪切生产线研发	2018.07	启东市海纳特钢有限公司
15	秦琴	视觉检测技术服务	2018.12	爱维迅自动化科技（昆山）有限公司
16	白跃伟	中欧合作支持业务创新的虚拟工厂互操作模型技术及其在MES系统中的应用	2018.01	国家重点研发计划（纵向）
17	何成	智能侧盖拧螺丝工作站	2019.03	江苏凯普特动力机械有限公司
18	陈建	银行智能风控平台研发	2019.03	玄谷信息技术南京股份有限公司
19	杨淑珍	双孢蘑菇智能采摘机器人研制及系统集成应用示范	2019.04	其他项目（纵向）
20	薛建新	机器人自适应算法测试平台搭建与测试分析	2019.05	北京大学
21	张飞	纺织机械设备技术改造和生产线工艺路线创新设计	2019.05	泉州韵杰服饰有限公司
22	屠子美	实验室仪器虚拟操作系统开发	2019.07	力德生物科技（上海）有限公司
23	崔蕾	玻璃幕墙自动点胶生产线设计与研发	2019.08	江苏利恒幕墙科技有限公司
24	郑健	无人库房智能管理系统研发	2019.09	上海佑采机电科技有限公司
25	郑健	智能工具车系统研发	2019.09	上海佑采机电科技有限公司

附件6 "产教融合实训基地"优秀案例信息统计

基地名称	依托单位	投资主体	共建单位	受众群体	辐射专业	承担课程	建筑面积（平方米）	资产总值（万元）	行业面向	对接岗位	承担非教学任务	社会服务	核心特点
上海第二工业大学智能制造工厂	上海第二工业大学	上海第二工业大学	上海交通大学[制造执行系统（MES）研发基地]	在校学生及企事业单位员工	机械工程、自动化、智能制造、物流管理等	MES（制造执行系统）	100	49	智能制造	智能制造过程管理	允许	允许	联合开发
			上海影创科技有限公司（数字孪生平台）		机械工程、自动化、智能制造等	AR/VR/MR、CPS	50	14.9	数字孪生平台	数字化制造	允许	允许	联合开发
			沈阳科技创新有限公司（虚拟实验室仿真基地）		机械工程、自动化、智能制造等	数字孪生及MR、智能机电系统设计、制造与集成（一级、二级项目）	100	140	虚拟仿真	虚拟仿真分析	允许	允许	联合开发
			中路股份有限公司（智能制造联合生产基地）		机械工程、自动化、智能制造等	机械设计	45	19.6	智能产品设计	智能产品设计	允许	允许	联合开发
			中国自行车协会（智能制造示范基地）		机械工程、自动化、智能制造等	智能装配项目训练	1000		智能制造	智能制造	允许	允许	自主开发
			中国自行车协会（智能制造研发中心）		机械工程、自动化、智能制造等	智能装配项目训练	1000		智能制造	智能制造	允许	允许	自主
			上海机械工程学会（先进制造技术）		机械工程、自动化、智能制造等	先进制造技术	60		先进制造	先进制造	允许	允许	自主
			盖勒普工程咨询（上海）有限公司（中国技术培训认证中心）		机械工程、自动化、智能制造等	MES技术培训	60	20	生产车间信息化技术	智能制造过程管理	允许	允许	联合开发

续表

基地名称	依托单位	投资主体	共建单位	受众群体	辐射专业	承担课程	建筑面积（平方米）	资产总值（万元）	行业面向	对接岗位	承担非教学任务	社会服务	核心特点
上海第二工业大学智能制造工厂	上海第二工业大学	上海第二工业大学	盖勒普工程咨询（上海）有限公司（中国技术应用研发中心）	在校学生	机械工程、自动化、智能制造等	MES系统产品解决方案	100	20	生产车间信息化技术	智能制造过程管理	允许	允许	联合开发
			上海睿奕信息技术有限公司（智能制造应用型人才培养基地）	企及事业单位	机械工程、自动化、智能制造等	Solidworks技术培训	45	35	产品设计	产品设计	允许	允许	联合开发
			上海先惠自动化技术有限公司（智能制造技术示范基地）	员工	机械工程、自动化、智能制造等	智能装配项目训练	1000	1118	智能装配	智能制造	允许	允许	联合开发

以赛代练　项目教学
——商丘师范学院大数据应用创新中心实训基地

关键特征： 大数据应用创新中心实训基地以提升大数据人才培养质量、提升师资队伍技能水平、服务区域社会经济发展为宗旨，聚焦产教深度融合，加强校企合作，倡导开放共享。

创新要点： 经过长期立足地方办学的探索和实践，学校逐步明确了建设高水平应用型大学的办学定位，确定了"就业能称职，创业有能力，深造有基础，发展有后劲"的人才培养目标，积累了传统师范院校创办应用型本科高校的经验，依托大数据应用创新中心实训基地探索外部行业项目、内部学校项目和学生实训项目相结合，促进应用型办学特色，增强服务地方经济社会发展的能力。

网　　址： https://scit.sqnu.edu.cn/

2016年，商丘师范学院成为教育部全国首批入选数据中国"百校工程"的本科院校之一。合作之初，校企双方共建了大数据应用创新中心实训基地。围绕建设地方性大数据协调科研创新、应用服务、人才培养等目标，共同探索产教融合培养人才的校企合作模式及运行机制。

一、基地基本情况

（一）基本功能

基地包含展示区、项目研讨区、中心机房，配套可容纳200人开展教学业务的实训场地（见图1）。目前，基地设置的大数据超级平台涵盖"15+12"个软硬一体化模块，主要包括大数据平台核心系统、大数据应用开发管理系统、大数据教学系统以及行业数据资源系统四大主干系统。其中，大数据平台核心系统包含协同计算控制系统、协同计

图 1 大数据应用创新中心 logo 墙

算并行信息总线系统、协同计算及运行监控系统等 15 个子系统；大数据应用开发管理系统包含大数据智能分析平台、大数据挖掘平台、大数据生态分析管理平台、大数据应用开发平台、大数据应用共享平台、大数据应用维护平台 6 个子平台；大数据教学系统包含教学行为大数据行为分析系统、大数据行业实战系统、大数据教学实验系统 3 个子系统，可为数据科学与大数据技术专业的专业实践教学环节提供良好的实战环境。

（二）组成架构

大数据应用创新中心采用业内成熟的大数据技术，利用高性能的服务器及网络设备，建设稳定、高效、可实现集中管控的大数据应用超级系统——"Infinity 9000"，为大数据教学、科研实践及行业应用创新提供基础性支撑；同时还将与参与"百校工程"的各校平台实现硬件资源、行业应用创新的共享和交互，构建一个物理分离、逻辑统一的大数据超级平台。中心将建成为大数据工程师的应用实践基地、科研创新基地、应用服务基地，建成行业应用大数据分析系统。

Infinity 9000 平台已经于 2016 年在曙光瑞翼大数据学院上线运营，系列产品拥有产业前沿技术，已经具备了为大数据学院的专业实验实训、科研创新提供充分的软硬件支撑的能力。

（三）技术平台介绍

大数据应用创新中心 Infinity 9000 系统分为大数据工具管理平台、大数据教学系统、大数据应用开发平台 3 个子平台，主要由 15 个核心模组组成，包括了协同计算模组、对象存储模组、资源监控模组、动态插件模组、应用仓库模组、行业数据基站模组、网络安全模组、并行总线模组、缓存控制模组、数据流处理模组等。

Infinity 9000 总数据存储能力 600GB，有 100 个计算节点，提供 3000 核并行计算能力，GPU 提供 9984 核流处理器，总共 10 个机柜。

目前大数据教学系统、大数据智能分析平台和大数据挖掘平台已经提供了丰富的线上项目资源和教学资源，开启了线上线下学习的模式，为学生提供充分的项目实战机会。

（四）平台对大数据教学的支撑

平台的大数据教学系统包含 3 个子系统：大数据教学实验系统、大数据教学行为分析系统、大数据行业实战系统。

大数据教学实验系统采用大数据主流软件框架，提供一体化的培训、学习、实验、生产平台，提供一站式的教学资源库及教学质量评估管理。目前该系统承载了大数据课程体系中的核心课程部分，打破实验室教学环境的限制，只需一台电脑就可在校园中任何地点、任何时间实现教学、实验学习。

二、全面建设

（一）投入情况

基地于 2016 年 12 月建设完成，占地 400 平方米，建设投入资金约 1000 万元，遵循校企 1∶1 比例共同建设思路，学校投入 500 万元，企业投资 500 万元。

（二）建设过程

1. 设立混编管理机构

基地与信息技术学院融合协同运行，由学院副院长担任分管领导，企业项目经理担任负责人，协同运行管理。

2. 企业深度参与

基地重视产教融合校企合作，充分发挥合作企业的办学主体作用，建设运营单位曙光瑞翼教育派遣 5 名管理及技术人员组成的教学团队，承担以专业方向课程教学、职业素质课程教学、课程实践为主的教学工作。校企双方共同承担毕业设计工作，共同组建了双师双能型混编师资团队，极大提高了教学成效。

三、基地运行

（一）体制机制

商丘师范学院大数据应用创新中心实训基地在内部设立项目技术学习和交付团队，

打造"学校老师＋企业老师＋学生团队"模式，协同探索外部行业项目、内部学校项目和学生实训项目相结合，促进应用型办学特色，增强服务地方经济社会发展的能力。

（二）人才培养

商丘师范学院大数据应用创新中心实训基地从区域行业发展对于人才的实际需求出发，以从业素养、通用知识与人文素养以及专业能力为三维途径，驱动整个人才培养活动，包括建设课程体系、落实教学环节和完成评价反馈等全过程循环设计，确保学生在本科四年的学习过程中，创新实践能力得到可持续、螺旋式上升发展，继而达到国际工程教育认证《华盛顿协议》提出的12条毕业能力要求，具备解决复杂工程问题的能力，从而促进教育教学人才培养目标的达成。引企业师资进课堂，将企业项目引入教学，实现课程教学项目化。引进企业先进管理理念和技术，引入企业师资专家，设置职业素养和行业课程，让企业项目贯穿课堂教学过程。实践教学与项目任务有机结合，增强实践教学效果，提高学生综合应用能力。目前，基地共引进企业课程10余门，涵盖了市场主流的大数据技术，充分提升了人才培养的专业针对性。

（三）社会服务

经过与企业的深度融合，基地应用在人才培养上初见成效，在很大程度上丰富了教学实践环节，学生第2学期至第6学期均安排2周时间用于集中性实践教学，全部由企业老师带领完成，以企业真实项目进行实践教学，使实践与理论知识融合，重点培养学生的实战能力。学生实战项目社团、企业老师项目开发能力在很大程度上促进了学科建设，也带动了学校老师在科学研究方面的热情。通过引入企业资源，基地本着为区域经济和社会发展服务的目标，积极与区域周边企业、单位沟通，先后与商丘古城旅游发展有限公司开发了"古城智慧旅游导览"程序，并与永城市芒砀山旅游开发有限公司、商丘金口碑网络科技公司等企业达成了合作。

1. 商丘古城智慧旅游导览项目

在商丘古城建设阶段，学院与商丘古城旅游发展有限公司基于建设智慧旅游方案探讨出"古城智慧旅游导览"项目（如图2、图3所示），依托微信平台进行开发，内容包括在线查询票务、智能导航、游玩路线个性化指引、旅游区历史文化以及典故由来、各个小景点介绍以及相关背景故事概述、智能语音播报系统、周边商城以及服务区分布。该项目通过对数据的收集与整理，分析游客的各项消费游玩行为，致力于为游客提供更好的游玩体验，为旅游区提供更精确的数据服务。

该项目围绕商丘古城景区开展，已成为古城景区智慧旅游的一部分，其最大特点是良好的传播性和实用性。

图2　商丘古城导览　　　　图3　商丘城市名片

2. 永城芒砀山旅游舆情大数据项目

本项目为打造芒砀山智慧旅游搭建舆情大数据分析平台，利用大数据进行舆情监测，对主流网站、搜索引擎、微博等跟旅游相关的信息进行监测，比如口碑评论、热度、竞争对手等；最终进行综合分析，对舆情进行识别、预警、预案，甚至建设重大事故救援直接服务通道等；争取在第一时间发现负面舆情，第一时间全面了解民意民情动态。平台及时反映最新舆情信息，进行自动收集及可视化呈现。平台辅助景区进行智慧营销和管理，使景区问题不出门。

3. 金口碑舆情大数据项目

商丘金口碑网络科技公司在网络营销策划服务方面有一定的市场规模，服务的客户有一汽大众、雪花啤酒、仁和药业、惠氏等多家企业。基地为该公司研发的舆情服务大数据系统提供技术支持，完善系统抓取舆情数据所需的相应技术。在校学生利用课余时间参与技术服务，参与该项目学生50多人。

通过与地方企业、单位的沟通与合作，基地初步为地方做出了一些服务，也初步影响了地方对学校的认知，体现了学校在应用型人才培养的初步成效，在学校为地方服务的道路上提供了一定助力。

四、建设成效

在大数据人才培养方面，学院定位于培养能解决复杂工程问题的高素质应用型人才，要求学生系统掌握大数据预处理、分析挖掘、可视化呈现的基本知识与技术，具有较强的大数据系统运维、数据处理、分析应用等实践能力。课程体系强调实践与理论相结合，重视复合与双创能力双培养。

为了推进项目化实战训练，学院在自愿的原则下筛选了一批有思想、敢创新、能行动的学生组成了瑞翼工坊项目团队（工坊架构如图4所示）。学生在积极学习各门课程的同时，参加了很多项目，开展了相关大数据技术分享。瑞翼工坊为推动学院学生大数据学习热情和相关项目进展起到了重要作用。

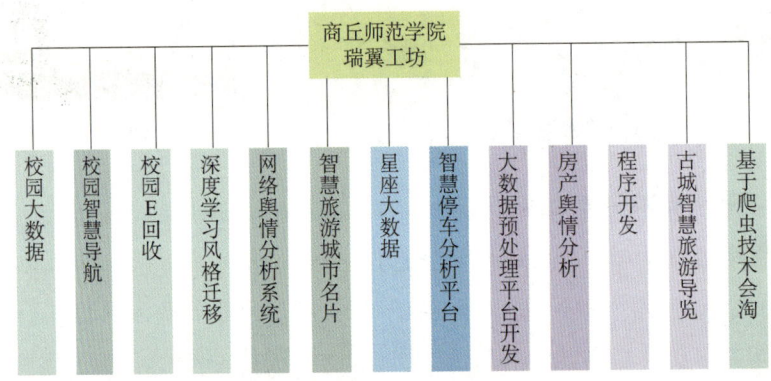

图4　瑞翼工坊架构图

瑞翼工坊目前实施的大数据类、开发类、外部企业项目有十多项，包括商丘师院校园大数据分析项目、商丘古城智慧旅游开发项目、大数据舆情分析项目、深度学习风格迁移项目、程序开发项目、姿态识别项目等（如图5、图6所示）。

此外，基地积极组织学生参加各种比赛和创新创业活动，通过以赛促教的方式，激发学生学习兴趣，提升学生动手能力，师生积极参与创新创业活动，多次获得奖项并建立了一支基于大数据与人工智能数据基础服务的创业团队。

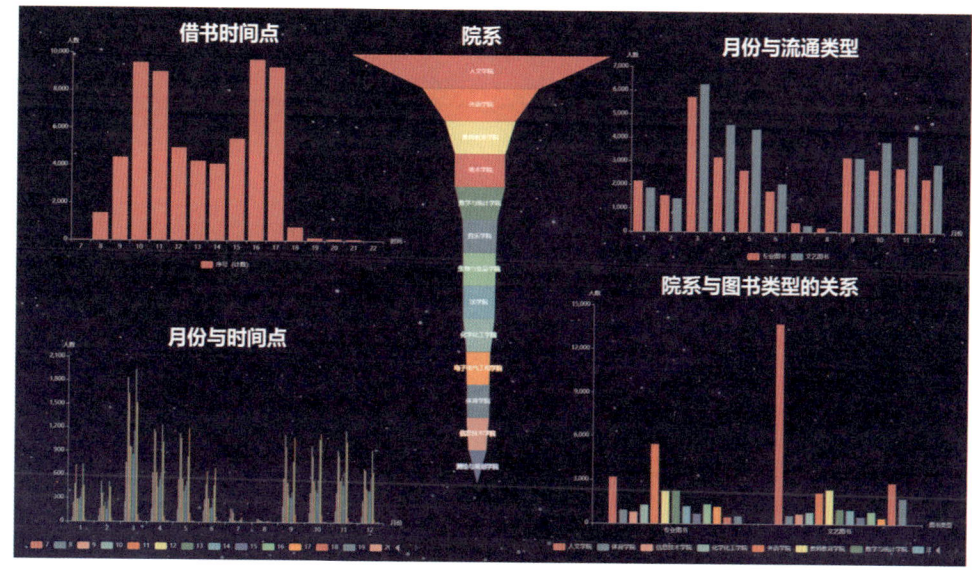

图 5　校园大数据

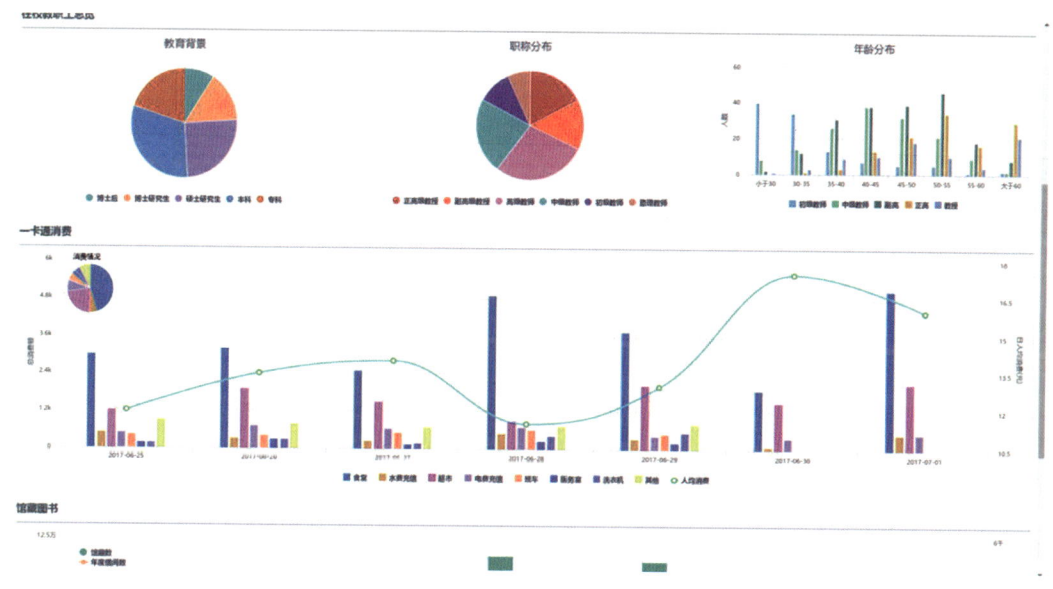

图 6　智慧校园

五、发展规划

在已有建设成果的基础上，基地充分发挥合作企业对教育教学工作的协同作用，协同项目提升人才培养质量、持续开展师资培训，探讨大数据专业建设及教学经验，面向区域行业企业做好大数据应用技术服务，提高服务地方产业发展的能力，推进服务地方发展的进度。

附件：1. 基地承担课程一览
2. 基地项目一览
3. 基地科研课题一览
4. 学生学科竞赛、创新创业等获奖情况

附件1

基地承担课程一览

序号	基地企业课程
1	大数据概论
2	Python 语言
3	Hadoop 大数据技术
4	分布式数据库原理与应用
5	数据导入与预处理
6	数据可视化
7	数据挖掘技术与应用
8	商务智能方法与应用
9	大数据分析与内存计算
10	机器学习

附件2

基地项目一览

序号	项目名称	项目分类
1	中科院数据预处理项目	企业合作项目
2	北京金融风险因子项目	企业合作项目
3	金口碑网络营销舆情大数据项目	企业合作项目
4	郑州蒸腾科技AI语音采集与预处理项目	企业合作项目
5	小牛电动车官方网站维护与开发	企业合作项目
6	智慧校园项目	学校项目
7	商丘古城智慧旅游导览项目	学校项目
8	永城芒砀山景区舆情大数据项目	学校项目
9	基于人脸识别的防逃课系统	学生项目
10	基于爬虫技术的商品数据分析项目	学生项目

续表

序号	项目名称	项目分类
11	基于大数据技术的就业数据分析	学生项目
12	基于大数据技术的校园舆情分析	学生项目
13	正则表达式项目	学生项目
14	基于 AI 技术的颜值预测项目	学生项目
15	绩效考核系统项目	学生项目
16	基于 Python 爬虫技术的数据采集与分析	学生项目

附件 3

基地科研课题一览

项目来源	项目名称	主持人	获批时间
河南省教育厅	利用 FY 卫星数据的对流云团识别研究	刘佳	2019 年 7 月获批
河南省科技攻关	基于视频图像处理的交通流量数据采集和检测技术研究	李海涛	2018 年 10 月获批
河南省教育厅	基于多源融合的农业遥感数据可视化技术与应用	陈丽娜	2018 年 4 月获批
省自然科学基金	物联网环境下农业大数据可视化技术研究	陈丽娜	2018 年 1 月获批
河南省教育厅	云环境下遥感大数据处理与安全监控策略分析	康鲲鹏	2017 年 1 月获批

附件 4

学生学科竞赛、创新创业等获奖情况

序号	比赛名称	赛事类别	获奖等级	获奖年份	颁发单位
1	全国大学生第五届"发现杯"软件设计大奖赛本科组	国家级	一等奖	2017	发现杯组委会
2	全国大学生第五届"发现杯"软件设计大奖赛总决赛	国家级	三等奖	2017	发现杯组委会
3	河南省第二届信息安全与攻防技术大赛	省级	二等奖	2017	河南省教育厅
4	河南省第二届信息安全对抗赛（线上）	省级	二等奖	2017	河南省教育厅
5	河南省第二届信息安全对抗赛（线下）	省级	二等奖	2017	河南省教育厅
6	第九届全国大学生数学竞赛（河南赛区）	省级	三等奖	2017	中国数学会普及工作委员会
7	第七届全国大学生"创新、创意及创业"挑战赛	省级	二等奖	2017	河南省赛区竞赛组织委员会
8	第十三届"挑战杯"课外学术科技作品竞赛	省级	二等奖	2017	商丘师范学院委员会
9	第五届"发现杯"全国大学生互联网软件设计全国总决赛	国家级	三等奖	2018	中国电子商务协会

续表

序号	比赛名称	赛事类别	获奖等级	获奖年份	颁发单位
10	2018年全国大学生英语竞赛	国家级	二等奖	2018	高等学校大学外语教学研究会
11	全国高校"西普杯"铁人三项	国家级	二等奖	2018	中国信息安全测评中心
12	第三届OCALE全国跨境电商创新创业能力大赛	国家级	二等奖	2018	中国国际贸易学会
13	全国高校"西普杯"信息安全铁人三项赛（第二赛区）	国家级	二等奖	2018	教育部学校规划建设发展中心
14	第八届全国大学生电子商务三创赛挑战赛总决赛	国家级	二等奖	2018	全国大学生三创赛组委会
15	第十五届全国大学生信息安全与对抗技术竞赛分组对抗赛	国家级	三等奖	2018	中国兵工学会
16	"创青春"浙大双创杯全国大学生创业大赛第十一届"挑战杯"大学生创业计划竞赛	国家级	铜奖	2018	"创青春"全国大学生创业大赛组委会
17	第三届河南省高等学校信息安全对抗大赛线上个人挑战赛	省级	二等奖	2018	河南省教育厅
18	第三届河南省高等学校信息安全对抗大赛线上个人挑战赛	省级	一等奖	2018	河南省教育厅
19	第八届全国大学生电子商务三创赛（河南赛区）	省级	特等奖	2018	河南工业大学代章
20	第八届全国大学生电子商务三创赛（河南赛区）	省级	一等奖	2018	河南工业大学代章
21	河南省第十一届ACM大学生程序竞赛	省级	三等奖	2018	河南省计算机协会
22	第三届河南省高等学校信息安全对抗大赛	省级	三等奖	2018	河南省教育厅
23	全国大学生英语竞赛（河南赛区）	省级	优秀奖	2018	全国大学生英语竞赛河南赛区组委会
24	第八届全国大学生"创新、创意及创业"挑战赛	省级	一等奖	2018	河南工业大学
25	河南省第三届信息安全对抗赛（个人）	省级	一等奖	2018	河南省教育厅
26	河南省第三届信息安全对抗赛（线下）	省级	三等奖	2018	河南省教育厅

服务地方的大数据+城建平台
——河南城建学院大数据协同创新基地

关键特征：以河南省建设行业大数据中心、河南省城乡规划大数据协同创新中心和河南城建学院—大数据应用创新中心为载体，突出城建特色，以国土、规划、交通为方向，推动政校企三方合作，聚焦产教深度融合，服务地方。

创新要点：以"大数据+城建"的创新思维，通过政校企三方合作模式，建设"大数据+专业"的工程技术团队，促进"大数据+城建"实训基地发挥协同育人、协调创新与服务地方经济的实效。

网　　址：http://jsjgc.hncj.edu.cn/

基于教育部学校规划建设发展中心发起的数据中国"百校工程"产教融合创新项目，河南城建学院和曙光瑞翼教育双方围绕建设地方性大数据协调科研创新、应用服务、人才培养等目标，建立河南城建学院—曙光瑞翼大数据学院（简称"学院"）和河南城建学院—大数据应用创新中心（简称"中心"），共同探索产教融合培养人才的政校企合作模式及运行机制。

一、基地基本情况

在河南省住建厅、平顶山市政府的支持下，结合自身的专业特色优势，基地已经在研发队伍、数据采集、平台建设、应用服务等方面具备了一定的基础，同时在高分数据的采集、分发、处理、应用等方面进行了研究。

（一）基本功能

本着建设教学型、科研型、区域型和行业型大数据应用中心的目标，建设河南城建学院—大数据应用创新中心，中心的基本功能为：

（1）指导学生参与全国创新创业比赛。通过参与各项比赛锻炼学生自我表述的能力、团队协作的能力、思维创新的能力以及项目策划的能力。

（2）指导学生参与项目开发。通过参与中心接洽的项目，由企业老师、学校老师以及学生共同组成项目开发团队。使得学生掌握编程语言、逻辑思维以及对项目的整体规划，使学生参与项目的开发与项目交付。

（3）指导学生参与教师科研工作。通过学校老师以及企业老师共同指导学生参与科研项目，使学生掌握先进前沿技术，增加学生的实践动手能力。

实训室通过光纤与设备区服务器相连，可同时容纳200人参与大数据相关语言与主流开发工具的学习：

（1）掌握大数据主流编程语言。学生可以基于开源 Cloud Foundry 立即访问多语言应用程序平台。Infinity 9000 平台提供对 Python、R、Java、Scala、Node.js、PHP、Go 等运行时的预配置支持，并且能够与可动态绑定的服务和 API 表达式结合使用，从而可大大减少学生的开发时间，使得学生快速掌握相关技能。

（2）掌握大数据相关主流工具。通过垂直整合项目化（VIP）教学，学生从大一至大四可熟练操作市面主流数据分析相关工具，掌握数据采集、数据预处理、数据分析、数据挖掘、数据可视化技术。例如，数据挖掘工具（Mining）、数据可视化工具（Insight User Console）、数据预处理工具（Kettle）等。

（二）组成架构

中心建设团队认真落实、积极调研、科学规划，与曙光瑞翼教育通力合作，在基地建设，人才、团队资源建设等诸多方面均取得进展，特别是应用科研活动和应用服务取得可喜进展。

二、全面建设

（一）投入情况

双方共实际投入1000万元（双方各500万元）建设硬软件平台，平台包括四大系统：大数据平台核心系统、大数据教学系统、大数据应用开发管理系统、大数据应用工具系统。整个平台的数据规模可达600TB以上，100个计算节点，提供3000核并行计算能力以及9984核流处理能力。大数据应用创新中心实景如图1所示。

图 1 河南城建学院—大数据应用创新中心实景

（二）建设过程

中心以曙光瑞翼教育工程师为骨干，由企业工程师和学校教师共同组成包括 9 名博士在内的双师型团队，发挥企业工程的行业应用经验优势与学生教师的理论教学优势，实现理论教学与实践教学的有机结合。

在研究生层次的教育方面，河南城建学院与曙光瑞翼教育也积极合作，共同签署了《联合培养硕士研究生合作协议》，本着"优势互补、资源共享、互惠双赢、共同发展"的原则，共享学科平台、人才、工程技术等资源，在项目研发、工程实践、人才培养等方面建立全方位的合作关系。

三、基地运行

（一）体制机制

学校和曙光瑞翼教育密切合作，完善了中心组织管理架构，如图 2 所示。

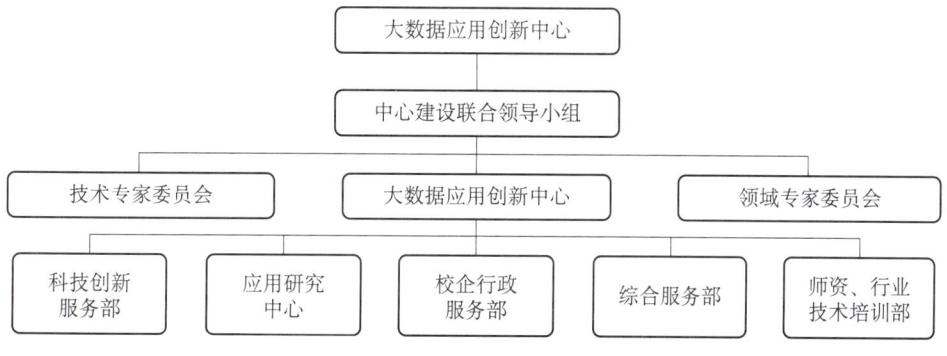

图 2 大数据应用创新中心组织管理架构图

（二）人才培养

河南城建学院—曙光瑞翼大数据学院严格按照行业的技术要求、素养要求去设计课程体系，以行业人才评价方法和标准去定义培养标准和培养质量，构建行业人才成长的环境，强调实践和理论的结合，在完成实际项目的实践环节中进行理论的学习和理解，通过理论或原理的应用来解决实际问题或完成实际项目。同时，强调人才复合能力和创新能力的培养。学院贯彻国际工程教育专业认证（OBE）人才培养理念，以培养具备解决复杂工程问题能力的应用创新型人才为目标，采用垂直整合化项目（VIP）教学体系，整合校企资源，遵循工程人才成长规律，开展应用科研与行业应用，促进实践性知识与技能的养成。

曙光瑞翼教育专业团队入校后，第一时间和计算机与数据科学学院的领导和老师修订了"信息管理与信息系统（大数据方向）"人才培养方案，并根据教务处的要求，以大数据产业发展为基础，校企合作制订了新的教学大纲、课程体系、课程标准等教学要求性文件，在2016级、2017级和2018级合作学生中开始实施。在学院日常教学工作的基础上，成功申报了"数据科学与大数据"专业，并招收2018年新生150名，新生均是第一志愿录取，学生的录取成绩和入校后学习积极性均有明显提升。成功申报"数据科学与大数据"专业之后，双方共同制订了"数据科学与大数据"人才培养方案，于2018级新生开始实施。

由企业工程师与学校教师共同指导的学生团队，参加了由教育部高等学校计算机类专业教学指导委员会、中国工程院中国工程科技知识中心、联合国教科文组织国际工程科技知识中心主办的2018首届全国高校大数据应用创新大赛，经过预赛、分赛区决赛和全国总决赛三阶段为时5个多月的激烈角逐，最终河南城建学院—曙光瑞翼大数据学院参赛的三支学生团队均在全国总决赛中获奖（如图3所示），其中1项国家级二等奖，2项国家级三等奖。

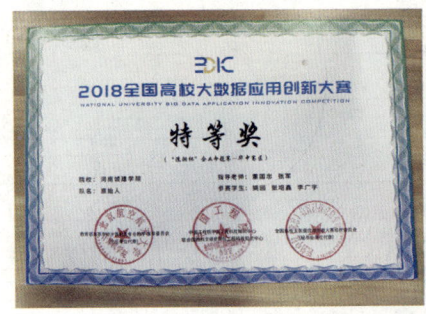 

图3　依托大数据学院获得的部分奖项

（三）社会服务

1. 河南省墙材大数据项目实施中。
2. 住建部业务共建洽谈中。
3. 积极参与平顶山市智慧城市建设。
4. 与河南省地质调查院签订战略协议，共同推动地下空间数据化和利用。
5. 校企合作快速推进：在物联网、云计算、移动开发、大数据等方向分别与H3C、郑州青云等建立了合作关系。

四、建设成效

（一）主要成绩

1. 科研工作

表1　　　　　　　　　　　近三年的科研项目申报情况统计

	申请人	课题名称	所属机构	时间
1	何宗耀	Hadoop技术及应用课程建设	教育部高教司	2017.08
2	刘荣辉	复杂环境下制造企业大数据柔性智能处理	河南省科技厅	2015.10
3	刘荣辉	墙改数据项目	河南省住建厅	2016.08
4	柳运昌	基于城乡规划大数据的多规融合技术研究	河南省教育厅	2017.06
5	柳运昌	云环境下面向大数据分析应用的任务调度技术研究	河南省科技厅	2017.11
6	郭力争	时空大数据下用户出行特征挖掘研究	河南省教育厅	2017.06

2. 平台建设

表2　　　　　　　　　　　平台建设统计

	项目名称	协同单位	现在状态
1	河南省建设行业大数据中心	河南省住建厅	推进中
2	河南省城乡规划大数据工程研究中心	河南省发改委	已建成
3	河南省地下空间大数据重点实验室	河南省地质调查院	筹备中
4	平顶山交通协同创新中心	平顶山市交警队	筹备中
5	平顶山市规划"一张图"系统	平顶山市规划局	推进中
6	墙材大数据	省建设厅墙改办	已建成

（1）河南省建设行业大数据中心：作为学校与河南省住建厅战略合作平台，按照河南省"一次办妥"政策，服务于住建行业大数据应用创新，积极参与住建厅的"互

联网+政务服务"。已完成和正在实施的有：河南省建设行业数据交换标准、河南省新型墙材大数据应用系统、河南省建设行业征信系统、河南省建设行业电子证照系统等项目。

（2）河南省城乡规划大数据工程研究中心：依托于大数据应用创新中心，2017年经河南省发展和改革委员会批准的大数据创新平台，建设河南省城乡规划大数据资源，进行城乡规划、智能交通、智慧环保等方面的工程应用。

（3）河南省地下空间大数据重点实验室：作为河南城建学院与河南省地质调查院战略合作平台，立足于区域性的地下空间资源专精承载力研究，目的在于建设一个多学科交叉，立足于地下空间资源环境承载力研究的，服务于河南省"百城建设提质工程"和"四个河南"的地下空间领域大数据重点实验室。

（4）平顶山交通协同创新中心：通过与平顶山市公安局、北京晶众智慧交通科技股份有限公司、高分辨率对地观测系统河南中心平顶山分中心等合作，聚焦城市交通领域，推动智能交通产业发展，服务智能交通产业。

3. 数据源建设

前期搜集整理了2002—2015年部分行业环境数据、城市建设数据、林业数据（见图4）。

数据主要来源于四个方面：一是华通人数据（国家宏观经济数据和区域经济数据）、国家信息中心房地产信息网（房地产信息）、万物云（环境资源数据）及其他行业标准、规范，意向明确，正在积极推进；二是共建数据，包括平顶山市相关机构（环保局、统计局、工信局、住建局、国土局、规划局等），部分有意向，部分在协商中，总体推进还需进一步加强；三是作为建设行业的基础数据，正在积极推进与国防科工局的军民融合，实现高分数据中心的共建；四是自行采集的相关数据，利用相关企业提供的测试版搜索引擎，已经获取了部分纯度不高的权威数据，此项工作还需进一步加强。

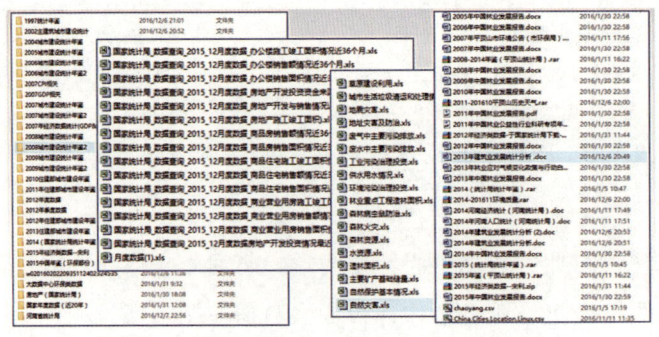

图4 依托大数据学院整理的部分行业数据

（二）创新经验

1. 依托河南城建学院专业特色，立足于环境、交通、规划、地信等行业，与住建部、河南省建设厅、平顶山市各机构联合共建河南建设行业大数据中心。

2. 服务地方：依托大数据应用创新中心作为高分中心数据存储、数据管理和数据处理中心；建设了多源遥感数据查订接收子系统、高分遥感数据分发服务子系统、会商展示子系统等，完成高分数据及专题示范应用（耕地、林地、城市绿地、河流、湖泊、水库、建筑工地、交通用地、工矿用地、其他用地）的综合展示；就"智慧鹰城"建设中的智能交通、智慧环保方面也在不断沟通中。

3. 面向行业：依托大数据应用创新中心的人才和平台优势，积极推进与住建行业的合作力度。承担的"河南省墙材大数据"项目基本完成，其他领域的合作也在不断推进中。

4. 以人才培养为基础，深化人才培养模式改革，打造"校、企、行、政"四方联动工作方式，培养具有综合素质和创新创业能力的高级应用技术型人才，按照"战略合作、校企一体、产学链接、共建共管"的原则，建立校企合作管理委员会，完善校企合作机制，搭建实习实训基地平台。

5. 以服务行业、地方为主旨，学校的教育、科研项目建设在实际应用中要与国家和行业政策相结合，密切关注"新产业、新业态、新技术"领域以及行业地方经济发展迫切需求（见图5），紧紧围绕经济社会发展需求，更好地发挥河南城建学院—大数据应用创新中心、河南省城乡规划大数据工程研究中心在全国全省的优势，提升大数据领域自主创新能力，建设河南建设行业大数据中心与平顶山市智慧交通协同创新中心。

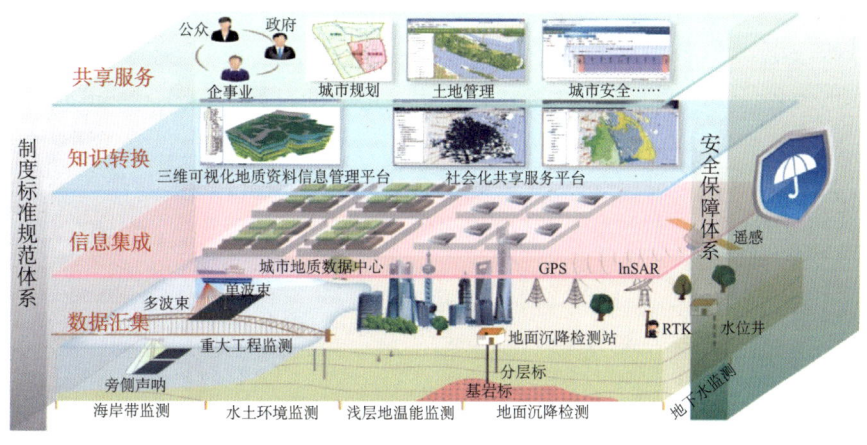

图5 行业制度规范体系图

五、发展规划：校企政应用平台——打造城建大数据特色

构建学校与河南省住建厅、河南省地质调查院、平顶山市国土资源局的战略合作平台，立足于区域性的国土空间资源专精承载力研究，目的在于建设一个多学科交叉，立足于国土空间资源环境承载力研究的，服务于河南省"百城建设提质工程"和"四个河南"的国土空间领域大数据重点实验室。实现地质调查、城建大数据、规划、测绘、地下空间等多方的有机结合，为城市的规划、建设、开发、城建管理服务。基于数据中心的"1+X"服务，为政府、行业、社会、公众提供数据共享服务。

1. 以人才培养为基础：河南城建学院—曙光瑞翼大数据学院建设快速推进，同时在交通工程、城市规划、环境工程、房地产管理等相关专业开设大数据类课程，既要培养大数据应用的技术人才，同时也要提升其他行业领域人才的大数据素养。

2. 以服务地方为宗旨：不断加大与住建部、河南省住建厅、平顶山市政府的沟通，尽快推进大数据中心在住建行业和"智慧鹰城"建设中的数据支撑和决策支持。

3. 立足行业：依托河南城建学院专业特色，立足于环境、交通、规划、地信等行业，与住建部、河南省建设厅、平顶山市各相关机构联合共建河南建设行业大数据中心；积极推动河南省墙材大数据项目建设；加强高分辨率对地观测系统河南数据与应用中心平顶山分中心建设和共享。

4. 以协同创新为导向：与企业密切合作，特别是依托"百校工程"百校互联的"大数据应用协同创新网络"和人才共享优势，积极推进协同创新，构建四个教育教学与科研平台：实习实训基地平台、专业建设管理平台、师资队伍建设平台、应用科研开发管理平台。

附件：

1. 实训课程、课时、课程结构模块和课程评价标准一览
2. 创新创业教育主要成果一览

附件 1

实训课程、课时、课程结构模块和课程评价标准一览

名称	名称子项	相关情况	备注
实训课程数量及结构模块	历年课程数量	2017年2门课程 2018年5门课程 2019年3门课程	2017年、2018年总课程数量
	历年课时数量	2017年360课时 2018年192课时 2019年440课时	2017年、2018年总课时数量
	历年教材数量	2017年2本教材 2018年3本教材	2017年、2018年使用
课程评价标准	历年总平均成绩	2017总平均成绩：86.2 2018总平均成绩：85.7	2017年、2018年总平均成绩
	满意度调查	2017年满意度98.6% 2018年满意度98.3%	2017年、2018年满意度

附件 2

创新创业教育主要成果一览

1. 2018年全国高校大数据应用创新大赛，获1项国家级二等奖、2项国家级三等奖
2. 2019年全国高校大数据应用创新大赛，获1项国家级三等奖

线上线下结合的"未来云"
——河北民族师范学院创新创业实训基地

> **关键特征：** 以大数据应用创新中心平台为依托，以市场需求为导向，以大数据项目研发为载体，开展曙光瑞翼大数据学院创新创业教育和创业孵化工作，有效推进产教融合项目的落地生根。
>
> **创新要点：** 深化高等教育综合改革，激发大学生的创造力，培养造就"大众创业、万众创新"的生力军；加强学生创新思维与创业意识的培养，推动学生创新成果转化，以创新引领创业，创业带动就业，推动河北民族师范学院毕业生更高质量创业就业。
>
> **网　　址：** http://www.hbun.edu.cn/smartcore/web/sxyjsjx/index.htm

"未来云"创新创业实训基地，旨在培养学生从原有行业认知拓展为"行业+大数据"的创新思路，提供理论与实践的双创环境，推动创新创业教育教学改革，转变人才培养模式，强化创新创业能力训练，培养适应创新型国家建设需要的高水平创新人才。

一、基地基本情况

"未来云"创新创业实训基地占地面积400余平方米，包括教学实训中心、应用体验中心、科研办公中心、平台设备中心、会议中心及成果展示大厅。基地实地图如图1所示。

图1　河北民族师范学院双创基地

（一）基本功能

1. 锻炼学生基本职业技能。
2. 补充和拓展学生专业技术能力。
3. 培养学生的创新创业能力。
4. 提高学生专业及创新创业素养认知。
5. 锻炼学生解决实际行业问题的能力。

（二）服务面向

基地面向的服务群体以河北民族师范学院数据科学与大数据技术专业、计算机科学与技术专业、软件工程专业、应用统计学专业 4 个专业的学生为主体，带动全校学生创新创业工作。

（三）组成架构

"未来云"创新创业实训基地由一个平台、一个实训中心两大主体组成，实现线上、线下一体化的创新创业教育模式，包含创新创业云平台、创新创业实训中心两个部分，创新创业实训中心下设瑞翼工坊、云端蜂巢大数据学社、数据文化园、创新创业工作室 4 个部分。组织架构如图 2 所示。

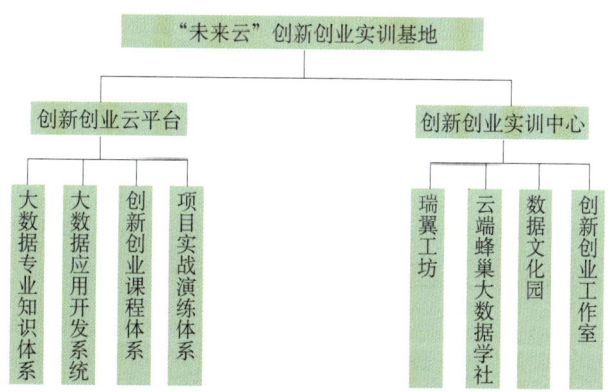

图 2　基地组织架构图

二、全面建设

（一）投入情况

基地总建设投入资金约1100万元，其中基础性设施建设约100万元、设备投入1000万元；投资总额中学校投入约600万元，曙光瑞翼教育投资500万元。

（二）建设过程

1. 校企双方共建、共管、共营

为了项目的顺利实施，学校特成立河北民族师范学院——曙光大数据管理委员会，作为基地最高决策管理机构。学校指派数学与计算机科学学院为直接对接单位，基地设主任1名、副主任3名，其中企业指派驻校项目部项目经理担任副主任，和学院配合直接负责基地日常管理工作。

2. 打造工程师与教师混编团队

曙光瑞翼教育方面派驻项目经理1人、大数据工程师3人、职业导师1人，数学与计算机科学学院指派由数据科学与大数据技术专业负责人牵头的5名教师，双方组成工程师与教师的混编团队共同进行对基地学生的指导工作。

三、基地运行

（一）体制机制

"未来云"创新创业实训基地通过一个云平台加一个实训中心的模式，把对学生专业能力、职业能力和创新创业能力的锻炼有机结合起来。在校企双方混编教师团队的带领下极大地提高了学生解决复杂工程问题的能力。

（二）人才培养

1. 创新创业云平台

创新创业云平台的主要功能是开发线上资源，实现学生自主学习和自主开发的能力培养。平台依托"大数据应用创新中心"，由学校教师企业工程师共同开发线上课程，扩充学校的创新创业课程资源、教学科研平台，提升双创师资的教学水平，并邀请各高等院校科研、教学带头人，骨干教师开展区域联动大数据技术教学研修班，提升服务地

方产业发展能力，探讨大数据专业建设、教学经验交流等。

目前正在开发的线上课程包括：①大数据专业知识在线课程体系；②大数据应用开发在线课程体系；③创新创业在线课程体系；④项目实战演练在线课程体系。

通过创新创业平台的建设，能够有效提升教师的大数据意识，应用科研及创新创业能力，提升学院承接课题与项目的能力，实现理论教学与实践教学的有机结合，同时能有效提升院校服务区域经济发展能力，打破大数据行业应用"瓶颈"，不断完善人才培养模式，实现校企协同创新。

2. 创新创业实训中心

创新创业实训中心的建设包括了以学生创新创业专业能力培养为目的的瑞翼工坊，以组织学生开展创新创业活动为目的的云端蜂巢大数据学社，以开展大数据文化素养培养及创新创业学术交流为目的的数据文化园，以组织、开展、指导学生参与双创竞赛为目的的创新创业工作室。通过四部分的建设实施，为学生的创新创业成果落地提供全面有力的支撑。

（1）瑞翼工坊。瑞翼工坊的建立是从专业能力方面保障学生创新创业成果的落地。

作为一个以学生为中心的成长孵化载体，瑞翼工坊旨在营造一个具备项目孵化功能的真实的企业生态环境，激发优秀人才成长。工坊由学生全面负责运营管理，学校教师、企业工程师与行业专家承担工坊运营管理的顾问角色。瑞翼工坊组织架构如图3所示。

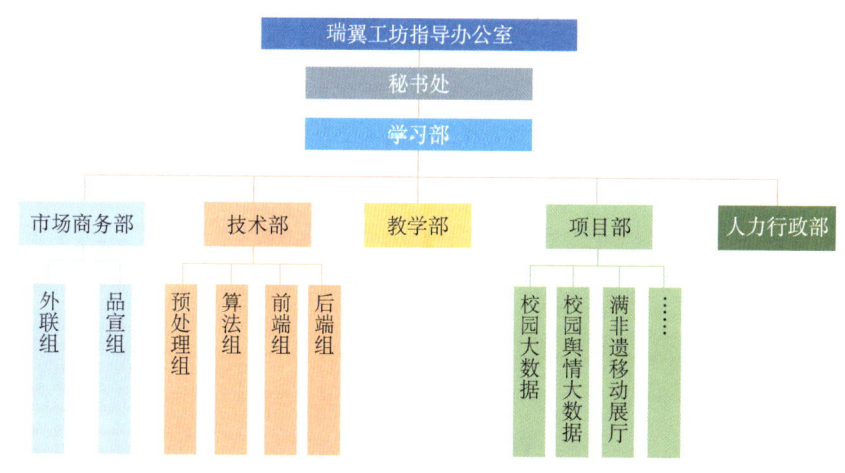

图3 瑞翼工坊组织架构图

瑞翼工坊开展的活动内容分为：①学生专业课程的课下补充及拓展；②创新创业

基本职业技能的培养；③申报科研课题，参加各类比赛；④行业应用实训及地方项目承接。

工坊针对不同年级的学生设定了差异化的学习计划：

大一新生尚未开设核心专业课程，适合开展素质培养，如办公软件操作、基本文档撰写及其他商务技能培养，适当加入高年级团队承担部分非专业性工作，提前熟悉行业应用、课题申报、竞赛等内容。

大二学生已经开始核心专业课学习，应注重专业内容课下的补充和拓展，结合专业知识培养学生的实际应用能力，并开展对团队协作、任务统筹、分解等能力的全面培养。

大三学生已经具备一定的专业基础，是整个学生团队中专业能力较高的层级，负担行业应用和科研创新中的主体工作，并在团队中起到学科带头引领的作用，应注重培养团队完整的项目交付能力。

大四学生全面进入实习及就业筹备阶段，应着重加强实习就业相关的能力培养。

未来，瑞翼工坊将倾尽全力整合各方优质资源，全力打造一个真实的企业级人才成长生态环境，全面提升学生的创新和创业能力，开展以专业实践为导向的学生活动，打造创新应用型人才培养基地。

（2）云端蜂巢大数据学社。云端蜂巢大数据学社的建立是从学生活动方面保障创新创业成果的落地。

学社由学生组织开展各类大数据相关活动，旨在促进学生将理论知识与实践相结合，提高学生的策划、设计、实现、协调组织和解决问题的能力；培养、锻炼大学生创新意识、创意思维与设计和创业能力。

学社开展的主要活动包括：①定期组织大数据及双创相关活动，每学期一次大型活动，每月一次小型活动；②每学期组织一次大数据知识竞赛；③每学期组织一次大数据及双创行业基地参观活动；④组织、策划并保障每学期一次的大数据文化周活动的顺利进行；⑤"未来云"创新创业实训基地的品牌运营，公众号维护等。

经过一年多来的运营，学生的组织、策划、执行能力获得充分的锻炼；通过行业基地参观，学生更直观了解了大数据及双创项目的开发流程和成果，增强了创新创业意识；通过大数据文化周，学生深入了解大数据、应用大数据、形成大数据思维；通过双创基地的品牌运营，更多院系的学生了解并加入到双创基地中来，使全校各个院系形成优势互补，带动全校范围内创新创业活动的开展。

（3）数据文化园。数据文化园的建立是从双创理念培养、素质提升等方面保障学生的双创成果落地。

数据文化园由数学与计算机科学学院教师和曙光瑞翼教育工程师团队组成。负责大数据文化相关理念的传播，创新创业思想及技能的指导，组织、协调、开展行业、双创相关讲座。

数据文化园通过制订双创人才培养方案，建立了双创人才培养的长效机制；通过加强校、政、企沟通渠道，建立双创人才培养外界合作模式；通过对老师及学生创新创业思维的培养，全面带动学校创新创业活动的开展；通过对大数据文化的传播，使"大数据＋行业"的理念深入人心，促进院系间的交流与合作。

（4）创新创业工作室。创新创业工作室为参加高水平科技竞赛的项目团队提供指导及培训，是高水平赛事中优秀科技作品的重要孵化基地。

中心以创新创业工作室为主导，协调整合校企资源建设的数学建模工作室、大数据应用研发工作室、数据挖掘与分析工作室、机器视觉与智能制造工作室平台，开展指导并支持学生参与双创相关的各类竞赛，促进创新创业教育和创业孵化。

（三）社会服务

开放创新创业培训能力：将创新创业云平台的课程体系面向全校师生开放，充分发挥创新创业实训基地优势，面向政府、事业单位和承德地区企业开展培训服务。

四、建设成效

（一）主要成绩

目前，学生已在参与的各层级多项竞赛中取得优异的成绩，包括华北五省及港澳台大学生计算机应用大赛（如图4所示）、泰迪杯数据分析挑战赛（如图5所示）、"互联网＋"大学生创新创业大赛，等等。

在行业应用创新方面，目前也有双创中心所推动的校园教育大数据、校园舆情大数据、满非遗移动展厅、承德市文化旅游大数据、承德市公交大数据、承德市农业大数据等多个行业项目。

 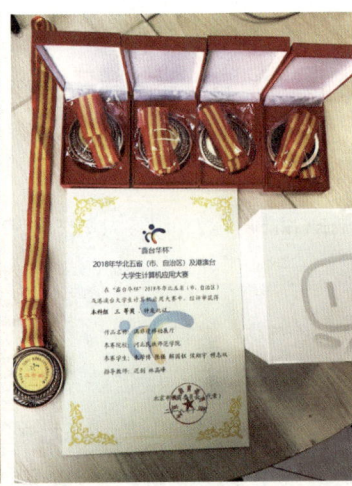

图 4　大学生计算机应用大赛获奖证书及奖牌

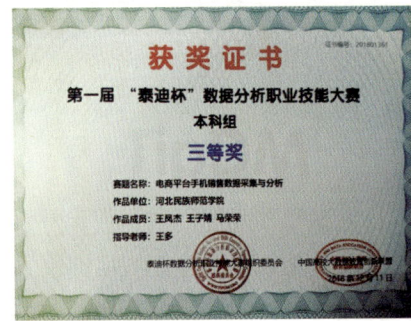 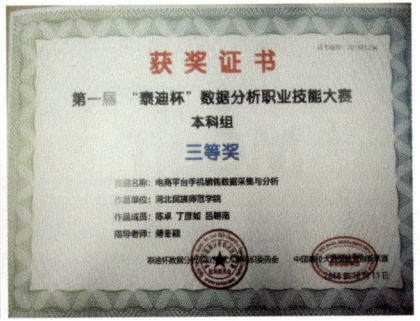

图 5　泰迪杯技能赛证书

（二）创新经验

"未来云"创新创业实训基地，旨在培养学生从原有行业认知拓展为"行业＋大数据"的创新思路提供理论与实践的双创环境，推动创新创业教育教学改革，转变人才培养模式，强化创新创业能力训练，培养适应创新型国家建设需要的高水平创新人才。

"未来云"创新创业实训基地包含一个云平台、一个实训中心两大主体，实现线上、线下一体化的创新创业教育模式。一方面，开发线上资源，实现学生自主学习和自主开发的能力培养；另一方面，通过以加强学生创新创业专业能力为主的瑞翼工坊，以组织学生开展创新创业活动为主的云端蜂巢大数据学社，以开展大数据文化素养培养及创新创业学术交流的数据文化园，以带领学生参加高水平创新创业大赛为主的创新创业工作室 4 个维度的线下实施，保障对学生创新创业教育成果的落地。

五、发展规划

为保障"未来云"创新创业实训基地建设的顺利进行及双创成果的落地，使校企双方在未来工作中有据可依，基地特制订三年期整体规划，分基本建设完善阶段、创新创业实践阶段和初步成果落地阶段，具体如下：

1. 基本建设完善阶段（2019年）

（1）"未来云"创新创业实训基地基本架构的建立，制定完善的总体制度及瑞翼工坊、云端蜂巢大数据社团、数据文化园的制度细则，建立起长效运行机制。2019年3月完成。

（2）完成创新创业云平台的搭建，规划在线课程的开发内容及进度，完成大数据专业体系在线课程、创新创业在线课程的开发。2019年12月前完成全部课程开发并做持续更新。

（3）设立教育大数据、文化旅游大数据、满非遗大数据项目，并由指导老师带领学生完成项目开发工作，提交可视化成果。2019年12月底前提交最终成果。

（4）建立起对外沟通合作机制，探寻校政企合作模式，推动行业互访，建立校外行业参观基地不少于1个。

（5）组织学生参加大数据、创新创业相关比赛，以赛促学。参加不少于4次比赛，获得至少一项省级或省级以上奖项。

2. 创新创业实践阶段（2020年）

（1）云平台线上课程持续更新。

（2）承接或模拟不少于3个金融、农业等大数据行业实战项目，并于年底前交付。

（3）建立校外创新创业实践基地，落地校政企合作模式。

（4）校内开展跨院系、跨专业的创新创业实践合作，落地"大数据+行业"合作模式。

3. 初步成果落地阶段（2021年）

（1）在线课程的持续更新与校外基地的进一步建立。

（2）依托完成的行业应用项目，带动学生开展创业活动，校企双方选取优秀创业计划给予扶持，保障不低于2个的创业成果落地，并给予持续的跟踪和支持。

附件：1. 基地保障性制度文件名录
   2. 基地承担实训课目一览

3. 实训课程、课时、课程结构模块和课程评价标准一览

4. 创新创业教育主要成果一览

5. 基地科研课题一览

附件 1

基地保障性制度文件名录

《河北民族师范学院科研创新团队评选办法》

《河北民族师范学院科研项目管理办法》

《河北民族师范学院科研项目经费管理办法》

《河北民族师范学院优秀科研成果奖评选办法》

《河北民族师范学院优秀教学成果奖管理办法》

《河北民族师范学院教学名师工程实施办法》

《河北民族师范学院实验室开放管理办法》

《"未来云"创新创业实训基地建设方案》

附件 2

基地承担实训课目一览

序号	实训课目名称	教学目标	面向专业
1	准职业人导向训练	本课程的实践教学，使学生具备良好的职业道德和职业的基本行为规范；能够具备团队精神，融入团队并对团队的角色有所理解，能进行团队合作；具备基本口头表达能力和沟通能力；同时具备终身学习的能力，为从事本专业岗位工作研究以及管理工作奠定基础	数据科学与大数据书、计算机科学与技术、软件工程、应用统计学
2	职业定位与发展训练	本课程的实践教学，使学生进一步提升职业道德和行为规范；具备基本的演讲演说等口头表达能力；具备基本的逻辑分析能力、解决问题能力等职业综合能力，同时能够进行自我职业定位和规划发展方向，为从事本专业岗位研究以及管理工作奠定基础	数据科学与大数据书、计算机科学与技术、软件工程、应用统计学
3	数据采集与导入综合实训	使学生掌握各种数据源的采集及不同数据之间互相转换的方法，增强学生对数据的理解及处理能力	数据科学与大数据书、计算机科学与技术、软件工程、应用统计学
4	复杂数据预处理综合实训	培养学生运用工具及 Python 程序熟练地对数据进行清洗处理，从而掌握数据 ETL 过程，增强学生实践动手能力	数据科学与大数据书、计算机科学与技术、软件工程、应用统计学

续表

序号	实训课目名称	教学目标	面向专业
5	行业项目安装部署实战	培养学生掌握 Hadoop 平台的伪分布模式部署,掌握编写解析环境数据文件并进行统计的代码,运用 MapReduce 对大量数据进行分析处理的实战能力	数据科学与大数据书、计算机科学与技术、软件工程、应用统计学
6	大数据可视化实战	用以培养学生对大数据可视化常用工具——Tableau 的掌握及应用,了解当前行业主流可视化 BI 工具,结合实际案列,学习主流的可视化方法并且能够完成数据提取、数据分析最终到数据可视化的操作,并且掌握主流可视化方法	数据科学与大数据书、计算机科学与技术、软件工程、应用统计学
7	数据挖掘技术综合实训	用以培养学生对常用数据挖掘算法的掌握以及应用,结合实际的操作实验,使学生掌握从数据中提取有价值的知识,进一步提高信息量利用率,以自动、智能和快速地分析挖掘海量的原始数据,以使数据得以充分利用	数据科学与大数据书、计算机科学与技术、软件工程、应用统计学

附件 3

实训课程、课时、课程结构模块和课程评价标准一览

名称	名称子项	相关情况	备注
实训课程数量及结构模块	历年课程数量	2017 年 2 门课程 2018 年 4 门课程	2017 年、2018 年总课程数量
	历年课时数量	2017 年 128 课时 2018 年 256 课时	2017 年、2018 年总课时数量
	历年教材数量	2017 年 2 本教材 2018 年 4 本教材	2017 年、2018 年使用教材数量(不分专业)
课程评价标准	历年总平均成绩	2017 年总平均成绩:86 2018 年总平均成绩:88	2017 年、2018 年总平均成绩(不分专业)
	满意度调查	2017 年满意度 96% 2018 年满意度 98%	2017 年、2018 年满意度(不分专业)

附件 4

创新创业教育主要成果一览

1. 华北五省及港澳台大学生计算机应用大赛,获省三等奖
2. 第一届泰迪杯职业技能赛,获一等奖 1 组、二等奖 3 组、三等奖 8 组
3. 第七届泰迪杯数据挖掘挑战赛,获三等奖
4. 2019 "联想杯"全国高校大数据能力提升大赛校内选拔赛,6 人晋级全国初赛
5. 2018 年美国大学生数学建模竞赛,获三等奖

6. 2018"高教杯"全国大学生数学建模大赛，获省一等奖 1 组、省二等奖 1 组

7. 2018 中国技能大赛——河北省电子信息职业技能大赛，获团体三等奖

8. 河北省 2019 年第八届创新创业大赛，获省二等奖

附件 5

基地科研课题一览

序号	姓名	项目	签订	合作企业
1	李秀云	多元数据融合背景下数据仓库和可视化研究	2016 年 10 月	中科曙光
2	李秀云	智慧校园	2017 年 7 月	中科曙光
3	李秀云	旅游大数据	2017 年 9 月	承德市旅发委
4	李秀云	承德市公交智能调度系统	2018 年 5 月	承德市公交集团

以实战案例践行实践教学
——三明市汽车工程职业教育实训基地

关键特征： 以国家中长期发展规划和福建省加快发展现代职业教育为指导思想，以省级先进示范性实训基地为发展目标，聚焦产教深度融合，打通汽车工程职业教育"断头路"，搭建应用型技术技能人才培养"立交桥"。

创新要点： 以"校＋校＋企"联合开发为创新要素，以"分层教学＋驱动创新班＋行为导向教学法"为特色，以推进产教融合、建设省级先进示范性职业教育实训基地为发展目标，以共享开放、协同发展、突出重点、强调特色为建设原则，以高规格实践教学条件、双师型教学队伍、开放运行机制为建设内容，集学生实训、师资培训、技能竞赛、职业培训、技能鉴定、产品生产、技术研发"七位一体"，特色鲜明的实习实训基地。

网　　址： http://www.fjsmu.cn/jdgcxy/3424/list.htm

三明市汽车工程职业教育实训基地依托车辆工程服务产业特色专业、省级大学生校外实践基地，由三明学院、中国重汽集团福建海西汽车有限公司、三明市第二高级技工学校合作共建；面向汽车与机械两大主要专业，涵盖电子科学与技术等七大专业；师资队伍44人，双师型比例达96%；拥有4500平方米校内实训场地，1630余万元设备；学生实训年均1200人（超过23000学时）以上。基地构建模块化实践教学体系，获得科研项目40余项、科研奖励8项，发表论文50篇；省级教学成果奖10人次，授权知识产权80余项；聚焦汽车构造、汽车检测与维护等20余门核心课程，开设在线课程1项，编写优秀特色教材1部，联合企业开发教材5部，拥有福建省微小型增程式电动汽车动力系统公共服务平台等6个省级科技平台。基地开展学生实训、技能竞赛、职业培训等多种公共服务，上一年度为企业培训员工165人次。学生竞赛获得国家级奖项60余项。实训基地规划可行、方案合理、保障良好、运行高效。

一、基地基本情况

靶标闽西北区域——机械与汽车两大重点发展领域，面向车辆工程、现代汽车维修技术、汽车检测技术、机械设计制造及其自动化等主导专业，涵盖城市轨道交通运输与管理、电子科学与技术、电子信息工程、电气自动化、数控车床与加工、模具制造、环境工程等相关专业。

（一）基本功能

基地以学生实训、师资培训、技能竞赛、职业培训、技能鉴定、产品生产、技术研发等多种公共服务为建设重点。

（二）服务面向

实训基地以三明市汽车工程专业的学生和产业技工为服务对象，三明学院车辆工程专业在校学生2000多人，三明市第二高级技工学校开设现代汽车维修技术、电工电子、汽车商务美容、模具制造、电气自动化等当前大型企业急需的实用技能型专业，现有在校生2100多人，基地每年为社会培训专业技能人才8000多人。

（三）组成架构

校企双方按照"校企融合，分层管理，责任到人，落实到岗"的原则，建立领导小组，组织架构如图1所示。

大学生校外实践指导小组：负责指导本专业学生在企业学习期间培养方案的总体框架制定，负责实践基地的规划、组织、指导和协调。指导小组组长由企业总经理担任，副组长由机电工程学院分管本科教学副院长担任，成员包括企业负责人、专业负责人、实验室主任、学院团委书记等。

大学生校外实践管理工作组：负责健全实践基地内部管理规章制度，负责落实学生在企业学习期间的各项教学安排，负责学生在企业学习期间培养方案的组织实施。实践基地的日常运行由企业负责，校企双方根据实践教学计划的分工合作，配备相应的人员，以企业为主负责该校外实践基地的建设和管理。管理工作组组长由企业分管人力资源负责人担任，副组长由机电工程学院分管本科教学的副院长担任，成员包括企业的总设计师、总工艺师、人资部部长、培训中心主任和机电工程学院分管学生团委书记等。

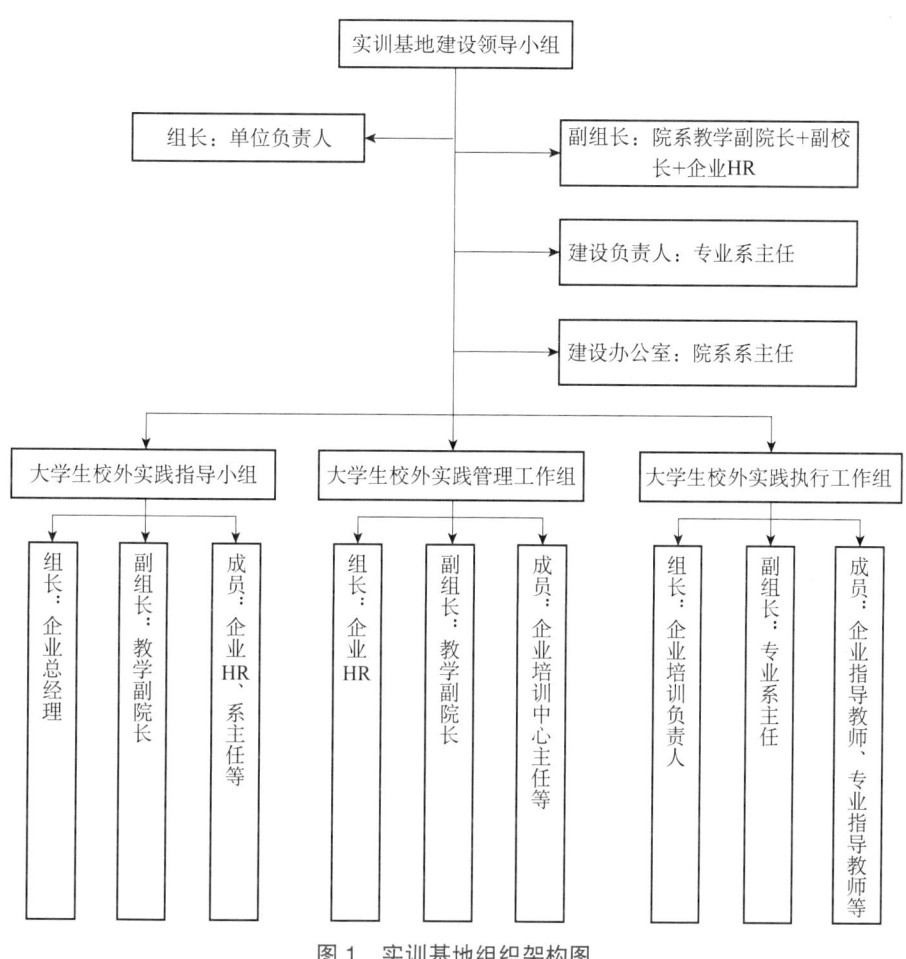

图1 实训基地组织架构图

大学生校外实践执行工作组：负责实践基地的学生在企业学习期间培养方案的具体实施，按照依托企业的规章制度对学生进行管理，负责教学安排、质量评价等关键环节的管理；结合企业实际，提供本科生毕业设计题目和毕业论文课题，负责选派企业兼职教师参与教学和指导；积极创造条件，使学生体验企业真实的生产生活状况，感受企业的先进文化，安排好学生在企业学习阶段的生活，加强对学生的安全、保密、知识产权保护等教育。工作组（主任）组长由企业培训中心负责人担任，副组长由专业负责人担任，成员包括企业人资部、技术中心、生产部等部门负责人，实验室主任，相关实践带队教师等。

二、全面建设

（一）投入情况

三明学院机电工程学院实验中心面积2000余平方米。三明第二高级技工学校汽车实训中心面积2500余平方米。中国重汽集团海西汽车有限公司集团拥有用于产品检测、试制的检测线、性能实验室和试制工厂，占地面积3500平方米。实训大楼内部结构如图2所示。校内实训基地具有有金工实习车间，电气焊工作间，工程力学、机械原理、机械设计、互换性与测量、液压传动、工程材料、传感器与测试技术、精密测量、汽车电子、汽车结构、汽车原理、创新设计工作室等15个专业实验室，装备有大型精密仪器数10台，包括三坐标测量系统、动态信号分析仪、疲劳实验机、万能材料实验机等大型分析测试仪器仪器，现有设备、仪器603件，总价1600余万元。校内基地设有专门机构并配置专职教学和管理人员负责日常管理、教学、运行，专职管理人员不少于5人，每年有50万元的专项运行经费。学校设有"一课双师"专项基金，每年每个专业8万元。

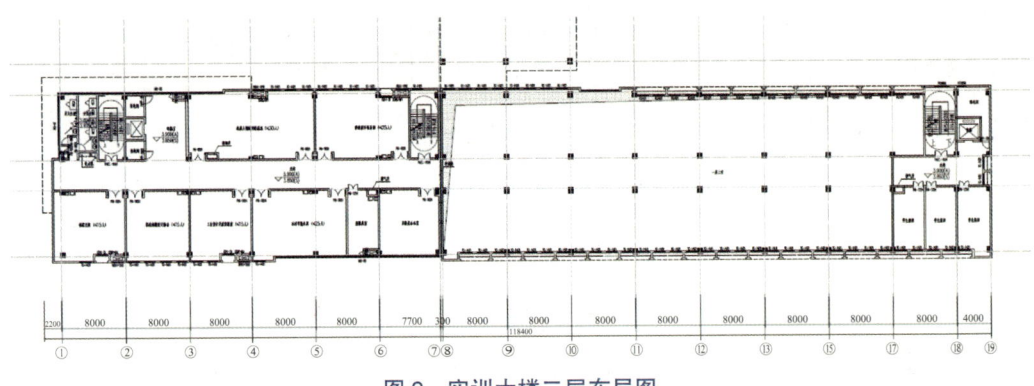

图2 实训大楼二层布局图

（二）建设过程

1. 强力支撑——"双师双能"型教师队伍

基地现有专职教师31名，其中具有中级职称资格以上人员占96.7%；13位企业高级职称指导教师占30.2%；符合学校"双师"认定条件的教师占96.7%；具有行业企业生产一线工作经历（包含基层锻炼实践）的达93.5%；持高级职称的人员比例是58.1%；硕士以上学位的教师达67.4%。师资队伍梯度合理，数量、年龄、学历结构合理，实践经验丰富，架构了一支科研能力强、工程技术过硬的高素质实践教学团队。

2. 作用凸显——模块化实用型课程体系

从知识结构、能力和素质三个方面对学生进行要求，就知识结构而言，要建立核心课程群，同时还需知识结构模块化。汽车工程专业的核心课程群是：机械设计基础、机械制造基础、工程力学、汽车电工与电子技术、控制工程基础、汽车构造、发动机原理。汽车检测与制造还必须具备的知识模块：汽车电器与电子控制技术、汽车试验学、汽车设计、汽车制造工艺学、汽车检测与维护等方向模块。在能力要求方面，最重要的是搞好实践教学。本专业除课内实验外，还安排集中实习，即机械制图测绘、机械工程训练、汽车拆装实习、汽车驾驶实习、汽车工程认识实习、机械设计课程设计、汽车制造工艺课程设计、汽车设计课程设计、生产实习、毕业设计。对于素质培养，学生除学习人文社科知识、接受绿色教育外，还要求参加各类竞赛以及听一定数量的讲座，目的是培养学生的创新意识和创新能力。

3. 有效运行——"3355"创新型人才培养模式

基地采用"三结合、三协同、五体系、五促进"为特征的"3355"创新型人才培养模式（该成果获得福建省2018年第九届教学成果二等奖），具体内容为：

——人才培养的目标定位要体现"三结合"：理论与工程实践相结合、课内与课外相结合、科学素养与职业道德相结合。

——人才培养过程要紧紧把握"三协同"：师生协同以形成教风引领学风、典型带动群体、教学相长、师生共同成长的有利于应用型人才培养的良好氛围；第一课堂与第二课堂协同以促进学生学以致用、用以促学能力的致用大才的锻造；党政协同以推动人才培养机制的完善和措施的落实。

——人才培养具体实施途径要着力打造"五体系"，并进而"五促进"各体系的建设目标，即打造互动融合、过程考核的第一课堂与课程教学管理体系，促进应用型人才掌握一定理论深度和信息广度；打造分类分层的开放实验室建设体系，促进应用型人才工程实践能力的提高；打造激励成效的大学生科技竞赛体系，促进应用型人才理论与实践结合和团队协同能力的提升；打造融入工程的双师型教师成长体系，促进培养应用型人才所依托的应用型学科建设水平的提升；打造生生不息的机电文化体系，促进具有积极进取、协同创新的师德师风、学风院风的形成。

4. 改革推进——培训质量日渐提升

（1）分层实践教学项目。以企业真实案例为实践教学支撑平台，如图3所示。技术技能融合项目，如图4所示。

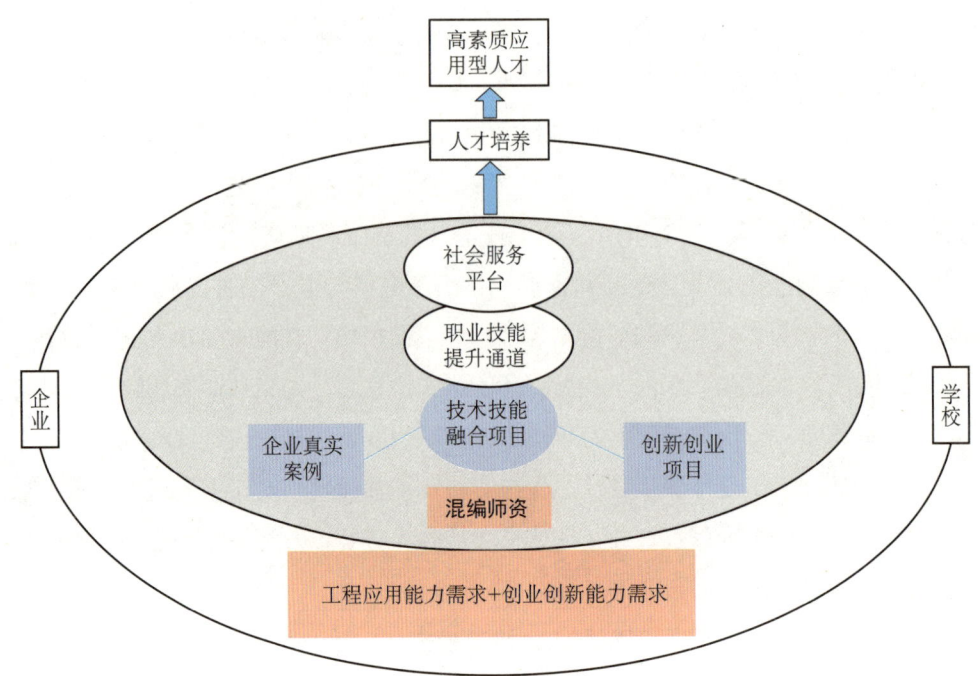

图 3　以企业真实案例为实践教学支撑平台

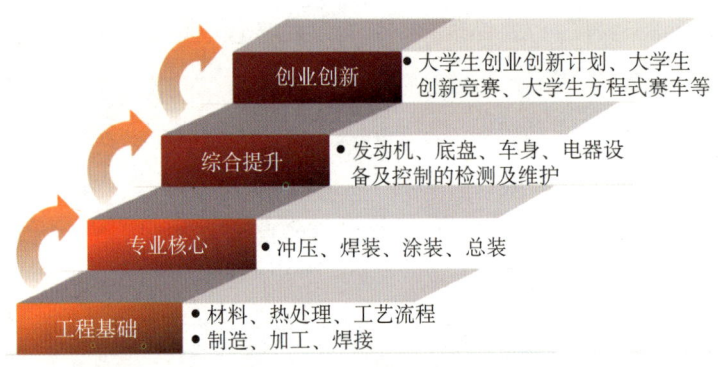

图 4　技术技能融合项目

在实习实训期间形成相关的项目化案例任务书 10 册。按照 IEET 专业的要求,实践教学量测表 10 册,相关实践教学大纲 6 册,累计学生实习人数 1200 余人。承担教学任务的企业教师数 13 人,企业教师参与开设的课程数 8 门,企业教师承担的理论(实践)课程总学时数 20000 余学时,企业教师承担的毕业设计和实习周数 54 周;高校派到企业进修的教师数 5 人。汽车工程专业实践教学学分比例为 30% 左右,其中设计类、综合类的教学时数占总学时比例为 35% 左右。

(2)驱动创新班。应用示范型高校服务地方经济。三明学院提出"地方智库""产业伙伴""人才基地"功能定位，针对行业企业需求，三明学院开办了企业驱动创新班，如学院和闽光集团"订单"培养的数字化砂轮锯驱动创新班、"方程式"赛车驱动创新班等，校企双方共同制订人才培养方案，学校根据企业生产特点灵活调整课程设置，企业选派技术专家讲授部分专业课程，并把一些课程放在企业，送教上门，工学交替，在人才培养上与企业实现零距离对接。

（3）行为导向教学法。改变传统的以教师为中心、以书本为中心、以课堂为中心、以知识传授为主要任务的教学观，树立学生主体、能力本位、综合素质教育思想。在具体教学中与课程的应用性、实践性、职业性相吻合。

①重视理论课堂搬进实验、实训室现场，实现理论、实操一体化教学，强调课堂讲授演示与实验室实操相结合，培训与考证相结合，校内实习与校外实训相结合。

②积极引入外国先进的教学模式，成功引进"行为导向教学法"等教育项目，"以学生为中心""以能力培养为导向"的教育理念已深入人心。

③大力推广模拟教学、案例教学、计算机辅助教学（CAI）和网络教学。

④利用仿真室对学生设计的系统进行仿真实验，验证通过的电路方可进行实物制作。

三、基地运行

（一）体制机制

1. 管理机构

校外基地实行由主要领导担任负责人，设立专职管理部门，建立完善的工程实践教学运行、绩效考核、学生安全管理、生活保障、经费使用管理、激励管理等规章制度。

2. 配套制度

实训基地在多年应用型实践运转过程中，在教学、科研、学生工作、人事制度、后勤保障等诸多方面先后出台多项管理制度，如《学院关于校外实习（实训）基地管理办法》《实验教学管理规程、实习（实训）教学工作规范》等，并已形成实训基地管理制度，这些制度文件保障了高素质技术技能人才培养工作的顺利实施。

（二）人才培养

实训基地以校（三明市第二高级技工学校）—校（三明学院）—企［中国重汽集团

（福建）海西汽车有限公司〕产教融合优化集成。实训基地以三明市汽车工程的学生和产业技工为服务对象，三明学院车辆工程专业 2007 年开始招生，在校学生 2000 多人。

（三）社会服务

三明市第二高级技工学校开设现代汽车维修技术、电工电子、汽车商务美容、模具制造、电气自动化等当前大型企业急需的实用技能型专业，现有在校生 2100 多人，基地每年为社会培训专业技能人才 8000 多人。

四、建设成效

1. 服务双创情况

每年划拨 100 万元创新创业教育专项经费，先后出台创新创业教育工作实施意见、创业导师工作条例、工作考评办法等制度。建立包括通识课程、专业课程、实践课程的创新创业"三原色"课程体系。省级校级创新创业项目立项 20 余项，开设项目驱动创新班 2 个，参与学生人数超过 100 人。参与"互联网+"等创新大赛项目近 200 余项，获得 2018 年"创青春"福建省大学生创业大赛本科组银奖 2 项、铜奖 1 项。

2. 服务产业情况

（1）2014 年三明市经济贸易委员会主办、三明学院联合中国重汽集团（福建）海西汽车有限公司承办了的"三明市汽车与零配件产业专场对接会"。

（2）2014 年三明学院为海西重汽集团中层干部开展管理知识培训班。

（3）2014 年三明学院联合中国重汽集团（福建）海西汽车有限公司成功举办了"豪曼杯"形象设计大赛。

（4）2016 年联合中国重汽集团（福建）海西汽车有限公司、中科动力（福建）新能源汽车有限公司获批福建省微小型增程式电动汽车动力系统公共服务平台项目。

（5）2016 年联合获批福建省教育厅高等学校服务产业特色专业。

3. 学生就业情况

通过搭建职业"立交桥"，2018 年招收车辆工程（高职班）学生 38 人，近 3 年学生获国际级、国家级科技竞赛奖 14 项。近 50% 的学生获得过省级或以上竞赛奖项，学生申请和参与申请的授权专利 80 余项，毕业生就业率均在 98% 以上。

五、发展规划

实训基地目前虽然已经具备了一定的规模与水平，但面对汽车工程不断向自动化、信息化、智能化、网络化等方面的发展趋势及企业对技术技能人才培养提出的新要求，现有的实践教学资源已逐步显露出与汽车飞速发展前沿技术的差距。

1. 关于优化实训基地功能

（1）要建立一个全方位开放的理论实践基地和创新设计基地，不仅使实训基地成为工程实践和继续教育的基地，而且将成为积极促进产、学、研新技术在工程界应用的过渡平台与孵化基地，努力体现与时俱进的特点。

（2）要将实训基地建设为展示技术进步的窗口，充分体现工业技术发展态势，展示先进技术和产品的平台。

（3）要集成实训基地实习、取证考试、培训、各类竞赛等功能，加强成果的产出。

2. 要着重实现三项转变

（1）由单一地强调动手能力的培养向理论实践与工程实践两方面的综合素质教育培养的方向转变；

（2）由基本训练向综合训练转变；

（3）由单纯的本科教学逐步向以应用型教学为主体，产教融合相结合的方向转变。

3. 具体实施中应实现四项结合

（1）实物训练与虚拟训练相结合；

（2）固定训练与开放训练相结合；

（3）传统训练与创新训练相结合；

（4）基础训练与专业训练相结合。

据此，需要提供高规格的实验教学条件和工程训练项目，形成一支较为合理的"双师型"师资队伍，形成较为完善的远程教育系统，形成科学合理的实验课程体系，构建相对独立的模块式、开放式实践训练体系，形成良好的运行机制，突出融合交叉先进和特色，营造培育学生良好工程素质的文化氛围。

附件：1. 基地保障性制度文件名录

2. 基地承担实训课目一览

3. 实训课程、课时、课程结构模块和课程评价标准一览

4. 创新创业教育主要成果一览

5. 基地科研课题一览

附件 1

基地保障性制度文件名录

《学院关于校外实习（实训）基地管理办法》

《实验教学管理规程、实习（实训）教学工作规范》

《实习（实训）工作人员岗位职责及管理办法》

《实习（实训）安全制度与安全守则》

《实验室开放管理规定》

《实验室对外服务暂行规定》

《实验（实训）室安全卫士制度》

《学生实验（实训）守则》

《实验（实训）档案管理规定》

《"双师型"教师认定与管理办法》

《加强中青年教师实践能力培养暂行办法（修订）》

《高层次人才引进与管理办法（试行）》

《目标管理绩效考核实施办法（试行）》

《学术交流管理暂行办法（修订）》

《科研成果奖励办法（修订）》

附件 2

基地承担实训课目一览

序号	实训课目名称	面向专业	序号	实训课目名称	面向专业
1	机械专业认知实习	机械设计制造及其自动化	7	机械专业毕业设计	机械设计制造及其自动化
2	车辆工程专业认知实习	车辆工程专业	8	车辆专业毕业实习	车辆工程专业
3	汽车构造	车辆工程专业	9	车辆专业毕业设计	车辆工程专业
4	汽车拆装	车辆工程专业	10	汽车电工电子学	车辆工程专业
5	汽车电器与电子控制技术	车辆工程专业	11	汽车检测与维护	车辆工程专业
6	载重汽车技术	车辆工程专业	12	控制工程基础	车辆工程专业、机械设计制造及其自动化

附件3

实训课程、课时、课程结构模块和课程评价标准一览

序号	实训校企名称	实践主要课程
1	中国重汽集团（福建）海西汽车有限公司	机械专业认知实习（1周）；车辆工程专业认知实习（1周）；汽车构造实验（16学时）；汽车拆装实习（2周）；汽车电器与电子控制技术实验（16学时）；载重汽车技术（32学时）；机械专业毕业设计（8周）；车辆专业毕业设计（8周）；车辆专业毕业实习（16周）
2	三明市第二高级技工学校	机械专业认知实习（1周）；车辆工程专业认知实习（1周）；汽车构造实验（16学时）；汽车拆装实习（2周）；汽车电器与电子控制技术实验（16学时）；汽车电工电子学（9学时）；汽车检测与维护（16学时）；控制工程基础（9学时）

附件4

创新创业教育主要成果一览

1. 三明学院——2018年度50所全国创新创业典型经验高校
2. 创新创业教育课程——《创新基础》《创业基础》《职业发展规划》《机械创新设计》《现代设计方法学》《工程师与社会》
3. 省级校级创新创业项目立项20余项
4. 项目驱动创新班——数字化砂轮锯驱动创新班、"方程式"赛车驱动创新班2个
5. "互联网+"等创新大赛，获奖200余项

附件5

基地科研课题一览

序号	项目名称及项目编号	批准单位（或项目来源）	项目主持人
1	三明市铸锻行业公共服务平台建设项目（H160043）	三明市	高浩
2	基于刚柔耦合整车动力学的新型四驱型山地搬运机的研究（2016J01741）	福建省科技厅	刘建军
3	基于机械动力学的四驱型山地搬运机的改进与开发（2012N0032）	福建省科技厅重点项目	刘建军
4	面向微喷技术的小型农用航空器的开发（JAT160452）	福建省教育厅	刘建军
5	面向精准农林业的多架构GPS田园搬运管理机动态参数信息系统的开发（JZ160475）	福建省教育厅	刘建军
6	基于湿氧化法与AFEX协同预处理生产纤维素乙醇的关键性工艺研究（JA13293）	福建省教育厅	刘建军
7	对旋风机抛物线流型叶片技术机理的研究（2017J01488）	福建省科技厅	艾子健
8	基于Labview多GPS的汽车操纵稳定性试验系统开发（JK2014047）	福建省教育厅	夏泽斌

续表

序号	项目名称及项目编号	批准单位（或项目来源）	项目主持人
9	基于H5型重卡多柔体动力总成悬置系统隔震研究与应用（JK2014048）	福建省教育厅	王孝鹏
10	混合动力电动汽车方案设计及仿真研究（JK2013050）	福建省教育厅	陈刚
11	增程式电动汽车动力传动系统设计及综合参数匹配研究（JAT160475）	福建省教育厅	陈刚
12	对旋风机两级叶轮区域三维流动特性及性能优化研究（JA15471）	福建省教育厅	艾子健
13	基于改进LM算法的RGB-D图像人脸姿态估计研究（2017J01778）	福建省科技厅	邱丽梅
14	风电铸件数字化成型先进制造工艺研究及应用（2017H6019）	福建省科技厅	吴龙
15	多GPS架构下汽车动态关键参数的测量研究（JAT170527）	福建省教育厅	夏泽斌
16	粉煤成型富氧连续气化工业化技术研究（2008H0009）	福建省科技厅	吴龙
17	基于机器视觉的经编织物瑕疵网络化实时监控系统研究（2015H0101）	福建省科技厅	闻霞、任雯
18	基于汽车零部件三维数字化产品图库管理系统开发（2008F5057）	福建省科技厅	闻霞、任雯
19	基于微多普勒效应的雷达目标识别器开发（2014H0004）	福建省科技厅	邱思杰、洪昊
20	离心铸造气缸套数字化精密成形技术的研究与产业化应用（2012H6018）	福建省科技厅	吴龙
21	基于四分之一车辆独立调控的汽车关键子系统分层集成建模与控制方法研究（2012J01232）	福建省科技厅	吴龙
22	型煤连续富氧造气炉的燃烧气化模拟与结构优化研究（JA08238）	福建省教育厅	吴龙
23	两轴系车辆分层预测振动控制方法的研究与实验验证（JA08239）	福建省教育厅	吴龙
24	三明地区机械产品先进设计技术的研究与应用（HX200804）	福建省教育厅	吴龙
25	基于BFGS和彩色图像深度信的人脸姿态估计研究（JK2015045）	福建省教育厅	邱丽梅
26	基于模糊控制技术的智能经编双速电子送经系统（JK2009040）	福建省教育厅	任雯、闻霞
27	型煤连续富氧造气炉的燃烧气化摸拟与结构优化研究（JA08238）	福建省教育厅	吴龙
28	基于多点模型和改进BFGS算法的人脸姿态估计研究（JK2009037）	福建省教育厅	邱丽梅
29	H3型商用轻卡的主动控制式动力悬置系统隔振研究（JAT170529）	福建省教育厅	王孝鹏
30	高效对旋风机及其安全运行技术的开发与应用（2016-G-6）	三明市科技局	艾子健
31	基于模糊控制技术的智能经编双速电子送经系统（JK2009040）	福建省教育厅	任雯、闻霞
32	四轮独立减振/驱动/转向车辆的集成分层控制研究	福建省教育厅	吴龙
33	三明市农业机械化发展水平研究（JDY201704）	统一战线理论研究会	刘建军
34	发挥基层农技协优势助力精准扶贫机制研究（FJKX-B1715）	省科协智库	刘建军
35	三明市农业经营主体规模与效率研究（JDZ201804）	统一战线理论研究会	刘建军
36	车用可变增压器涡轮非定场流动研究（JAT170528）	福建省教育厅	卢隆辉
37	一种旋转横移式立体停车库的开发设计（JAT170530）	福建省教育厅	武蕾
38	增程式电动汽车能量管理策略研究（JAT170532）	福建省教育厅	翁才恩
39	基于ARM的3D打印控制系统技术研究与应用（JAT170534）	福建省教育厅	张雯娟
40	基于微多普勒效应的雷达目标识别器开发（2014H0004）	福建省科技厅	邱思杰
41	智能化水泥助磨剂添加系统研究与开发（2014-G-6）	三明市科技局	熊昌炯

打造多功能民族特色饮食基地
——锡林郭勒职业学院乳品工程实训基地

> **关键特征：** 以推进内蒙古乳品行业转型升级、提升乳品行业人才培养质量、服务区域社会经济发展为宗旨，聚焦产教深度融合，突出乳品生产加工与检测模块组合，倡导开放共享。
>
> **创新要点：** 按照"围绕专业办产业、产业发展促专业"的思路，通过构建"基础实训室＋生产性实训平台＋研发中心"的运行模式，确保乳品工程实训基地发挥育人与服务区域经济发展的实效。

锡林郭勒职业学院乳品工程实训基地由乳品工程基础实训室和生产性实训平台两部分组成。按照"基础实训室＋生产性实训平台＋研发中心"的运行模式，面向食品及农林牧类专业培养应用型人才；面向区域行业企业开展技术人员培训、技能鉴定；制定并修订自治区食品安全地方标准；生产蒙古族传统乳制品及进行产品研发；承担政府食品安全抽检及社会委托检验工作。

一、基地基本情况

基地由基础实训室（教学性实训单元）和生产性实训平台（生产性实训单元）两部分组成。可容纳400人同时开展教学实训；其中，生产性实训平台包括特色乳制品研发中试生产线、溪沐力克乳品有限公司、食品检测中心3个机构。基地以推进内蒙古乳品行业转型升级、提升乳品行业人才培养质量、服务区域社会经济发展为宗旨，聚焦产教深度融合，突出乳品生产加工与检测模块组合，倡导开放共享。

（一）基本功能

1. 面向食品及农林牧类专业培养应用型人才。开展教学实训，建立乳品生产和质量控制全过程真实的现场学习环境，培养乳品行业高素质技术技能型人才。

2. 面向区域行业企业开展技术人员培训、技能鉴定。开展相关专业技术人员技能培训、鉴定，提升企业骨干技术人员专业技术水平与能力，补齐其在乳品生产、质量安全控制、产品研发和推广等领域内短板，推进企业技术进步。

3. 制定并修订自治区食品安全地方标准。进一步规范乳品市场，推动行业企业高质量、高标准发展；同时，为市场监督管理部门提供执法依据。

4. 生产蒙古族传统乳制品并进行产品研发。开展蒙古族传统乳制品生产加工工艺技术改进，打造民族特色品牌。

5. 承担政府食品安全抽检及社会委托检验工作。面向区域内企业开展乳品质量安全检验检测工作，把好乳品市场流通领域的质量关，服务区域经济社会发展。

（二）服务面向

基地以锡林郭勒职业学院食品类、农林牧类专业学生为主体开展实训；面向区域行业企业管理人员、企业技术骨干人员等开展乳品安全知识、乳品加工技能培训及鉴定服务；面向社会开展乳品质量安全检验检测服务，开展政府食品安全抽检及社会委托检验工作。其中，服务学生群体不小于10000学时/年；近三年培训企业管理、技术人员超过10000人次，进行职业技能鉴定达2000人；开展乳品质量检验检测服务1000批次/年。

（三）组成架构

锡林郭勒职业学院乳品工程实训基地组成架构如图1所示。

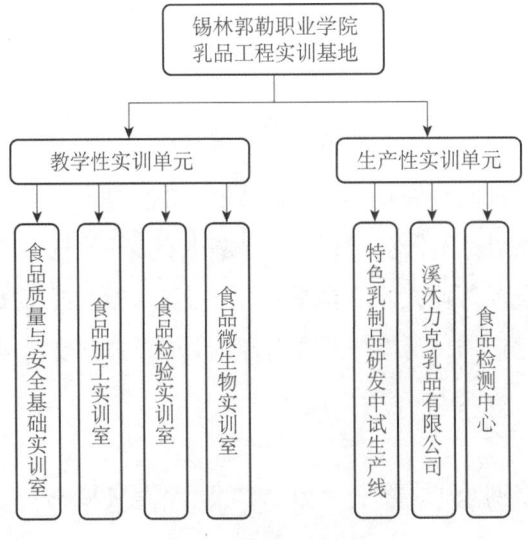

图1 基地组成架构

生产实训单元具体功能为：

特色乳制品研发中试生产线：拥有收奶储奶系统，化料调配系统，杀菌、脱气、均质、分离系统，发酵系统，灌装系统，CIP清洗系统，动力能源系统；可生产酸马奶、奶啤饮料、酸奶油、酸奶、巴氏奶等系列工业化乳制品。

溪沐力克乳品有限公司：拥有收奶储奶系统，化料调配系统，杀菌、均质、分离系统，发酵系统，灌装系统，CIP清洗系统；可生产奶豆腐、奶皮子、黄油、爵克等系列蒙古族传统乳制品。

食品检测中心分为微生物检测、基因检测和理化检测三个检测区，拥有气相色谱、液相色谱、气－质谱联用仪、液－质谱联用仪、离子色谱仪、电感耦合等离子体发射光谱仪、电感耦合等离子体质谱联用仪、原子吸收分光光度计、原子荧光分光光度计、荧光定量PCR仪等大型精密仪器280余台套，具备与食品相关的1453个参数的检测能力。

二、全面建设

（一）投入情况

基地总建设投入资金约9700万元，其中，中央财政投资约876万元，内蒙古自治区财政投资900万元，锡林郭勒盟财政投资4176万元，锡林郭勒盟农牧业局投资800万元，学院投资约2948万元；总投资中用于基础性设施建设约2690万元、日常运行及科研投入约350万元／年、设备投入约5360万元。

特色乳制品研发中试生产线由锡林郭勒职业学院独立投资，建筑面积560平方米，总投资约1000万元，其中基础设施500万元、设备投资300万元、日常运行及科研经费200万元／年。该生产线平面布置如图2所示。

溪沐力克乳品有限公司由锡林郭勒职业学院与内蒙古农业大学"教育部乳与乳制品重点实验室"共同建设，总投资200余万元，其中基础设施投资100万元、设备投资100万元；设备投资中，锡林郭勒职业学院投资40万元、自治区科研项目经费40万元、内蒙古农业大学乳品生物技术与工程教育部重点实验室投资20万元。公司占地130平方米。

食品检测中心，于2016年5月由锡林郭勒职业学院生物工程研究院、锡林郭勒盟食品药品检验检测中心、锡林郭勒盟农畜产品质量安全检验检测中心经优势资源整合组建而成，隶属于锡林郭勒职业学院。总投资约8500万元，建筑面积4153平方米，设备总价5000余万元。

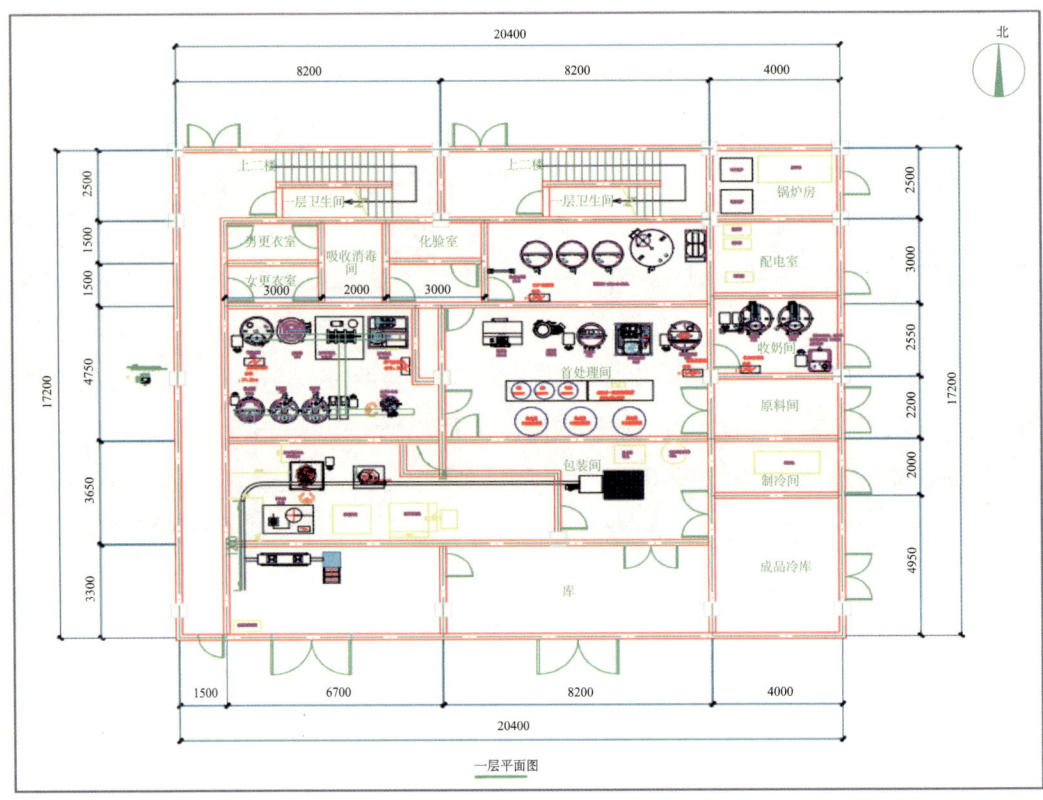

图 2 特色乳制品研发中试生产线平面布置

（二）建设过程

1. 基地组建与管理

基地隶属于锡林郭勒职业学院草原生态与畜牧兽医学院，设主任 1 名，副主任 1 名，三个分支机构各设负责人 1 名。

特色乳制品研发中试生产线，是由锡林郭勒职业学院与昆明理工大学合作设计研发，委托上海承欢轻工机械有限公司制作，于 2017 年 12 月开工建设，2019 年 7 月竣工落成，为特色乳制品的研发和中试生产线，目前已具备生产蒙古族传统乳制品策格（发酵酸马乳）、奶啤、巴杀奶、酸牛乳等产品的生产能力，鲜乳加工能力 300 吨 / 年；正在办理 SC（食品生产许可证）。

溪沐力克乳品有限公司于 2017 年 6 月投资建设，2017 年 7 月取得营业执照及许可证，主要产品为蒙古奶酪、嚼克、黄油等 10 余种蒙古族传统乳制品，鲜乳加工能力 120 吨 / 年，产值 100 万元。

食品检测中心于2016年12月25日获得《检验检测机构资质认定证书》证书编号：160500140482）和《农产品质量安全检测机构考核合格证书》（证书编号〔2016农质检核（内）字第10号〕）资质，已具备包括食品、农产品、饲料、转基因和动物源性在内检测参数1453个。

2. 产学研深度融合

内蒙古自治区是我国重要的奶源基地，锡林郭勒盟是蒙古族传统乳制品发源地。为进一步推进民族特色和地方特色的蒙古族传统乳制品的标准化、多样化、规模化、商品化，基地重视产学研融合、校企政合作，充分发挥基地在行业引领、人才培养、科技创新及社会服务等方面的功能，以产业发展促进专业发展。基地主要开展工作如下：

（1）食品类相关专业教师依托基地，起草完成了12项自治区传统乳制品食品安全地方标准。

（2）围绕专业人才培养、蒙古族民族传统产品、锡林郭勒盟特色动植物资源、微生物资源开展教科研项目37项，其中，自治区级及以上18项。

（3）基地成立以来，承担了锡林郭勒盟地区食品安全监督抽检任务、重大活动食品安全保障抽检、突发食品安全事件检验检测和企业委托检验检测6000余批次。

（4）承担自治区市场监督管理局7项动物源性检验检测方法地方标准的制定工作。

（5）承担锡林郭勒盟"乌珠穆沁白马策格"和"阿巴嘎策格"2项地理标志产品申报所需的产品检验检测工作。

（6）实现了蒙古族传统乳制品策格（发酵酸马乳）的现代化生产（这一成果国内尚属首次），并获得授权专利6项。

3. 突出生产性实践教学功能

根据基地生产性实训条件，食品类相关专业开展人才培养模式改革、课程标准修订，鼓励教师在实践教学中打破常规、开拓创新思路，充分利用基地生产性功能，开展生产性实践教学实训，提升基地服务教学的能力。

4. 发挥双师型教师队伍培养功能

根据基地生产需求，要求食品类相关专业教师到基地开展生产性锻炼，推动双师型教师队伍建设，发挥基地培养及提高双师型教师实践能力的功能。

充分发挥基地生产工程师及检测工程师的作用，使他们参与专业人才培养方案、课程标准等的制定与修订工作，并兼任相关课程的实训指导教师。

三、基地运行

（一）体制机制

政府为基地主要出资方，且每年以政府购买服务的形式给予300万元支持。基地实行独立运营，发挥育人与服务区域经济发展的功能，实现行业、企业、学院三方合作共赢。按照"围绕专业办产业，产业发展促专业"的思路，通过构建"基础实训室＋生产性实训平台＋研发中心"的模式，基地把师生、政府执法人员、工程师、消费者有机地联系起来，形成学校、政府、企业、客户开放共享、协同创新的合作机制。对学生而言，既能够开展生产性实训，又能够参与科研项目和技术服务，显著提高了综合素质。对产业而言，短期内可以解决行业人力资源不足和新产品研发技术力量不足等问题；从长期来看，可推动产业的转型升级。对学院而言，有利于学生理论联系实践，使实训和实际生产实现无缝对接；有利于促进专兼职结合的双师素质教师队伍建设。

（二）人才培养

基地按照"基础实训室＋生产性实训平台＋研发中心"的模式发挥人才培养功能，把学院自有基础实训室和生产实训室有机结合起来。学生上完理论课和基础实验课后，在生产实训平台接受专业技能训练、职业岗位训练，并完成实训和实习。以理论为前提、基础实训室为基础、生产性实训为提高，实现递进式专业技能和职业素养的整体提升，形成校企共育的人才培养格局。

1. 生产性实训单元

乳品工程实训基地生产性实训单元实训课程18门，可以满足乳品生产设备的运行与维护、原料乳验收实训、食品添加剂的识别和应用、现代乳制品加工实训、蒙古族传统乳制品的加工实训、乳品质量控制、乳品检验实训、乳品工厂实训、乳品销售实训等教学要求。

该单元的系统性实验项目有：制订生产计划、原奶新鲜度检验、掺假乳检验、抗奶检验、原奶的过滤和均质实验、添加剂应用实验、加工实验、CIP清洗实验、质量控制设计实验、乳品理化检验实验、乳品微生物检验实验、工厂设计实验、销售策划实验。

该单元可满足食品质量与安全、食品加工技术、畜牧兽医、饲料与动物营养等多个专业的专业基础课及相关专业课程的教学要求。

2. 教学性实训单元

乳品工程实训基地教学性实训单元实训室共4个，涵盖了现代乳品加工和蒙古族传统乳品加工、乳品检验等基础实训（见图3）。

对实训单元，学生学习兴趣高，对实训课程的满意度达98%。

图3　学生实践教学

（三）社会服务

1. 行业企业培训服务

基地充分发挥产教融合创新平台的先发优势，面向区域行业企业，开展相关技能培训和鉴定服务。

2. 服务区域产业发展

紧密结合区域乳制品产业发展需求，开展技术研发、工艺改进、设备升级等服务，推进蒙古族传统乳制品的标准化、多样化、规模化、商品化（见图4）。

图4　传统乳制品职业技能培训班

四、建设成效

（一）主要成绩

1. 人才培养成效

首先，为学生提供真实的实习实训岗位；其次，借助基地这一平台，组织学生成立了创新创业工作室，积极参与各类创新创业大赛、技能大赛（见图5），以以赛促教的方式，激发学生学习兴趣，提升学生动手能力。2016年至今，食品类专业学生参加专业技能大赛、创新创业大赛获得奖励23项，毕业生自主创业成立公司3家。相关食品类专业学生一次就业率每年均保持在98%以上，就业满意度95%以上。

图5　学生参加技能大赛

2. 共同打造了一支优秀的教师团队

依托基地，校企合作共同组建的"传统乳制品标准及工艺技术研究"团队，于2016年、2018年两次荣获内蒙古自治区"草原英才"产业创新人才团队称号；1名教师获国家技能人才培育突出贡献奖；1名教师被评为院级教学名师；1名教师获得自治区技能能手、2名教师获盟级技能能手称号。依托基地，教师发表专业论文53篇，其中SCI收录4篇；教师获各类奖项29项。2019年，基地被确定为内蒙古自治区高校"传统乳制品产学研科技创新平台"。

3. 服务产业情况

（1）为打造内蒙古自治区绿色农畜产品加工输出基地，立足区域蒙古族特色传统乳制品现代化生产、加工及产品研发，联合内蒙古农业大学和相关企业，共同起草的12

项（包括 11 项产品标准和 1 项卫生规范）蒙古族传统乳制品食品安全企业标准，分别于 2017 年和 2018 年由内蒙古自治区卫健委颁布，并在自治区范围内强制实施。该项工作对促进内蒙古传统乳制品的标准化、商品化进程，推进蒙古族传统乳制品产业的健康快速发展，促进农牧民就业和提高农牧民收入，保护、传承和弘扬蒙古族传统饮食文化有着重要的现实意义。

（2）近 3 年来培训蒙古族传统乳制品从业人员及农牧民达 4000 人次。其中，"传统奶食品制作"培训项目经自治区人社厅评估授予 2016 年度内蒙古自治区就业技能"特色培训品牌"（全自治区共 24 个）和"内蒙古自治区知名品牌"（全自治区共 4 个）称号。

（3）截至目前，基地为锡林郭勒盟及周边区域检测样品 6000 批次，为区域食品安全提供了有利保障。

（4）以蒙、汉两种文字编写了《传统乳制品加工与质量检测技术》（教材）、《蒙古族传统工艺乳制品加工技术与质量安全问答》，提供了实用的行业企业培训材料和读本，实现了技术普及与推广。

（二）创新经验

在基地建设和使用中，按照"围绕专业办产业，产业发展促专业"的思路，突出乳品生产加工与检测模块组合，以科技创新及技术服务为支撑，以提高学生专业技能、加快企业技术提升、促进产业创新升级、引领行业健康发展为目标，聚焦产教深度融合，取得了较好成绩。在人才培养中，以理论为前提，基础实训室为基础，生产性实训为提高，实现递进式专业技能和职业素养的整体提升，形成校企共育的人才培养格局。同时，不断开展面向区域行业企业的培训、技术服务及产品研发，并通过建立的乳品行业标准，进一步规范了传统乳制品行业标准化，引领了蒙古族传统乳制品产业发展。

五、发展规划

下一步，基地将以习近平新时代中国特色社会主义思想为指导，根据国家关于加快推进奶业振兴，提升民族奶业竞争力的发展方向和要求，推动国人由"喝奶"向"吃奶"转变，推进乳品行业绿色发展。基地将进一步深化产教融合，充分发挥对人才培养、科学研究、社会服务及文化传承的协同作用，开展教学模式改革及"1+X"证书制度探索；面向区域行业企业开展技术服务，推进蒙古族特色传统乳制品技术升级与转型，提高民族奶业竞争力。

附件：

1. 基地保障性制度文件名录
2. 基地承担实训项目一览
3. 基地创新平台建设成果
4. 基地科研课题一览
5. 食品类相关专业学生技能大赛获奖一览
6. 食品类相关专业学生创新创业成果一览
7. 食品类相关专业课程资源建设成果一览
8. 食品类相关专业教材建设成果一览

附件 1

基地保障性制度文件名录

《锡林郭勒职业学院科研项目管理办法》
《锡林郭勒职业学院科研项目经费管理办法》
《锡林郭勒职业学院优秀科研成果奖评选办法》
《锡林郭勒职业学院产学研科技创新平台管理暂行办法（试行）》
《锡林郭勒职业学院产学研结合的指导纲要（试行）》
《锡林郭勒职业学院知识产权保护管理办法》
《锡林郭勒职业学院学术委员会工作条例（修改稿）》
《锡林郭勒职业学院实验室安全管理办法》
《锡林郭勒职业学院实验室开放管理办法》
《锡林郭勒职业学院教学名师评选工作实施办法（试行）》
《锡林郭勒职业学院"双师素质"教师培养与认定暂行办法（修订）》
《锡林郭勒职业学院骨干教师选拔与管理办法（修订）》
《锡林郭勒职业学院实验室安全管理办法》
《锡林郭勒职业学院青年教师导师制实施办法（试行）》
《锡林郭勒职业学院青年教师培训实施方案（试行）》
《锡林郭勒职业学院大学生创业孵化基地管理办法》
《锡林郭勒职业学院鼓励学生进行科研活动的管理办法》
《锡林郭勒职业学院第二课堂成绩单制度实施办法（试行）》

附件2

基地承担实训项目一览

序号	实训项目名称	教学目标	面向专业
1	乳品生产设备的运行与维护	通过基本的实验和综合实训项目，使学生能操作乳品生产设备，并能进行维护和清洗	食品质量与安全 食品加工技术
2	原料乳验收实训	培养学生能通过感官、化学、微生物等指标判断原料乳是否新鲜，是否为掺假奶，是否为抗奶等能力	食品质量与安全 食品加工技术 畜牧兽医 饲料与动物营养
3	食品添加剂的识别和应用	培养学生对食品添加剂的识别及应用能力	食品质量与安全 食品加工技术
4	现代乳制品加工实训	通过实训提升学生对鲜奶、酸奶、冰激凌、雪糕等现代乳制品的生产加工能力	食品质量与安全 食品加工技术
5	蒙古族传统乳制品的加工实训	通过实训提升学生对奶豆腐、奶皮子、酸马奶等蒙古族传统乳制品的生产加工能力	食品质量与安全 食品加工技术
6	乳品质量控制	熟悉车间管理流程，以及乳品质量控制的实际操作	食品质量与安全 食品加工技术
7	乳品检验实训	通过实训使学生准确、深刻掌握乳品理化、微生物检验操作	食品质量与安全 食品加工技术 畜牧兽医 饲料与动物营养
8	乳品工厂实训	熟悉乳品工厂布局，了解各单元功能，具有一定的乳品工厂设计能力	食品质量与安全 食品加工技术
9	乳品销售实训	通过实训使学生能对各类乳制品进行产品介绍，提升学生的产品售卖能力	食品质量与安全 食品加工技术

附件3

基地创新平台建设成果

主持人	课题名称	课题类别	批准时间	批准单位	完成情况
雅梅	传统乳制品产学研科技创新平台	自治区	2019.01	内蒙古教育厅	进行中

附件4

基地科研课题一览

序号	主持人	课题名称	课题类别	批准时间	批准单位	完成情况
1	雅梅	乳基原料生物发酵深加工关键技术与机制研究及产业化	国家重点研发项目	2017.12	国家科技部	正在进行

续表

序号	主持人	课题名称	课题类别	批准时间	批准单位	完成情况
2	雅梅	锡林郭勒盟传统乳制品标准及工艺技术研究	自治区	2014.03	科技厅	已结题
3	雅梅	蒙古族传统发酵奶皮子加工工艺及营养特性研究	自治区	2015.03	科技厅	已结题
4	郭梁	锡林郭勒草原野生食用菌资源调查和扩大种群研究	自治区	2016.05	科技厅	已结题
5	雅梅	传统乳制品标准制定	自治区	2017.11	内蒙古卫生健康委员会	已结题
6	钱俊平	DNA甲基化技术在舍饲羊和放牧羊肉质鉴定中的应用研究	自治区	2017.12	教育厅	正在进行
7	海小	动物源性检测试剂盒的研发	自治区	2017.12	教育厅	正在进行
8	陈志婧	阳台蔬菜先进种植技术的引进和开发	自治区	2017.12	教育厅	正在进行
9	徐伟良	锡林郭勒野生蕈菌资源开发与应用	自治区	2017.12	教育厅	正在进行
10	张红梅	高职院校实验室基地建设的现状与发展的对策研究（以内蒙古高职食品类专业为例）	自治区	2018.09	教育厅	已结题
11	郭元晟	乳及乳制品中牛、骆驼源性检测引物和探针的研发	自治区	2018.12	教育厅	正在进行
12	雅梅	酸马奶中益生菌的分离鉴定以及乳酸菌和酵母菌相互作用的研究	自治区	2019.01	教育厅	正在进行
13	肖芳	高职食品质量与安全专业服务锡林郭勒地方食品产业的研究	自治区	2019.06	教育厅	已结题
14	张红梅	将信息化教学数据引入课堂教学的实践研究	自治区	2019.06	教育厅	正在进行
15	于园	基于云课堂的食品类专业食品化学线上线下混合教学模式研究与实践	自治区	2019.11	教育厅	正在进行
16	肖芳	食品营养与检测专业与锡林郭勒地区产业需求对接研究	行指委	2016.11	全国食品工业职业教育教学指导委员会	已结题
17	朱建军	高职本科食品质量与安全专业与地方产业需求对接研究	行指委	2018.05	全国食品工业职业教育教学指导委员会	已结题
18	雅梅	高等院校"食品微生物及检验技术"课程在线试题	行指委	2018.12	化学工业出版社	正在进行
19	肖芳	锡林郭勒盟牛羊肉营养成分分析及卫生评价	重点课题	2016.05	锡林郭勒职业学院	已结题
20	雅梅	传统发酵乳酸马乳关键技术研究及工业化开发	重大专项	2017.11	锡林郭勒职业学院	正在进行
21	高鸿蒙	多肽提取条件的研究	青年课题	2019.01	锡林郭勒职业学院	正在进行
22	李春冬	蒙古族传统乳制品菌群分离鉴定及商用发酵剂的研发（以奶豆腐为例）	重点课题	2019.01	锡林郭勒职业学院	正在进行
23	刘国强	农产品中转基因成分定量检测试剂盒的研发	重点课题	2019.01	锡林郭勒职业学院	正在进行
24	海小	鸡、鸭、鹅源性定量检测引物和探针的研发	重点课题	2019.01	锡林郭勒职业学院	正在进行
25	徐伟良	自然发酵乳制品中乳酸菌与酵母菌互生作用的研究（以锡盟地区酸马奶为例）	重点课题	2019.01	锡林郭勒职业学院	正在进行

续表

序号	主持人	课题名称	课题类别	批准时间	批准单位	完成情况
26	张红梅	贮藏方式与锡林郭勒传统乳制品奶豆腐品质变化关系研究	一般课题	2019.01	锡林郭勒职业学院	正在进行
27	于园	草原生态与畜牧兽医学院就业质量综合评价体系调查分析	一般课题	2019.01	锡林郭勒职业学院	正在进行
28	王智慧	锡盟地区哈拉海营养成分分析及其食用潜力开发初探	一般课题	2019.01	锡林郭勒职业学院	正在进行
29	罗建兴	基于 Real-time PCR 方法定性和定量检测食品中微生物的技术研发	一般课题	2019.01	锡林郭勒职业学院	正在进行
30	王东玉	锡林浩特地区生鲜牛乳中微生物的调查与分析	一般课题	2019.01	锡林郭勒职业学院	正在进行
31	郝苗苗	锡林浩特地区市售马奶中 β-内酰胺酶检测调查分析	一般课题	2019.01	锡林郭勒职业学院	正在进行
32	朱静	锡林郭勒地区小型车间凝固型酸奶储藏期内产品品质的监测	一般课题	2019.01	锡林郭勒职业学院	正在进行
33	马静	水中挥发酚含量测定的方法优化	一般课题	2019.01	锡林郭勒职业学院	正在进行
34	吴云芳	碳量子点作为增敏剂在电感耦合等离子体质谱分析中的应用研究	一般课题	2019.01	锡林郭勒职业学院	正在进行
35	于林	饲料中锑含量的测定方法	一般课题	2019.01	锡林郭勒职业学院	正在进行
36	陈明涛	Orbitrap 高分辨液相色谱串联质谱联用仪测定畜禽肌肉中氟虫腈及其代谢产物的残留	一般课题	2019.01	锡林郭勒职业学院	正在进行
37	孙春玲	锡林郭勒地区马奶、酸马奶安全性评价	一般课题	2019.01	锡林郭勒职业学院	正在进行

附件5

食品类相关专业学生技能大赛获奖一览

序号	时间	比赛项目	成绩	赛事级别	指导教师
1	2016年	茶叶中重金属的测定	三等奖	教育厅	张红梅
2	2016年	蔬菜中农药残留的测定	三等奖	教育厅	哈斯其木格
3	2016年	食品中营养素检测项目	银奖	教育厅	哈斯其木格
4	2016年	食品中微生物检测项目	金奖	教育厅	肖芳
5	2016年	食品营养与安全检测	优秀组织奖	全国食品工业行指委	肖芳、哈斯其木格
6	2017年	食品中营养素检测项目	金奖	全国食品工业行指委	哈斯其木格
7	2017年	食品中微生物检测项目	银奖	全国食品工业行指委	肖芳
8	2017年	食品营养与安全检测	优秀组织奖	全国食品工业行指委	肖芳、哈斯其木格
9	2018年	食品质量安全检测	团体一等奖	教育厅	哈斯其木格、高鸿蒙
10	2018年	食品中营养素检测项目	二等奖	全国食品工业行指委	张红梅
11	2018年	食品中微生物检测项目	二等奖	全国食品工业行指委	肖芳

续表

序号	时间	比赛项目	成绩	赛事级别	指导教师
12	2019年	食品中营养素检测项目	一等奖	全国食品工业行指委	张红梅
13	2019年	食品中微生物检测项目	二等奖	全国食品工业行指委	肖芳
14	2019年	食品营养与安全检测	团体一等奖	全国食品工业行指委	张红梅、肖芳

附件6

食品类相关专业学生创新创业成果一览

1. 创业大赛

序号	时间	参赛项目	成绩	赛事级别
1	2018年	草原白蘑栽培	一等奖	盟级
2	2018年	乳清饮料的研制	优秀奖	盟级
3	2018年	草原白蘑栽培	优秀奖	国际大学生创业大赛
4	2019年	火眼金精：动物源性真伪分析解决方案的领跑者	一等奖	盟级
5	2019年	哈拉海人工种植技术推广	二等奖	盟级
6	2019年	三一精创DIY 天然化妆品	三等奖	盟级
7	2019年	火眼金精：动物源性真伪分析解决方案的领跑者	铜奖	自治区级

2. 毕业生创业

序号	姓名	毕业时间及班级	创办公司名称
1	宋庆松	2018年07月 食品1501班	新味觉烘焙屋
2	袁宏志	2018年07月 食品1501班	笨笨干果店
3	罗伟杰	2019年06月 食品1601班	嗦味螺蛳粉店

附件7

食品类相关专业课程资源建设成果一览

序号	姓名	完成资源名称	数量	建设时间
1	王智慧	《食品营养与应用化学》课程视频	26个	2016.11
2	哈斯其木格	国家资源《动物性食品微生物检验技术》视频	19个	2017.05
3	肖芳	国家资源《动物食品理化检验》视频	32个	2017.05

续表

序号	姓名	完成资源名称	数量	建设时间
4	高鸿蒙	国家资源《动物食品理化检验》视频	28个	2017.05
5	于园	国家资源《动物食品理化检验》视频	28个	2017.05
6	高鸿蒙	课程资源《乳品检验技术》视频	5个	2017.10
7	雅梅等	《食品微生物及检验技术》试题库	2500题	2018.06
8	哈斯其木格	院级《食品营养与应用化学》在线课程	1门	2018.06
9	肖芳、马静	完成《食品化学（本科）》试题库	11套	2018.06
10	肖芳	《食品微生物检验技术》信息化课程	1门	2019.09
11	肖芳	《食品检验技术》课程思政	1门	2019.09
12	张红梅	《食品检验技术》信息化课程	1门	2019.09
13	张红梅	国家资源《动物性食品微生物检验》视频	25个	2017.05
14	张红梅	国家资源《动物食品理化检验》视频	6个	2017.05
15	王智慧	国家资源《动物性食品微生物检验技术》视频	42个	2017.05

附件8

食品类相关专业教材建设成果一览

序号	姓名	教材名称	出版社	主参编	教材性质	出版时间
1	雅梅	蒙古族传统工艺乳制品加工技术、质量与安全问答	内蒙古出版社	主编	科普教材	2017.06
2	哈斯其木格	畜产品无公害生产实用技术	内蒙古出版社	主编	科普教材	2016.11
3	王智慧	分析化学		副主编	"十三五"规划教材	2017.07
4	肖芳	食品理化检验技术	中国质量出版社、中国标准出版社	主编	"十三五"高职高专规划教材	2017.10
5	高鸿蒙	生物化学	西北工业大学出版社	参编	"十三五"高职高专规划教材	2018.10
6	朱建军	食品感官检验技术	中国医药科技出版社	参编	"十三五"高职高专规划教材	2019.01
7	于园	基础化学	中国轻工业出版社	副主编	"十三五"高职高专国家级规划教材	2019.07
8	肖芳	食品理化检验任务单	锡林郭勒职业学院	主编	学院自编教材	2015.12
9	哈斯其木格	《食品营养与应用化学》实验指导书及报告册	锡林郭勒职业学院	主编	学院自编教材	2017.01
10	哈斯其木格	食品仪器分析实验指导书	锡林郭勒职业学院	主编	学院自编教材	2018.01
11	高鸿蒙	生物分离与纯化实验指导书	锡林郭勒职业学院	主编	学院自编教材	2018.01
12	于园	细胞培养技术任务书工作单	锡林郭勒职业学院	主编	学院自编教材	2018.01
13	王智慧	生物发酵技术	锡林郭勒职业学院	主编	学院自编教材	2018.01

混编＋共建，扎实推进课程建设
——贺州学院 ICT 产教融合创新基地

关键特征： 在新工科和转型发展背景下，在地方本科高校日益重视产教融合的今天，校企合作在校、企双方的共同推动下日渐成熟，能够建立以"共赢"为基础的合作平台。

创新要点： 校企实现深度融合，混合师资，按照"八个共同"要求（即共同研究制定教学质量标准、共同修订人才培养方案、共同构建课程体系、共同开发教材更新教学内容、共同组建教学团队、共同建设实训实习基地、共同实施人才培养和共同评价人才培养质量），"三位一体"（即传授知识、培养能力和塑造价值），全面进行人才培养、专业建设和课程实施。

网　　址： http://www.hzu.gx.cn/

贺州学院积极响应国家关于地方普通本科高校向应用型转变的号召，自 2014 年起，逐步确立了培养应用型人才、建设特色鲜明的高水平地方应用型大学的转型发展目标，明确了"立足贺州，服务广西，融入大湾区"的服务面向。学院正积极探索从"新建本科"向"新型大学"转变的目标、路径和方法，广泛开展"新工科"研究与实践。

一、基地基本情况

2014 年以来，贺州学院在确立为广西壮族自治区转型发展首批试点学校的基础上，大力推进校政企合作、产教研融合，坚定不移地走开放合作、协同创新和协同育人的发展路径，与知名行业龙头企业中兴通讯股份有限公司（以下简称"中兴通讯"）开展实质深度合作办学，成为全国首批教育部与中兴通讯共建"ICT 产教融合创新基地"的 30 所合作院校之一。校企双方于 2015 年签订合作协议，通信工程、物联网工程两个合作专业于当年 9 月开始招生，目前合作专业在校学生达到 1000 人。

（一）基本功能

1. 混编师资深度融合，培养应用型人才

校企深度融合，混合师资，按照"八个共同""三位一体"要求全面实施人才培养。以混编师资模式共同推动专业和课程建设。企业不仅仅是将设备投入到高校实现企业实验室的建设，同时企业的工程师团队、课程资源、就业资源、行业资源等充分引入到合作办学全过程，发挥双方各自优势推动专业和课程建设。

2. 校企共建综合性工程环境实验室和平台，切实改善教学实践条件

强能力，重创新，突出实践教学，建立企业实验室，开设职业素质、企业和创新创业课程，努力增强学生应用水平、创新精神、创业意识和创造能力。学院与合作公司中兴通讯共同投入1900万元共建"教育部—中兴通讯ICT产教融合创新基地"，按网络认知、基础技能、工程应用和综合实践4个层次搭建阶梯式实践能力培养规划，并依据4个层次的实践教学体系构建了数据通信实验室、光传输实验室、4G LTE实验室、三网融合实验室、云计算实验室以及智慧农业实训、开发平台。上述企业实验室的建立区别于传统实验室建设思路，是以工程现场和实际应用为场景，实现"云""管""端"体系架设。以教育部慕课建设为契机，校企投入近500万元，搭建智慧学习工场，包括教育大数据中心、虚拟演播中心、微录播中心、双创中心等，助力传统课程教学，改变教师教学、学生学习和专业管理方式。

3. 企业工程实验室支撑企业课程，企业行业资源支撑实践教学，稳步提高学生应用型能力

面向新一代信息技术，对标"新工科"建设要求，按行业标准强化实践性教学，专业人才培养方案中的企业课程占38学分以上（总学分为170）。企业课程由校企共建的企业工程实验室支撑，企业驻校工程师完成课程交付、实训和课程设计环节。

企业工程实验室建设以实体设备高度还原当前行业工程现场，支撑批量化人才培养。在企业工程师带领下，企业课程使学生在学校"理论学习"阶段就能够接触工程第一现场设备和工程案例，企业课程课内实践环节达到50%。实践内容的丰富和实验设备的保障，大大提升学生学习效果和应用型能力培养成效。

同时，引入企业行业资源，实现"理论学习＋工程师顶岗实习＋以实习过程为内容的毕业设计＋实习和就业相结合"的实践一体化人才培养模式。基本完成100%学生工程师顶岗实习安排，使合作专业学生都输送到符合其人才培养定位的应用型工程师岗位进行实习，实习和毕业设计质量得到大幅度提升，就业质量明显改善。

4. 扎实推进"一课双师"制度，全面提升教师行业应用和创新水平

以智慧学习工场平台为依托，与中兴通讯在合作中共同开展"一课双师"嵌入式融合创新实践，全面提升教师行业应用和创新水平。

"一课双师"课程以企业课程和创新课程为主，建设周期2年，由企业工程师和大学专任教师共同负责建设。建设期内企业工程师担任课程负责人，大学专任教师作为课程助理跟班学习和逐步参与授课，共同完成课程教学、教学大纲、教案的制作以及线上线下所有课程资源，对课程质量负责。建设期结束，大学专任教师通过企业课程认证，颁发合格证，企业实现向学校交付该课程。校企合作期间，通过认证的大学教师可独立授课，企业工程师仍然担任课程实践环节负责人，双方各自发挥所长完成课程，在工作协同中开展嵌入式融合，真正聚集校企优势资源，加速专业和课程发展，在具体工作中持续提升高校教师的行业能力及企业工程师对教育规律的理解和应用能力。

（二）服务面向

基地面向的服务群体以贺州学院通信工程、物联网工程专业学生为主体，其中每年服务学生群体不小于200000学时，开展技术人员再教育培训不小于10000学时，开展面向企业管理人员培训不小于4000学时，面向从事产品技术研发、项目管理的工程技术人员服务不少于2000学时。

（三）组成架构

按"网络认知、基础技能、工程应用和综合实践"4个层次的实践教学体系构建了数据通信、智慧农业、光传输、移动通信、三网融合、云计算6个企业工程实验室以及智慧农业实训、开发和食品溯源展示2个平台。

二、全面建设

（一）投入情况

总投入3400万元，其中设备投入1900万元，基础性设施建设约500万元，日常运行投入1000万元；其中中央财政580万元，北京华晟经世企业设备投资约900万元。

图 1 ICT 产教融合创新基地

（二）建设过程

1. 设立混编管理机构

2016 年 11 月，贺州学院和中兴通讯共同发布《贺州学院—中兴通讯信息学院校企合作管理委员会章程》，并成立首届贺州学院—中兴通讯信息学院校企合作管理委员会；2016 年 12 月，学校正式组建成立贺州学院信息与通信工程学院（中兴通讯信息学院）实体学院。

2. 企业深度参与

常驻工程师团队 9 人分别划拨进各教研室和学工团队中按照专职教师及教辅人员统一管理和调用。充分发挥双主体合作办学中企业方的能动性，利用企业常驻师资共同进行行业调研、人才培养方案制定、课程交付、教材开发、学生管理、学科竞赛、工程师顶岗实习、毕业设计、就业等工作。

三、基地运行

（一）制定人才培养方案

校企双方按照国家标准、国际工程教育认证标准以及行业市场发展趋势共同制订人才培养方案，并实施按类招生，打通定制化、个性化等人才培养模式改革。

（二）教学质量评价体系

基地实行教师教学三位一体量化考核评价制度，学生线上线下评价体系。不同于传统教师"传道、授业、解惑"的角色定位，OBE 教育模式中教师的角色定位将是教练、向导和导演。凭借自己的理论知识和实践经验，掌握先进的教学方法，对学生的思想、身体、专业技能、意志品质等全面设计、培训、引导与督促，带领学生成功地完成一个个学习项目。

（三）学生综合素质及行业、企业特定文化的培养体系

建设项目场景型实践环境，派驻本地化企业工程师及职业素质讲师提供实践教学和职业素质教学服务。

通过步入社会转折期不同阶段就业案例的分析，让学生能够准确把握求职、实习及转正阶段的心态变化，树立正确的就业心态，顺利度过求职的不同时期。

了解职业礼仪相关知识，掌握仪容、仪表、行为举止及邮件、电话交际等礼仪行为。能够在学习中、工作中掌握礼仪知识，在不同场合得体展示自己；能够在职场中与同事和谐相处，并提升自己在职场中的影响力。

（四）实训实习、毕业设计体系

基于 OBE 教育理念反向设计实践实训方案，依托智慧农业实训基地及通信实训基地，贴近工程实践，以业界通用的工程人才标准为参考，培训适合企业需求的工程人才。毕业设计采用主流的软硬件设计方案，贯彻硬件开发、云平台开发和客户端开发，打造全面和高质量的毕业设计作品。

（五）学生就业指导与服务体系

通过华晟智慧工场与线上学习平台数据、创新创业平台数据、协同工作平台数据对接，与全国合作高校共享资源库，构建企业、学生、人力资源经理三位一体的人力资源发展平台，为高校提供人力资源服务。

就业服务自教育业务发展之初即视为核心交付内容之一，专业化就业服务团队，实现就业服务本地化、资源全国调配；企业资源池建设以支持合作企业的人力资源主动性成长为核心，为学校提供价值的同时，落实高质量的就业服务；以立体化就业服务体系、全产业链就业岗位确保就业质量；以支持通信及信息化应用行业企业"人力资源主动性成长"为核心内容。

四、建设成效

（一）主要成绩

1. 服务教育情况

运营四年以来，学院ICT产教融合创新基地入选教育部"应用型高校产教融合发展优秀案例"，智慧学习工场入选"广西壮族自治区教育信息化建设与应用典型案例"；获批教育部首批"新工科"研究与实践项目1项、协同育人项目3项以及省部级教改项目6项；获得中央财政支持专业能力实践基地建设项目2个，获得广西壮族自治区创优项目——ICT行业创新协同育人平台1个；通信工程获批广西一流专业建设点和自治区特色专业。全国大学生电子设计竞赛获得国家级一、二等奖1项和3项，区级一、二、三等奖9、5、11项；全国大学生"互联网+"竞赛获得省部级金、银奖各1项，获大学生创新创业训练项目国家级立项29项、省级立项57项；挑战杯获省部级银奖1项、铜奖1项。主持参与国家和地方性项目23项，其中国家自然科学基金3项，横向项目金额累计超过200万元；搭建"互联网+"贺州生态产业发展研究院校政企合作平台1个。

运营四年以来，学院教师行业应用和创新水平明显提升，本科人才培养质量显著提高，就业专业对口率达90%以上，产教融合走向纵深，粤港澳大湾区社会知名度初显。同时，基地获得了较为广泛的社会影响，在省内外高校具有良好的辐射和示范作用，已经成为教育部——中兴通讯共建的高校合作项目中的典范，得到了同行专家以及教育主管部门的充分肯定和高度评价，人民网、《广西日报》等多家媒体先后进行了专题报道；先后有北京教育代表团、嘉兴学院等130余所省内外高校和单位前来考察学习，部分教学教改经验为一些高校借鉴或采用。

2. 服务产业情况

四年来，基于与北京华晟经世信息技术有限公司校企合作的资源拓展，基地与近30家企业签订了校外实习基地协议，为合作专业大学生工程师顶岗实习提供了强有力保障。基地充分利用校企合作平台，将大学生创新创业教育与企业的研发项目、经营项目有力结合。

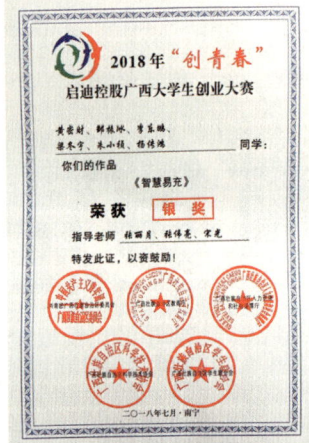  

图2 学生参加竞赛获奖证书

（二）创新经验

1. 建立长效工作机制，加强校企合作人才培养制度建设

在"以本为本""转型发展""校企合作办学""内涵式发展"等办学理念实践中，团队基本找到了地方本科高校在应用型人才培养中的定位和方向。以互利共赢为原则，以创新应用型能力培养为目标，以产出导向为关键环节，通过建立相应的工作机制，校企双方合作开展知识和素质能力教育，促进学生就业和成为复合型的高水平应用型人才。

2. 转变观念，重视行业应用和创新型教师队伍建设

长期以来，高校对教师实行身份管理，而身份管理的最大弊端表现为被管理者对管理者的人身依附和不平等，忽略了教师的主体自在性和主观能动性。实行契约化管理并实现管理关系法治化。双方关系的法权化是中国高校新一轮内部管理体制改革的

必然。同时，非重点城市地方本科院校的大部分专任教师虽然都具有硕士和博士学位，因其直接从高校课桌走向高校讲台，社会实践经验不足，行业和应用能力较为欠缺，借助"产教融合""一课双师"加强教师队伍的行业应用及创新型能力建设，以此推进高校转型发展。

3.建立和动态调整专业和课程评价指标体系

较长时间以来，高校专业和课程评价的指标体系虽然有所改变，但主要还是师生比，博士硕士教师占比，项目、论文、撰写教材、仪器设备数量，就业率等指标，主要评价的仍然是学校和教师，而且所有高校基本统一用一个指标体系去衡量，这样得出的评价结果并不客观。教育行政主管部门应分类建立和动态调整专业和课程评价指标体系，尤其对于有校企合作的地方本科高校。当前，国家大力推动和引导地方高校转型发展，评价指标更应突出以学生为中心，强调学生产出，比如实质性的校企合作指标（如合同、合作时间、建设内容、实质投入、长期驻校师资）、学生职业素养和能力、课程成绩、"互联网+"竞赛获奖、学科竞赛获奖、毕业实习和毕业设计过程监控、就业专业对口率、薪资水平，等等。

五、发展规划

在高等教育大众化时期，贺州学院建设特色鲜明的高水平地方应用型大学的目标更加具体和清晰；培养的应用型人才应具备的规格和素质更加精准和细化；丰富具有贺州学院特色的应用型人才培养模式；基于新一代信息技术在环境、物流工程、通信技术上的应用，以人工智能、通信和物联网为中心构建跨院系、跨学科的专业群，在ICT学院的基础上，打造人工智能产业学院；搭建集科技开发与咨询、技术推广与服务、人才培养等功能为一体的产教融合育人平台。

附件：1. 基地保障性制度文件名录
   2. 基地承担实训课目一览
   3. 实训课程、课时、课程结构模块和课程评价标准一览
   4. 基地科研课题一览

附件 1

基地保障性制度文件名录

《校企合作管理委员会章程文件》

《第一届校企合作管委会成员文件》

《贺州学院—华晟经世"智慧学习工场"学生线上学习计分实施办法（试行）》

《贺州学院信息与通信工程学院（中兴通讯信息学院）打通培养人才培养模式学生分流实施细则（修订）》

《关于印发贺州学院信息与通信工程学院（中兴通讯信息学院）本科生个性化培养实施办法（试行）的通知》

《贺州学院信息与通信工程学院（中兴通讯信息学院）本科教学工作审核评估校内自评工作方案》

《信息与通信工程学院"迎评估、促学风、提质量"学风建设活动实施方案》

《信息与通信工程学院（中兴通讯信息学院）考试管理实施细则（修订）》

《贺州学院信息与通信工程学院奖励性绩效工资分配实施细则（2018修订版）》

《关于印发贺州学院信息与通信工程学院（中兴通讯信息学院）"一课双师"实施办法的通知》

《关于印发贺州学院信息与通信工程学院（中兴通讯信息学院）2018年企业行、专业及就业调研工作方案的通知》

《关于印发贺州学院信息与通信工程学院（中兴通讯信息学院）教师教学三位一体量化考核实施办法（修订）的通知》

《关于成立信息与通信工程学院（中兴通讯信息学院）通信工程一流专业建设工作组的通知》

附件 2

基地承担实训课目一览

序号	实训课目名称	教学目标	面向专业
1	计算机网络技术与应用	通过基本实验和综合实训项目，以实际通信工程案例为依托，全方位提升学生对交换机路由器的实操能力以及网络拓扑的搭建、设计与故障处理能力	通信工程专业、物联网工程专业
2	融合通信综合实训	以光接入技术为基础，结合IPPBX、软交换技术，完成家宽业务、IPTV业务和VOIP业务的设计和开通调试，提升学生对现网通信领域的认知能力和利用多种通信设备完成组网以及业务设计及开通的能力	通信工程专业、物联网工程专业
3	传输设备调测组环实训	利用PTN、SDH光传输设备完成传输成环、业务开通、网管操作及故障处理等，提升学生对现网光传输网络的综合运用能力	通信工程专业

续表

序号	实训课目名称	教学目标	面向专业
4	4G LTE 综合实训	通过实训提升学生对 4G LTE 的网络的认知，全方面锻炼学生对无线核心网、eNodeB 的实际操作和认知，模拟解决现网 LTE 开通流程的各种故障问题	通信工程专业、物联网工程专业
5	通信工程建设综合实训	熟悉通信工程建设相关流程，熟悉相关的技术标准和设计方案，能依托现有无线、核心网络及传输资源完成整个通信网络的搭建，具备一定的运维能力	通信工程专业
6	物联网工程实训	掌握物联网工程的设计与方法，进一步提高学生对软硬件结合处理现实问题的能力	物联网工程专业
7	物联网行业应用设计与实现	通过智慧农业大棚实训平台，综合 JAVA、数据库、前端、安卓、单片机等相关知识并将其灵活运用于解决实际行业中存在的问题，提升学生利用所学知识解决实际行业工程案例的能力	物联网工程专业

附件 3

实训课程、课时、课程结构模块和课程评价标准一览

名称	名称子项	相关情况	备注
实训课程数量及结构模块	精品课程	256 课时	线上精品课程
	历年课程数量	2017 年 4 门课程 2018 年 10 门课程	2017 年、2018 年总课程数量
	历年课时数量	2017 年 128 课时 2018 年 160 课时	2017 年、2018 年总课时数量
	历年教材数量	2017 年 4 本教材 2018 年 10 本教材	2017 年、2018 年使用教材数量（不分专业）
课程评价标准	历年总平均成绩	2017 总平均成绩：88.3 2018 总平均成绩：90.1	2017 年、2018 年总平均成绩（不分专业）
	满意度调查	2017 年满意度 95.6% 2018 年满意度 96.4%	2017 年、2018 年满意度（不分专业）

附件 4

基地科研课题一览

序号	姓名	项目	签订	合作企业
1	凌永发、王辉、谢祥徐等	基于无线传感器的家庭智能管理与控制系统设计与开发	2016.11—2017.12	成都通园科技有限公司委托项目

续表

序号	姓名	项目	签订	合作企业
2	凌永发、王辉、余长庚等	基于动态局部特征分析技术的社保身份认证系统研究与开发	2016.12—2018.12	深圳市盐田区中兴新思职业技能培训中心
3	凌永发、谢祥徐、王辉等	车载系统诊断电子软件研究与开发	2017.04—2017.12	弥荣（北京）交通科技有限公司
4	吴郭泉、凌永发、王辉等	产教融合背景下新工科专业人才培养质量标准研究与实践	2017.10—2019.12	深圳市盐田区中兴新思职业技能培训中心
5	凌永发、谢祥徐、余长庚等	基于云计算的智慧养老健康看护系统研究与开发	2018.01—2018.12	中兴通讯股份有限公司
6	凌永发、谢祥徐、余长庚等	智能停车场管理研究与开发	2018.06—2018.12	中兴通讯股份有限公司
7	凌永发、王辉、简必建等	智能售彩机器人AI-人脸识别技术开发	2019.01—2020.06	北京天华嵌微信息技术有限公司
8	蒋礼林等	分子间氢键对类胡萝卜素激发态特性影响的飞秒时间分辨瞬态光栅和瞬态吸收光谱研究（2014GXNSFAA118019）	2015.01—2016.12	广西自然科学基金面上项目
9	陈科尹等	采摘机器人的视觉认知及其感知行为控制研究（2015GXNSFBA139264）	2016.01—2017.12	广西自然科学基金面上项目
10	朱建平、凌永发等	无线传感器异构网络在云南山区森林防火在线监测跨层机制研究（61362017）	2014.01—2017.12	国家自然科学基金地区项目
11	廖清等	石墨烯负载纳米Co基催化剂的可控制备与催化性能（11464051）	2015.01—2018.12	国家自然科学基金地区项目
12	余长庚、张红燕等	绿色数据中心的热量管理关键问题研究（61540055）	2016.01—2016.12	国家自然科学基金应急管理项目
13	陈科尹等	水果采摘机器人视觉定位大误差及其执行器容错机制（31571568）	2016.01—2020.12	国家自然科学基金面上项目
14	蒋礼林等	含能材料分子激发态能量弛豫过程的时间分辨光谱研究（U1330106）	2017.01—2021.12	国家自然科学基金面上项目
15	陈科尹、彭红星、凌永发等	面向非结构环境的水果采摘机器人先验视觉识别感知模型与定位控制系统研究（61863011）	2019.01—2022.12	国家自然科学基金地区项目
16	凌永发、王辉、简必建等	无线传感器网络水质监测数据的压缩感知处理及应用研究（2018JJA170185）	2019.01—2020.12	广西自然科学基金面上项目
17	蒋礼林、吴桂容、钟敏等	光敏素分子体系激发态氢键动力学的理论研究（2018JJA120123）	2019.01—2020.12	广西自然科学基金面上项目

充分发挥第二课堂功效
——洛阳理工学院曙光瑞翼大数据学院大数据应用创新中心

关键特征：校企深度合作面向信息行业共同培养有创新能力的"大数据、云计算、移动互联网+"应用技术人才，共同建设大数据的行业应用技术研发和应用推广中心，共同打造区域领先的大数据应用体验中心及应用科研基地。2016年，洛阳理工学院在面向地方、服务产业的政策引导下，为了促进新型的学科专业建设和人才培养，有效服务区域经济发展，成功入选首批数据中国"百校工程"项目。以校企合作形式共同建设、共同运营"大数据应用创新中心"，打造兼具人才培养、科研创新和应用服务功能的产教融合基地。

创新要点：洛阳理工学院的数据中国"百校工程"项目建设，遵循"规划先行，分步实施"的建设思路，前期项目的建设目标是采用成熟的大数据先进技术，利用高性能的服务器及网络设备建设稳定、高效、可实现集中管控的"大数据应用创新系统"，提供大数据教学、科研及行业应用的相关服务；后续项目将在一期项目成果的基础上进行优化，并且和全国其他高校建设的系统进行联网，实现硬件资源、行业应用、科研创新的共享和交互，形成一个独一无二的覆盖全国高校的"大数据应用超级服务平台"，构建由高校、企业、科研机构等多方参与的行业应用创新生态系统，进一步提升学校大数据应用服务的能力。

网　　址：http://www.lit.edu.cn/

数据中国"百校工程"项目是教育部学校规划建设发展中心与中科曙光联合开展的，以"大数据超级平台"为载体，将高校、行业、企业和政府有机结合，为国家经济发展和社会消费模式转型升级提供人才、技术和服务支撑的校企深度合作办学模式的探索项目。2016年，洛阳理工学院作为该项目首批入围院校，于2017年通过教育部学校规划建设发展中心验收（见图1）。

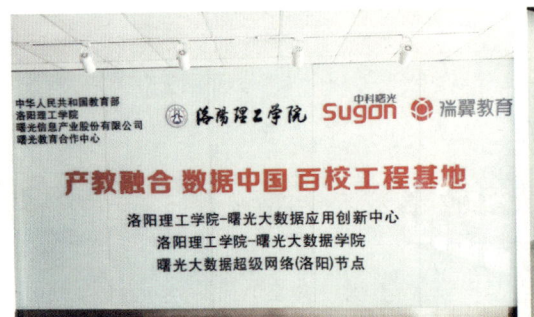

图 1　数据中国"百校工程"基地

一、大数据应用创新中心基地情况

（一）基地情况介绍

入选数据中国"百校工程"项目首批试点院校以来，校企双方积极筹备，潜心钻研，学校于 2017 年 9 月首次招收计算机科学与技术（大数据应用方向）本科专业学生 90 人，之后在此基础上又正式获批数据科学与大数据技术本科专业，并于 2018 年 9 月开始以该专业进行招生，2018 年招生 149 人，2019 年 9 月招生 148 人，截至目前共计在校生 387 人。除此以外，基于校企双方签订的合作协议，校企双方共同投资 1000 余万元，以计算机与信息工程学院作为实施单位，建设占地面积约 650 平方米的、集科学研究与教学实验于一体的"洛阳理工学院－曙光应用创新中心"。为数据科学与大数据技术专业的实践教学、科学研究以及社会服务等环节提供良好的硬软件环境。

目前，该中心设置的大数据超级平台涵盖"15+12"个软硬一体化模块，主要包括"大数据平台核心系统""大数据应用开发管理系统""大数据教学系统"以及"行业数据资源系统"四大主干系统。其中，"大数据平台核心系统"包含"协同计算控制系统""协同计算并行信息总线系统""协同计算"及"运行监控系统"等 15 个子系统；"大数据应用开发管理系统"包含"大数据智能分析平台""大数据挖掘平台""大数据生态分析管理平台""大数据应用开发平台、共享平台、维护平台"6 个子平台；"大数据教学系统"包含"教学行为大数据分析系统""行业大数据实战系统""大数据教学实验系统"3 个子系统，可为数据科学与大数据技术专业的专业实践教学环节提供良好的实战环境。

（二）组成架构双重机制管理

基地目前组成 12 人的专业队伍，其中学校 7 人、合作企业方 5 人，其中教授 1 人、副教授 3 人、博士 2 人，成员中具有长期企业相关工作经验的有 7 人。

在校企双方联合运营的机制上，洛阳理工学院提出：①双方联合组建管理委员会，共同管理运营"大数据应用创新中心"；②搭建覆盖全国的超级大数据应用服务平台，数据中国"百校工程"项目下的各高校共享数据价值；③企业主导、校企联合运营、收益共享。

基地的教学科研团队由企业的技术人员和学校具有相关专业技术背景的教师共同组成，并且承担双重角色。第一是双师型团队，负责相关专业的课程建设和学生的培养；第二是双能型团队，能够按照企业化的项目管理要求，完成应用科研项目。

合作初期，主要由企业科研人员引导学校老师进行科研开发，培养和锻炼教师的科研应用能力。同时，不断完善运营管理机制、团队建设培养机制、行业项目引进机制，打造一支能够独立开展行业应用的校企共建科研团队，对内开展基于行业应用的人才培养，对外进行技术研发、市场推广、工程交付等业务。

二、全面建设

（一）大数据应用创新中心建设地点、内容、规模与方案

1. 建设地点

洛阳理工学院西校区实验 A 楼一楼。

2. 建设内容及规模

依托洛阳理工学院建设曙光大数据应用创新中心，本项目计划总投资为 1500 万元，已完成，中心建筑面积达到 650 平方米。

（二）配套与支撑条件

企业为了进一步提高科研能力与行业服务水平，已经派驻 5 名大数据工程师入校，深入参与中心的建设、教学以及科研任务。

（三）建设内容及投资计划表

本项目总投资为 1500 万元，项目投资情况见表 1。

表 1　　　　　　　　　　　　项目投资情况

序号	工程或费用名称	价值	占建设投资的比例	计划投入年份	备注
1	大数据应用创新中心大数据超级平台	1000 万元	70%	2017 年：1000 万元	共建双方各承担 50%
2	中心科研教学辅助仪器设备（一期）	450 万元	25%	2017 年：450 万元	学校负担
3	应用创新中心一期场地改造	50 万元	5%	2017 年：50 万元	学校负担
4	总建设投资	1500 万元	100%	—	—

三、大数据应用创新基地运行

（一）项目实施校企联合基地运营机制

项目建设遵循"规划先行，分步实施"的建设思路，本期项目建设目标：采用成熟的大数据先进技术，利用高性能的服务器及网络设备建设稳定、高效、可实现集中管控的"大数据应用协同创新系统"，提供大数据教学、科研及行业应用的相关服务；后续项目将在一期项目成果的基础上进行优化，并且和全国其他高校建设的系统进行联网，实现硬件资源、行业应用、科研创新的共享和交互，提升学校大数据应用服务的能力，编织一个独一无二的覆盖全国高校的数据网络，打造一个服务于高校，服务于地方区域经济，服务于全国的"大数据应用超级服务平台"，未来更可申请成为国家级重点教学、科研、协同创新的大数据服务平台。

联合运营主要定位于：行业应用服务，孵化科技开发项目，促进创新创业。具有如下特点：

1. 双方联合组建管理委员会，共同管理运营"大数据应用创新中心"。
2. 搭建覆盖全国的超级大数据应用服务平台，各个学校共享数据价值。
3. 企业主导，校企联合运营，收益共享。

通过编织一个覆盖全国的超级大数据应用服务平台，建立开发者社区，整合开发者的更多技术、产品、解决方案和服务，通过大数据平台形成应用生态系统，构建覆盖全国的信息化、大数据管理服务网络。

面对在大数据、云计算、高性能计算等行业市场的巨大需求，企业将依托企业中科院的背景，联合学校提供行业级的解决方案和服务，和学校联合运营中心，并对当地的中小企业和事业单位、科研单位提供有偿的大数据应用服务，为学校带来可观的社会效益和经济效益。

在合作初期，由企业的科研人员引导学校老师进行高效的科研开发，培养和锻炼高校师资的科研能力。进而，在团队可独立进行科研项目交付后，双方总结研究中心的运营经验制定校企科研运营管理机制、团队建设培养机制、行业市场项目引进机制，并依据校企双方在基地建设中的投入比例，友好协商按照投入组成合作伙伴关系，对外进行技术研发、市场推广、方案交流、工程交付等业务。

（二）人才培养

数据中国"百校工程"项目的建设，为洛阳理工学院开展大数据、人工智能的教学、科研创新及行业应用提供了坚实的基础和创新空间。

在人才培养方面，洛阳理工学院与数据中国"百校工程"项目的实施方曙光瑞翼教育深度合作，共同培养面向信息行业有创新能力的大数据、云计算、移动"互联网+"的应用技术人才。

学院引入了国际上在产教融合方面成效显著的 VIP（Vertically Integrated Projects Program）项目化教学模式，建立项目资源池，以逐步深入地协同参与行业应用项目，来带动整个教学过程。

校企共同成立 VIP 项目委员会，在项目资源池中遴选出适合的项目，根据难度大小让不同层次的本科生参与至少一个项目的工作，强调企业的研发管理和团队管理模式，把学生的理论学习和实践有机结合，实现毕业生能力与行业人才要求无缝对接。在提供教学"项目包"的同时，项目资源池中也有科研"项目包"，由企业大数据专家协助学校的教师完成，促进高校教师提高科研应用能力。

（三）科研创新

学院把企业工程师、高校教师、学生以企业项目化的运作模式整合为新型的项目开发实体，共同参与科研创新研究和项目交付。

通过"大数据应用超级服务平台"上开放的项目资源，高校教师与企业应用科研人员一起参与应用科研开发，参与工程交付环节，以实际的行业应用服务工作实现对高校师资的培养和项目的科研交付。

（四）应用服务

洛阳理工学院立足地方经济，发挥学校专业优势，提升学校产业服务能力。面对在大数据、云计算、高性能计算等行业市场的巨大需求，校企联合提供行业级的解决方案和服务，对本地区的中小企业和事业单位、科研单位提供有偿的大数据应用服务、硬件资源对外租赁服务，也可向中小企业提供作为数据处理的平台。例如，依托平台为动漫产业提供海量的计算资源，节省渲染时间，降低成本，等等。

在另一个层面，通过百校联合，构建"大数据应用协同创新网络"，高校协同作战，共同完成难度较大的项目，也将提升本地高校争取政府纵向课题和行业横行课题的能力，服务于本地经济。

四、主要成绩

（一）河南省建材大数据工程研究中心

洛阳理工学院针对建材领域缺乏大数据中心支撑的现状，以及洛阳建材行业处于国内强势地位的背景，由洛阳理工学院联合中科曙光共同申报，依托大数据应用创新中心，成立了由中国建材行业联合会支持的河南省建材大数据工程研究中心（见图2）。

图2 河南省建材大数据工程研究中心

中心面向国家"一带一路"倡议，结合洛阳理工学院的科研与人才培养优势、中科曙光的大数据技术产品及工程实施优势，以及中国建筑材料联合会的数据统筹优势，建立一个面向全省甚至全国的建材大数据中心，以为企业智能制造提供精准服务为方向，为建材大数据领域发展提供技术支撑和服务，形成一个集建材大数据科研能力、产业服务、人才培养为一体产学研相结合的重要基地。

工程研究中心充分利用"百校工程"项目平台的资源，以面向建材大数据的关键技术研究，面向市场的产品研发和行业服务，面向行业的人才培养为主要功能，逐步建立洛阳理工学院在建材大数据领域的技术领先地位。

（二）工业大数据分析挖掘综合大屏系统

工业大数据是指在工业领域，主要通过传感器等物联网技术进行数据采集、传输得来的数据，由于数据量巨大，传统的信息技术已无法对相应的数据进行处理、分析、展示，而在传统工业信息化技术的基础上借鉴了互联网大数据的技术，提出新型的基于数据驱动的工业信息化技术及其应用。

工业大数据的数据来源于企业工厂内部设备，利用传感器等组网技术对实时产生的数据进行采集，采用互联网大数据领域成熟的技术，通过大数据分析为企业提供个性化智能服务，改进企业的生产、销售、服务等过程。

传统的企业工厂设备数据存储由于数据量过大、成本过高等问题导致数据无法有效的存储，从而使得数据的生命周期仅存在于屏幕上，大量的数据被丢弃。大数据时代带来的低成本的新型数据处理技术及云计算，使得数据的全面采集并且持久化成为可能。采集到的数据可以实现长时间的存储，为工业数据分析提供了坚实的数据基础，使得分析的结果更准确，成为一种正向循环。

企业工厂内部各类设备数据的采集包括设备运行状态参数，例如温度、震动、电流、电压等；设备运行的工况数据，例如负载、转速、能耗等；设备使用过程中的环境参数，例如风速、气压等；设备的维护保养记录，例如检查、维护、维修、保养等；以及设备的使用情况，例如使用单位、操作人员等。设备的各类数据收集后，加上同类设备的数据、长周期的使用数据等，就构成了大数据分析的基础数据。通过大数据算法及模型的分析处理实现设备的实时故障诊断和故障预测，提高设备的可用率。设备信息、环境信息和人员信息的高度集成，经过数据分析可实现安全报警、预警、隐患评估等，从而大幅度提高安全水平，提升人员效率。

企业内部生产技术的提高，使得生产过程呈现出高度的复杂性和动态性，逐渐呈现碎片化倾向，只有专业部门、专业人员才掌握本部门、本专业的数据，企业决策人员无法全面有效了解全生产流程。利用全生产过程的信息高度集成化和数据可视化，从而达到了生产过程的信息透明化，为企业提供有力的决策支持。

（三）第二课堂

开设以提高学生实际项目操作能力为目标的第二课堂——瑞翼工坊，采取定期定时（如瑞翼工坊小课堂）与不定期（竞赛、专题培训）相结合的活动模式。具体如下：

1. 瑞翼工坊

瑞翼工坊是垂直整合项目化教学的落地平台，是一个以学生为中心的行动组织。其行动目的是推动学校协同科研创新，组建行业应用服务团队，推动双创教育和创新学生管理模式，激发优秀人才成长。瑞翼工坊于2018年3月在大数据应用创新中心正式成立，每周定期举行，采取学生自愿报名择优录取的选拔形式。为了进一步扩大受众面，成员能够与未加入工坊的同学形成一帮一带关系，最终促成所有学生都能成长为符合行业要求标准的应用型人才。截至目前为止，共有130人参加。

2. Python 程序设计大赛

为提升同学们对于 Python 语言的了解和对大数据专业的热爱，于 2018 年 6 月举办首届"瑞翼杯"Python 程序设计大赛（见图 3）。本次大赛共有 6 组进入决赛，提交了 6 个完整的作品，极大地提升了学生的学习兴趣与实操水平。今后此类竞赛还将不定期举行。

图 3　"瑞翼杯"Python 程序设计大赛

3. 大数据技术专题研修班

为了进一步扩充同学们及老师们的视野，补充教学中实操能力方面的知识，与 2018 年 3 月、10 月组织了数据中国"百校工程"洛阳站大数据技术教学研修班，本研修班邀请曙光瑞翼教育合作中心的研发工程师团队作为主讲，采取理论讲解与上机实验的培训模式，结合际案例介绍了基于 i9000 平台的大数据行业前沿技术。本次专题技术培训为期两天（见图 4）。

图 4　大数据教学研修班

五、创新经验与发展规划思路

数据中国"百校工程"项目是中科曙光与教育部联合开展,拟以"大数据超级平台"为载体,把高校、行业、企业和政府有机结合起来,共同发展,为国家的经济发展和社会消费模式的转型升级提供人才、技术和服务的支撑的校企深度合作办学的新型模式探索项目。学院与曙光公司在校企深度合作的基础上,共同开发了适合于学校现状的大数据应用方向本科人才培养方案、相关教材以及教学大纲等。作为产教深度融合的范例,其课程体系的构建将结合校企双方的资源和优势,借助学校在通识课程、专业基础教学等方面的传统优势,发挥企业方对市场反应的灵敏性、技术应用的前瞻性和实用性以及工程师入校教学所带来的行业经验、共同参与教学科研,是真正的校企深度合作办学的典型案例。

大数据应用创新中心发展思路将以"教育支撑研发,研发保障产业,产业促进发展"为建设宗旨,设定在3年内建立一个基地(大数据技术相关应用型人才培养基地)的建设目标,形成大数据应用系统自主研发与数据分析决策的服务体系能力,实现集"大数据相关技术人才培养""行业大数据应用科学研究""大数据分析决策服务"为一体的政产学研相结合的实体机构,使之成为服务于洛阳市、河南省乃至全国的建材行业、工业领域的大数据应用服务的发动机和成果转化创新示范点。具体如下:

以校内成立"洛阳理工学院—曙光大数据学院"作为专业合作的载体,与曙光公司双方共建共管、在校内开展产教融合,进行校企深度合作办学模式的探索。大数据技术相关应用型人才培养基地的建设将依托上述项目,力争在3年内完成下列具体目标:

1. 建立洛阳市第一家具有"数据科学与大数据技术"本科专业的高等院校,开展可持续性的相关专业的多层次应用技术型人才的培养工作,争取建设期末具备申报河南省特色专业的条件。

2. 建立基于校企深度合作模式的大数据技术相关本科人才培养体系,从而能支撑大数据学院的人才培养功能。

3. 3年内达到大数据技术相关专业在校学生750人(本科450人、专科300人)的规模,毕业生就业率高于学校平均水平,毕业生综合素质达到社会满意程度。

4. 建立15人左右的大数据相关技术教学与科研团队,团队双师占比率达到90%以上,有较强的教学、科研等实操能力。

附件：1. 大数据应用创新中心实施质量评价结果
　　　2. 课程教学质量评价等级
　　　3. 大数据应用创新中心科研项目汇总
　　　4. 创新创业教育主要成果汇总
　　　5. 人才培养课程体系

附件 1

大数据应用创新中心实施质量评价结果

一级指标	二级指标	评价结果
1. 培养方案	1.1 专业定位	专业建设思路体现应用型建设需要； 专业定位、培养规格符合行业需求，满足区域经济社会发展需要，特色明显
	1.2 培养目标	培养目标定位准确，符合学校专业建设要求和应用型专业内涵建设要求，体现所服务面向行业、企业的发展对人才培养的新要求
	1.3 课程体系	围绕应用型人才培养深化课程体系改革，对应落实应用型人才的培养目标和毕业生的能力要求，体现行业、企业的发展动态与需要； 优化课程结构，整合相关课程，形成支撑应用型人才培养的课程群或课程模块； 设置完善的实践教学体系，注重培养学生的实践能力和创新能力
2. 师资队伍	2.1 师资队伍数量和质量	专业负责人教学经验丰富，具有与本专业相关实践经历； 专业教学团队教学水平高，围绕区域经济社会发展开展技术咨询、技术开发、技术转让、技术服务等能力强
	2.2 师资队伍结构	师资队伍结构合理； 专业教师中行业、企业兼职教师占比原则上不低于30%； 专业专任教师中"双师双能"型和具有行业实践经历的教师占比不低于60%
	2.3 师资队伍建设	具有明确的教师教学与实践能力培养工作方案，以及行业、企业教师与学校教师互聘的具体措施，并实施落实
3. 教学资源	3.1 课程建设	校企合作共同开发课程，不断更新课程内容； 课程内容设计科学，结合行业标准，体现技术进步、产业发展和区域经济建设需求； 课程教学组织合理，教学模块与环节设置有效支撑应用型人才培养要求； 课程资源满足应用型人才培养需要，建设成果明显
	3.2 教材建设	积极选用适合应用型专业教学需要的教材； 具有与行业、企业联合编写的教材，并有明显应用型专业特征； 教材建设成果明显，包括：国家、省级规划教材，特色教材等
	3.3 校内实验条件及利用	专业实验室、工作室等建设满足应用型人才培养需要； 实验教学仪器设备利用率高，实验教学质量良好
	3.4 校内实训条件及利用	实习、实训条件建设满足应用型人才培养需要； 教学仪器设备利用率高，教学质量良好

续表

一级指标	二级指标	评价结果
4. 校企合作	4.1 共建校外实践教育基地	与行业、企业等共建校外实践教育基地，探索了共建共管共享的长效机制，取得良好效果
	4.2 校企双向互聘机制	建立了学校与行业、企业人员双向互聘、相互融合机制，运行状态良好，有效促进了应用型人才培养和应用技术开发
5. 教学模式	5.1 教学方法	教学方法满足应用型人才培养需要； 积极探索问题导向、案例教学等适合应用型人才培养的教学方法； 充分运用现代教育信息技术改革教学方法； 教学方法改革成效明显
	5.2 教学组织形式	教学组织形式满足应用型人才培养需要； 积极探索现场教学、远程教学、模拟教学等适宜应用型人才培养的教学组织形式； 教学组织形式改革成效明显
	5.3 学生学业水平评价改革	学生学业水平评价改革满足应用型人才培养需要； 推进学生学业水平评价改革，注重对学习过程的考核和实践能力的评价； 建立促进学生实践能力和综合素质提高的评价方式
	5.4 实践教学	建立了促进学生实践能力提高的机制，实践学分（学时）占比不低于30%； 根据学科特点构建实践教学体系，改革实践教学内容、方法和手段，合理安排实训、实习、社会实践等环节； 建立了优化实训资源配置和管理的运行机制； 形成了加强学生创新实践能力、就业创业能力培养的有效机制
	5.5 毕业论文（设计）	毕业论文（设计）体现应用型人才培养需要； 毕业论文（设计）选题面向企业、行业实际； 行业、企业与学校导师联合指导毕业论文（设计）； 保障毕业论文（设计）质量的机制完善，运行良好
6. 创新创业教育	6.1 创新创业教育体系	创新创业教育与应用型专业建设深度融合，有效支撑应用型人才培养； 与企业、行业联合开展创新创业教育； 创新创业教育融合在课程教学、实践教学、第二课堂等各个教育环节，体现在专业培养方案、课程大纲、成绩考核等各种教学文件中
	6.2 创新创业教育基地	学校与行业、企业协同共建创新创业教育基地，机构、人员、场地、经费等满足应用型人才培养需要，利用率高
7. 人才培养质量	7.1 在校生质量	学生参加创新创业项目、工程实践项目，竞赛获奖，发表论文，取得专利，获得职业资格证书等情况
	7.2 毕业生质量	本专业学生就业率、对口就业率； 学生就业单位评价：包括毕业生专业知识与技能、敬业精神、职业道德、知识更新能力、创新能力、团队意识、合作精神、在本单位的工作稳定性、学校就业服务水平等
8. 质量保障体系		建立了符合应用型人才培养特点的专业教学质量保障体系，过程监控、督导及持续改进机制，实施效果良好
9. 特色与辐射作用（满分10分）		在应用型建设过程中彰显了专业特色，其经验对同类专业具有示范、辐射作用； 能够及时总结应用型建设经验，公开发布或发表总结报告、研究报告，对同类专业改革起到参考作用

附件 2

课程教学质量评价等级

一级指标	二级指标	评价等级
综合评定	1.1 教师仪表整洁、言行得体，符合教师形象	A 优秀
	1.2 教师责任心强，不迟到不早退，能严格要求学生考勤	A 优秀
	1.3 教师在授课之前有充分的准备和备课，不照本宣科	A 优秀
	1.4 教师亲和力强、表达能力好，在授课过程中与我有沟通互动	A 优秀
	1.5 教师授课通俗易懂，教学进度合理安排，课堂氛围良好	B 良好
	1.6 教师能结合案例和相关经历，有效扩展课程内容	A 优秀
	1.7 教师能布置适量作业，有效地帮助我学习，加强对知识的复习	B 良好
	1.8 通过本课程的学习，我基本能掌握知识	A 优秀
	1.9 学生综合满意度	A 优秀
	1.10 学生建议意见综合度	A 优秀

附件 3

大数据应用创新中心科研项目汇总

1. 阎奔：基于 PLC 控制技术与 SaaS 云服务模式的智能运维系统关键技术研究
2. 阎奔：基于二维码离散视觉识别模式的物流机器人路径规划与导引的研究
3. 石念峰：基于数字足迹的景区个性化浏览路径服务技术研究
4. 李蒙：基于无线传感网络的电子货架标签系统
5. 于素萍：透射层析成像技术对粮仓异物的检测
6. 于素萍：基于工作流技术的高校毕业生档案管理系统的研究
7. 孙泽宇：面向大规模无线传感器网络底层优化部署多目标覆盖控制技术
8. 韩哲：基于 STM32 的工业智能控制系统
9. 石念峰：护路队员动态管理暨考勤系统
10. 赵国增：濮阳众源建设工程有限公司信息化建设技术服务
11. 李明照：教学过程档案归集管理平台
12. 杨尚森：基于 ATA 平台的考生行为数据采集

附件 4

创新创业教育主要成果汇总

1. 2019 年第六届"大唐杯"全国大学生移动通信技术大赛，获省级三等奖
2. 2019 年中国高校计算机大赛—人工智能创意赛全国复赛（区域选拔赛），获省级三等奖

附件 5

人才培养课程体系

1. 专业课程

课程性质 Course Nature	课程类别 Course Classification	课程名称 Course Title	学分 Credit	学时分配 Hours Distribution				课程代码 Course Code	建议修读学期 Suggested Term	开课单位 Course-Offering Department
				总学时 Tot hrs.	理论 Taught	实验 Exp.	实践 Practice			
必修课程 Required Course	专业必修课程 Specialty Core Courses	大数据导论 The Introduction of Big Data	2	32	32			1041139002	1	曙光
		Python 程序设计 Python Programming	3.5	56	32	24		1041139082	4	曙光
		Hadoop 大数据技术 Hadoop Big Data Technology	3.5	56	32	24		1041139083	5	曙光
		大数据库技术 Big Database System	3.5	56	32	24		1041139084	5	曙光
		数据挖掘技术与应用 Data Mining Technology and Application	4	64	44	20		1041139085	6	曙光
		数据导入与预处理 Data Import and Preprocessing	3	48	30	18		1041139086	5	曙光
		数据可视化技术 Data Visualization Technology	3.5	56	32	24		1041139087	6	曙光
		大数据分析与内存计算 Big Data Analysis and Memory Computing	3	48	30	18		1041139088	6	曙光
		工业大数据项目案例 Industry Big Data Project Case	1.5	24	16		8	1041339081	7	计信 / 曙光
		教育大数据项目案例 Education Big Data Project Case	1.5	24	16		8	1041339082	7	计信 / 曙光

续表

课程性质 Course Nature	课程类别 Course Classification	课程名称 Course Title	学分 Credit	学时分配 Hours Distribution				课程代码 Course Code	建议修读学期 Suggested Term	开课单位 Course-Offering Department
				总学时 Tot hrs.	理论 Taught	实验 Exp.	实践 Practice			
必修课程 Required Course	专业必修课程 Specialty Core Courses	商务智能方法与应用 Business Intelligence Methods and Applications	2	32	20	12		1041239082	7	曙光
		数据分析软件与工具 Data Analysis Software And Tools	2	32	16	16		1041239084	7	计信/曙光
		云计算技术 Cloud Computing Technology	2	32	24	8		1041239085	6	计信
		机器学习 Machine Learning	2	32	24	8		1041239086	7	曙光/计信
合计			37学分							

2. 集中实践平台

课程类别 Course Classification	实践环节名称 Practice Course	实践环节代码 Practice Course Code	内容 Content	学分 Credit	周数 Weeks	建议学期 Suggested Term	开课单位 Course-Offering Department
专业实践课程 Specialized Practice Courses	认识实习 Cognition Practice	1041149005	专业认识实习 Specialty Cognition Practice	1	1	1	计信/曙光
	课程设计 Course Design	1041149083	Python 程序设计课程设计 Course Design of Python Programming	1	1	4	曙光
	实验专用周 Practice Week	1041149084	Hadoop 部署实践 Hadoop Deployment Practice	1	1	5	曙光
	实验专用周 Practice Week	1041149085	数据预处理实训 Data Preprocessing Practice	1	1	5	曙光
	实验专用周 Practice Week	1041149086	数据挖掘实训 Data Mining Practice	1	1	6	曙光
	实验专用周 Practice Week	1041149087	数据可视化实训 Data Visualization Practice	1	1	6	曙光
	创新创业实践 Entrepreneurship Practice	1041149089-90	创新创业实践 Innovation and Entrepreneurship Practice	2	2	6	曙光
	综合实践 Comprehensive Practice	1041149088	创新项目（VIP 项目） Innovation Project（VIP Project）	3	3	7	曙光

续表

课程类别 Course Classification	实践环节名称 Practice Course	实践环节代码 Practice Course Code	内容 Content	学分 Credit	周数 Weeks	建议学期 Suggested Term	开课单位 Course–Offering Department
专业实践课程 Specialized Practice Courses	毕业实习 Graduation Practice	1041149009	毕业实习 Graduation Practice	3	3	8	曙光
	毕业设计（论文） Graduation Project or Thesis	1041149010	毕业设计（论文） Graduation Project or Thesis	10	10	8	计信/曙光 （各50%）
合计			24学分				

3. 素质拓展模块

课程性质 Course Nature		课程名称 Course Title	学分 Credit	学时分配 Hours Distribution				课程代码 Course Code	建议修读学期 Suggested Term	开课单位 Course–Offering Department
				总学时 Tot hrs.	理论 Taught	实验 Exp.	实践 Practice			
素质拓展模块 Extra-curriculum Module	职业素养教育	准职业人导向训练 Quasi Professional Oriented Training	1	8	4		4	1041339084	5	曙光
		职业定位与发展 Career Orientation and Development	1	8	4		4	1041339085	6	曙光
		求职能力提升训练 Job-hunting Ability Training	1	8	4		4	1041339086	7	曙光
	综合素养	瑞翼工坊实践	1	8			8	1041339087	3/4	曙光

实训内容模块构建

实训基地：技术中心+工业生产线
——枣庄学院智能制造实训基地

关键特征：以推进制造业转型升级、提升制造业人才培养质量、服务区域社会经济发展，聚焦产教深度融合，突出智能制造模块组合，倡导开放共享。

创新要点：以"互联网+"的创新思维，通过构建"大平台+小团队"的模式，确保智能制造实训基地发挥人才培养与服务地方经济的实效。

网　　址：http://jdgc.uzz.edu.cn/index.htm

枣庄学院智能制造实训基地由工业级柔性数字制造生产线、"互联网+中国制造2025"产教融合创新基地、智能制造技术中心三部分组成。基地面向智能制造、工业现场控制领域培养应用型人才的同时，面向区域行业企业开展产品研发、工艺技术验证等技术服务，并承担引领地方智能制造产业发展、培养行业企业骨干技术人员的任务。

一、基地基本情况

基地建设总投资3600余万元，占地5000平方米，涵盖ABB工业机器人基础实训室、工业机器人本体设计实训室、工业机器人综合实训室、GE工控组件为核心的PLC现场总线控制与通信实训室、一条工业级柔性数字制造生产线，可容纳500人同时开展教学业务。基地以推进制造业转型升级、提升制造业人才培养质量、服务区域社会经济发展、引领行业企业发展为目标，聚焦产教融合，突出模块组合，倡导开放共享。

（一）基本功能

1.复现智能制造行业典型技术和架构，建立全面真实的工程现场学习环境，培养面向智能制造、工业现场控制领域的高技能应用型人才。

2. 开展企业骨干技术人员专业技能培训，提升企业骨干技术人员专业技术水平与能力，补齐其在智能制造、现场控制、装备集成等领域内的知识短板，引领企业技术进步。

3. 面向区域内中小企业负责人开展智能制造等前沿领域内知识认知的宣讲培训，激发企业潜在发展需求，推进制造业转型升级。

（二）服务面向

基地面向的服务群体以枣庄学院机械类、电气类、信息类专业学生培养为主体，面向区域行业管理人员、企业骨干技术人员等开展培训服务，面向从事产品技术研发、项目管理的工程技术人员开展关键技术研究、工艺技术方案验证服务，其中每年服务学生群体不小于30000学时，开展技术人员再教育培训不小于5000学时，开展面向企业管理人员培训不小于3000学时，面向从事产品技术研发、项目管理的工程技术人员服务不少于2000学时。

（三）组成架构

基地由工业级柔性数字制造生产线、"互联网+中国制造2025"产教融合创新基地、智能制造技术中心三大部分组成。其中工业级柔性数字制造生产线为生产性实训单元，"互联网+中国制造2025"产教融合创新基地为教学性实训单元，智能制造技术中心为本基地的科研机构。其组成结构如图1所示。

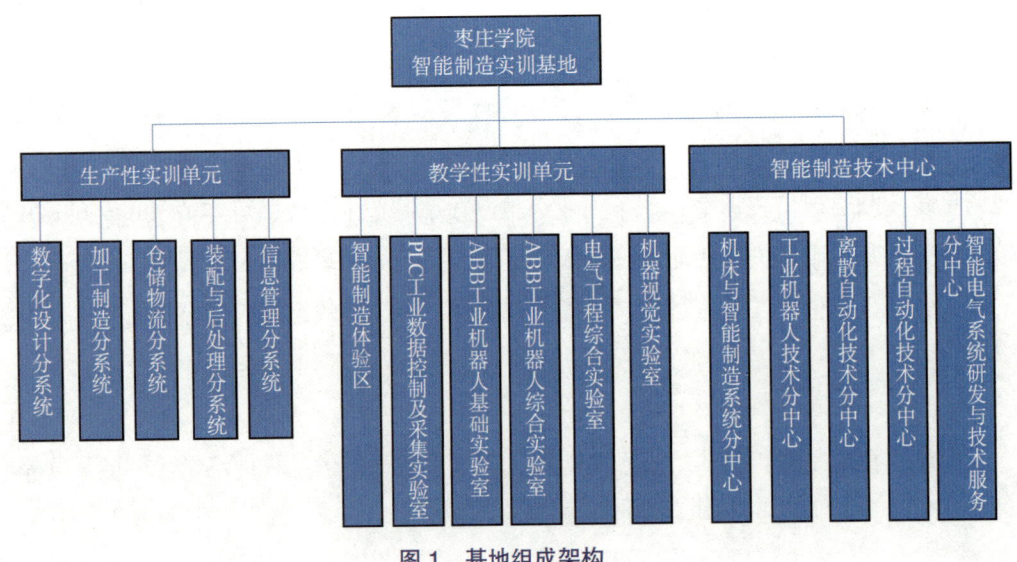

图 1　基地组成架构

工业级柔性数字制造生产线由 DNC、MES、ERP 三层架构组成，生产线由 4 台数控车床、2 台加工中心、2 台中走丝线切割、原/成品仓库、2 辆 AGV 无线运输小车、7 台自动上下料/组装机器人、5 台直线运输机器人以及清洁/喷涂/视觉组装、1 套 3D 扫描/增材制造单元等硬件设备单元及 CAD、CAM、MES、ERP 等软件实验室单元组成，利用校园网实现组成单元间的通信及数据共享。

产教融合创新基地涵盖 ABB 工业机器人基础实训室、工业机器人本体设计实训室、工业机器人综合实训室、GE 工控组件为核心的 PLC 现场总线控制与通信实训室等 8 个分室。

智能制造技术中心主要包括机器视觉实验室、机床与智能制造系统分中心、工业机器人技术分中心、离散自动化技术分中心、过程自动化技术分中心以及智能电气系统研发与技术服务分中心。5 个分技术中心均设主任 1 名、专兼职科研人员 15 名左右，其中副高以上人员不少于 5 人。5 个分中心的设置一方面与枣庄学院机电工程学院的专业设置相对应，另一方面也考虑到智能制造实训基地对外服务的领域与枣庄市新旧动能转换规划的十强产业的呼应。

二、全面建设

（一）投入情况

基地投资总额中中央财政预算内资金约 680 万元，学校投入约 150 万元，北京华晟经世企业投资 780 万元；总投资中用于基础建设约 47 万元，设备投入 1553 万元。

工业级柔性数字制造生产线部分由枣庄学院独立建设，于 2015 年 10 月建设完成，总投资约 2000 万元，占地 3500 平方米，生产线设在枣庄学院工程训练中心，投资总额中中央财政预算内资金约 700 万元，学校投入 1300 万元；总投资中用于日常运行投入合计 140 万元，基础建设约 560 万元，设备投入 1300 万元。

"互联网+中国制造 2025"产教融合创新基地由枣庄学院与北京华晟经世信息技术有限公司共同建设，总投资 1600 余万元，其中枣庄学院投资 830 万元，北京华晟经世企业投资 780 万元，占地 1500 平方米。

（二）建设过程

1. 设立混编管理机构

基地设主任 1 名，3 个模块各设副主任 1 名，与机电工程学院下设机构一体化运行。基地设合作企业品牌推广办公室，设主任 1 名，合作企业品牌推广办公室主任由合作企业人员担任。

基地 3 个技术创新研究所、5 个分中心各设主任 1 名，同时各分中心与机电工程学院现有和规划设置的专业互为支撑，一体化发展。

2. 企业深度参与

基地重视产教融合校企合作，充分发挥合作企业的办学主体作用。合作建设单位北京华晟经世派遣 5～8 名管理及技术人员组成教学团队，承担以专业方向课程教学、职业素质课程教学、课程实践为主的教学工作。校企双方共同承担毕业设计工作，共同组建了双师双能型混编师资团队，极大提高了教学成效。

3. 突出实践教学主体功能

基地依据学校《工程训练中心管理办法（试行）》等政策文件，促进实验教学、实验技术改革与成果转化，提高学生的实践能力。鼓励教师在实验教学中打破常规，进行创新性实验；与多家企业或组织深入合作，不断加强基地建设，提升基地服务教学的能力。

4. 强化双师双能型师资队伍建设

依据学校发展总体规划，制订《智能制造应用中心教学队伍建设规划》，吸收副高职称和博士学位以上的高层次人才 18 人进入基地，建立一支竞争力强的创新团队。探索通过校企合作及专业共建方式，推动双师型教师队伍的建设，切实提高教学质量，近年来教师到企业挂职 15 人，培养双师双能型教师 10 余人。

5. 聚力创新创业教育

鼓励学生参与创新创业及学科竞赛，把大学生创新计划纳入人才培养方案和教学计划，鼓励优秀教师担任"大学生创新创业训练计划"导师。2018 年，基地成立双创中心，由校企师资组成混编导师组，将主流技术带入双创课堂，邀请企业专家和行业资深工程师开设创新创业系列讲座，以赛促学，混编师资团队与学生形成创新合力，创新创业成效显著。

6. 发挥制度保障作用

基地重视长效机制的形成，在寻求学校制度支持的同时，持续加强内控机制建设，充分发挥制度的保障作用，制订了《工程训练中心管理办法（试行）》《智能制造应用中心教学队伍建设规划》等一些文件，营造自我约束、自我完善、自我演化的创新生态。

三、基地运行

（一）体制机制

枣庄学院智能制造实训基地以"互联网+"的创新思维，通过构建"大平台+小团队"的模式，把大学双创师生、行业技术企业、制造业客户有机地联系起来，形成大学间、企业间、区域间开放共享、协同创新的合作。

大平台：教育部学校规划建设发展中心负责组建汇聚行业专家与技术的企业技术平台和协调各团队成员合作的网络运营平台。

小团队：以枣庄学院智能制造实训基地为基础，根据枣庄学院技术特长以及行业或区域经济特点构建应用开发团队、工程服务团队开展项目设计、咨询、应用开发及工程服务等工作，服务地方经济。

（二）人才培养

1. 生产性实训单元

枣庄学院智能制造实训基地生产性实训单元小学分实训课程约35门，可以满足PLC控制、液压与气压控制、数字加工、机器人技术、MES实训、ERP管理实训、物流管理实训、机器视觉组装实训、射频标签使用、智能仓库实训、AGV无线运输实训等课程教学要求。

系统性实验项目如下：自定义产品和配件信息、制订产品BOM表、制订生产计划、触摸屏码垛机单元实验、码垛机出入库和移库实验、立体仓库配件盘点实验、生产与出库实验、CCD视觉检测实验、PROFIBUS配置实验、工件材质检测实验、PID调节实验、气动打标机单元实验12个。

该单元可满足机械设计制造机器自动化、过程装备与控制工程、机电一体化、机器人工程等多个专业的技术基础课及专业课程的教学要求。

2. 教学性实训单元

枣庄学院智能制造实训基地教学性实训单元目前实训课程由北京华晟与枣庄学院共同开发，数量共计7个，涵盖工业机器人和智能制造两个方向，学生学习兴趣高，对实训课程的满意度高达97%（见附件3）。

图2为生产性实训单元和教学性实训单元平面布置图。

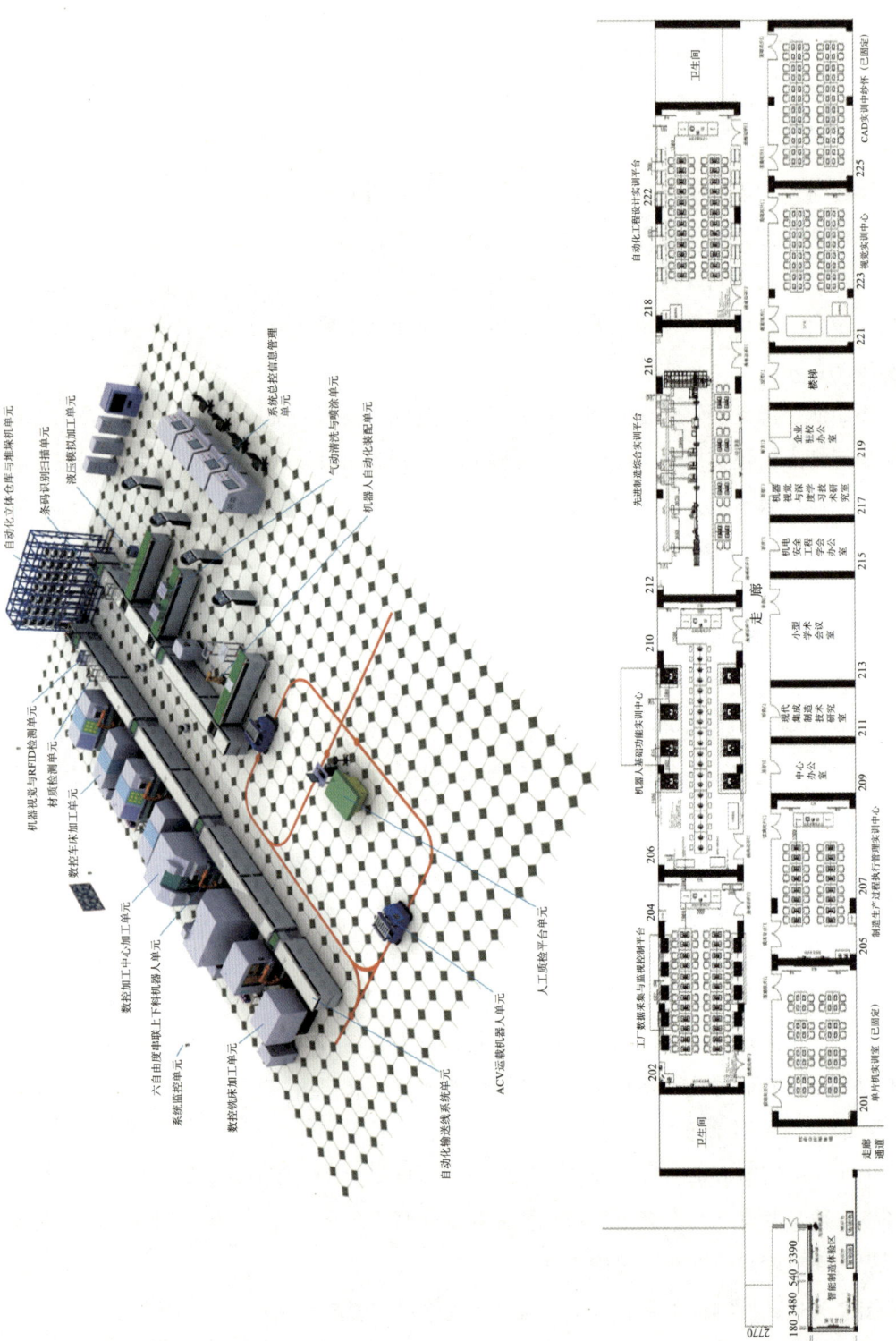

图 2 生产性实训单元（上）和教学性实训单元（下）平面布置图

（三）社会服务

1. 基地行业培训服务

基地充分发挥"互联网＋中国制造2025"产教融合创新平台的先发优势，利用实训基地共同面向地区中小企业、政府和事业单位开展相关行业社会培训服务，协助枣庄学院共同开拓地区智能制造行业培训服务和技术服务市场。

2. 服务区域产业发展

依托智能制造实训基地，机电工程学院与枣庄市35家规模以上企业建立起技术研发等相关合作，很好地发挥了智能制造实训基地的作用。

四、建设成效

（一）主要成绩

1. 人才培养成效

截至2019年3月，基地已与山东泰开机器人有限公司、山东时代新纪元机器人有限公司、北京堂仁翔科技有限公司等20余家企业就学生实习实训、校企合作共同育人等事项达成共识，可为学生提供不少于1∶1.2个实习就业岗位。

枣庄学院智能制造实训基地成立双创中心，由机电学院资深教师和北京华晟经世工程讲师作为指导老师，凭借多年丰富的教学及社会工作实践经验将主流技术带入双创课堂，同时邀请企业专家和行业资深工程师来校开设创新创业系列讲座，通过以赛促教的方式，激发学生学习兴趣，提升学生动手能力。师生积极参与创新创业活动，专业混编师资团队与学生形成合力，创新创业成效显著。2018年度学生参加各类学科竞赛、创新创业竞赛获得省部级以上奖励33项。

2. 服务产业情况

（1）工业机器人培训。为区域内企业提供机器人基础操作、机器人基础编程、机器人故障诊断与排除、机器人高级编程、工业机器人离线编程与仿真（Robostudio）、工业软件、机器人视觉技术、机器人项目集成案例详解、工业机器人现场实训。

（2）对外开放服务。截至2019年3月，参与接待及协助接待的团队共计42组，总计接待及协助接待参观人数约1700人次。

（3）联合企业开展技术攻关、服务企业产业升级等横向课题研究。基地与枣庄市经济和信息化委员会合作签署智能制造技术服务中心已挂牌落户，服务地方产业转型升级的能力得到了进一步提升,已与枣庄矿业集团等 15 家重点企业开展课题研究,课题主要分布于离散型智能制造、现场控制、机器视觉应用等专业方向。自基地建立以来,已与 13 家企业联合开展了 26 项横向课题研究,获得省市级纵向课题 13 项,基地在技术服务工作方面取得了良好的成效。

(二)创新经验

在智能制造实训基地的建设和使用中,始终以工程实训为主线,以提高受众者的智能制造技能为目标。校方和合作企业深度合作,双方不仅在硬件设备上合作,更重要的是在课程设计、实训单元、考核机制、理论课程与实践课程的有效衔接等方面深度合作,真正实现了产教深度融合。

枣庄学院智能制造实训基地近年来取得了较好的成绩,基地在完成应用型人才培养的同时,不断开展面向区域行业企业的产品研发、技术服务,并承担引领地方智能制造产业发展、培养行业企业骨干技术人员的任务,各项年度预期任务基本完成。

五、发展规划

在已有建设成果的基础上,基地将充分发挥合作企业对教育教学工作的协同作用,开展一课双师、MIPAS 等工程实践教学方法创新研究,深度开展校企合作。面向区域行业企业开展智能制造领域内的新产品研发、传统工艺设备升级、技术方案验证等技术服务,推进区域内制造业产品技术进步与转型。基于工程训练中心工业级柔性数字制造产线的产品设计、仿真加工、生产制造、产线管理实训。

今后一个时期,基地将以习近平新时代中国特色社会主义思想为指导,深化产教融合、校企合作,以推进制造业转型升级、提升制造业人才培养质量、服务区域社会经济发展、引领行业企业发展为己任,聚焦产教融合,做出更大贡献。

附件:1. 基地保障性制度文件名录

2. 基地承担实训课目一览

3. 实训课程、课时、课程结构模块和课程评价标准一览

4. 创新创业教育主要成果一览

5. 基地科研课题一览

附件 1

基地保障性制度文件名录

《枣庄学院科研创新平台建设实施意见》
《枣庄学院科研创新团队评选办法》
《枣庄学院科研项目管理办法》
《枣庄学院科研项目经费管理办法》
《枣庄学院优秀科研成果奖评选办法》
《枣庄学院学术贡献奖和学术新秀奖评选办法》
《枣庄学院优秀教学成果奖管理办法》
《枣庄学院青年教师优秀教学奖评选办法（试行）》
《枣庄学院教学名师评选工作实施办法（试行）》
《枣庄学院教学名师工程实施办法》
《枣庄学院实验室开放管理办法》
《枣庄学院实验教学、实验技术改革项目实施办法》
《枣庄学院综合性、设计性实验立项实施办法》
《枣庄学院"大学生创新创业训练计划"工作方案》
《枣庄学院大学生研究训练计划实施办法》
《枣庄学院专业技术人员到企业挂职锻炼实施办法（修订）》
《枣庄学院教职工继续教育管理暂行办法（2012 年修订）》

附件 2

基地承担实训课目一览

序号	实训课目名称	教学目标	面向专业
1	PLC 控制	通过基本实验和综合实验项目，强化学生的实践能力，进一步提升学生对西门子 S7-300 的实际编程能力	机械设计制造及其自动化、过程装备与控制工程、机电一体化
2	液压与气压控制	培养学生设计简单的液压系统与气动控制系统的思路，通过实训使得学生读懂液压与气动控制回路图，并能组装控制回路	机械设计制造及其自动化、过程装备与控制工程、机电一体化
3	数字加工	培养学生能熟练应用 UG 软件，独立完成中等复杂程度的产品从三维造型到正确选择刀具、加工方法、后置处理、生成数控加工程序并在数控机床上完成零件加工的整个过程的能力	机械设计制造及其自动化、机电一体化
4	工业机器人技术	通过实训单元提升学生对于机器手的实际应用与操作能力	机电一体化、机器人工程
5	MES 实训	熟悉车间生产管理的流程以及 MES 系统的功能模块与实际操作	机械设计制造及其自动化

续表

序号	实训课目名称	教学目标	面向专业
6	机器视觉组装实训	熟悉基于视觉的中等复杂产品的组装，进一步提高对机器视觉的实际运用能力	机械设计制造及其自动化机器人工程
7	智能仓库实训	熟悉立体仓库的实际操作，具备一定的立体仓库设计与控制能力	机械设计制造及其自动化、机电一体化
8	工厂数据采集与监视控制系统实训	熟悉机械制造工厂中的数据采集与监控系统，具备一定的实际操控能力	机械设计制造及其自动化、机电一体化

附件3

实训课程、课时、课程结构模块和课程评价标准一览

名称	名称子项	相关情况	备注
实训课程数量及结构模块	精品课程	282课时	线上精品课程
	历年课程数量	2017年2门课程 2018年5门课程	2017年、2018年总课程数量
	历年课时数量	2017年64课时 2018年192课时	2017年、2018年总课时数量
	历年教材数量	2017年2本教材 2018年7本教材	2017年、2018年使用教材数量（不分专业）
课程评价标准	历年总平均成绩	2017总平均成绩：86.2 2018总平均成绩：85.7	2017年、2018年总平均成绩（不分专业）
	满意度调查	2017年满意度96.6% 2018年满意度97.3%	2017年、2018年满意度（不分专业）

附件4

创新创业教育主要成果一览

2018年枣庄学院智能制造实训基地承办双创大赛及获奖情况：

1. 第五届台达杯高校自动化设计大赛，获国家级三等奖1项
2. 第十三届全国大学生智能汽车竞赛，获国家级二等奖2项、省级一等奖1项、省级二等奖4项
3. 2018年TI杯山东省大学生电子设计竞赛，获省级一等奖1项、省级二等奖1项
4. 第二届山东省智能控制大赛，获省级一等奖
5. 第十五届山东省大学生机电产品设计创新竞赛暨全国大学生机械创新设计大赛，获省级一等奖2项、省级二等奖4项、省级三等奖7项
6. 山东省大学生智能制造大赛，获省级一等奖1项、省级二等奖2项、省级三等奖6项

7. 山东省高校机器人大赛，获省级三等奖 3 项

2018 年其他双创竞赛活动获奖情况：

1. 第十届数学建模网络挑战赛，获国家三等奖 2 项
2. 第四届全国应用型人才综合技能大赛，获国家三等奖 1 项

2019 年承办及预参赛双创项目：

1. 全国大学生电子设计大赛
2. 全国大学生智能汽车竞赛
3. 全国大学生机械创新设计大赛
4. 山东省大学生机电产品创新设计竞赛
5. 山东省大学生科技节山东省大学生智能制造大赛
6. 山东省大学生工程训练综合能力竞赛
7. 第六届全国大学生工程训练综合能力竞赛
8. 山东省大学生科技创新大赛
9. "浩辰杯"华东区大学生 CAD 应用技能竞赛
10. 山东省大学生单片机应用创新设计大赛
11. RoboCup 机器人世界杯
12. "龙城手礼"石龙旅游产品设计大赛创意设计大赛
13. "何朝宗杯"2018 中国（德化）茶具工业设计大赛征集
14. 第三届中国"七立方杯"国际个人交通工具创新设计大赛
15. 山东省"省长杯"工业设计大赛
16. 全国大学生工业设计大赛
17. 全国大中学生海洋文化创意设计大赛
18. 山东省大学生创意飞行器设计大赛

附件 5

基地科研课题一览

序号	姓名	项目	签订	合作企业
1	蔡田芳	液氯储罐紧急停车安全联锁自控系统设计	2018.05	临沂奥星化工有限公司
2	孙振川	智能化楼宇的 BAS 系统设计	2018.09	山东墨竹网络科技有限公司
3	孙振川	智能化楼宇的 BAS 系统设计	2018.09	山东墨竹网络科技有限公司
4	韩学政	矿山井下架空乘人装置吊椅自动存储分发机器人的研究应用（智能化无人操作的特种机器人系统研发及产业）	2018.09	山东威斯特诺机电科技有限公司
5	王传申	供热系统自动化控制	2018.05	济南百特科技有限公司
6	王传申	供热系统自动化控制技术改造（第一期）	2018.07	济南百特科技有限公司

续表

序号	姓名	项目	签订	合作企业
7	王传申	供热系统自动化控制技术改造（第二期）	2018.07	济南百特科技有限公司
8	王传申	供热系统自动化控制技术改造（第三期）	2018.07	济南百特科技有限公司
9	王传申	供热系统自动化控制技术改造（第四期）	2018.09	济南百特科技有限公司
10	王传申	普通龙门铣数控技术改造（第二期）	2018.07	济南钰业数控机械有限公司
11	王传申	普通龙门铣数控技术改造（第三期）	2018.09	济南钰业数控机械有限公司
12	王传申	T611型普通镗床的数控化改造（第一期）	2018.07	济南酷飞数控机械有限公司
13	王传申	T611型普通镗床的数控化改造（第二期）	2018.09	济南酷飞数控机械有限公司
14	王梅	采用RFID技术的在线电子巡查系统设计	2018.09	山东墨竹网络科技有限公司
15	王梅	采用RFID技术的在线电子巡查系统设计	2018.11	山东墨竹网络科技有限公司
16	杨中国	氯甲烷储罐安全联锁系统	2018.01	滕州市悟通香料有限责任公司
17	杨中国	南格式自动化滴加系统设计	2018.02	滕州市悟通香料有限责任公司
18	杨中国	液氯储罐紧急停车安全联锁自控系统设计	2018.05	临沂奥星化工有限公司
19	杨中国	双氧水、盐酸储罐安全联锁系统设计	2018.02	滕州市悟通香料有限责任公司
20	杨中国	盛隆罐区自动化改造	2018.01	盛隆化工有限公司
21	杨中国	滕州润隆香料二车间生产自控系统	2018.08	滕州市润隆香料有限公司
22	杨中国	滕州润隆香料自控系统服务	2018.01	滕州市润隆香料有限公司
23	杨中国	山东圣马生物科技车间生产自控系统设计	2018.01	山东圣马生物科技有限公司
24	杨中国	30路有毒（可燃）气体探头信号远传控制室系统	2018.11	山东丰元化学股份有限公司
25	左艳蕊	智能楼宇的消防联动控制系统设计	2018.09	山东墨竹网络科技有限公司
26	缑亚楠	滕州润隆香料一车间生产自控系统	2018.09	滕州润隆香料有限公司
27	孙正	矿山高端智能提升运输装备研发	2018.11	
28	刘彩军	动态扭转试验机的研究与开发	2018.11	济南中创工业测试系统有限公司
29	于春蕾	粗直径单股钢丝绳高效数值模拟技术开发及应用研究	2018.06	山东省教育厅
30	缑亚楠	枣庄市创建国家可持续发展议程创新示范区分析与研究	2018.09	枣庄市科学技术局
31	李春芳	枣庄学院学科专业建设与枣庄创新转型持续发展融合问题研究	2018.03	枣庄市社会科学界联合会
32	卢纪丽	基于知识推理的机器人未知环境认知关键技术研究	2018.09	山东省教育厅
33	杨青运	非线性约束下的工业机器人鲁棒自适应控制研究	2018.09	枣庄市科学技术局
34	于春蕾	伸缩臂结构力学性能仿真和结构优化研究	2018.07	枣庄市科学技术局
35	殷帅	四轮毂电机微型电动汽车转矩协调控制方法研究	2018.07	枣庄市科学技术局
36	杜辉	枣庄市发展大数据产业有效途径研究	2018.03	枣庄市科技技术协会
37	孙正	基于机器视觉的矿山运输提升智能安全管理系统与装备	2018.09	枣庄市科学技术局
38	孙斐斐	大学生专业认同及其影响因素分析	2018	枣庄学院
39	葛美芹	弱势群体新时代下交流产品设计研究	2018.05	枣庄学院

先进技术培养先进人才
——泉州信息工程学院 ICT 产教融合创新基地

> **关键特征**：以培养信息产业发展需要的高层次技术应用型人才为目标，面向地方信息化服务、助推地方"中国制造、智慧城市与智慧校园"建设，发挥对区域经济发展和产业转型升级的支撑作用和不可替代的功能。
>
> **创新要点**：建立 ICT 产业学院，建设并完善 ICT 专业群人才培养质量标准体系，从组织方式、运行机制、教学管理和学生管理上，不断深入和拓宽产教融合、校企合作的维度，推进并完善多主体协同育人机制。
>
> **网　　址**：http://zhxxgc.huatec.com/

近年来，福建省以及泉州市信息通信产业持续快速发展，特别是随着物联网和 5G 技术、云计算技术的快速发展，使企业对 ICT 人才需求更加旺盛。泉州信息工程学院通过对区域产业实地调研和人才需求情况分析，2015 年开始深入探索信息和通信产业技术下的应用型创新人才基本内涵和需求特征，并在 2017 年开始和北京华晟经世信息技术有限公司共同投入建设功能较为完善的信息通信技术实践教学与科研平台——教育部·中兴通讯 ICT 产教融合创新基地，开展基于华晟智慧学习工场的创新发展实践教学，双方共同建设及运营，取得校企协同育人的初步成效。

一、基地基本情况

2017 年，泉州信息工程学院建成教育部·中兴通讯 ICT 产教融合创新基地，占地面积 2500 余平方米，包含数据通信实验室、移动通信实验室、承载网实验室、云计算实验室与物联网实验室，可以同时为 200 多名学生提供实训操作。除了开展面向计算机、通信类专业课程的专业教学、实践应用、毕业设计、课题开发以及其他工科类专业、计算机网络类的专业教学及选修、辅修课程教学及实践外，大力拓展基地作为行业相关企业的专业培训基地，为政府、企事业单位、个人等用户提供专业技术培训，承担学生科技竞赛、学生通信技术专业社团活动等任务。同时，增加必要的投入，进一步拓展其应用研究、创新研发功能，建成面向闽南地区的 ICT 产品创新研发基地。

二、全面建设

以通信行业的构架模型（如图 1 所示）为基础，从接入网、承载网、核心网平台层、业务层自下而上搭建端到端的 ICT 专业实践教学环境，抽取行业模型中各环节关键技术及流程，构建实践项目，如设备部署、网络运维、基站工程实训、GPON 光接入网实训、无线网络网规网优实训等典型业务场景。

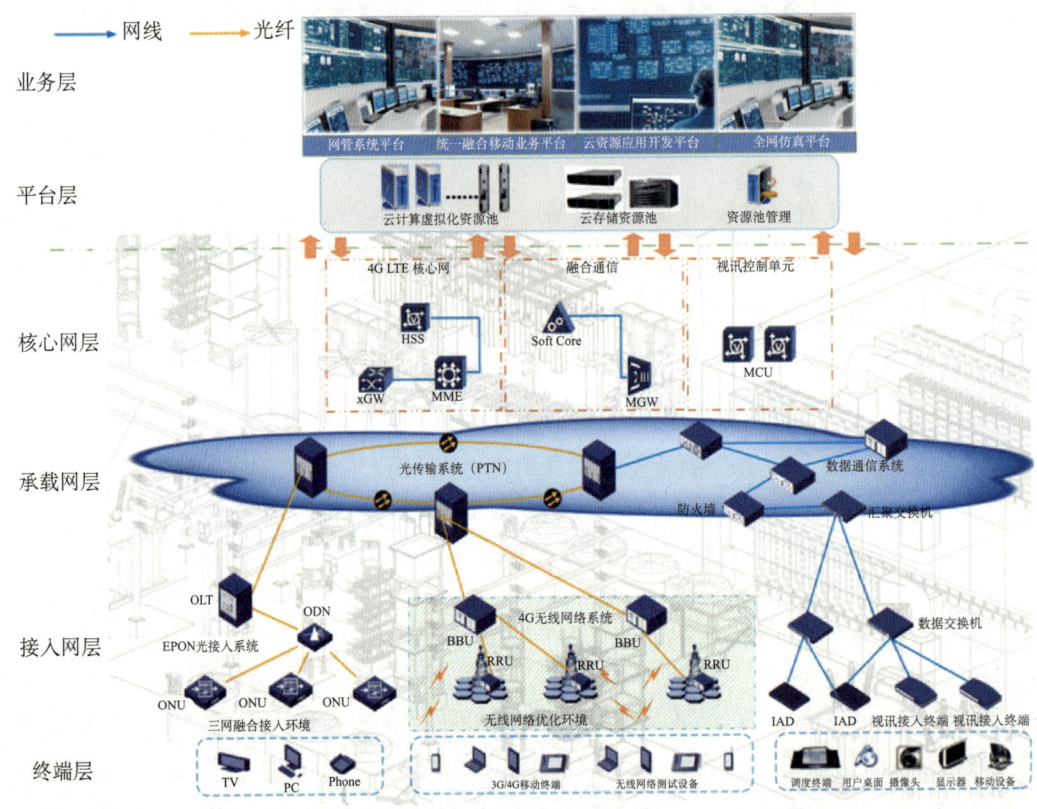

图 1　构架模型

三、基地分配布局以及功能

（一）数据通信实验室

含一间主设备机房和一间实训教室，实训教室支持 50 名学员同时进行网络配置操作（如图 2 所示）。数据通信实验室通过多台中兴通讯企业级交换机和路由器实现专业规模组网，并可与其他网络平滑连接互通。信息安全系统提供一套完整的包含硬件防火墙、内容过滤、VPN、IPS 和流量控制功能的网络防护管理系统。

（二）云计算实验室

含一间主设备机房和一间实训教室，实训教室支持 40 名学员同时进行网络配置操作（如图 3 所示）。云计算实验室参照中兴通讯全球云计算中心的设计方案依据学校的具体特点进行设计。系统包含云计算虚拟系统、云存储系统、资源管理系统、系统网关等部分，支持基于云计算平台的虚拟化配置和应用开发。

图 2　数据通信实验室

图 3　云计算实验室

（三）移动通信实验室

含一间主设备机房和一间实训教室，实训教室支持 50 名学员进行配置操作；设备包含 4G 移动通信实训系统、PON 光接入网络系统、通信电源等功能部分和一个教学组网系统。4G 移动通信实训系统以 LTE 移动分组核心网 EPC 系统——核心网 EPC、核心交换网关 ZX8902E、无线接入网 E-UTRAN 为实训教学设备。所有设备都是由教学区的学生电脑来配置，最后结合测试终端进行业务测试。配备有 CCS2000 实验室管理系统，可以根据实际需要，对学生的设备操作、业务配置、先后顺序等进行动态管理。

（四）承载网实验室

含一间主设备机房和一间实训教室，实训教室支持 50 名学员同时进行网络配置操作；所对应的实验设备是 PTN 分组交换传输系统和 SDH 光传输系统。PTN 实验平台采用 3 台中兴通讯主流汇聚层机架式 PTN 设备 ZXCTN 6200 为载体，以 PTN 的形式来搭建，平台采用全分组内核，同时兼顾 SDH 设备提供环带链的实验系统。SDH 实验平台采用 3 台中兴主流局用机架式速率为 STM-4 的光传输设备（ZXMP S325）为载体，以 SDH 的形式来搭建，提供 SDH 环带链的实验系统。

（五）物联网实验室

含一间主设备机房和一间实训教室，实训教室支持 44 名学员同时进行配置操作；是面向物联网而打造的物联网 PaaS 开放平台，为各种跨平台物联网应用、行业解决方案、智能设备与终端提供便捷的云端接入、海量存储、计算和大数据可视化服务。物联网创新实验室主要分为三个部分：智能网关设计、华晟物联云 HIOT 以及 APP 开发设计，提供了一套横跨物联网"设备层、网络层、平台层、应用层的完整解决方案"实训平台，并配套了贯穿物联网从"智能硬件到移动终端"的端到端的技术服务。

四、ICT 专业群课程体系建设

ICT 专业群课程将 ICT 行业内具有丰富经验和实践能力的工程师引入教育过程，形成校企混编的"双师型"专业团队，充分发挥校企双方师资在专业教育和技能培养方面的优势。学生在学校教师的帮助下，学习通识课程、专业基础理论课程和基本技能；在以企业师资为主的混编师资团队帮助下，学习专业核心课程，再借助业界一流的 ICT 实验室，进行大量的实训操作和反复的技能训练，从而具备较强的自主学习能力、独立解决问题能力和专业应用技能，成为掌握相关专业知识和应用能力的技术应用型人才。目前，由企业驻校工程师在物联网工程、通信工程两个合作专业中，承担了数据通信技术、网络安全技术、现代交换技术、光传输技术、宽带接入技术、4G 移动通信技术、云技术导论、云数据中心基础物联网网关设计与开发、物联网应用系统设计与开发、物联网云平台设计与开发实战、云计算部署与实施实训、网络安全综合实训、三网融合技术实战等专业核心课及实训课程。

（一）ICT 专业群课程体系

通信工程专业与物联网工程专业课程体系如图 4、图 5 所示。

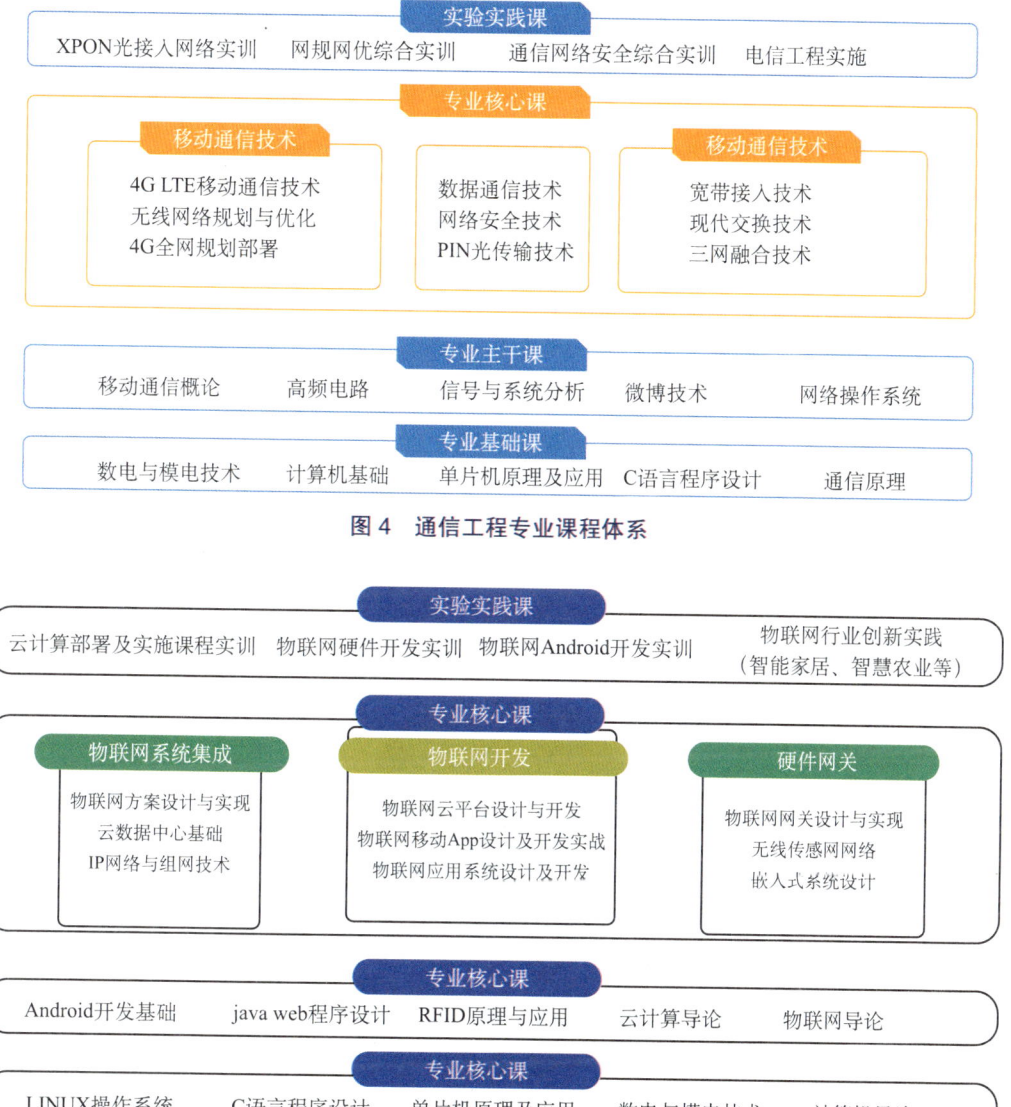

图 4 通信工程专业课程体系

图 5 物联网工程专业课程体系

（二）课程教法和评价标准

1. 创新教学模式与教学方法

校企合作专业分别成立专业建设指导委员会，由专家教授、教师和企业工程师组成，共同指导物联网工程和通信工程专业人才培养方案制订，建设课程标准与实践基地。专业课教学任务由校企混编师资团队共同承担。教学过程采用 MIMPS 教学法、工程师自主教学法等适合于实践性人才培养的教学方法，灵活运用项目式教学、分组对抗等教学手段，充分发挥企业讲师的经验优势。

工程师自主教学法：紧扣 ICT 行业岗位技能要求及职业素质要求，由企业讲师根据自身的行业背景特点，自主发挥，通过实际案例讲授、学生自主调研、任务环节演练等形式多样的授课方式，将丰富的工程项目经验与企业的实际工作方式传递给学生。

MIMPS 教学法（如图 6 所示）：通过项目划分的方式把课程内容整合成一系列任务、分层交织的实训内容，突出知识点的实用性，把理论和实践紧密融合。学生在完成任务过程中扮演实际工作岗位的员工角色，通过完成任务体验实际工作，并通过设置应用型实训课题引导学生主动思考、分组探讨、自我评价，使学生在深刻理解理论知识、掌握实操技能的同时培养职业素养，从而提高学习兴趣，提升教学质量。

图 6　MIMPS 教学法

M（Modularization），即模块化，这里指模块化的课程架构，以任务模块的形式组织教学的内容。目标是打破传统的理论章节形式，依据行业的岗位职责，以任务模块的方式编写教材，让学生在学习过程中明确目标。I（Interlacementre），即分层交织。学习者学习的基本规律、知识模块需要由简到难，学习方式上实践与理论交织在一起，更能突出知识的实用性，降低学习的难度，提高学习积极性。MPS（Mission-driven Practical-creative Self-evaluation），分组布置任务—小组实施—完成任务—成果评价—自我评估，即以任务驱动的创新授课方式来组织教学，注重团队合作的形式及互评、自评的培养，为学生创造出工作岗位的学习环境，让学生在任务驱动下，主动找答案，解决问题。

2. 以ICT行业能力需求为导向，建立人才评价标准

合作专业按照ICT行业人才需求，引入企业职业素质课程体系，通过引导学生进行职业规划，为学生创造类似在企业中学习与发展的氛围。配合专业的人才评估体系和具有针对性的岗位技能实训，并通过开展全面、有效的职业管理活动，将企业文化与相关岗位对职业素养的需求传递给学生。基地每年联合行业优质企业，开展"走进企业"活动，驻校工程师带着合作专业的学生到专业相关的企业，如中国电信、中国移动、华为等公司参观学习。企业技术专家从行业视角为学生介绍了传统教学和书本里面没有的知识。同时，学校还邀请优质企业项目经理来校开展行业知识讲座，分享企业实际项目案例和工作经验，让学生对行业的管理有更进一步的了解，与校园文化相结合，提高学校素质教育的针对性和实效性，提升学生职业能力与职业素养。

五、管理机制与运行模式

依托已建成的教育部·中兴通讯ICT产教融合创新基地，泉州信息工程学院与北京华晟经世信息技术有限公司合作成立了ICT产业学院，作为学校的二级学院，以企业管理模式独立运行，享有学校其他二级管理的保障机制。

（一）管理机制

ICT产业学院设立院务管理委员会（下简称"管委会"），管委会下设综合管理办公室、专业教研室、ICT工作室。

具体的职责与分工如下：

1. 院务管理委员会

由校方分管领导、学校相关二级学院领导、有关职能部门领导和企业方运营副总经理、项目部负责人组成，定期举行联合会议，研究决定产业学院内涵建设，包括：管理机制和激励机制、师资队伍和质量保证体系建设等重大问题，推进学院整体工作的开展。

2. 综合管理办公室

校企双方派出精干人员组成综合管理办公室，在管委会的统一指导下，承担ICT产业学院的日常管理工作，具体负责ICT产业学院的各项任务计划的设计、管理、协调工作，健全并完善行政、教学、师资能力培训、质量保障及学生管理等各项管理制度，推进信息化、网络化建设及应用等工作。

3. 专业教研室

根据专业教学需要设立若干个专业教研室（目前有通信工程专业和物联网工程专业2个），由校企师资共同组成。教研室主要负责教学任务的安排和实施；人才培养方案研讨、修订；共同进行教材资源开发和课程资源建设，共同进行教研教改课题、项目申报，改革教学模式，促进个性发展。

4. ICT工作室

ICT工作室由学校老师、企业工程师、学生共同组成，负责职业素质教育实施、创新创业工作建设和实施；以就业为导向，以培养学生实践能力、创新能力，提升学生专业技能为宗旨，充实第二课堂内容，如专业拓展选修课、邀约企业讲座、创新创业指导、走访企业学习实践等。

（二）运行模式

1. 企业化运营管理

按照企业化、规范化要求，搞好日常运行管理。

2. 市场化运行

基地对外开展技术服务、培训、技能鉴定、专利转让、承接外协等项目，按照市场化原则，实行有偿服务，以增强"造血"功能。对公益性、公共性和社会急需的实训项目则实行免费提供服务，通过政府购买实训成果的办法予以补偿。

3. 实训项目开发

由基地团队联合各相关职业院校的实训指导老师、社会培训机构老师和行业企业相关技术专家组成课程开发团队，依据行业企业对人才技能的需求共同开发实训项目，为行业所共享，并且随着社会发展和技术进步而更新。

4. 开放实验室

在满足专业课程实验、实训的同时，向外校、企业和社会开放实训基地的设备资源和技术资源，提高资源的利用率和价值，更好地促进科技成果的开发和转化。

5. 开放 ICT 工作室和公共研发服务平台

在完成教学实践、职业技能培训任务后，ICT 工作室作为科研创新平台可以为学校学生创新创业项目和地方各类创业创新企业开展技术咨询、技术支持服务，帮助企业节省成本、提高效率和市场能力，帮助企业成长。

六、校企合作成果

2018 年 7～8 月，北京华晟经世信息技术有限公司牵头举办了 2018 年暑期通信网络、移动互联、云计算及物联网等方面的技术专题培训。学校电通学院陈荣坤、吴声木、尤丽萍分别参加了宽带接入技术和 LTE 移动通信技术的培训；学校软件学院付长凤、吴宗波、许戈静分别参加了物联网移动 APP 设计及开发和物联网云平台设计与开发的培训。通过这些培训，校企双方共同推动校企产教融合深度发展，促进合作高校双师型教师人才的建设与培养。

2018 年 7 月，基地申报并成功交付了泉州市数据通信技术骨干师资培训。这次培训项目成功地展示校企合作、产教融合的教学教改的优质办学模式，得到了泉州市各个院校的高度认可，也为学校打造专业特色和教学亮点跨出重要的一步。这次培训结束后做了问卷调查，其中参培教师不乏网络或者通信相关专业课老师。在这次培训过程中，他们都肯定了企业驻校工程师的授课方式，觉得课程知识点由浅入深、专业性强、实操性更强，带入很多项目案例来围绕知识点进行讲授；在侧重实践操作教学方面，可以帮助学生对知识点有更深刻的理解。

2018 年 8 月，基地交付了"中德（福建）教育合作师资培训项目——大数据和物联网课程培训"（如图 7 所示）。课程讲授主要由北京华晟经世信息技术有限公司驻校工程师承担。企业工程师结合多年物联网云平台等相关领域开发积累的经验，采用项目法授课。整个培训内容和课程安排较为全面、丰富，实训课程占比超过 50%，具有较强的针对性、实践性。企业工程师项目教学法对产教融合的教学教改方法探索，起到重要的推动作用。

基地还面向其他计算机及网络类、通信类工科专业提供选修、辅修课程教学及实践，开展专业教学研究和教学资源建设等工作。例如，面向计算机及网络类、通信类师生开设《漫谈移动通信技术》《信息安全与法律法规教育》等课程；共同推进省级"电子信息工程福建省高等学校创新创业教育改革试点专业"建设；合作开展省青年基金项目"数字通信系统中的盲均衡理论与技术研究""基于 ZigBee 技术的智慧家庭系统开发与应用"；合作编写校级实验指导书《通信原理实验指导书》《通信工程设计及概预算实验指导书》《数据通信技术及实验指导书》；合作申报了"校级服务产业特色专业——通信工程""校级实验教学示范中心——通信技术类专业群实验教学示范中心"校级项目建设，并于 2017 年获批福建省"电子与通信专业实验教学示范中心"；合作申报了 2018 年福建省高等学校虚拟仿真实验中心和福建省高等学校虚拟仿真实验教学项目，并获得省教育厅立项；联合申报教育部产学合作协同育人项目"校企合作专业课程教学内容与资源建设改革"，按照协同育人项目提出的要求，建设完成 2 门课程的数字化课程资源。在校企双方讲师协同努力下，电通学院专业老师孟新红和基地企业方老师陈维凯参加教育部学校规划建设发展中心联合教育部高等学校电子信息类专业教学指导委员会，依托全国高校校企合作"双创"实战演练平台举办的"华晟经世杯"2018 年全国高校电子信息类专业青年教师授课竞赛总决赛，获得三等奖。

图 7　中德（福建）教育合作师资培训班

基地项目实施两年来，通过深化产教融合，建设数字化转型相关专业群，培养拥有数字技能的人才，服务数字经济新兴业态，助力闽南经济快速发展。现阶段，双方正加快在 ICT 产教融合创新基地的基础上建设与完善 ICT 产业学院。ICT 产业学院作为校企深度合作建立的学校二级学院，实行院长负责制；推动企业化管理、市场化运行，以增强"造血"功能；强化混编教师团队建设，联合各相关院校、社会培训机构和行业企业，依据行业企业对人才技能需求加快课程和实训项目开发，为行业所共享，并且随着社会发展和技术进步而更新；积极向校内学生及外校、企业和社会开放实训基地的设备资源和技术资源，提高资源的利用率和价值，更好地促进科技成果的开发和转化。

附件：1. 基地保障性制度文件名录
　　　2. 实训课程、课时、课程结构模块和课程评价标准一览

附件 1

基地保障性制度文件名录

《泉州信息工程学院 ICT 产业学院建设方案及实施意见》

《泉州信息工程学院科研创新团队评选办法》

《泉州信息工程学院科研项目管理办法》

《泉州信息工程学院科研项目经费管理办法》

《泉州信息工程学院优秀科研成果奖评选办法》

《泉州信息工程学院优秀教学成果奖管理办法》

《泉州信息工程学院青年教师优秀教学奖评选办法（试行）》

《泉州信息工程学院教学名师评选工作实施办法（试行）》

《泉州信息工程学院实验室开放管理办法》

《泉州信息工程学院实验教学、实验技术改革项目实施办法》

附件 2

实训课程、课时、课程结构模块和课程评价标准一览

名称	名称子项	相关情况	备注
实训课程数量及结构模块	精品课程	160 课时	线上精品课程
	历年课程数量	2017 年 2 门课程 2018 年 5 门课程	2017 年、2018 年总课程数量
	历年课时数量	2017 年 64 课时 2018 年 160 课时	2017 年、2018 年总课时数量
	历年教材数量	2017 年 2 本教材 2018 年 5 本教材	2017 年、2018 年使用教材数量（不分专业）
课程评价标准	历年总平均成绩	2017 年总平均成绩：73.2 2018 年总平均成绩：75.3	2017 年、2018 年总平均成绩（不分专业）
	满意度调查	2017 年满意度 97.6% 2018 年满意度 98.8%	2017 年、2018 年满意度（不分专业）

工学结合的虚拟仿真实训中心
——滨州职业学院航海虚拟仿真实训中心

> **关键特征：** 滨州职业学院航海虚拟仿真实训中心工学结合程度高，教学运行理论教学与实践教学纵向交替进行、横向互相渗透，实训环境职业化，管理模式企业化。
>
> **创新要点：** 滨州职业学院航海虚拟仿真实训中心由校企合作双方共同规划建设，实现了实训基地共建、共享、共管、共赢。通过航海虚拟仿真实训中心的建设，校企合作双方实现了人才互培，校企双方共同开发课程资源。学校与企业密切合作，以典型项目、案例、任务为载体，加强课程标准、校本教材建设，争创精品课程和精品资源共享课，形成了"专业与职业岗位对接，教学过程与生产过程对接"、"岗位需求导向，职业能力递进"二元制育人的人才培养特色。

航海虚拟仿真实训中心定位为由骨干教师和学生共同参与的，以"VR场景教学"项目为主的研发中心。对岗位工作场景进行VR虚拟构建，将VR虚拟现实技术引进课堂，以模拟航海VR软件为核心，依托智能校园平台，搭载优质教学资源，有效辅助教学与实训，让实训室真正成为第一课堂。从而提高学生学习兴趣和效率，提高人才培养质量。

一、基地基本情况

中心建设总投资2000余万元，占地200平方米，中心主要包括：教练员控制台、主本船及视景系统、副本船及视景系统、多媒体教室与桌面系统、VR场景和课程开发系统，每一套系统均包含与本船相似的各种训练软件（导航仪器、带VR视景的船舶操纵、雷达与ARPA、ECDIS与GMDSS等模块功能）。多媒体教室包括高亮度投影系统，供分析讲解与重演，该系统可与教练员控制台相连接，以便调用练习记录重演或现场监视。各本船之间通过 VR 视景和雷达图像互见。

除此之外，中心还可以承担海洋学院航海技术海军士官船艇航行技术与战术训练，能够实施陆军船艇的航行操纵、通信、导航、部署、防御与船部队综合战术演练等课目的训练。

（一）基本功能

航海虚拟仿真实训中心能够提供十分逼真的训练环境，符合 STCW78/95 公约所有要求，可以满足学生训练，有着不同经验的船员、船长和高级引航员的团队配合或单人训练，能用于应用开发、教学与验证方面的研究工作，既可以用于不同类型、不同吨位船舶，各种气象及不同航道条件下的船舶操纵训练、航行值班、定位、测定罗经差、驾驶台资源管理、协调搜救作业，也可以用于雷达、ARPA 训练、ECDIS 操纵训练、GMDSS 训练、港口和航道的开发应用及事故调查分析等。

1. 复现船舶驾驶行业典型设备和航行环境，建立全面真实的船舶驾驶现场学习环境，培养面向船舶驾驶、航运企业管理和相关行业的高技能应用型人才。

2. 开展企业船舶驾驶员专业技能培训，提升船舶驾驶员专业技术水平与能力，补齐其在模拟操纵、现场控制、设备集成等领域内的知识短板，引领企业技术进步。

3. 航海虚拟仿真实训中心满足中华人民共和国海事局的船员培训设备性能标准，可以开展海船船员值班水手（社会船员）、海船船员适任三副（海洋学院学员）、海船船员适任大副/船长（企业员工）大部分课程的实训教学。

滨州职业学院航海虚拟仿真实训单元实训课程约 35 门，可以满足 ECDIS、BRM、GMDSS、GPS、AIS、驾驶台资源管理实训、船舶靠离码头实训、船舶狭水道避让实训、引航员登船、雾中航行应急、恶劣天气应急实训、驾驶台值班、船舶操纵等课程教学要求。

该单元可满足航海技术专业、海事管理专业、港口与航运管理专业、船舶电子电气等多个专业的专业技术基础课及专业课程的教学要求。

（二）服务面向

航海虚拟仿真实训中心受众群里有：滨州职业学院海洋学院航海技术专业学生、上海兴洋船务有限公司企业员工、社会学员知识更新和证书再有效培训、航运企业技术服务。其中每年服务学生群体不小于 20000 学时，开展船舶驾驶员再有效培训不小于 5000 学时，开展面向航运企业管理人员培训不小于 1000 学时。

（三）组成架构

航海虚拟仿真实训中心采用先进的分布交互仿真（DIS：Distributed Interactive Simulation）和高层体系结构（HLA：High Level Architecture）的可以和互联网方便相连的先进网络技术，将系统的各计算机相互连接。其组成结构如图1至图3所示。

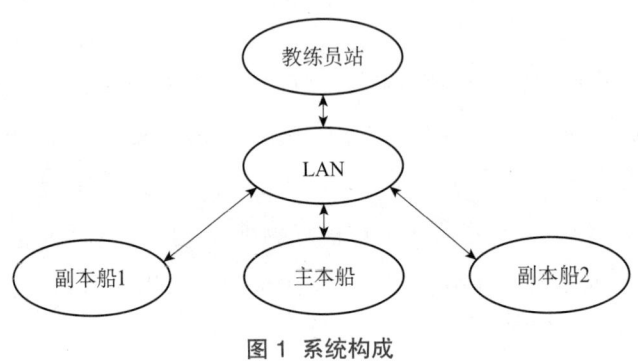

图 1　系统构成

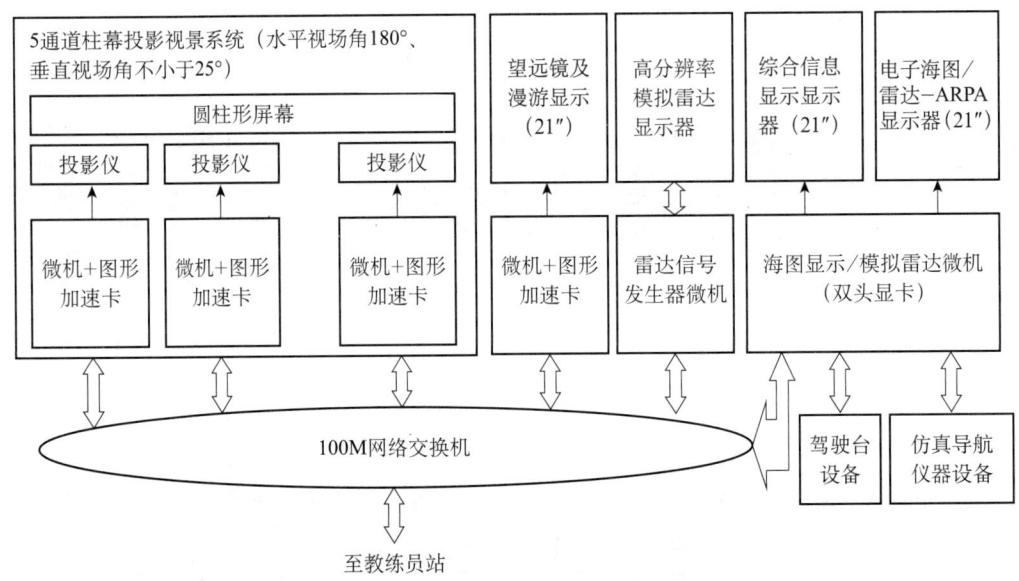

图 2　主体船的系统模块构成

该系统包括：教练员控制台、主本船及视景系统、副本船及视景系统、多媒体教室与桌面系统、VR 场景和课程开发系统，每一套系统均包含与本船相似的各种训练软件（导航仪器、带 VR 视景的船舶操纵、雷达与 ARPA、ECDIS 与 GMDSS 等模块功能）。多媒体教室包括高亮度投影系统，供分析讲解与重演，该系统可与教练员控制台相连接，以便调用练习记录重演或现场监视。各本船之间通过 VR 视景和雷达图像互见。

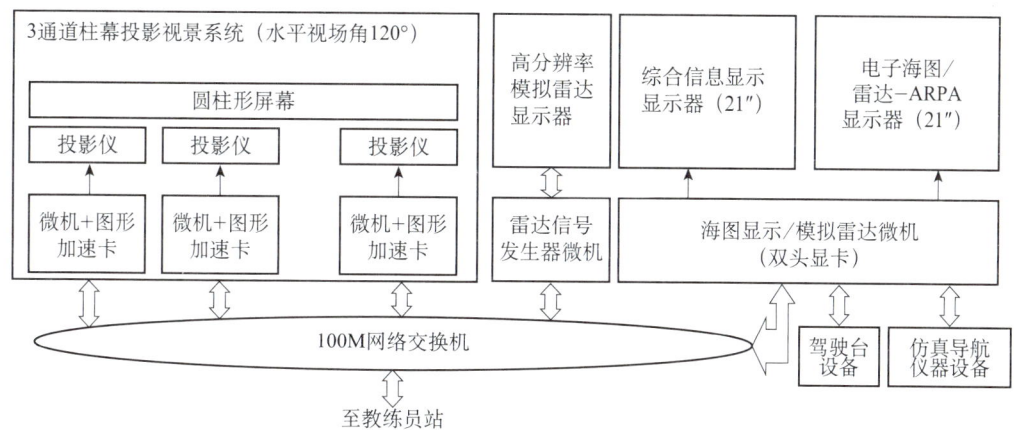

图 3 一条副本船的系统模块构成

航海虚拟仿真实训中心采用当今最先进的技术手段和方法，如计算机成像技术、虚拟现实技术、无缝拼接宽视场角环幕投影技术等，可将数字化的港口及相关设施动态逼真地展现在操作人员面前，所采用的技术手段和方法具有一定的先进性和前瞻性，使得该系统除了可以供学员学习训练外，还可以为工程论证和海事分析等研究性工作提供多种方式的技术支持。

实训中心布置图及实景图如图4至图7所示。

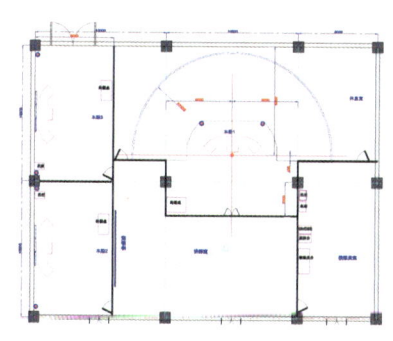

图 4　平面布置图

图 5　航海虚拟仿真中心实景图之主本船

图 6　航海虚拟仿真中心实景图之教练员站

图 7　航海虚拟仿真中心实景图之主本船驾驶台

二、全面建设

(一) 投入情况

基地总建设投入资金约 2000 万元，其中基础性设施建设约 650 万元，日常运行投入合计 100 万元，设备投入 1250 万元，各占总资金投入的 32.5%、5.0% 和 62.5%。投资总额中中央财政预算内资金约 800 万元，学校投入约 160 万元，上海兴洋企业投资 1040 万元，各占总投资的 40.0%、8.0%、52.0%；总投资中用于基础建设约 400 万元，设备投入 1600 万元，各占总投资的 20.0%、80.0%。

(二) 建设过程

1. 设立管理机构

中心与兴洋海事混合二级学院融合协同运行，设主任 1 名，中心的三个模块各设副主任 1 名，与兴洋海事混合二级学院下设机构一体化运行。中心设合作企业社会服务办公室，设主任 1 名，合作企业社会服务办公室主任由合作企业担任。

2. 企业深度参与

中心重视产教融合校企合作，充分发挥合作企业的办学主体作用，合作建设单位上海兴洋船务有限公司派遣 15 名管理、技术和兼职教学人员组成的教学团队，承担以专业方向课程教学、职业素质课程教学、课程实践为主的教学工作，双方共同承担毕业设计工作。目前常驻人员包括学院董事 1 人，社会服务办公室主任 1 人，高级船长、轮机长 8 人，社会服务人员 2 人，校企合作共同体日常事务处理办公室 3 人，总计 15 人，同校方师资共同组建了双师双能型混编师资团队，极大提高了教学成效。

3. 强化科研与队伍建设

中心十分重视实践教学队伍的建设，依据学校发展的总体规划，制订了《航海虚拟仿真实训中心教学队伍建设规划》。按学校制定的引进人才条件，吸收具有丰富海上经验的船长、轮机长和博士学位以上的高层次人才进入基地，建立一支竞争力强的创新团队。中心重视教师的培养培训和继续教育，探索通过校企合作及专业共建方式，推动师资队伍建设，特别是双师型教师队伍的建设，从而切实提高教学质量，近年来教师到企业挂职 35 人次，培养双师双能型教师 25 人。

为了鼓励教师科研创新、技术成果转化和服务地方工作的积极性，全面提升学校的科研创新竞争力，2018 年学校重新修订颁布《滨州职业学院科研工作匹配资助与奖励办法》，制定了《滨州职业学院专利管理办法（试行）》等多个规章制度，进一步促进科研成果转化，为创新成果转化和技术服务能力保驾护航。

4. 融创新创业教育进专业课堂

鼓励学生参与创新创业及学科竞赛，把大学生创新计划纳入人才培养方案和教学计划，鼓励优秀教师担任"大学生创新创业训练计划"导师。企业兼职教师和学院专业教师将社会工作实践经验和创新创业理念融入专业课堂，同时邀请企业专家和行业资深工程师来校开设创新创业系列讲座，通过以赛促教的方式，激发学生学习兴趣，提升学生动手能力。

三、基地运行

航海虚拟仿真实训中心依托教学工厂资源，依法从事生产经营，并择优选择优秀毕业生从事生产活动；基地参与专业人才培养，接纳教师实践、学生教学、生产实习、社会培训。在专业技能提升、设备升级方面，学校提供专业师资和更新设备，增强企业竞争力。

（一）建立运行管理机构

学院和公司按照法律法规和相关政策，共同注册成立具有独立法人资格的非营利性办学机构——滨州市滨职兴洋油化船舶职业培训学校作为共同体。实行自负盈亏、独立核算，有相对独立的人、财、物管理权，生产经营权以及产品研发自主权。对黄河三角洲油化船员实训基地实施运行和管理。

（二）建立健全各项管理制度

为保证"产学研"实训基地的有效运营，制定系列的保障制度。在公共实训基地运行总体框架下，为保证正常的教学环境，分别制定了《黄河三角洲油化船员实训基地管理办法》《学生实训管理办法》《实训基地安全管理办法》《设备运行、维护、管理办法》《教学实施方案》《实训成本预算》等管理制度。

（三）"校企协同、产学互融"创新人才培养模式

根据"创新型、发展型、复合型"人才培养的需要，实施"校企协同、产学互融、学训交替"的现代学徒制为主线和学分制为辅线的学校和企业都作为教育主体的"1+0.5+1.5"的双主体育人、分段式培养、主辅线运行"三明治"人才培养模式。学生

在校的第一阶段1年，通过学习综合素质模块课程和部分专业核心模块课程，考取专业培训合格证和值班水手适任证书。第二阶段0.5年，将船上见习实训，以"师带徒"培养方式，学生在船上完成值班水手见习，完成一站式考核。第三阶段1.5年，学生进行课程学习，修完学分通过中华人民共和国海事局海船船员适任证书理论考试和实操评估考试。2019年4月，在航海技术（油化方向）订单班选取20名学生组建"精英班"，第一次到企业担任学徒。

（四）课证融通

实训课程体系构建工作，共同开发以实训工作过程为导向的专业技能方向课，制定课程标准，深化教学模式改革，强化过程评价等科研活动，凸显任务引领性教材、校本教材、视频教材和工作页的编写工作，实施课证融通，把考证学习融入人才培养，实施以证代考。

（五）"校企互通、双向流动"打造双师教学团队

聘用上海兴洋船务有限公司技术领军人物到学校任职，担任兼职专业带头人；选派校内专业带头人和骨干教师到企业挂职开展管理、培训、学习、技术研发等。校企双方人员互聘，研修锻炼教师与企业人员结成对子，实行一对一跟进；为进一步提升教师的专业理论和实践能力，学院结合优质校建设任务，根据国家级、省级培训安排和海事局师资要求，推动全院教师参加国内外各类培训。聘用上海兴洋船务有限公司2名高级船员担任校外专业带头人，每年选派10人到企业研修锻炼。

（六）构建"8"字螺旋质量保证、诊断与改进体系

中心重视质量保证体系的建设，在满足学院各项常规教学的同时，持续加强内部质量保证体系的建设，充分发挥各种质量保证制度的保障作用和诊断改进作用，发布了《航海虚拟仿真实训中心管理办法》《航海虚拟仿真实训中心教学队伍建设规划》等文件，构建内部循环质量保证体系，目前C/1已经通过中华人民共和国海事局质量体系认证。

（七）打造社会服务品牌

航海虚拟仿真实训中心建设以来，承担了航海技术专业、轮机工程技术专业、港口与航运管理专业800名学生的5000多课时的教学任务，同时承担合作企业技术服务和

员工培训 500 多人次，为各级各类相关企业提供技术开发和技术支持 30 余次，建成以来共计为学院创收 2800 余万元。

四、建设成效

（一）主要成绩

经过两年的建设，依托航海虚拟仿真实训中心项目带动，共建实训基地成果显著。引进公共实训基地的 ISO9000 和 7S 管理模式，创建真实的生产环境，实现了车间、教室合一；学生、学徒合一；教师、师傅合一；理论、实践合一；作品、产品合一；育人、创收合一的"六合一"专业教学改革，做到了学校与企业、专业与产业、课程与岗位、教材与技术、素质与文化、技能大赛与校级交流的对接，完善了"1+0.5+1.5"人才培养模式，提高人才培养质量。其中航海技术专业群被评为全省品牌专业。

1. 产教融合继续深化

合作双方共同规划实训基地建设、计划近三年投入资金 3000 多万元打造航海虚拟仿真实训中心二期和三期工程，实现实训基地共建、共享、共管、共赢。通过实践和数据证明，校企合作推动了人才培养质量提升，加快了师资队伍建设，丰富了内涵建设成果。师研修锻炼数、职业资格证书晋升、双师素质比例、专业带头人培养、出国培训人次、大师工作室分别增加 11 人次、4 名、100%、2 人、4 人、2 个。

国家级船员培训项目、全国职业教育教学能力大赛三等奖、专利数量、省职业教育教学能力大赛一等奖、省级教学成果奖一等奖、省级品牌专业、省级技艺技能传承创新平台、省级教改课题、省级精品资源共享课等内涵建设项目分别增加 3 个、1 个、5 个、1 个、1 个、1 个、1 个、2 个、1 门。

2. 合作双方实现人才互培

近两年来，航海虚拟仿真实训中心实现企业员工及社会人员培训 11000 人次。中心与基地共同解决设备维护问题 24 项，参与技术改造 4 项。中心与企业密切合作，以典型项目、案例、任务为载体，积极开展课程设计，序化和改革教学内容，加强课程标准、校本教材建设，争创精品课程和精品资源共享课；以企业技术应用为重点，以资源素材建设为核心，建设涵盖教学设计、教学实施、教学评价的数字化专业教学资源，实施专业教学资源库建设，开发教材、课件、网络课程、视频库、动画库、素材库、试题库等教学资源，大力实施专业教学资源建设工作。仅 3 年立项建设省级精品资源共享课

1 门，院级精品资源共享课 4 门，开发校企双元教材 4 本。

3. 形成"专业与职业岗位对接，教学过程与生产过程对接"的人才培养特色

航海技术专业群依托航海虚拟仿真实训中心和共同体进行二元制办学试点，形成了校企共育人才特色；并在全部专业课中渗透创新创业教育，构建了全课程渗透式创新创业教育体系，形成了"岗位需求导向，职业能力递进"二元制育人的人才培养特色；以"师带徒"培养方式，学生在船上完成值班水手（机工）见习，且在船舶培训师和随船"教练型"专业教师的指导下，完成船舶航行值班、航海仪器使用、货物积载与系固、船舶航线设计、船上对外交流、船舶航行值班等模块的学习认知，并完成相关船上"一站式"考核项目。

4. 竞技工作室提升大赛成绩，促进校级交流

合作双方依托航海虚拟仿真实训中心作为海员比武集训基地，开展技能大赛培训活动，在第一、第二届全省技能大赛中取得团体第四名、第三名的成绩；并代表山东参加 2019 年的国家海员大比武。

（二）创新经验

滨州职业学院航海虚拟仿真实训中心近年来取得了较好的成绩，中心在完成学院技术人才培养的同时，不断开展面向区域行业企业的技术研发、技术服务，并承担引领地方航运产业发展、培养行业企业骨干技术人员的任务，各项年度预期任务基本完成，与合作企业深度融合，拓展社会服务能力，打造社会服务品牌。

附件：1. 基地保障性制度文件名录
　　　2. 基地实训课程一览
　　　3. 基地科研课题一览
　　　4. 基地科研成果一览

附件 1

基地保障性制度文件名录

《滨州职业学院科研创新平台建设实施意见》
《滨州职业学院教科研管理办法》
《滨州职业学院知识产权保护管理办法》

《滨州职业学院关于促进科技成果转化的规定》

《滨州职业学院学术成果奖励办法》

《滨州职业学院优秀教学成果评定奖励工作实施办法》

《滨州职业学院教授教学质量评价管理指导性意见》

《滨州职业学院教研项目配套资金管理办法》

《滨州职业学院教学名师评选工作实施办法（试行）》

《滨州职业学院教师教学工作规范》

《滨州职业学院实验室实训室（基地）管理办法》

《滨州职业学院教学工作量核算及绩效津贴发放管理办法》

《滨州职业学院教学改革立项管理办法》

《滨州职业学院青年教学研究基金管理办法》

《滨州职业学院教科研项目财务管理办法》

《滨州职业学院大学生"五小"科技竞赛活动讲评办法》

《滨州职业学院科研技术档案管理办法》

附件2

基地实训课程一览

序号	实训课程（内容）	学员类型	数量
1	船舶操纵与值班	适任三副（海洋学院学员）	40
2	船舶驾驶台资源管理	适任三副（海洋学院学员）	40
3	船舶定位与导航	适任三副（海洋学院学员）	40
4	船舶管理	适任三副（海洋学院学员）	40
5	航海仪器	适任三副（海洋学院学员）	40
6	GMDSS综合业务	适任三副（海洋学院学员）	40
7	海图作业	适任三副（海洋学院学员）	40
8	航线设计	适任三副（海洋学院学员）	40
9	船舶靠离泊位	适任大副/船长（企业员工）	12
10	大型船舶进出港	适任大副/船长（企业员工）	12
11	船舶紧急情况应急	适任大副/船长（企业员工）	12
12	船舶拖轮协助	适任大副/船长（企业员工）	12
13	船舶信号与声号	值班水手（社会船员）	12
14	船舶值班与操舵	值班水手（社会船员）	12

附件3

基地科研课题一览

序号	姓名	课题		合作企业
		项目	签订	
1	宗永刚	船舶冰区航行安全评估方法研究	2018.05	上海兴洋船务有限公司、青岛源丰船舶、江苏远帮、无棣浩瀚船务有限公司
2	邹丽静	一种基于嵌入式的机械制造用三坐标测量方法的研究	2018.09	山东开泰集团
3	李兆呛	利用柴油机废气加热法处理船舶压载水系统设计	2018.09	无棣浩瀚船务有限公司
4	毕艳亮	滨州港建设绿色港口对策与研究	2018.09	上海兴洋船务有限公司
5	卞晓文	滨州港吹填土软基处理技术经济分析	2018.05	
6	宗永刚	新旧动能转换背景下的滨州港临港产业集群布局优化实证研究	2019.01	
7	张志杰	智慧港口码头电磁系泊系统的设计与研究	2019.07	上海兴洋船务有限公司
8	巴忠峰	基于CFD技术的船舶货舱通风系统的设计与研究	2019.07	上海兴洋船务有限公司、滨州欧森海洋科技服务有限公司

附件4

基地科研成果一览

序号	成果	数量	等次
	大赛		
1	第十届山东省大学生科技节山东省大学生创新创业模拟企业经营大赛（高职组）	1	一等奖
2	第十届山东省大学生科技节山东省大学生创新创业模拟企业经营大赛（高职组）	2	二等奖
3	第十三届全国高等职业院校"发明杯"大学生创新创业大赛（创意类）	1	二等奖
4	"互联网+"大学生创新创业大赛	1	铜奖
5	山东省高校"学创杯"大学生创新创业综合大赛	1	特等奖
6	山东省高校"学创杯"大学生创新创业综合大赛	2	二等奖

教学实训一体化
——常州科教城现代工业中心焊接与检测实训基地

> **关键特征：** 政行校企共建、区域开放共享、协同育人共赢
> **创新要点：** 线上开发焊接网络制造、虚拟现实仿真、创业孵化、教学和培训平台，线下建设以机器人和激光焊为主的生产性车间，线上线下融合育人。

常州科教城现代工业中心是常州科教城资源共享平台建设的重点，由国家和省市政府、园区五所高职学院及企业、科研机构共同建设，建筑面积10万平方米，建成焊接与检测技术、数控技术等17个实训基地，面向区域开放共享。每年接受学生实训4.3万人次、64.5万人日、516万人时，每年接受社会培训1.7万人次。

一、基地基本情况

焊接与检测实训基地由常州工程职业技术学院承建，政行校企共同投入，与行业知名企业深度合作共建，面向区域高校、科研机构、高科技企业开放共享。实训基地建筑面积6500平方米，装备435台套，能同时容纳8个班400名学生同时实训。现成为中德国际焊接培训考试中心、石油和化工行业全国示范性实训基地、中国焊接协会机器人焊接（常州）培训基地、江苏省生产性实训基地、江苏省高等职业教育产教深度融合实训平台、江苏省焊工高级技师鉴定机构、江苏省特种设备焊工考试机构。

（一）基本功能

实训基地集"实践教学、技能竞赛、社会培训、企业真实生产、社会技术服务"五大功能于一体，培养能操作、懂工艺、会检验、具有创新创意的高素质技术技能人才，服务区域经济发展，深化制造强国战略建设。

图 1　2019 年 3 月教育部陈宝生部长一行调研焊接与检测实训基地

（二）服务面向

焊接与检测实训基地以常州工程职业技术学院、常州机电职业技术学院、江苏理工学院等院校焊接、电气自动化、模具设计与制造、机械产品检测检验等专业的学生培养为主体，面向区域智能制造企业技术人员开展社会培训服务和新技术、新工艺研发。

（三）组成架构

焊接与检测实训基地实行"现代工业中心理事会—现代工业中心—实训基地"的三级管理，由现代工业中心组建第三方管理团队负责管理，实行管用分离，提供统一标准化服务。焊接与检测实训基地管理团队由常州工程职业技术学院 2 名人员、现代工业中心 5 名人员共同组建，先后出台了《实训指导教师守则》《实训基地主任职责》《产学研工作实施办法》《物资采购制度》等制度，建立了全套管理制度，保障基地的规范有序运行。

图 2　焊接与检测实训基地（四楼）

二、全面建设

（一）投入情况

焊接与检测实训基地一期工程由地方政府投入771万元、常州工程职业技术学院和合作企业投入517万元，二期工程由地方政府、现代工业中心、常州工程职业技术学院分别投入350万元、321.6万元、400万元，合作企业投入528.4万元（无锡汉神电气股份有限公司185万元、南通友联数码技术开发有限公司143.4万元、机械科学研究总院江苏分院200万元），进行共建共管。

（二）建设过程

焊接与检测实训基地建成于2006年，政府、承建院校常州工程职业技术学院和企业共同投资建设，建筑面积5600平方米，分为手工焊接技术、先进焊接技术、焊接设备拆装维护维修、焊接无损检测技术四大实训区。拥有手工电弧焊接、气体保护焊接、激光焊接、微束等离子焊接、真空电子束焊接、机器人焊接、数控火焰切割、X光检测、超声波检测、磁粉检测、渗透检测等先进、配套的设备。

图3　无损检测技术实训中心平面示意图（三楼）

为适应焊接与检测技术发展和产业升级趋势，2016年开始进行智能化提升改造，政府、常州工程职业技术学院、无锡汉神电气股份有限公司、南通友联数码技术开发有限公司、机械科学研究总院江苏分院创新机制，再次投入1600万元，实训基地面积增加到6500平方米，在原实训基地基础上新扩建了先进焊接技术实训中心、无损检测实训中心、力学性能测试中心，在一楼新增生产性汉神车间，建成为培养焊接与检测相关专业技术熟练、技能扎实的高素质技术技能人才的有效平台。

三、基地运行

（一）体制机制

焊接与检测实训基地执行科教城现代工业中心"联合共建、统筹管理、内外开放、充分共享"的运行体制，由政府、学校、企业等共同建设，纳入常州科教城现代工业中心统一管理，现代工业中心牵头组建实训基地管理项目组，按照管用分离方式运行，实训基地面向区域无偿开放和充分共享，为地区智能制造企业输送了大量新鲜血液，助推常州市、江苏省乃至长三角地区智能制造行业高质量发展。

（二）人才培养

1. 校企共建课程体系

实训课程采用校企双负责人形式，根据企业工作过程，设计教学过程；根据企业工作岗位要求，设计教学任务，共同完成课程整体设计和单元设计。同时通过专业调研，确定焊工、焊接技术员、焊接质检员为专业典型工作岗位，确定工作岗位的典型工作任务，分析专业职业能力，形成职业行动领域向学习领域的转换，构建"立足操作岗、适应技术岗、迈向管理岗"的实训课程体系。

2. 打造国际化实训课程

引进德国焊接课程标准和教学资源，聘请德国 SES 焊接高级专家 Mr.Lehnert 来校指导课程建设，提升实训课程国际化程度。2018 年与德国什未林手工业协会（HWK）合作共同建设"中德国际焊接技术培训考试中心"，10 名缅甸留学生和 20 名中国学生通过考核，获得 ISO9606-1 国际焊工证书。

3. 创新教学方法

实训课程以项目为载体、工作任务为驱动，按照项目化教学方式，实施资讯、决策、计划、实施、检查、评价"六步法"组织教学。课程教学考核以过程考核为主，职业资格按照国内外职业资格标准 ISO9606（国际焊工）、美国 ASME 国家职业技能和 TSGZ6002（特种设备焊工）的要求，由具有资质的考核机构来考核发证，实行教考分离。

图 4　ISO9606-1 国际焊工考试

四、建设成效

（一）主要成绩

1. 人才培养成效

近五年来，焊接与检测实训技术基地较好地满足了园区内外院校的焊接、自动化、模具设计与制造、机械产品检测检验等专业的实训教学，减少了重复投资，提高了设备利用率，实现了优质教育资源的高效集约使用，累计接收学生实训 23364 人次。学校毕业生质量高，毕业生就业竞争力指数 92.3%，就业竞争力排名全省第四；学生获嘉克杯国际焊接大赛获团体金奖，获全国工业机器人自动化焊接技术比赛教师组和学生组一等奖和二等奖。

2. 服务产业情况

焊接与检测实训技术基地先后承办武进区焊工职业技能大赛、"广宇杯"湖塘镇机电行业技能大赛、江苏省技能状元大赛常州焊工项目选拔赛、江苏省特种设备焊工技能大赛常州选拔赛等。近三年来，焊接与检测实训基地面向社会开展焊工、国际焊工和特种设备焊工培训 7747 人次，鉴定 5948 人次，纵横向科研经费到账 184.5 万元，李书齐博士申报的《蓝宝石的激光透照外延焊接新方法及其机理研究》项目获 2017 年度国家自然科学基金资助。

（二）创新经验

1. 政行校企共建

焊接与检测实训技术基地建设过程中坚持引企驻校、引校进企、校企一体，通过与行业龙头上游企业无锡汉神电气股份有限公司、南通友联数码技术开发有限公司等合作，引进优秀企业先进的焊接生产技术与工艺和企业文化，通过购置和企业捐赠等方式，优化实训装备，有效促进教育链与产业链的融合。

2. 区域开放共享

焊接与检测实训技术基地是区域开放型共享平台，面对区域高校、科研机构、高新技术企业等无偿开放，减少了不必要的重复投资，提高了实训设备利用率，实现了优质教育资源的高效集约使用。

3. 协同育人共赢

学生在焊接与检测实训技术基地接触到行业龙头企业真实的企业生产线，按照企业真实生产流程操作，接受真实的企业生产管理，实训效果得到有效提高，人才培养质量显著提升。

五、发展规划

下一阶段，基地建设将深入贯彻习近平总书记关于职业教育的重要论述，全面贯彻落实全国教育大会精神、深化产教融合、校企合作，促进教育链、人才链与产业链、创新链有机衔接，以为国家培养技术熟练、技能扎实的高素质技术技能人才为己任，主动服务装备制造业转型升级需求，实现"产—学—产"的良性循环，建成区域内共享性跨学校、跨企业、跨专业、跨地区的高水平专业化产教融合实训基地样板区。

附件：1. 基地保障性制度文件名录
　　　2. 基地承担实训课目一览
　　　3. 主要成果一览
　　　4. 基地科研课题一览

附件 1

基地保障性制度文件名录

《常州科教城现代工业中心实训指导教师守则》

《常州科教城现代工业中心学生守则》

《常州科教城现代工业中心实训基地项目部主任职责》

《常州科教城现代工业中心物资采购制度》

《常州科教城现代工业中心实训教学工作流程》

《常州科教城现代工业中心产学研工作实施办法（试行）》

《常州科教城现代工业中心工作人员分类管理考核办法（试行）》

《常州科教城现代工业中心安全管理办法（试行）》

《常州科教城现代工业中心成本核算办法（试行）》

《常州科教城现代工业中心仪器设备管理制度（试行）》

《常州科教城现代工业中心材料物资管理制度（试行）》

附件 2

基地承担实训课目一览

序号	实训课目名称	教学目标	面向专业
1	使用热切割方法加工备料	能够掌握手工切割、半自动切割和数控切割方法	焊接相关专业
2	使用焊条电弧焊焊接结构件	能使用焊条电弧焊进行V形坡口平焊、横焊、立焊和仰焊	焊接相关专业
3	使用熔化极气体保护焊焊接结构件	能使用气体保护焊进行V形坡口平焊、横焊、立焊和仰焊	焊接相关专业
4	使用钨极氩弧焊焊接结构件	能使用氩弧焊进行V形坡口平焊、横焊、立焊和仰焊	焊接相关专业
5	典型结构件焊接工艺编制及焊接	能进行典型焊接结构件的焊接工艺编制	焊接相关专业
6	特种设备焊接工艺评定及规程编制	能进行焊接接头的机械性能试验及焊接工艺评定	焊接相关专业
7	使用埋弧焊焊接结构件	能使用埋弧焊进行厚板平对接焊接	焊接相关专业
8	使用钳工方法加工备料	能够掌握钳工基本操作	焊接相关专业
9	焊工中级实训及考证	能进行各种焊接方法的相关焊接位置的焊接操作	焊接相关专业
10	特种焊接技术	能够掌握激光焊、等离子焊等特种焊接技术	焊接相关专业
11	焊接接头无损检测	能够掌握射线检测、超声检测及磁粉检测等无损检测方法	焊接相关专业
12	机器人焊接技术	能够掌握焊接机器人基本焊接操作技术	焊接相关专业

附件3

主要成果一览

标志性成果：

1.《职业教育焊接技术及自动化专业教学资源库》通过教育部、财政部验收（《关于公布职业教育专业教学资源库 2018 年验收结果的通知》教职成司函〔2018〕91 号）

2.《典型结构件焊接工艺编制及焊接》被认定为第一批"国家精品资源共享课"（《教育部办公厅关于公布第一批"国家精品资源共享课"名单的通知》教高厅函〔2016〕54 号）

3. 江苏省高等职业教育产教深度融合实训平台（《省教育厅、省财政厅关于公布江苏省高等职业教育产教深度融合实训平台遴选结果的通知》苏教高〔2016〕19 号）

4. 江苏省高等教育教改研究课题"高职院校品牌专业建设的研究与实践——以焊接技术及自动化专业为例"（《省教育厅关于公布 2015 年江苏省高等教育教改研究立项课题评选结果的通知》苏教高〔2015〕13 号）

5. 江苏省高等教育教改研究课题"高职学生创业种子项目的培育模式研究"（《省教育厅关于公布 2015 年江苏省高等教育教改研究立项课题评选结果的通知》苏教高〔2015〕13 号）

6. 江苏省重点建设教材《特种设备焊接工艺评定及规程编制》（《省教育厅关于公布 2015 年高等学校重点教材立项建设名单的通知》苏教高〔2015〕18 号）

主要成果：

1. 获江苏省信息化教学大赛一等奖 1 项

2. 江苏省微课比赛二等奖 1 项、三等奖 2 项

3. 机械教指委微课比赛一等奖 1 项、二等奖 2 项

4. 江苏省"青蓝工程"优秀教学团队"焊接技术与自动化教学团队"1 支

5. 全国石油和化工行业优秀教学团队 1 支

6. 主持开发国家级共享型多功能焊接专业教学资源库 1 个

7. 2016 年完成 3 本特色教材编写

8. 2017 年出版教材 4 本

9. 2017 年完成 4 本特色教材编写

10. 2018 年完成 3 本特色教材编写

11. 2018 年省级重点教材建设立项 1 项

12. 完成省级大学生创新项目 3 项，在研 3 项，授权专利 3 项

承办大赛项目：

1. 武进区焊工职业技能大赛

2. "广宇杯"湖塘镇机电行业技能大赛

3. 江苏省技能状元大赛常州焊工项目选拔赛

4. 江苏省特种设备焊工技能大赛常州选拔赛
5. 中焊杯全国机器人焊接技能竞赛

附件4

基地科研课题一览

序号	签订时间	项目	姓名	合作单位
1	2018.04	硅钢绝缘涂层与C6型绝缘涂层之间兼容性的研究	孙致平	山西赛科德科技有限公司
2	2018.02	超声相控阵试件和TOFD模拟试块制作	史维琴	江苏省特种设备安全监督检验研究院
3	2017.05	焊接试样的力学测试和金相检验	史维琴	河海大学常州校区
4	2017.08	查特中汽特种设备焊工技能评定	史维琴	查特中汽深冷特种车（常州）有限公司
5	2017.12	TOFD超声检测关键技术应用研究	张亮	江苏道特检测有限公司
6	2018.04	201804风凯特种设备焊工技能评定	史维琴	风凯换热器制造（常州）有限公司
7	2018.04	201804查特中汽特种设备焊工技能评定	史维琴	查特中汽深冷特种车（常州）有限公司
8	2018.05	201805瑞吉格泰特种设备焊工技能评定	史维琴	江苏瑞吉格泰油气工程有限公司
9	2018.06	201806瑞吉格泰特种设备焊工技能评定	史维琴	江苏瑞吉格泰油气工程有限公司
10	2018.05	2018峨嵋动力特种设备焊工技能评定	史维琴	江苏峨嵋动力机械有限公司
11	2018.12	2018常州综研特种设备焊工技能评定	史维琴	常州综研加热炉有限公司
12	2018.12	2018常州艾克司特种设备焊工技能评定	吴叶军	常州艾克司低温设备有限公司
13	2018.12	201811瑞吉格泰特种设备焊工技能评定	史维琴	江苏瑞吉格泰油气工程有限公司
14	2018.12	2018东方电热特种设备焊工技能评定	史维琴	镇江东方电热有限公司
15	2018.06	管对接焊缝相控智能超声检测关键技术研究	张亮	常州市科技局
16	2018.11	城市埋地非金属管道泄漏检测技术研究及应用	张亮	江苏省科技厅
17	2018.09	PET表面选择性化学镀制备柔性导电线路板研究	孙致平	江苏省教育厅
18	2017.01	高磁感取向硅钢环保型张应力涂层的研制	孙致平	山西赛科德科技有限公司
19	2017.01	环保型钢材表面处理技术的开发及应用	孙致平	马鞍山市鸿翮实业有限公司
20	2018.12	储罐内角焊缝缺陷检测方法研究	任卫东	中石化长输油气管道检测优秀公司
21	2018.12	抛丸室室体主要焊缝焊接工艺研究	姜泽东	江阴碧砂通用机械有限公司
22	2018.05	$2010m^3$LNG燃料罐水压应变分析研究	孙德松	张家港富瑞重型装备有限公司
23	2018.12	高压油管超声自动检测系统关键技术研究	徐敬岗	江苏艾联新能源智能装备有限公司

理念引领　标准对接
——天津职业技术师范大学工程实训中心

> **关键特征：** 天津职业技术师范大学实训中心是以工程实训教学为主、实验教学为辅，集教学、培训、技术研究与开发、科技创新、技能竞赛于一体的校级工程实践教学中心。2013年被教育部批准为国家级实验教学示范中心，中心建设达到国内高校工程训练中心一流水平。中心实训实验室资源整体上满足了综合性、设计性和研究创新性实训实验的需要，设备配备达到国内一流水平，为中心实训实验教学改革奠定了软硬件基础。
>
> **创新要点：** 天津职业技术师范大学工程实训中心（以下简称"中心"）自2007年成立以来，坚持产教融合，树立现代企业管理理念，搭建校企协同育人平台，创建"三师型"队伍建设模式，打造全方位综合服务平台，成为全国高水平产教融合实训教学基地。

一、基地基本情况

中心现有教职员工87人，建筑面积3.2万平方米，设备总值达9700余万元；主要建有机类、电气类和电子类等实训实验室共33个，大学生创新创业基地，数字教学工厂，技术体验中心等。

（一）基本功能

1. 人才培养

中心秉承学校"动手动脑，全面发展"的办学理念，坚持特色教学，培养具有较强工程实践能力以及创新精神和创新能力的人才。

2. 社会服务

紧密结合社会技术发展的前沿，中心与行业企业建立密切合作，不断提高服务社会的能力。

3. 科学研究

中心不断探索工程实践教育人才培养模式，实训基地建设标准以及职业技能竞赛和训练研究，致力于把基础研究、应用研究应用于生产实践的研究，推动成果转化。

（二）服务面向

面向学校 5 个二级学院，22 个本科专业及部分研究生、留学生开展教学工作，承担机械类、电工类、电子类等多个工种的中级、高级、技师的实训教学以及全校的工程训练教学，年均承接学生量 8000 余人次；面向全校学生，为开展跨学科、跨专业、跨行业、跨领域的科技创新教育活动提供支撑与保障；面向全国职业院校和企业的骨干技术人员等开展技术技能培训服务；面向企业进行技术服务，开展技术技能攻关；面向全国承担各级各类职业技能竞赛，提供技术支持工作。

（三）组成架构

中心下设办公室、教学管理部、质量监控部、市场开发部；设有机电、数控、电工电子、金工等 4 个实训教研室，以及校级大学生创新创业基地；建有国家级研究机构——世界技能大赛中国研究中心和校级研究机构——工程实践教育研究所 2 个研究机构，以及产学研基地；成立了学校工程训练国家级实验教学示范中心教学指导委员会、中心建设指导委员会和中心教学指导委员会。

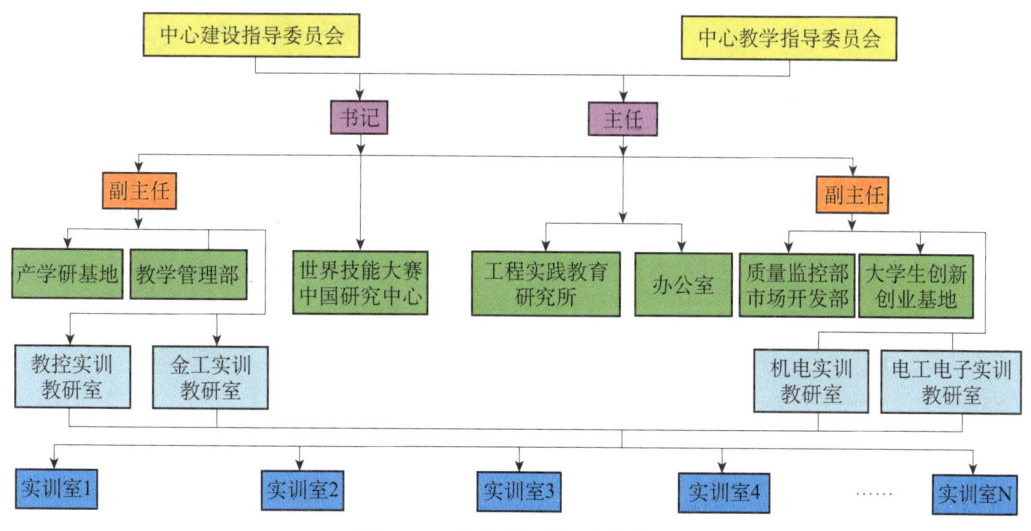

图 1 工程实训中心组织架构图

二、全面建设

自中心成立以来,学校和上级主管部门为中心建设提供了条件保障和政策支持。学校年均投入运行经费将近 200 万元,累计投入设备专项资金 5000 余万元,投入房屋基建资金 15000 余万元。中心建设进行了一系列改革,重点建设举措如下:

1.基于现代企业管理理念,实现科学化管理

中心坚持内涵式建设和外延式发展并举,确立了完整理念是前提,科学管理是基础,有效机制是保证,一流队伍是关键,优质服务是核心的一流中心建设工作思路。在建设过程中,融入现代企业管理理念,坚持科学化、规范化、制度化管理,制定了发展理念、管理理念、文化理念、教学理念、管理目标、管理准则、管理规范和中心愿景,形成了完整的中心建设理念和管理思路,构建了适于中心发展的运行管理模式,实现了中心智能化管理,推进中心的建设与发展。

2.对接行业、企业标准,营造实训基地的企业氛围

中心坚持"合理配置资源,跟踪技术发展,营造企业环境"的实训室建设思路。氛围建设严格执行国家和行业在房屋、消防、安全、职业、环保、设备等方面的规范标准,运行管理推行现代企业的精细化管理模式,打造仿真企业环境,让学生在学的过程中既能初步掌握企业生产的基本知识,又能近距离体验现代化生产和管理全过程。

图2 工程实训中心现场环境图

3.构建工程实训教学体系,突出工程实践能力培养

按照学生学习知识和掌握技能的规律,结合能力养成的递进层次,把实践教学内容

按模块划分为基础层、核心层和扩展层，构建了与理论教学有机结合、以能力培养为核心的"三层次、五阶段"工程实训教学体系。体系突出了实训课程的基础性、实用性和先进性，贯穿本科教育的全过程，注重对学生探索精神、科学思维、实践能力、创新能力等综合素质的培养。

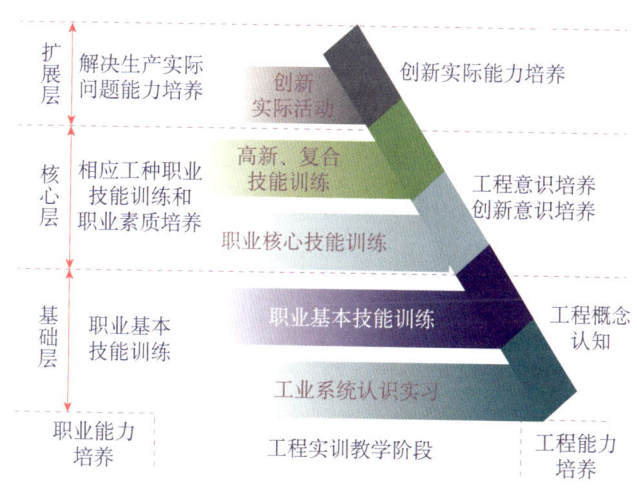

图3 "三层次、五阶段"工程实践教学体系图

4. 创建"三师型"建设模式，打造特色师资队伍

基于"一体化"实训教师队伍建设理念，构建了"三师型"（教师、技师、大师）工程实践教学团队建设模式，创新了符合师资队伍管理的运行机制，确立了师资队伍框架组成结构，探索了具有特色的师资引进模式，构建了独特的师资发展保障体系，设立了首席专家制，创新了工程实训教师评价考核机制，形成了一支具有鲜明特色的国内一流实训教师队伍。

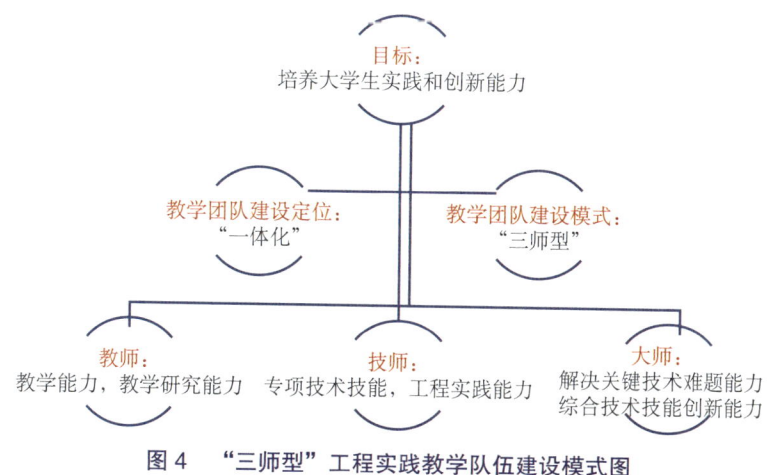

图4 "三师型"工程实践教学队伍建设模式图

5. 搭建产学研平台，促进校企产教融合

中心充分发挥在设施设备以及人才资源等方面优势，搭建产学研平台，积极推进产教融合工作。一是搭建科技创新平台，成立企业创客工场，与肯拓（天津）工业自动化技术有限公司、天津阿备默机器人科技有限公司、天津市天卓机器人科技发展有限公司、深圳市恒天恒天伟焱科技有限公司、广西新宇瑞霖医疗科技股份有限公司等 5 家企业签订大学生创新创业合作协议，聘任企业创客导师，引进企业研发资金，联合培养大学生创新创业能力。二是搭建成果转化平台，与天津市源峰科技发展有限公司、天津市松正电动科技有限公司等企业签订合作协议，建立产品研发中心，依托现有的科研成果，加强合作，紧密结合职业教育的发展需求，进行教学仪器设备开发，推动科技成果市场化。三是搭建校企合作平台，与 GF 加工方案、卡尔蔡司（上海）管理有限公司、山特维克可乐满和 DMG 森精机中国等公司签合作协议，在人才培养、行业认证、课程开发、教材编写、技术推广等方面开展合作。

三、基地运行

1. 体制机制

中心是学校二级管理的正处级单位，实行主任负责制，经费独立核算。基于现代企业管理理念，建立了"研究（设计）、实践（生产）、监控（质检）、推广（销售）"的仿真企业运行模式，并建立了相应机构。同时，结合产教融合运行的特点，与企业分别建立了"GF-天职师大多轴技术推广中心、卡尔蔡司—天职师大精密测量培训学院"等 5 个校企产教融合管理机构。

中心运行管理全面借鉴现代企业管理方式，建立较为完善的管理制度。工作开展实施项目负责制，项目执行的好坏与项目负责人的绩效和评优挂钩；工作监控实施动态检查制，开展周检查和月检查，并建立工作动态检查公示墙；职工考核实施全方位考核，建立了"考勤、履职、师德、业绩、其他"五个方面考核指标体系，考勤采用积分制考核，履职实行目标制考核，师德实行多维度综合评价考核，业绩实行绩效评价考核，其它实行综合评价考核。

2. 人才培养

中心在教学过程中遵循"重技强能，致学致用"的工程实训教学理念，围绕学校各学科专业教学改革发展和要求，服务各二级学院的专业培养目标，以职业技能训练和专业能力培养为主线，结合国家职业资格标准，强化工程实践能力培养，强化创新意识培

养，强化高新、复合技能培养，强调以学生为主体，教师为主导的教学思路，优化培养方案，全面提升实训实验教学水平。

中心按照学校创新创业教育工作整体规划，充分利用在场地、设备、师资以及工程实践教育等方面的优势，为全校学生开展跨学科、跨专业、跨行业、跨领域的科技创新教育活动提供支撑与保障条件，并发挥科技创新成果孵化器作用，积极促进大学生科技创新成果转化或创业。

3. 社会服务

中心积极承担社会责任，不断提升服务水平。一方面，通过校企合作等模式，合理利用平台和设备以及场地，开展各类服务于社会与企业的技术培训和创新活动。另一方面，中心教师积极开展纵、横向的课题研究工作，解决企业技术发展需求或科研和成果转移与转化需求问题；同时，开展对职业院校开展师资培训工作。

四、建设成效

（一）主要成绩

1. 工程实践和创新人才培养方面成效显著

近4年，在大学生中培养中级工4316人，高级工4274人，技师1163人。由于学生实践和创新能力强，机电类毕业生就业率一直名列天津市高校前茅，其中有155人进入高校工程训练中心，从事工程实践教学工作。此外，大学生学科竞赛荣获国家级一等奖18项，二等奖10项，省部级奖项115项，特别是在全国大学生工程训练综合能力竞赛中一直保持全国领先水平，大学生科技创新工作已迈入国内一流水平。

2. "三师型"高水平工程实践教学团队建立

工程实践教学团队中，2人获评"天津市劳动模范"，11人获评"天津市五一劳动奖章"，3人获评国务院政府津贴（高技能人才），1人获评"国家级技能大师"工作室带头人，8人获评"全国技术能手"。平均每年17人次分别受聘担任多项国家级、省部级技能大赛裁判长、裁判和命题专家，11人受聘为世界技能大赛中国代表队技术指导专家、教练、技术翻译。中心现已建成一支学历、职称、年龄、学科结构合理，理论水平高、教学经验丰富、工程实践能力强、具有鲜明特色的师资队伍，部分教师已成为国内行业专家，工程实践教学团队建设达到国内高校一流水平。2013年工程实训教学团队被评为"天津市优秀教学团队"，2018年工程实践教学团队建设获得国家级教学成果二等奖。

3. 建设成果和经验产生了广泛的社会辐射效应

近4年，先后有李克强总理、孙春兰副总理等国务院、教育部、人力资源和社会保障部、天津市等国家及部、市级领导100余人莅临中心指导，对中心建设和教学成果给予充分肯定和高度评价。天津大学、沈阳航空航天大学、钦州学院、河北工业大学等300余所本科院校，200余所高职院校，200余所中职学校的领导和教师来中心学习交流，年均参观人数在千人以上；中心《教职工评价考核实施方案》已为10余所地方高校的工程训练中心所借鉴；2011年至今中心教师承接了天津市职业技能公共实训中心等10余个省级或地区公共实训中心整体设计任务和建设指导工作，实训教学基地的建设经验在全国范围内广泛推广。中央电视台、天津电视台、天津日报、今晚报、天津工人报、新华网、北方网等多家媒体相继报道了中心建设情况，进一步扩大了中心在全国的影响力。

（二）创新经验

中心坚持内涵建设和外延式发展并举，确立了"完整理念是前提，科学管理是基础，有效机制是保证，一流队伍是关键，优质服务是核心"的一流中心建设工作思路，建立了"以人为本、科学管理、资源共享、开拓创新"的国内一流工程实训中心的建设模式；在建设过程中，注重总结、凝练，融入企业管理理念，强化以人为本，师生中建立了和谐、进取的工作氛围，形成了自己独特的中心文化——校企文化；基于"一体化"工程实践教学队伍建设理念，构建"三师型"的团队建设模式，创新了符合工程实践教学队伍管理的运行机制，创新设立首席专家制，实行专家负责制，一批高水平专家、教师在国际职业技能竞赛和援外师资培训及实训基地建设中为国争光，为其他高校和职业院校团队建设提供借鉴；坚持立德树人，全面创新教职工评价考核机制，构建由师德、考勤、履职、贡献和其它等方面考核的教职工考核指标体系，考核采取定性和定量相结合，特别是师德评价考核指标体系在全国同类高校工程训练中心考核中具有独创性和引领性。

五、发展规划

（一）构建智能化的教学与管理体系

扎实推进各项重点工作，实现工作精细化管理；完善信息化平台建设，实现工作信息化管理；加强线上线下教学课程改革，实现教学网络化管理。

（二）建立工程训练中心建设标准化规范

依据国家及行业标准规范，结合专业实训教学特点，制定实训基地建设标准；依据行业技术标准和专业课程标准，制定实训课程标准和实训教学规范；依据国家及行业标准规范，制定中心安全健康标准规范。开展 ISO9000 认证，全面推进质量管理。

（三）搭建国际化的工程实践教育交流平台

积极开展国际合作，做大做强世界技能大赛中国研究中心，做好非洲鲁班工坊项目，推进服务非洲、南亚等地区职业教育工作，抓好留学生工程实践能力培养，加快中心国际化进程。

（四）打造多方位综合的开放服务平台

面向全国职业院校教师和企业员工开展技术技能培训，搭建新技术、新工艺、新材料、新设备推广平台；面向企业建立技术研发中心，加强产品工艺研究，助力企业技术发展；加大职业技能竞赛制度与规范研究，服务全国职业技能竞赛，提升高技能人才培养水平。

（五）构建创新创业训练完善体系

建立创新创业辅修专业，培养学生的首创精神、职业素养和创新创业能力；建立大学生创新工作室，服务学生开展专项创新活动；进一步完善企业创客工场，积极探索学校与企业联合培养人才的途径和方式。

（六）提升理论研究与实践应用能力

加强工程实践教育和职业技能培训方面研究，面向全国推广中心建设、实训教学改革、实训基地运行管理等方面经验。持续服务全国职业技能竞赛，成为全国职业技能竞赛研究中心。努力朝国内一流水平迈进。

附件：1. 中心保障性制度文件名录
   2. 2019 年创新创业教育主要成果一览
   3. 2019 年中心社会服务科研项目一览

附件1

中心保障性制度文件名录

一、教学管理
1. 实训实验教学管理办法
2. 实训实验室管理办法
3. 工程实训中心实训（验）室开放管理办法
4. 学生守则
5. 网络课程管理办法
6. 实训实验课程归档及成绩计算办法
7. 教材建设管理办法
8. 实训实验教学耗材管理办法
9. 教师教学工作量计算办法
10. 关于教学改革科研立项的管理办法
11. 关于实训教学课程考核改革方案
12. 关于成立工程实训中心教学工作课程改革指导小组的通知
13. 工程实训中心知行一体化课程开发技术规程（试行）

二、师资管理
1. 实训实验教师管理办法
2. 教职工岗位职责
3. 专家队伍选拔和培养办法
4. 专家队伍培养措施
5. 实训教师企业实践锻炼管理办法
6. 外聘实训教学专家管理办法
7. "标兵奖"评选办法
8. 实训教师行为规范
9. 实训教师师德考核办法（细则）
10. 工程实训中心教职工评价考核（修订）实施方案
11. 工程实训中心首席专家选拔管理办法
12. 关于成立工程实训中心教学督导组的通知
13. 关于成立工程实训中心实训实验教学工作指导委员会的通知
14. 工程实训中心实训教师外语进修管理办法（修订）
15. 教职工绩效工资分配实施细则
16. 工程实训中心教职工绩效工资分配（修订）实施细则
17. 工程实训中心劳务派遣人员评价考核与绩效工资分配细则
18. 天津职业技术师范大学校友技能大师工作站管理办法

三、环境与安全管理
1. 安全工作预案（修订稿）
2. 保安工作管理规定
3. 清洁工作管理规定
4. 管理规定"十不准"
5. 实训实验室安全卫生管理办法
6. 安全措施
7. 气瓶安全管理规定

四、党建管理
1. 反腐倡廉工作管理办法
2. 工程实训中心和世界技能大赛中国研究中心党政联席会议制度
3. 天津职业技术师范大学工程实训中心党政联席会议制度（修订稿）
4. 工程实训中心关于成立实训与世赛中心党总支学习教育督导组的通知
5. 党组织与党员谈心谈话制度
6. 实训与世赛中心党总支议事规则（试行）
7. 天津职业技术师范大学实训与世赛中心党总支关于强化政治把关具体办法
8. 工程实训中心"三重一大"决策制度实施办法（试行）

五、日常管理
1. 档案管理办法
2. 图书资料管理办法
3. 会议管理制度
4. 领导班子例会制度
5. 保密工作管理规定
6. 工程实训中心网站管理办法

六、物资管理
1. 仪器设备管理办法
2. 工程实训中心库房管理规定

七、创新创业基地
1. 大学生创新创业基地管理办法
2. 天津工程师范学院松正科技创新基金管理办法
3. 天津职业技术师范大学工程实训中心大学生创客工场管理办法（暂行）
4. 天津职业技术师范大学工程实训中心大学生创新工作室管理文件（暂行）

八、培训与合作
1. 对外培训管理办法
2. 校企合作管理办法
3. 对外加工与技术服务管理办法

九、科研工作
1. 产学研基地管理办法
2. 产教融合团队建设与管理办法（试行）

附件 2

2019 年创新创业教育主要成果一览

1. 组织参加竞赛情况

序号	竞赛名称	级别	参赛人数	获奖情况
1	全国大学生工程训练综合能力竞赛	国家级	32	国家级特等奖 4 项、二等奖 4 项、三等奖 3 项
2	天津市大学生工程训练综合能力竞赛	市级	36	天津市一等奖 11 项、二等奖 1 项
3	全国大学生电子设计竞赛	国家级	48	国家二等奖 2 项，天津市一等奖 4 项、二等奖 1 项、三等奖 5 项
4	第十四届恩智浦智能车（华北赛区）	省部级	15	华北赛区二等奖 3 项、三等奖 1 项
5	2019 年华北五省（市、自治区）大学生机器人竞赛天津赛区竞赛	市级	24	国家一等奖 3 项、二等奖 4 项、三等奖 1 项
6	中国国际飞行器设计挑战赛 CADC（哈尔滨）	省部级	8	省部级三等奖 1 项
7	中国国际飞行器设计挑战赛 CADC（海宁）	国家级	6	国家二等奖 1 项
8	天津市机器人竞赛	市级	48	天津市一等奖 4 项、二等奖 3 项、三等奖 3 项
9	第十五届"挑战杯"天津市大学生课外学术科技作品竞赛	市级	66	天津市三等奖 2 项
10	第三届"金砖国家青年创客大赛	省部级	8	省部级三等奖 2 项
11	全国大学生物联网设计竞赛（华为杯）华北赛区	省部级	7	省部级特等奖 1 项、一等奖 1 项
12	全国大学生物联网设计竞赛（华为杯）总决赛	国家级	4	国家三等奖 1 项
13	2019 年天津市大学生信息技术"新工科"工程实践创新技术竞赛	市级	6	天津市三等奖 2 项

2. 组织承办竞赛情况

序号	竞赛名称	参赛人数	级别
1	第六届全国大学生工程训练综合能力竞赛	1000	国家级
2	第六届全国大学生工程训练综合能力竞赛天津赛区竞赛	500	市级
3	全国大学生电子设计竞赛天津赛区竞赛	192	市级
4	2019 年天津市青工职业技能竞赛	84	市级
5	天津市青少年人工智能（无人机）展示活动	300	市级

附件 3

2019 年中心社会服务科研项目一览

序号	姓名	项目名称	合作时间	合作企业
1	杨全利	海南省三亚技师学院专业设置调整研究	2018.11—2019.4	海南省三亚技师学院
2	陈晓曦	世界技能大赛竞赛项目相关技术标准、选拔训练及专业能力建设研究	2018.12—2020.12	云南技师学院
3	迟涛	金属谐振子加工工艺研究	2018.11—2019.5	中国船舶重工集团公司第七〇七研究所
4	张玉洲	教学课件开发及培训服务	2018.1—2019.12	西门子工厂自动化工程有限公司
5	陈晓曦	世界技能大赛竞赛项目相关技术标准、选拔训练及专业能力建设研究	2019.3—2020.3	太原市高级技工学校
6	郝立果	激光测距仪系列产品开发	2018.9—2019.12	深圳市恒天伟焱科技有限公司
7	徐国胜	智能制造教学工厂开发	2019.4—2024.4	精锐创新（北京）新能源科技有限公司
8	徐国胜	桌面教学型多轴数控设备研发	2019.6—2021.6	精锐创新（北京）新能源科技有限公司
9	张玉洲	新时代机电类专业人才培养体系改革方案研究与实践	2019.4—2021.4	漯河技师学院
10	张玉洲	基于世界技能大赛理念的机电类专业体系建设研究	2019.4—2022.4	漯河技师学院
11	张瑞	河南省世界技能大赛技术推广和专业人才队伍建设研究	2019.4—2021.4	漯河技师学院
12	赵凌云	激光测距模组的研制	2019.6—2020.3	天津瞭望光电科技有限公司
13	张玉洲	借鉴世赛模式完善我国职业技能竞赛管理制度课题研究	2019.6—2020.6	人力资源和社会保障部职业能力建设司
14	雷云涛	临沂市技师学院示范专业群建设项目规划与技术指导	2015.10—2017.12	临沂市技师学院
15	郝立果	工业自动化教学仪器开发	2019.6—2020.6	肯拓（天津）工业自动化技术有限公司
16	徐国胜	卓良福名师工作室团队建设	2019.3—2019.12	深圳市宝安职业技术学校
17	李杰	一体化智能刀具修磨技术与工艺装备研发	2019.7—2023.7	天津凯朗德刀具技术服务有限公司
18	张瑞	世界技能大赛家具制作项目参赛技术与国际资源开发研究	2019.6—2020.6	广州市轻工高级技工学校
19	吴鸿雁	碾压机自动驾驶执行系统开发	2019.7—2021.7	天津市实通网络科技股份有限公司
20	赵凌云	新型高精度激光测距技术开发	2019.7—2021.12	深圳市恒天伟焱科技有限公司
21	何欣	微力传感器研制	2019.7—2020.7	天津大学
22	何欣	防飞溅胶膜研制	2019.9—2020.9	天津大学
23	张玉洲	天津港保税区职业技能公共实训中心天津滨海新区先进制造职业技能公共实训中心项目高端制造工艺	2018.11—2019.12	中国汽车工业工程有限公司

续表

序号	姓名	项目名称	合作时间	合作企业
24	赵凌云	高精度工业模块的研制	2019.9—2020.7	天津瞭望光电科技有限公司
25	郝立果	高压制氧机研发	2019.8—2020.5	广西新宇瑞霖医疗科技股份有限公司
26	张玉洲	第十五届"振兴杯"全国青年职业技能大赛（职工组）技术保障服务	2019.8—2019.11	中国共产主义青年团沈阳市委员会
27	赵海龙	绝缘底板设计与开发	2019.9—2019.12	天津盛和泰信智能科技有限公司
28	李世文	车间智能制造体系设计与制作	2019.6—2019.12	天津长余商贸有限公司
29	闫虎民	世界技能大赛工业机器人系统集成赛项基地建设标准规范设计咨询与指导	2019.10—2020.10	上海发那机器人有限公司
30	张玉洲	第十五届"振兴杯"全国青年职业技能大赛（学生组）技术保障服务	2019.9—2019.12	杭州每日传媒有限公司
31	吴鸿雁	碾压机自动驾驶执行系统开发1	2019.11—2021.11	天津市实通网络科技股份有限公司

深度融合双创教育
——武昌首义学院中软国际产学研基地

> **关键特征：** 树立创新创业人才成长的教育理念，深化教育教学改革，转变人才培养模式，强化创新创业能力训练，培养适应创新型国家建设需要的高水平创新人才。
>
> **创新要点：** 以创新人才培养为核心，引入企业真实项目，构建创新创业团队，培养和孵化优秀人才和产品项目，服务地区经济发展。
>
> **网　　址：** http://info.wsyu.edu.cn/

武昌首义学院中软国际产学研基地由校企共同投入建设，以中软国际高校智慧教育云平台为依托，构建创新实训工厂和卓越开发者工作室，通过宅客学院、解放号、华为软件开发云组合训练模式，通过孵化创新创业团队，逐步建设成为面向社会、服务社会的软件开发项目交付基地。

一、基地基本情况

基地建设总投资 1000 余万元，占地 500 平方米，涵盖智能交通基础实训室、智能家居实训室、软件工程开发综合实训室、卓越开发者工作室，可容纳 200 人同时开展教学业务，也可供多个团队同时开展创新创业的项目。

（一）基本功能

1. 系统知识构成

基地可实现在线学习、视频教学、互动教学、课程设计、翻转课堂等多种学习和教学功能。学生可进行创新创业系统知识学习。

（1）基础训练预备知识、能力与素质学习：学习类型探索、创业规划、大学生涯规划、素质拓展、时间管理等。

（2）个人发展规划知识学习、能力提升：自我性格探索、自我能力探索、生涯目标、SWOT分析、创业计划书等。

（3）创业训练预备知识学习、能力与素质提升：环境探索、能力培养、创业资源整合、素质提升、模拟创业实践、企业管理等。

2. 创业项目孵化

基地具备项目评估、创业管理、行政服务、创业指导、集合推广等创业孵化的功能，学生可进行创新创业方案设计、案例选择、验收评价、综合测评以及就业对接，完成创新创业能力进阶。基地可实现成果固化、创业推介、成果展示、视频宣传、创业交流功能，助力学生参加创新创业或相关技术大赛，助力教师申报各级教学成果。打造创新创业教育及产学合作示范性。

3. 智慧实践教学

基地整合实践教学相关资源、平台，管理智慧化，创造智慧教育学习环境，解决创新创业教育中缺少实践平台、实践与理论脱节的问题。

智慧实践教学自下而上分四层，包括资源层、平台层、教学层、场景层，具体如下：

资源层：构建课程资源、案例资源、企业资源等数据库。

平台层：搭建智慧教学管理平台、软件开发云平台、解放号众包平台，各平台协同运行，提高教学效率，提升教学效果。

教学层：案例库建设、双创教学体系建设、教学大数据分析。

场景层：智慧实验室、智慧第二课堂、创新创业基地等不同场景使学生学习及创新创业模式多元化，提升学习及创新创业成果质量。

（二）服务面向

基地以武昌首义学院信息科学与工程学院相关专业学生培养为主，同时面向全校学生提供创新创业教育的服务。

（三）组成架构

1. 组织架构

基地合作组织架构根据校企双方资源及合作模式制定，各部门职能岗位由校企双方人员以全职或兼任方式担任，并制定详细岗位职责。

为了更好地推进和衔接联合培养的各项工作，对联合培养的整个过程实现有效的管理监控和完善，设立创新创业教育改革项目工作指导委员会（如图1所示）作为项目的决策机构，并在其领导下建立创新实训室和卓越开发者工作室等具体执行机构。

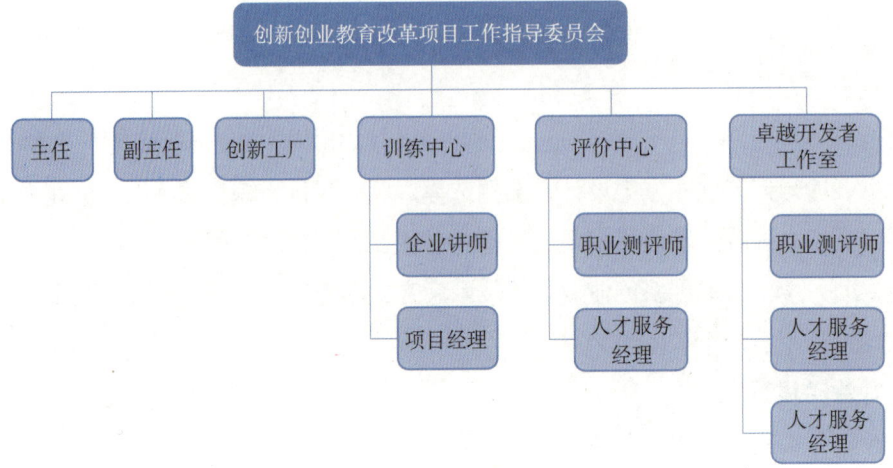

图1　基地组织结构图

2. 实训室组织

基地实训室包括智能交通及智能家居实训室、软件工程开发实训室。

（1）智能交通及智能家居实训室，由智能交通平训沙盘、智能家居综合实训平台组成。智能交通实训沙盘（如图2所示）将"真实"的智能交通相关技术进行充分的挖掘、应用和展示，应用技术包括：软件开发技术、电子技术、传感器技术、自动控制技术、通信技术、网络技术、射频技术、电机拖动技术等。智能家居集成了多种传感器模型及无线组网模式，实现对家居环境各种信息的监控以及智能化的控制。

图2　智能交通实训沙盘

（2）软件工程开发实训室，基于中软国际教学与实训平台，内嵌华为软件开发云（DevCloud），是集华为研发实践、前沿研发理念、先进研发工具为一体的研发云平台，帮助学生实现就业或创业，完成从学校到企业"最后一公里"的跨越。

3. 平台架构

基地平台架构设计如图 3 所示。

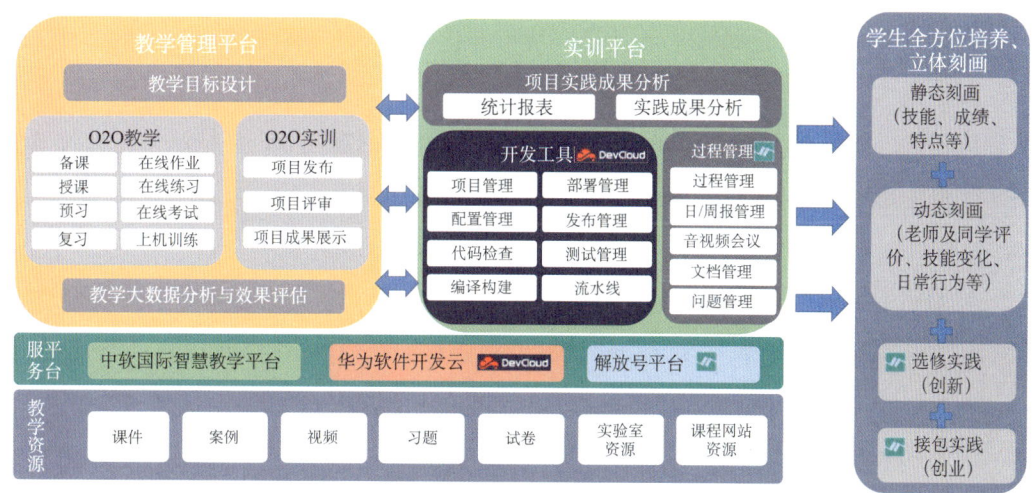

图 3　基地平台架构设计

二、全面建设

（一）投入情况

基地总建设投入资金约 1000 万元，其中基础性设施建设约 600 万元、日常运行投入合计 50 万元、设备投入 150 万元、平台投入 200 万元；投资总额学校投入约 600 万元，北京中软国际企业投资 400 万元；总投资中用于基础建设约 600 万元，设备及平台投入 400 万元。

（二）建设过程

1. 构建校企混编管理机构

基地重视产教融合校企合作，充分发挥合作企业参与办学的优势，共同组建了双师双能型混编师资团队。北京中软国际派遣 6 名管理及技术人员组成的教学团队，承担以专业方向课程教学，职业素质课程教学，课程实践为主的教学工作，双方共同承担专业课程教学及毕业设计工作，极大提高了教学成效。

2. 打造特色创新创业课程体系

基地建立了多层次、立体化的课程体系，将创新创业类课程与专业课程体系有机融合，创新创业实践活动与专业实践教学有效衔接，积极推进课程体系、教学内容、教学方法和考试评价改革。把创新创业训练项目作为重点课程开设，组织开设了项目管理、企业管理、风险投资等创新思维与创新方法等课程。

3. 突出创新创业实践教学主体功能

基地促进实验教学、实验技术改革与成果转化，提高学生的实践能力。鼓励教师进行创新性地实践教学，提升基地服务教学的能力。同时基地构建了创新训练项目、创业训练项目、创业实践项目的校、市、国家三级大学生创新创业训练体系创新训练项目由学生自主完成创新性研究项目设计、研究条件准备和项目实施、研究报告撰写、成果（学术）交流等工作。

4. 组建混编双师双能师资队伍

学校与企业制订教师到企业挂职锻炼计划，鼓励教师参与社会行业的创新创业实践，同时积极从社会各界聘请企业家、创业成功人士、专家学者等作为兼职教师，建立一支专兼结合的高素质创新创业教育教师队伍。学校在教学考核、职称评定、培训培养、经费支持等方面给予政策支持，定期组织教师培训、实训和交流，不断提高校内教师教学研究与指导学生创新创业实践的水平。

5. 搭建创新创业多元平台

基地搭建大学生创新创业学术交流平台，通过举办各类竞赛、讲座、论坛、俱乐部、学术刊物、模拟实践等方式，为学生创新创业提供交流经验、展示成果、共享资源的机会，提升学生的创新精神和创业能力。搭建创新创业孵化平台，创新创业教育和实践活动成果进行有机结合，积极创造条件对创新创业活动中涌现的优秀创业项目进行孵化，切实扶持一批大学生实现自主创业。畅通校内外交流共享平台，支持学生参加校内外学术会议，定期邀请校内外专家、先进典型开展创新创业教育经验交流会、座谈会、调研活动，总结交流创新创业教育经验，推广创新创业教育优秀成果。

三、基地运行

（一）体制机制

结合区域经济特点和地方行业发展，校企构建应用开发团队、工程服务团队开展项目设计、咨询、应用开发及工程服务等工作，服务地方经济。通过构建"校企深度产教融合"的管理团队和双师队伍，以创新人才培养为核心，提高学生的创新创业意识、能力、综合素质和技能。同时注重强化创新创业项目孵化，通过政府、企业、高校深度融合发展，基地成为全国高校创新创业重点示范基地、智慧教育示范基地。

（二）人才培养

1. 日常教学实践单元

基地能够满足软件工程、计算机科学与技术、物联网工程等多个专业的专业技术基础课及专业课程的教学要求。在培养过程中，严格按照人才培养方案，从入学开始，在"工程基础认知训练、IT 工程实践技能训练、IT 项目实训、IT 岗位实践"四阶段，全方位实施工程化教学体系。

2. 集中性实训单元

中软国际教育集团作为 IT 类软件开发与服务外包类企业，具有完善的技术体系和丰富项目研发和项目管理经验。为了培养符合中软国际教育集团及行业人才需求，中软国际教育集团教育专家与技术专家共同以中软国际教育集团技术体系、真实项目以及企业人才需求标准为核心，在对软件工程类院校专业充分调研基础上，研发既符合大学教育规律又以实践能力培养为核心的实践教学课程体系和实践应用型人才培养模式，同时每年基于企业人才需求和技术需求进行课程体系迭代更新，保证人才培养与企业人才需求和技术需求同步。

（三）社会服务

1. 基地行业培训服务

基地充分发挥产教融合创新创业平台的优势，利用实训基地共同面向武汉地区中小企业、政府和事业单位开展相关行业社会培训服务，面向高校老师提供师资培训项目。

2. 服务区域产业发展

依托中软国际产学研基地，信息科学与工程学院与武汉市多家企业建立和技术研发等相关合作，为企业输出人才和提供技术支持，充分发挥了中软国际产学研基地的作用。

四、建设成效

（一）主要成绩

1. 人才培养成效

基地由学院的资深教师和中软国际的工程讲师作为指导老师，凭借多年丰富的教学及社会工作实践经验将主流技术带入双创课堂，同时邀请企业专家和行业资深工程师来校开设创新创业系列讲座，通过以赛促教的方式，激发学生学习兴趣，提升学生动手能力，创新创业成效显著。截至 2019 年 11 月，基地已经累计为 120 多人提供为期 4 个月以上的定制课程培训，同时累计为近 300 多名在校的学生提供了 10 门课程的实践教学工作，学生参加各类学科竞赛、创新创业竞赛获得省部级以上奖励 10 余项。

基地开设兴趣班，强化人才培养，全程以项目驱动教学，通过项目培养学生的学习兴趣，兴趣班主要以区块链、数据分析、数据清洗、数据挖掘、神经网络、深度学习等行业前瞻相关项目技术为拓展点，培养学生的实战能力。在第十二届中国大学生计算机设计大赛，我校学生获得国赛二等奖的好成绩。

2. 服务产业成效

（1）师资及行业培训。为区域内企业及高校提供技能培训，培训课程涵盖了大数据、软件分布式开发等多门课程。

（2）对外开放服务。截至 2019 年 11 月份，参与接待及协助接待的高校及企业团队共计 20 多组，总计接待及协助接待参观人数约 500 人次。

（3）联合企业开展技术攻关、服务企业产业升级等横向课题研究，基地依托中软国际的背景和资源，与高校一起为中软国际的联盟企业及上下游企业提供了技术指导和支持服务。

3. 教学考核成效

在实训过程中，实行小组项目成果考核和考试评分双考核。项目结尾阶段，组织项目小组答辩，由讲师和小组代表对项目进行打分、排名，按 20% 的比例评选优秀项目团队，按 10% 的比例评选优秀个人。通过量化的教学考核，CDIO 工程化软件人才培养实践教学成效显著。（见附件 4）

4. 就业保障体系成效

在职业测评的基础上，校企建立了完善的就业服务体系和就业保障机制，根据职业心态、目标管理、团队合作、沟通表达、学习能力、思维能力、执行力、职场表现力这

8个维度对学生进行综合评级，提供对应的就业方案，实行"优秀学生直接就业＋中等生考核就业＋自主择业＋强化培训就业"四个就业推荐等级分类。分别设置不同的就业目标和辅导方式，提高就业服务的针对性、有效性。

中软国际借助人才服务平台，为2016、2017、2018级计算机科学与软件工程专业学员进行了二次综合能力测评，通过对比分析，八大维度综合能力均有显著提高。观念建设阶段8个指标均值为1.66，过程培养阶段均值为3.43，实训结业阶段均值提升到4.64。从二个阶段人才测评数据对比可知，项目实训与职业训练效果显著，2016、2017、2018级计算机科学与软件工程学生综合能力明显提升。

（二）创新经验

基地始终以工程及项目实训为主线，以提高受众者的技能为目标。学校和合作企业深度合作，注重在课程设计，实训单元，考核机制，理论课程与实践课程的有效衔接等方面深度合作，真正实现了产教深度融合。同时基于面向计算机相关专业学生培养应用型、创业型的人才培养定位，依托于校企教育资源、创新创业基地，针对创新创业人才能力特点，设计了创新创业人才培养方式，将学生创新创业能力培养分为专业基础能力、创新型能力、创业型能力三个层次，实现从入门到基础，基础到优秀，优秀到卓越的进阶。

五、发展规划

中软国际与高校将共同对基地的平台迭代升级，积极探索创新创业教育新思路、新方法，以产业转型升级对信息技术类人才培养的新需求为导向，构建"5+7"生态链，在五位一体的云平台上实现7项智慧功能；注重成果导向教育OBE，强化素质＋知识＋能力教育，实现知行合一；以大数据为支撑，贯穿教、学、测、评、职、创六个过程，实现自我驱动、自我循环、自我进化。人才、产业、资本、服务四位一体创新创业生态系统。培养面向产业需求的紧缺型技术人才，建设校内科技孵化器，孵化创新创业团队，逐步建设成为面向社会、服务社会的软件开发项目交付基地。

附件：1. 基地保障性制度文件名录
2. 创新创业教育主要成果一览
3. 基地科研课题一览

4. 实训项目考核方式和标准

5. 实训课程、课时、课程结构模块和课程评价标准一览

附件1

基地保障性制度文件名录

《武昌首义学院科研创新平台建设实施意见》

《武昌首义学院科研创新团队评选办法》

《武昌首义学院科研项目管理办法》

《武昌首义学院科研项目经费管理办法》

《武昌首义学院优秀科研成果奖评选办法》

《武昌首义学院学术贡献奖和学术新秀奖评选办法》

《武昌首义学院优秀教学成果奖管理办法》

《武昌首义学院青年教师优秀教学奖评选办法（试行）》

《武昌首义学院教学名师评选工作实施办法（试行）》

《武昌首义学院教学名师工程实施办法》

《武昌首义学院实验室开放管理办法》

《武昌首义学院实验教学、实验技术改革项目实施办法》

《武昌首义学院综合性、设计性实验立项实施办法》

《武昌首义学院"大学生创新创业训练计划"工作方案》

《武昌首义学院大学生研究训练计划实施办法》

《武昌首义学院专业技术人员到企业挂职锻炼实施办法（修订）》

附件2

创新创业教育主要成果一览

一、2017年武昌首义学院—中软国际产学研基地参加双创大赛及获奖情况：

1. 第十届中国大学生计算机设计大赛，获国家级二等奖1项、国家级三等奖5项

2. 第十届中国大学生计算机设计大赛中南地区赛，获省级二等奖2项、省级三等奖3项

3. 2017年瑞萨杯全国大学生电子设计竞赛湖北赛区，获省级一等奖1项、省级二等奖1项、省级三等奖4项

4. 第八届蓝桥杯全国软件和信息技术专业人才大赛，获国家级二等奖2项

5. 2017年全国大学生物联网设计竞赛（TI杯）华中及西南赛区，获省级一等奖2项

6. 湖北省第十一届"挑战杯"大学生课外学术科技作品竞赛，获省级二等奖1项

7. 第三届中国"互联网+"大学生创新创业大赛湖北省赛创意组，获省级铜奖1项

二、2018年武昌首义学院—中软国际产学研基地参加双创大赛及获奖情况：

1. 第十一届中国大学生计算机设计大赛，获国家级三等奖2项

2. 第十一届中国大学生计算机设计大赛中南地区赛，获省级三等奖6项

3. 2018年TI杯全国大学生电子设计竞赛湖北赛区，获省级二等奖2项、省级三等奖1项

4. 第九届蓝桥杯全国软件和信息技术专业人才大赛，获国家级一等奖1项、国家级优胜奖1项

5. 2018年全国大学生物联网设计竞赛（TI杯）华中及西南赛区，获省级一等奖1项

6. 2018全球Innovate FPGA大赛，获国家级优胜奖1项

7. "建行杯"第四届中国"互联网+"大学生创新创业大赛湖北省复赛，获省级铜奖1项

8. "创青春·汇得行"2018年湖北省大学生创业大赛创业计划竞赛，获省级铜奖1项

9. 2018年中软杯软件设计大赛，获一等奖1项、二等奖2项、三等奖3项

三、2019年武昌首义学院—中软国际产学研基地参加双创大赛及获奖情况：

1. 第十二届中国大学生计算机设计大赛，获国家级二等奖1项、国家级三等奖3项

2. 第十届中国大学生服务外包创新创业大赛，获国家级三等奖1项

3. 2019年TI杯全国大学生电子设计竞赛，获国家级二等奖1项、省级一等奖1项，省级二等奖1项、省级三等奖2项

4. 第44届ACM-ICPC国际大学生程序设计竞赛亚洲区域赛（上海、银川、南昌站），获得优胜奖4项

5. 2019年AIIA杯人工智能巡回赛"Sophon"赛站全国总决赛，获国家级优胜奖1项

6. 2019年"创青春"全国大学生创业大赛，获国家级铜奖1项

7. 2019年全国大学生物联网设计竞赛（华为杯）华中及西南赛区，获省级一等奖1项

附件3

基地科研课题一览

序号	姓名	项目	签订	合作企业
1	李凌	亚旭WMS仓库管理系统	2016.06	亚旭电子科技（江苏）有限公司
2	黄向宇	基于QBee的IOT Gateway应用研究	2016.06	亚旭电子科技（江苏）有限公司
3	金兰	RUP核心思想在软件建模中的研究和应用	2016.06	湖北省教育厅
4	朱忠敏	多时相多星协同大范围气溶胶光学厚度融合方法研究	2016.09	湖北省科技厅
5	程海英	武昌首义学院—教育部中软国际产学合作校外实践基地	2016.09	北京中软国际有限公司
6	陈颖	教务管理系统	2017.01	北京中软国际有限公司

续表

序号	姓名	项目	签订	合作企业
7	李凌	历史数据查询分析软件模块	2017.03	中船重工七一九研究所
8	周星	数字迎新系统	2017.07	北京中软国际有限公司
9	程海英	计算机类大数据方向教学内容和课程体系改革研究	2017.09	北京中软国际有限公司
10	彭焱	基于Web的社保和公积金代缴业务综合管理系统	2017.09	武汉震海知创科技有限公司
11	裴晓宇	文件教育管理系统	2017.09	北京中软国际有限公司
12	胡峡进	员工考试系统管理系统	2017.11	北京中软国际有限公司
13	朱忠敏	基于人工智能的多源遥感信息处理方法及应用研究	2017.11	武昌首义学院
14	陈颖	库存货物管理系统	2018.01	北京中软国际有限公司
15	程汇利	设备管理系统	2018.03	北京中软国际有限公司
16	段石林	停车管理系统	2018.05	北京中软国际有限公司
17	段石林	网络求职与招聘系统	2018.07	北京中软国际有限公司
18	裴晓宇	物流公司车辆调度管理系统	2018.09	北京中软国际有限公司
19	胡峡进	学习及交流平台系统	2018.11	北京中软国际有限公司
20	高弘扬	人造板缺陷智能检测	2018.12	南宁市威锐康商贸有限公司

附件4

实训项目考核方式和标准

一、学员总分 = 小组得分 × 50% + 个人考评得分（组员互评 + 组长评分）× 50%

二、小组考核方式和评分标准如下：

序号	阶段	评审项（百分制）	百分比	考核	评分标准
1	系统分析与设计 30%	需求调研与分析	10%	评审	根据需求清晰程度和变更的工作量进行评分
		概要设计	10%	评审	根据概要设计的完整性和技术含量来评分
		详细设计	10%	走查	根据详细设计的完整度来评分
2	系统编码 30%	开发工具	10%	走查	根据组员对开发工具的使用熟练情况来评分
		中间件、第三方组件应用	5%	走查	根据组员对应用中间件的掌握程度来评分
		编码质量	15%	走查	根据编码完成程度和编码遵循风格、代码注释来评分

续表

序号	阶段	评审项（百分制）	百分比	考核	评分标准
3	测试与验收 20%	测试	10%	评审	根据发现别的小组的 BUG 质量和数量来评分
		缺陷管理	5%	走查	根据缺陷管理软件的使用情况来评分
		交付与维护	5%	评审	根据验收测试的问题数量和交付文档的准确性来评分
4	项目管理 20%	项目立项	5%	评审	根据项目计划的完整性来评分
		版本控制	5%	走查	根据版本控制软件的使用情况和代码出现混乱的情况来评分
		项目日常管理工作	10%	走查	根据项目组工作氛围、士气和工作纪律等进行评分

三、学员考试评分标准如下：

序号	考核要点	百分比	考核	评分标准
1	技术概念掌握程度	20%	考试	根据学员对基础技术概念的掌握程度，以选择题或问答题方式评分
2	分析、设计能力	20%	考试	根据学员的分析和设计能力，以问答题方式给出分析、设计题目，并进行评分
3	编码熟练程度和规范	30%	走查	根据学员编码规范性、安全性、高效性、可维护性等方面进行评分
4	职业素质和职业道德	20%	走查	根据学员平时考勤、纪律、工作积极性及互助能力进行评分
5	创新和钻研	10%	走查	根据学员在实训项目开中所表现的解决技术难题等方面的成果和能力进行加分

附件 5

实训课程、课时、课程结构模块和课程评价标准一览

名称	名称子项	相关情况	备注
实训课程数量及结构模块	精品课程	282 课时	线上精品课程
	历年课程数量	2017 年 7 门课程 2018 年 8 门课程	2017 年、2018 年总课程数量
	历年课时数量	2017 年 280 课时 2018 年 376 课时	2017 年、2018 年总课时数量
	历年教材数量	2017 年 6 本教材 2018 年 7 本教材	2017 年、2018 年使用教材数量（不分专业）
课程评价标准	历年总平均成绩	2017 总平均成绩：89.5 2018 总平均成绩：90.2	2017 年、2018 年总平均成绩（不分专业）
	满意度调查	2017 年满意度 97.4% 2018 年满意度 97.1%	2017 年、2018 年满意度（不分专业）

垂直整合项目化教学体系
——池州学院大数据应用创新实训基地

> **关键特征**：聚焦产教深度融合，以提升大数据人才培养质量、提升池州学院的科研创新能力和服务地方经济发展为目标。
>
> **创新要点**：以"双主体"为办学理念，整合政府、学校、企业资源，共建共管大数据应用创新实训基地，践行垂直整合项目化教学，全面培养学生实践技能和解决问题的能力，提供行业领先大数据科研平台服务，服务地方经济。
>
> **网　　址**：http://www.czu.edu.cn/

池州学院大数据应用创新实训基地是由教育部学校规划建设发展中心、曙光瑞翼教育与池州学院共建的数据中国"百校工程"产教融合创新基地。它是"大数据+"模式的产、学、研、创深度融合的协同育人创新基地，集人才培养、科研创新、行业应用及社会服务功能于一体，促进学校的学科专业建设，培养大数据技术人才，有效服务区域经济发展。

一、基地基本情况

大数据应用创新实训基地由池州学院与曙光瑞翼教育共同投资建设，未来可与"百校工程"其他高校建设的大数据节点进行联网，编织成一个独一无二的国家级的科研、教学、协同创新的大数据、人工智能应用创新服务平台。基地功能定位为池州学院产教融合、应用创新实训基地，兼具人才培养、科研创新和服务地方行业发展的功能。

（一）基本功能

1. 培养大数据和人工智能专业应用型人才

基地将围绕大数据产业领域培养具有创新意识的复合型应用型人才。同时，基地建成后能够满足每年近1000人次的实训要求，将为池州学院的计算机（大数据、云计算）、软件工程（数据可视化）、信息工程（数据采集、预处理）、统计、数学（数据挖掘、分析）及其他专业（如经济、管理、旅游等）提供面向复合型人才培养的模块化实践实训教学。

2. 全面提升本校的科研创新能力

依托"大数据应用创新中心"，基地为高校教师、企业技术骨干人员提供专业的技能培训和企业级的科研环境，全面提升本校的科研创新能力。

3. 服务地方行业产业

立足于池州地区的经济发展战略，结合本校的专业技术优势与政府、企业的行业资源优势，在旅游、教育、医疗、交通行业开展大数据应用服务。同时，借助数据中国"百校工程"的"大数据+人工智能"超级平台打破信息孤岛，实现各部门信息共享，合理开放数据资源，提供决策及评估依据，辅助各行业技术和服务转型。大数据行业技术能力要求如图1所示。

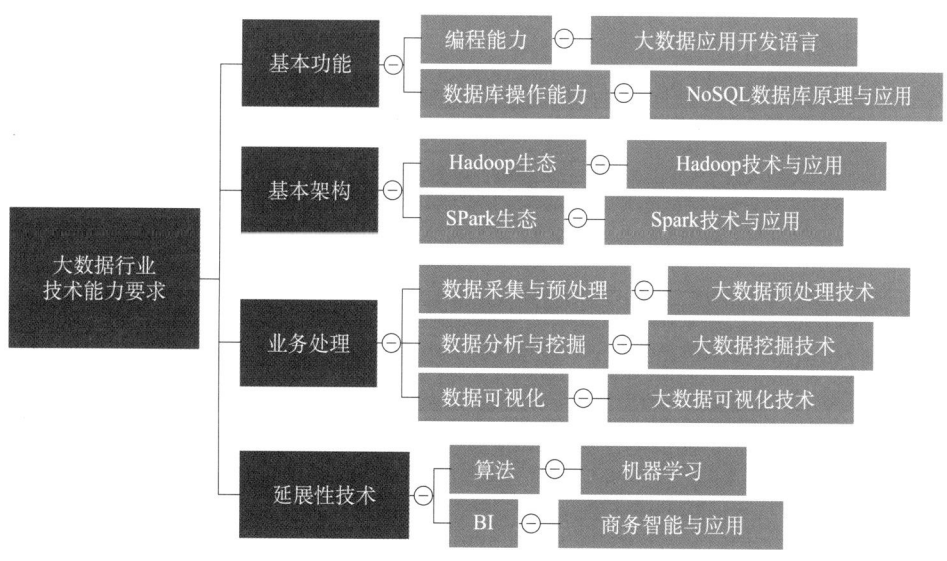

图1　大数据行业技术能力要求

（二）服务面向

基地面向的服务群体以池州学院数据科学、人工智能、云计算、统计类专业学生培养为主体，面向高校教师提供科研创新环境，面向区域行业管理人员、企业骨干技术人员开展大数据技术和行业应用培训服务，面向从事大数据创新创业公司提供关键技术研究、工艺技术方案验证、基础设施租赁、行业解决方案服务，其中每年服务学生群体不小于20000学时，开展技术人员再教育培训不小于2000学时，开展面向企业管理人员培训不小于500学时。

（三）组成架构

基地由大数据中心机房、大数据应用创新中心、云教室三大部分组成。其中大数据中心机房为大数据技术支持平台，大数据应用创新中心为生产性行业应用与创新创业单元，云教室为教学性实训单元。

大数据中心机房由学校与企业按1∶1比例共同建设的思路，为人才培养、科研支撑、行业应用及社会服务提供了坚实的计算平台基础，搭建了产业级教学科研一体化平台。

计算平台同时面向产业和教学两个领域，采用成熟的大数据、人工智能先进技术，利用高性能的服务器及网络设备建设稳定、高效、可实现多形式联网的大数据应用超级系统——Infinity 9000。系统具有明确的分层架构：

1. 硬件资源层：包含全部系统相关的计算、存储、网络、安全等硬件设施。

2. 操作系统层：对底层硬件资源进行统一的管理和调度，并为上层大数据应用平台提供硬件驱动、开发运行环境及访问接口。

3. 应用软件层：兼容各领域和行业的大数据应用软件，提供针对人才培养的大数据教学平台和针对行业应用的大数据解决方案。

4. 云交互层：依托系统搭建的虚拟市场与云交互机制，实现数据、智能组件和应用的市场交换、自由共享和更新迭代；实现开发人员智能交互并全程跟踪的机制，满足集成项目的协同研发的需求。

Infinity 9000包括大数据工具管理平台、大数据教学系统、大数据应用开发平台3个子平台，主要由15个核心模组组成，包括了协同计算模组、对象存储模组、资源监控模组、动态插件模组、应用仓库模组、行业数据基站模组、网络安全模组、并行总线模组、缓存控制模组、数据流处理模组等。

大数据应用创新中心涵盖大学生创新创业孵化基地、面向企业的基础硬件租赁、行业技术培训等服务。与此同时，中心还提供了大数据集群环境和人工智能深度学习模型为学校教师、企业技术骨干提供大数据技术相关科研创新和人工智能方面的科研环境。

云教室主要包括智慧教室、大数据教室、云教室三部分，承载池州学院相关专业学生线上线下实验实训课程及 48 个企业级综合项目的实训课程，全面培养学生实战能力和解决行业实际问题的能力。

机房、展厅及 Infinity 9000 平台如图 2、图 3、图 4 所示。

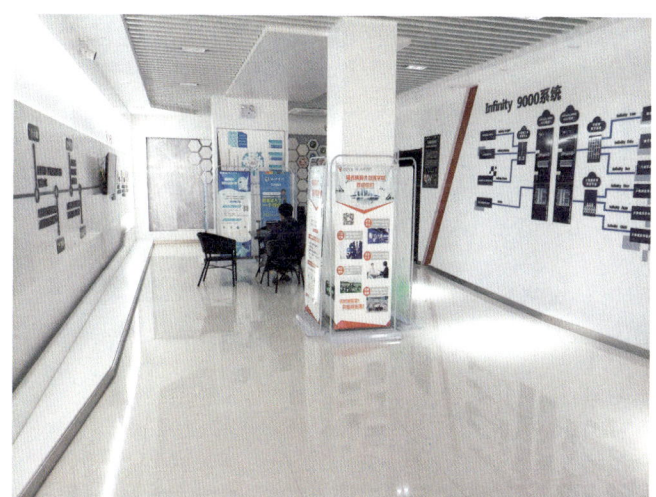

图 2　展厅

图 3　机房

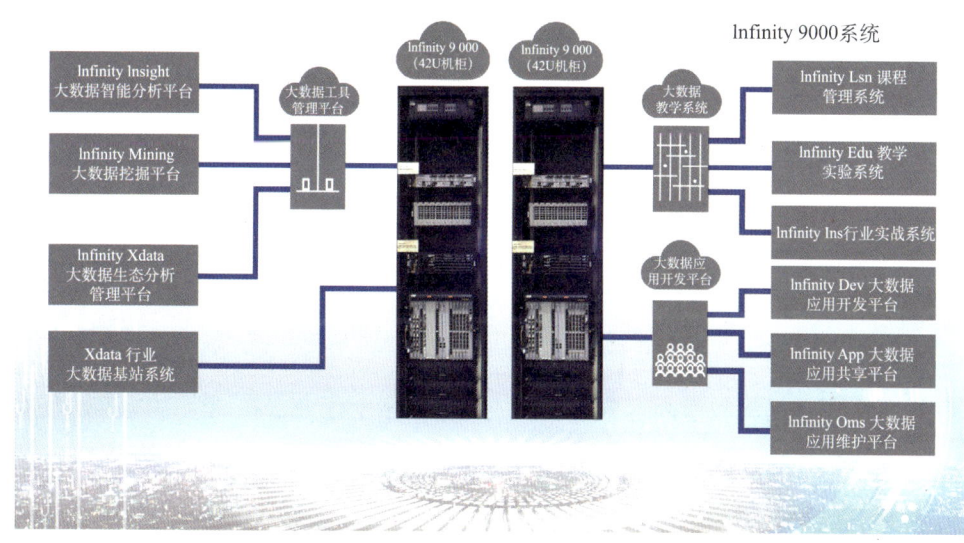

图 4　Infinity 9000 平台

二、全面建设

（一）投入情况

2017年11月遵循校企1∶1比例，基地总投入资金约2000万元，总设计面积约500平方米。其中，学校投入1000万元，企业投资1000万元。大数据应用创新基地集人才培养、科研创新及行业应用于一体。其中大数据中心机房总共有20个机柜，具有数据存储1.2PB，200个计算节点，提供6000核并行计算和9984核GPU流处理能力。

（二）建设过程

基地建设过程中，池州学院逐步建立了系统的产教融合协同育人的运行模式。

1. 以学生为教学主体

产教融合基地所构建的工作情境、设计的工作任务，都是给学生学习搭建的平台，学生才是"学"与"习"的主体。教师在项目化教学过程中是导演的角色，发挥引导、协调作用，旨在培养学生探究性学习能力，引导学生个性化发展。

2. 以双师型团队为依托

实习实训指导教师的敬业精神和业务能力对于大学生实践能力的培养至关重要，为此池州学院制定了一系列加强基地师资队伍建设的措施：①根据实训课程和实训项目的特点，从企业高管和相关中层管理部门业务骨干中聘请实习实训指导教师；②对实训指导教师进行教学内容、教学方法、职业道德等方面进行培训；③制定指导教师考评办法。

3. 以瑞翼工坊为载体

"瑞翼工坊"是由曙光瑞翼教育与池州学院联合开展的创新教育形态，旨在依托实际的行业应用情景，建立教师与各年级学生共组的团队，推动学生逐步深入地参与行业项目，落地垂直整合项目化教学体系，培育学生双创意法。池州学院瑞翼工坊组织架构如图5所示。

4. 以任务为驱动

以任务为驱动是将教学内容分解设计成一个或多个任务，在课堂中以任务为驱动，让学生在完成任务的过程中获取相应知识技能。任务驱动教学法是以真实情景带动学生的学习兴趣和动力，充分发挥学生的主体地位。

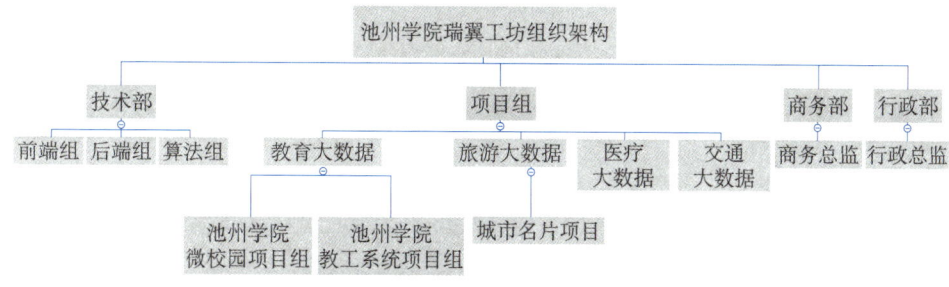

图 5　池州学院瑞翼工坊组织架构

5. 以企业化的管理和考核制度为准绳

在考核制度上,"曙光瑞翼大数据学院"在学生考核制度和日常管理上,采用企业化 KPI 考核方式。基于 OBE（Outcome Based Education）体系,即以"预期学习结果"为导向,以工程教育毕业生必须达到的 12 条毕业要求,为学生制定每年度的 KPI 考核目标。因材施教,针对学生的特长和发展方向制订和实施个性化培养方案,为学生的发展提供充分选择,鼓励学生表现特长、发展潜质、追求卓越。在学生管理上,特别是在实践课程和双创项目中,以项目为载体,以任务为驱动,以实际交付成果为最终目标,对学生进行管理。锻炼学生的自我学习、沟通技巧、协作能力、领导能力、专业能力等。

三、基地运行

（一）体制机制

大数据应用创新基地确立了校企共建、共管的"双主体"管理模式。

1. 设置"双主体"校企合作管理机制

在池州学院的"产教融合、校企合作"体制机制创新工作委员会的指导下,基地设立了专门的校企合作组织机构,制定校企合作相关工作制度,明确院校与企业的责任与权利,保证校企合作的良性运行与持续发展。充分调动校企参与校企合作的积极性、主动性和创造性,促使高校与企业参与办学目标逐渐趋向一致,推进校企合作向纵深方向发展。规范和监控校企合作项目全过程,建立相应的考核和监督机制,为校企合作顺利进行提供有效保障和激励机制。

2. 建立"双主体"校企合作人才共育机制

校企共同参与制定人才质量的评价机制,共同制订人才培养方案,准确定位人才培养目标和培养规格，分析岗位能力标准和职业资格标准，做到人才培养与行业企业岗位需求相吻合，实现专业与产业、课程与岗位的对接。

3. 建立"双主体"校企资源共享机制

共享优质资源是"双主体"办学的功能，也是高校和企业参与"双主体"办学的动力。校企合作双方共建信息共享机制，改变传统校企合作各方各自为政的执行方式，集中优势教学资源、设备资源、师资资源、人力资源等，从分散到共享，形成聚合效应，从"校企合作"到"校企融合"，最终实现校企一体化发展。

4. 建立"双主体"校企顶岗实习共管机制

充分发挥校企双方在顶岗实习教学中的双主体作用，建立完善的顶岗实习运行机制，建立顶岗实习规章制度和评价标准，做到实习基地校企共建、实习计划校企共定、实习学生校企共管。通过顶岗实习，一方面提高学生实践操作能力，实现学校人才培养与企业岗位需求"零距离"对接；另一方面使校外实习基地成为教师企业实践、校企研发团队技术攻关以及科技成果转化的基地，实现校企互惠互利，双赢发展。

（二）人才培养

在人才培养的资源建设方面，池州学院坚持从产业对工程师岗位的能力要求出发逆向设计，为大数据应用型人才的培养，提供依托计算平台实施的完整的实践课程培训体系，支撑线上线下多元的培训方式，以行业应用项目的参与驱动知识的传达与能力训练，实现了校企双方共同开发教学资源，共同制订人才培养方案，校企共同制定专业课程标准，共同组织实训项目内容，共同开发专业课程教材。

同时，基地建设有大数据超级平台 Infinity 9000，它包含三大子系统支撑大数据和人工智能专业的理论和实验实训教学。三大子系统包括：大数据教学行为分析系统、大数据教学实验系统、大数据行业实战系统。

1. Infinity-Lsn 大数据教学行为分析系统（线上教学平台），为学生提供线上学习、作业、测验、问卷调查、专题讨论、学习情况分析等服务。

2. Infinity-EDU 教学实验系统，为学生提供线上教学实验实训的云服务，包括数据预处理、数据挖掘、数据可视化、云计算开发等 13 门课程的 48 个实验实训项目。

3. 大数据行业实战系统，为学生提供线上行业实战训练服务，如智能图书推荐实战项目、气象数据分析实战项目、智能快递分析实战项目、电影推荐实战项目等 20+ 行业实战训练项目。

（三）社会服务

1. 基地行业培训服务

基地充分发挥产教融合创新平台的技术平台优势，利用实训基地面向全国高校、区域企业、政府和事业单位开展大数据技术和应用的培训。

2. 服务区域产业发展

依托大数据应用创新实训基地，池州学院与校孵化基地以及区域规模企业开展科技创新和技术研发等相关合作，很好地发挥了大数据应用创新实训基地的作用。

四、建设成效

（一）主要成绩

1. 人才培养成效

截至 2019 年 3 月，基地已与三盟科技股份有限公司、北京中科特瑞技术有限公司、启明星辰信息技术集团股份有限公司等企业就实验实训基地合作等事项达成共识，可为学生提供不少于 1∶1.2 的实习就业岗位。

池州学院大数据应用创新实训基地成立"瑞翼工坊"，资深教师和中科特瑞科技有限公司讲师作为指导教师，旨在依托企业的行业应用背景，建立教师与各年级学生共组的团队，推动学生逐步深入地参与行业项目，落地垂直整合项目化教学体系，培育学生双创意识。瑞翼工坊 2017 年 9 月创办至今，师生积极参与创新创业活动，创新创业成效显著。2018 年度学生参加各类学科竞赛、创新创业竞赛获得省部级以上奖励 4 项（如图 6、图 7、图 8 所示），学生创业项目孵化 2 个（如图 9 所示）。

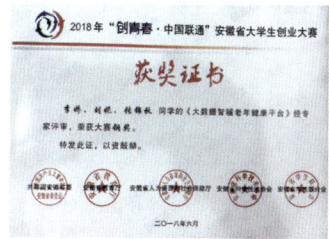

图 6 "创青春"安徽省铜奖
——学术奖

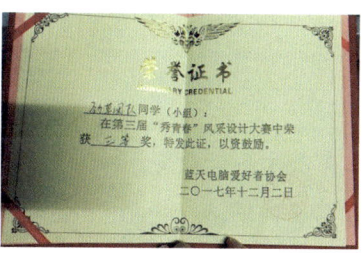

图 7 秀青春
——风采设计大赛

图 8 全国大学生
大数据技能大赛

图 9 城市名片

2. 科研创新

在科研创新方面，在大数据应用创新中心的设备上已经搭建云平台为学校老师提供科研环境。2017 年至今老师带领学生完成 13 项科研创新项目交付，包括"基于神经网络的家庭教育投资预测""利用关联分析判断中国老年人健康的影响因素""大数据智辅老年健康平台""大数据智辅全域旅游系统""基于 CiteSpace 的知识图谱可视化分析与研究""基于大数据的钻石价值评估预测""基于大数据的跳绳运动健身效果分析""'互联网+'老年健康监护系统""全域旅游舆情分析系统"等。

3. 服务产业情况

（1）组织和参与全国大数据技术与行业应用培训。池州学院为区域内高校和企业提供 Python 编程、Hadoop 大数据项目实战+SparkStreaming 实时数据处理+Django 网站开发等大数据技术和应用现场实训 2 次，组织池州学院教师参加区域大数据技术和应用培训 8 次。

（2）对外硬件租赁服务。截至 2019 年 3 月份，基地与创新性企业签署 Iaas 硬件租赁服务 1 份。

（3）行业交流。截至 2019 年 3 月份，基地接待企业专业和高校专家团队共计 10 组，总计接待及协助接待参观人数约 50 人次。

（二）创新经验

在建设和使用中，实训基地始终以工程实训为主线，以提高受众者的大数据技术和应用技能，解决生产项目中的实际问题为目标。课程设计要做到"两点两图"（知识图谱和技能图谱），实训过程和成效要有切实有效的考核机制，理论课程与实践课程要有效衔接，真正实现产教深度融合政府、学校、企业在技术平台、人才培养、行业应用等方面深度合作。

池州学院大数据应用创新实训基地近年来取得了较好的成绩，基地在完成应用型人才培养的同时，不断开展面向区域行业企业的提供服务器租赁、技术方案服务，并承担引领地方大数据产业发展、培养行业企业骨干技术人员的任务，各项年度预期任务基本完成。

五、发展规划

以"大数据应用创新中心"为载体，充分整合政府、企业、高校的资源，深化产教融合、校企合作，开展双导师制、双师双能型教师队伍建设，以及垂直整合项目化教学这一工程实践教学方法，不断探索和改进，深度开展校企合作，提升人才培养质量和科研能力。同时，面向区域旅游、教育、医疗、交通等领域，深入挖掘大数据技术在各行业的商业价值和应用前景，积极提升大数据超级平台的产品、技术方案以及服务，推进区域内人数据产业的技术进步与转型。聚焦产教融合，为更好服务区域社会经济发展、引领行业企业发展做出更大贡献。

附件：

1.实训课程、课时、课程结构模块和课程评价标准一览

2.创新创业教育主要成果一览

3.基地科研课题一览

4.基地承担实训课目一览

附件 1

实训课程、课时、课程结构模块和课程评价标准一览

名称	名称子项	相关情况	备注
实训课程数量及结构模块	历年课程数量	2017 年 1 门课程 2018 年 7 门课程 2019 年 7 门课程	2017 年、2018 年、2019 年总课程数量
	历年课时数量	2017 年 6 课时 2018 年 137 课时 2019 年 240 课时	2017 年、2018 年、2019 年总课时数量
	历年教材数量	2017 年 1 本教材 2018 年 7 本教材 2019 年 7 本教材	2017 年、2018 年、2019 年使用教材数量（不分专业）
课程评价标准	历年总平均成绩	2017 总平均成绩：87.1 2018 总平均成绩：89.7	2017 年、2018 年总平均成绩
	满意度调查	2017 年满意度 97.0% 2018 年满意度 96.1%	2017 年、2018 年满意度（不分专业）

附件 2

创新创业教育主要成果一览

2018 年至今池州学院大数据应用创新实训基地承办学科竞赛及获奖情况：

1. 首届全国大学生大数据技能大赛，获国家级本科三等奖

2. 首届安徽省物联网数据采集及分析竞赛，获省级二等奖

3. 2017—2018 全国高校"西普杯"信息安全铁人三项赛：信息安全铁人三项赛第十三赛区，获省级三等奖

4. 2018 年安徽省大学生创新创业大赛

（1）大数据智辅全域旅游系统，省级立项

（2）基于 CiteSpace 的知识图谱可视化分析与研究，省级立项

（3）基于大数据的钻石价值评估预测，省级立项

（4）基于大数据的跳绳运动健身效果分析，省级立项

5. 2018 "创青春·中国联通"安徽省大学生创业大赛：大数据智辅老年健康平台，获省级铜奖

6. 第四届中国"互联网+"大学生创新创业大赛池州学院校园赛：创意组："互联网+"老年健康监护系统，获校级三等奖

7. 2019 年国家级大学生创新创业大赛

（1）AI 时代的少儿编程教育，拟省级立项

（2）城市名片——智慧旅游服务平台，拟省级立项

（3）基于大数据分析自媒体文章热度的研究，拟省级立项

8. 第五届中国"互联网+"大学生创新创业大赛池州学院校园赛

（1）城市名片——智慧旅游服务平台，获校级三等奖

（2）AI 时代的少儿编程教育，获校级三等奖

附件 3

基地科研课题一览

序号	项目名称	主持人	项目类别	项目编号	立项年度
1	基于腔 QED 的噪声环境下的量子信息处理研究	苗纯	省教育厅重点	gxyqZD2016369	2016
2	基于腔 QED 的噪声环境下的量子信息处理研究	唐鹏	省教育厅重点	KJ2018A0582	2018
3	多粒子纠缠态焊接和扩充	方曙东	省教育厅重点	KJ2016A511	2016
4	池州学院—北京中科特瑞技有限公司校企合作实践教育基地	方曙东	省教育厅重点	2017sjjd035	2017
5	智慧课堂	薛日新	校级重点项目	2018zhkt191	2018
6	校企合作实践教育基地	方曙东	校级重点项目	2017XSJJD01	2017
7	湍流预混燃烧化学热力学建表方法的降维研究	唐鹏	校级自然重点	2016ZRZ007	2017

附件 4

基地承担实训课目一览

序号	实训课目名称	教学目标	面向专业
1	Hadoop 平台部署实践	培养学生熟练安装在 Windows、Linux 平台安装过程 Hadoop 平台，了解基本 Hadoop 项目（如 Word Counter 事例）的部署	数据科学与大数据技术 云计算 人工智能
2	数据预处理实践	培养学生深入理解数据采集、数据清洗、数据导入等数据预处理技术的基本概念、理论原理、行业工具和技术应用	数据科学与大数据技术 云计算 人工智能
3	数据可视化开发实验	通过实训培养学生试用可视化工具的能力，熟练使用各种不同的数据类型和场景选择适当的图表类型，创造有效的仪表台传达组织信息	数据科学与大数据技术 云计算 人工智能 统计学
4	大数据行业项目部署实战	通过实训单元提升学生部署、维护 Hadoop 集群环境，具备应用部署的基本能力	数据科学与大数据技术 云计算 人工智能

续表

序号	实训课目名称	教学目标	面向专业
5	云平台部署实战	通过实训提升学生云平台虚拟化、云存储、云安全等关键技术的操作实现等，包括 KVM、XEN、VMware、Windows Azure 等主流的虚拟技术	数据科学与大数据技术 云计算 人工智能
6	云应用开发实战	通过实训学生能熟悉基于云平台的基本操作，具备行业信息化解决方案创新应用的设计能力	数据科学与大数据技术 云计算 人工智能
7	大数据课程实验案例	采用 2000 万条用户购物、租房、气象等数据集，案例涉及数据预处理、存储、查询和可视化分析等数据处理全流程所涉及的各种典型操作，涵盖 Linux、MySQL、Hadoop、HBase、Hive、Sqoop、R、Eclipse 等系统和软件的安装和使用方法。案例适合高校（高职）大数据教学，可以作为学生学习大数据课程后的综合实践案例	数据科学与大数据技术 云计算 人工智能
8	Spark 课程综合实验案例	采用 2000 万条用户购物、租房、气象等数据集，案例涉及数据预处理、消息队列发送和接收消息、数据实时处理、数据实时推送和实时展示等数据处理全流程所涉及的各种典型操作，涵盖 Linux、Spark、Kafka、Flask、Flask-SocketIO、Highcharts.js、sockert.io.js、PyCharm 等系统和软件的安装和使用方法。案例适合高校（高职）大数据教学，可以作为学生学习大数据课程后的综合实践案例。通过本案例，将有助于学生综合运用大数据课程知识以及各种工具软件，实现数据全流程操作。各个高校可以根据自己教学实际需求，对本案例进行补充完善	数据科学与大数据技术 云计算 人工智能

机制创新多元合作

"工—管"联合专业建设模式

——上海商学院大学生职业发展教育 CO-OP 校企联盟实践基地建设

关键特征： 以服务区域社会经济发展为宗旨，采用产教融合的办学方式，用"互联网＋商业"的创新思维深化改革人才培养方案，重新设计学生实践教学体系、专业实习和专业顶岗实习，突出以就业为目标的 CO-OP（带薪实习）企业联盟的运作体系，强化学用接轨。

创新要点： 创造跨专业分享职业规划认知的环境，实现"工科、管科结合"，引导学生提前认识到职业规划重要性，锻炼综合能力，并提供双创项目研发及其展示能力的舞台，确保实践基地培育出来的人才可以高效、准确地服务地方经济发展。

网　　址： https://www.sbs.edu.cn/

一、基地基本情况

（一）基本功能

"大学生职业发展教育 CO-OP 校企联盟实践基地"基于教育部—中兴通讯 ICT 产教融合创新基地，在 2017 年招生后开始进行试点改革尝试。基地以一流人才培养为目标，修改完善了反映行业人力资源需求的培养方案，邀请企业工程师驻校，同学校老师形成"一课双师"的教学模式，采取"3+1+1"的 5 学期循序渐进的职业素质培养和专业工程实战的模式，着重发展对学生职业素质的培养。

（二）服务面向

基地面向的服务群体以在校学生为主，不仅让学生在学校期间、实习期间、毕业设计期间都能得到对应的职业素质的培养，还把企业工程实战体系内容融入教育教学之中；实现了把 ICT 行业前沿技术及主流设备引入大学实践教学体系，以企业联盟为支撑，共同为学校服务，培养与社会无缝对接的应用人才的主导地位。

创新基地以建设产教融合基地为目标，积极引导企业加入联盟，目前已有 30 个企业加入联盟，并先后为工科、管科专业（计算机科学与技术专业、物联网工程专业、电子商务专业、信息管理与信息系统专业）制定了 CO-OP（带薪实习）实践体系与考核标准，为在校的 4 个专业超过 8 个班级的学生提供校内外的实践教学实施活动。

（三）组成架构

基地对接国家工程教育专业认证标准，采用了多企业协同支撑"工—管"联合专业建设的模式。按照校企联盟章程和办学要求，企业与学校联合深化改革人才培养方案，共同设计学生实践教学体系和专业实习与专业顶岗实习，即以就业为目标的 CO-OP 企业联盟的运作体系，形成了一套校企合作六协同模式（见图 1）。

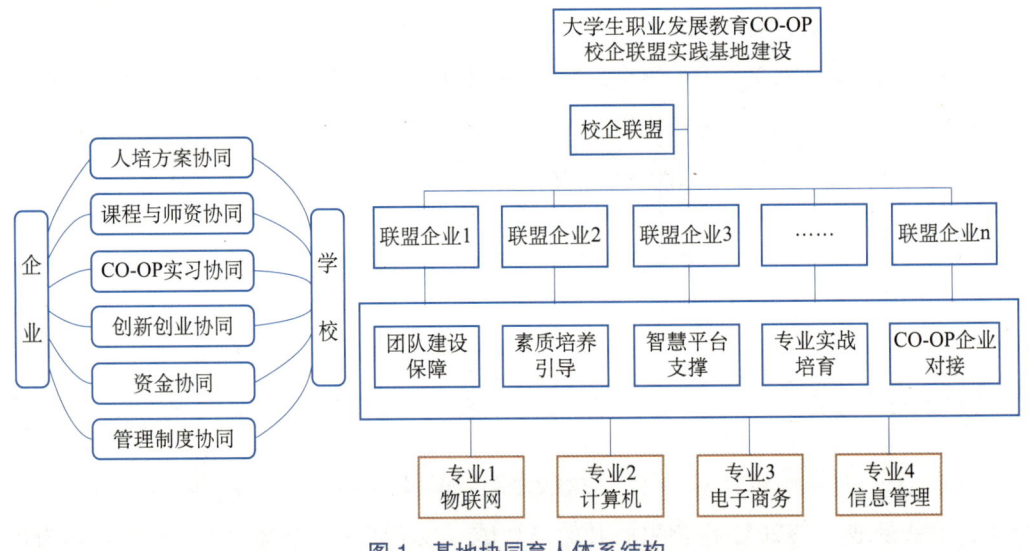

图 1　基地协同育人体系结构

基于校企合作的优势，我们指定专门的团队，发挥企业的市场拓展能力及资源，依托于智慧学习工场的经世优创"互联网＋平台"，将我院跟企业的 1 对 1 关系，拓展为 1 对 n 的关系，极大地拓展了学生的实践可选择的企业范围、数量及质量。

二、全面建设

（一）投入情况

上海商学院与中兴通讯股份有限公司全程对接，针对商贸流通行业，依托商学院多个二级单位组建 ICT 产教融合大基地，其中目前完成的 ICT 产教融合创新实训基地，校企双方共同投入了 1000 多万元，建成了包括 1 个 ICT 专业多功能展厅、2 个云计算教学实验室、6 个专业实训平台，并出版了 1 套计算机科学与技术专业及物联网工程专业专业实验指导教材。

（二）建设过程

基地采用校企联合制订的合作方案，按照教学队伍、教学平台和教学与实践场所几个方面进行了全体系的建设。

1. 联合搭建教学队伍，为教学改革保驾护航

整体团队以学校教师为主、企业教师为辅搭建构成，人才培养方案的三分之一教学任务由企业承担，即企业主要承担实践类教学任务，直接教授企业、社会需要的新技术和应用案例等。团队成员安排详见附件。

2. 共建共享教学平台，为拓展教学提供支撑

学院导入相关专业全部主干课程，企业进入提供了公司基地的开放共享平台，通过校内外教学资源平台的混合使用，使得师生直接可以取用实践案例进行教与学，或者指导学生让学生直接参与双创项目实习等。

3. 共同安排教学场所，为学生融入社会提供快捷通道

虽然学生前三年的教学任务基本在校内完成，但是课程设计和专业实习的内容由企业提供案例和项目进行校内指导完成；而到大四时，学生 80% 以上将进入以本基地为牵头的校企联盟单位，进入 CO-OP 实习与毕业设计阶段，完成本专业真实的企业应用技术实习工作，减免了学生走入社会后的再培训适应时段。目前校企联盟 20 多家，后续建设将达到 30 多家。

三、基地运行

(一) 体制机制

1. 管理机制

根据基地的特点,专门成立校企合作委员会,并制定管理章程,校企合作委员会设主任委员1名、副主任2～3名、委员若干名、秘书1名。委员会主任由信息与计算机学院院长担任,副主任由学院分管副院长和校企联盟轮值主席担任,委员由学院各系部主任与校企联盟单位代表担任。委员会的主要职责:

(1) 制定和修改委员会的章程及委员会内部的管理制度;

(2) 筹备、召开委员会学期工作会议;

(3) 推选委员会委员及相关负责人;

(4) 加强与企业的深度融合,管理指导校外实习等工作;

(5) 协助学院,建立一支既有企业经验,又懂教学的"双师型"教师队伍;

(6) 监督管理校企合作企业入驻学院的企业导师;

(7) 决定委员会的其他重大事项。

基地完成了包括校企联盟 CO-OP 实习管理规范在内的管理制度的顶层设计,通过企业资源获取、企业资质及岗位评审、联盟年会、学生预实习、带薪正式实习等过程,完成一整套 CO-OP 体系建设,让我院在 CO-OP 教育和职业发展管理上保持领先地位,成为企业和学生的第一选择。

(1) 校企联盟 CO-OP 实习管理实施办法;

(2) 校企联盟 CO-OP 实习企业入选标准;

(3) 校企联盟 CO-OP 实习岗位说明书;

(4) 校企联盟 CO-OP 合作协议;

(5) 校企联盟 CO-OP 实习学生管理规范;

(6) 校企联盟 CO-OP(预)实习学生考核标准;

(7) 校企联盟 CO-OP 实习指导教师管理规范;

(8) 校企 CO-OP 联盟框架协议;

(9) 校企联盟 CO-OP 实习实施管理办法。

2. 运营模式

信息与计算机学院有较高的研究水平,依托有多位研究、创业专家的学者队伍,形成了研究就业创业的多重工作机制。有着较强的资源优势，基地有专业就业创业教师 7 名，其中就业指导教师 5 名、创新创业教师 2 名，强化了人员保障；在职业生涯发展上有坚实的基础，已经建立了校企联盟 CO-OP 实习指导工作顶层设计规范；具有稳定的校外实践基地，能长期提供一定数量的实习实践岗位，定期安排高校学生职业生涯指导工作人员到企业挂职锻炼；有健全的政策保障机制，学校不仅有校企合作全套规范管理制度和文件，还发布了促进创新创业工作的鼓励政策，以及良好的财务保障政策等，为基地建设提供良好的政策保障。

（二）人才培养

按照国家工程教育专业认证培养毕业要求 12 条进行改革创新和基地建设。基地联盟单位由原来的 20 多个拓展建设到 30 多个，为社会新技术人才培训和师资队伍建设提供了强力保障。同时，完善基地各类智慧学习平台和资源保障建设，注重提升学生职业素质和专业工程实战能力，做优做实校企联盟教育体系。

1. 卓越工程大学生职业素质导入课程创新

通过下面两个培养方法，达到学生职业能力循序渐进的培养目标。

贯穿式教育：本课程不仅涉及大学生一个学期的职业素质培养，而是贯穿学生大学多个学期的职业素质培养。随着学生在各个学期所面对的环境、所需获取的知识、所需具备的能力的不同，设计不同的内容由浅入深地进行职业素质导入。

案例型教育：为了让学生尽早了解企业的特点和社会需求，通过案例教学和活动引导，全面培养学生综合素质。项目课程改革引进一些具有企业特点的案例与教育活动，让学生在学校期间就能够了解以后企业运作方式，即通过学生 KPI 管理、专业虚拟公司运作等，还通过全员参与的活动，进行知识及能力的传授，开展职业规划辩论赛、学生创新创业大赛等培养学生个人展示能力等。

"3+1+1=5" 学期的职业素质培训课程设计主要分为 3 个阶段进行学生职业素质培养。

（1）基本职业能力规划及职业素质培养：

第 1～3 学期。主要进行学生行业认知、职业能力规划、沟通能力、团队管理能力、行业创新创业思维及意识、就业能力等方面的培养。

（2）企业管理及规范培养：

第 4 学期。向学生讲解企业发展各个阶段、企业文化及价值观、企业常见的组织架构、岗位设置及职能、企业运作模式及常用的管理办法等方面的知识，同时就当前最流行的 PMP 项目管理知识理念及方法论对学生进行初步培训。

（3）行业素质培养：

第 5 学期。进行职场规范、相关法律法规文件、职场角色转换、绩效考核制度等知识的培养。帮助学生了解公司内的上升途径和发展通道、晋升和涨薪的关键要点。同时帮助学生正确认识职业规划的实施过程中经常会遇到的各种原因导致的离职、跳槽、转岗等情况，让学生避免不必要的工作失误，进行有效应对。帮助学生顺利度过试用期考核，顺利入职。

2. 充分利用智慧学习平台，促进提升教学能级

学校建设并迁移使用了新版本的 SPOC 课程中心平台，教师在完成课程中心迁移的同时，按照专业需求更新了部分教学资源内容，并由北京华晟经世信息有限公司支持完成智慧学习平台的建设。优化专业运营中心、联合教研中心、虚拟演播中心、教育大数据分析系统及智库研究平台、教师激励学生互伴平台、创新创业中心等模块的部署，为实践基地提供一流的综合数据。详见附件 2。

3. 积极探索教学模式创新，提高学生专业工程实战的创新能力

我们在校企合作试点班开展了"专业工程实战"课程改革，开始了一套全新的教学模式探索。对学生进行从"知识"——专业综合管理系统学习到"技能"——专业实际工具应用学习再到"体验"——全项目分组分包全流程学习培养模式。即通过学生分组，给每个小组设定专门设计的实战项目，围绕这些实战项目开发，给学生进行知识、技能培训，让学生分角色完成从市场调研、商业计划书编制、需求设计、系统分析、系统设计、知识图谱编写、程序设计、数据库设计、发明专利报告编写、接口及共享库设计、项目管理等活动内容，最终完成一个工程实战项目一整套产品输出。具体设计安排如下：

（1）"知识"模块学习（学习教师教学）绩效目标，如图 2 所示。

（2）"技能"模块学习（企业教师及学校教师联合教学）绩效目标，如图 3 所示。

（3）"体验"模块实战（校企教师指导）绩效目标，如图 4 所示。

（三）社会服务

2017 年，我院基于加拿大顶级大学滑铁卢大学的 CO-OP 的大学跟企业的合作模式，开始本学院的 CO-OP 校企联盟运营体系的建立工作。在经过近一年的体系建立过程中，我们完成了包括校企联盟 CO-OP 实习管理规范在内的 9 个管理制度的顶层设计，2019 年下半年完成 CO-OP 大学生定岗实习管理平台开发及上线。

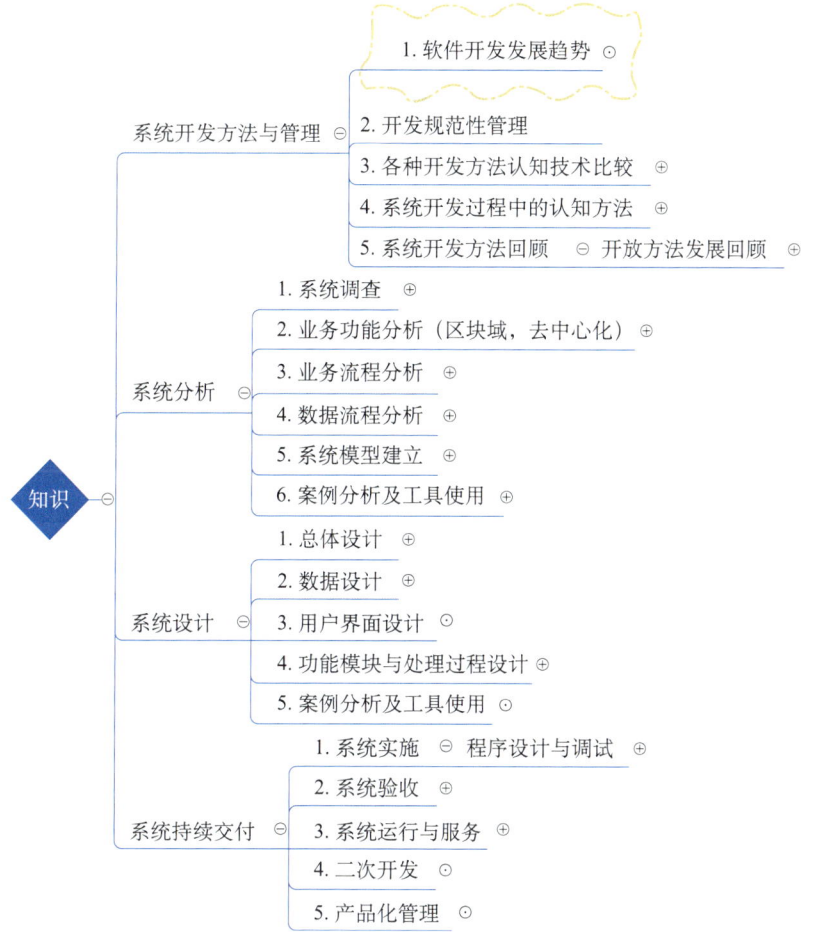

图 2　知识学习脑图

通过企业资源获取、企业资质及岗位评审、联盟年会、学生预实习、带薪正式实习等过程，完成一整套 CO-OP 体系建设。让我院在 CO-OP 教育和职业发展管理上保持领先地位，成为企业和学生的第一选择。

在现有企业联盟单位基础上，由该基地牵头，在建设期间内将基地联盟单位由原来的 20 多个拓展建设到 30 个。通过教育部协同育人项目"CO-OP 综合管理平台"建设，达成校企合作、校校合作和企业与企业之间的创新合作关系。

1. 按照行业性质分类，进行综合建设管理，提供学生实践保障基地。
2. 按照企业规模分类，进行综合建设管理，提供学生实践保障基地。
3. 学校一个专业实践对应多个行业、企业，为学生提供实践岗位及综合管理。
4. 行业、企业对应提供不同专业实践岗位及综合管理。

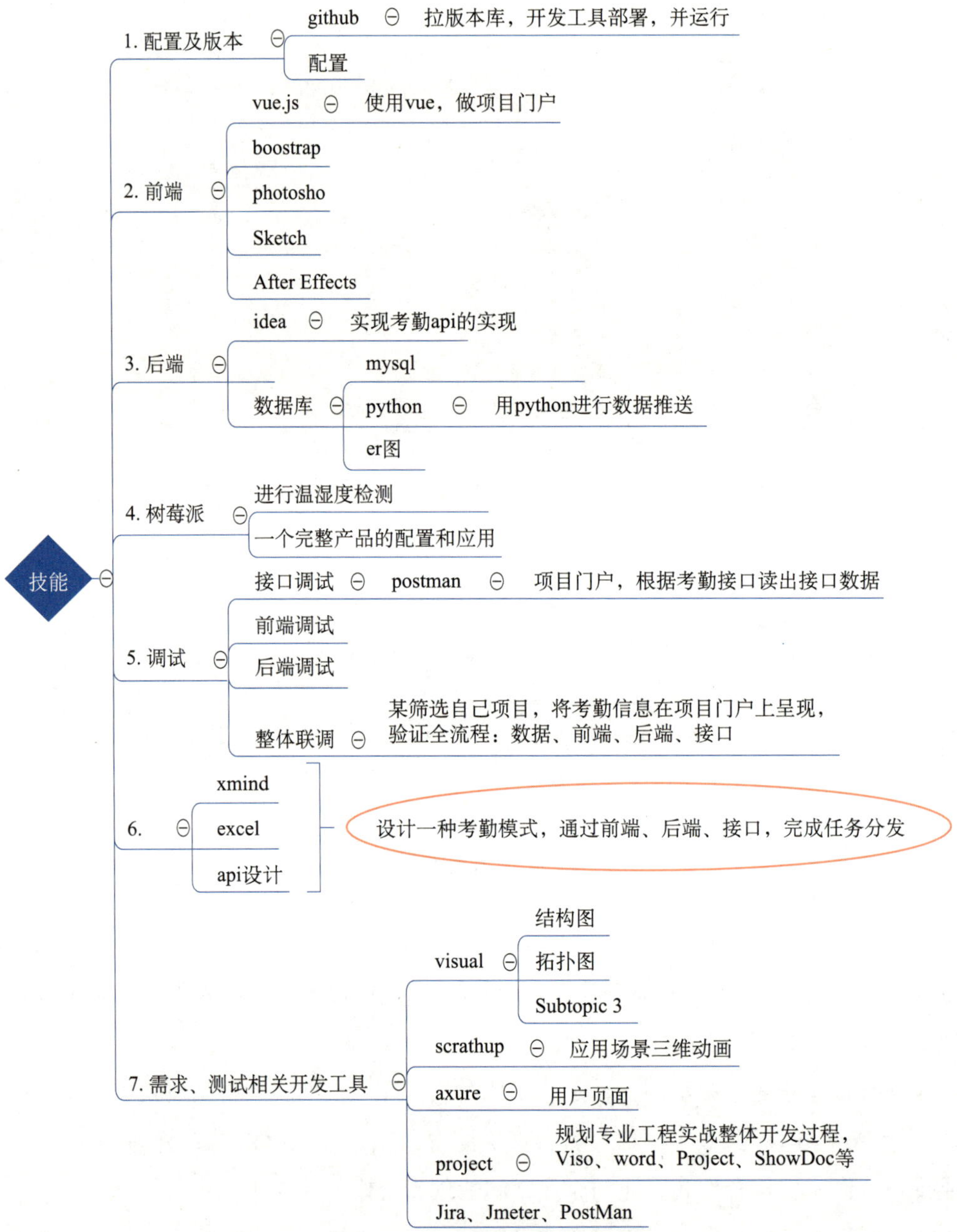

```
技能
├─ 1. 配置及版本
│   ├─ github ─ 拉版本库，开发工具部署，并运行
│   └─ 配置
├─ 2. 前端
│   ├─ vue.js ─ 使用vue，做项目门户
│   ├─ boostrap
│   ├─ photosho
│   ├─ Sketch
│   └─ After Effects
├─ 3. 后端
│   ├─ idea ─ 实现考勤api的实现
│   └─ 数据库
│       ├─ mysql
│       ├─ python ─ 用python进行数据推送
│       └─ er图
├─ 4. 树莓派
│   ├─ 进行温湿度检测
│   └─ 一个完整产品的配置和应用
├─ 5. 调试
│   ├─ 接口调试 ─ postman ─ 项目门户，根据考勤接口读出接口数据
│   ├─ 前端调试
│   ├─ 后端调试
│   └─ 整体联调 ─ 某筛选自己项目，将考勤信息在项目门户上呈现，验证全流程：数据、前端、后端、接口
├─ 6.
│   ├─ xmind
│   ├─ excel
│   └─ api设计 ── 设计一种考勤模式，通过前端、后端、接口，完成任务分发
└─ 7. 需求、测试相关开发工具
    ├─ visual
    │   ├─ 结构图
    │   ├─ 拓扑图
    │   └─ Subtopic 3
    ├─ scrathup ─ 应用场景三维动画
    ├─ axure ─ 用户页面
    ├─ project ─ 规划专业工程实战整体开发过程，Viso、word、Project、ShowDoc等
    └─ Jira、Jmeter、PostMan
```

图3 技能学习脑图

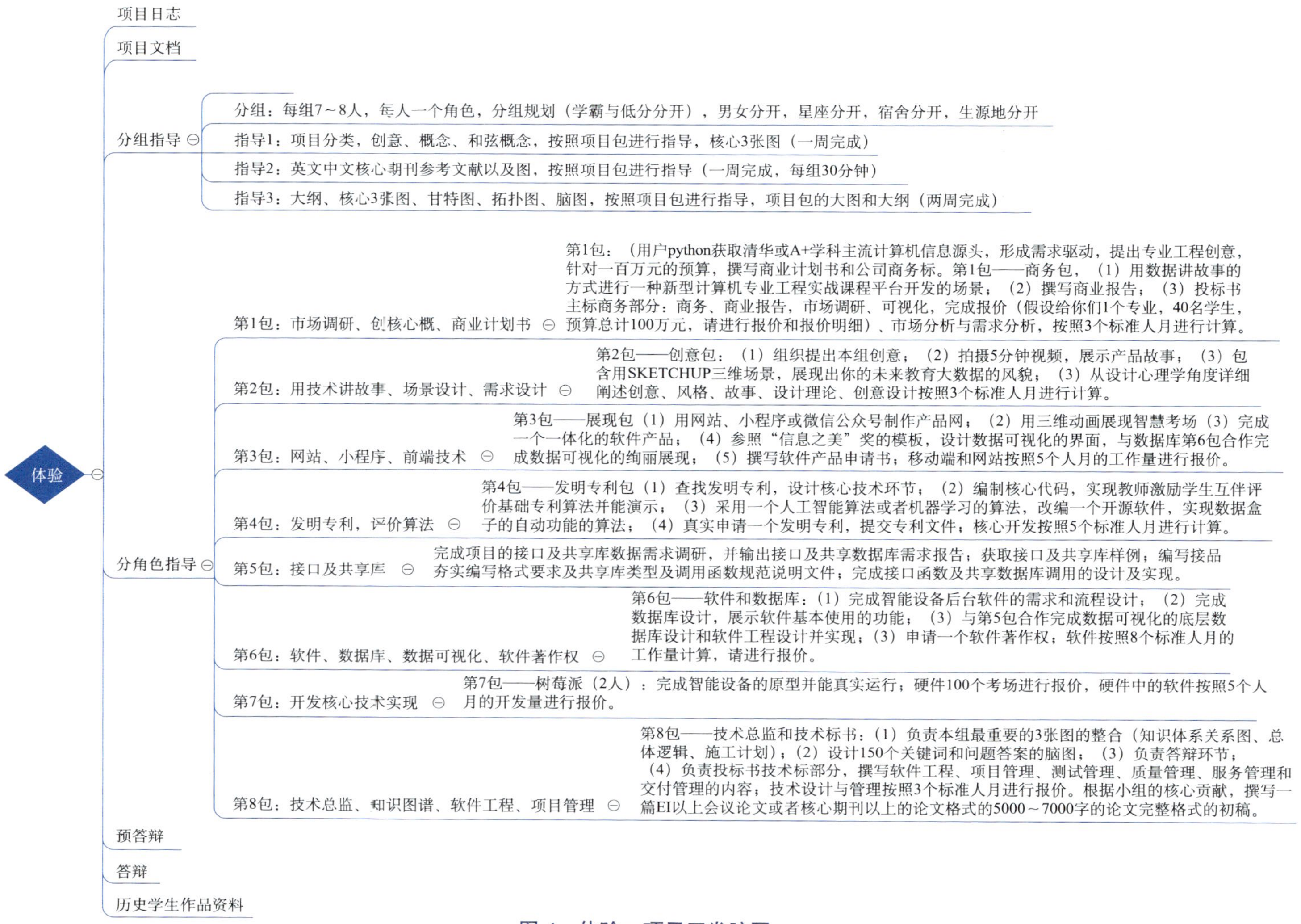

图4 体验—项目开发脑图

- 项目日志
- 项目文档
- 分组指导
  - 分组：每组7~8人，每人一个角色，分组规划（学霸与低分分开），男女分开，星座分开，宿舍分开，生源地分开
  - 指导1：项目分类、创意、概念、和弦概念，按照项目包进行指导，核心3张图（一周完成）
  - 指导2：英文中文核心期刊参考文献以及图，按照项目包进行指导（一周完成，每组30分钟）
  - 指导3：大纲、核心3张图、甘特图、拓扑图、脑图，按照项目包进行指导，项目包括大图和大纲（两周完成）
- 分角色指导
  - 第1包：市场调研、商业计划书——（用户python获取清华或清华A+学科主流计算机信息源头，形成需求驱动，提出专业工程创意，针对一百万元的预算，撰写商业计划书和公司商务标。第1包：一商务标，（1）用数据讲故事的方式进行一种新型计算机专业工程实战课程实验平台开发的场景，（2）撰写商业报告，（3）投标书主标商务部分：商务、商业报告、市场调研、可视化，完成报价（假设给你们11个专业，40名学生，预算总计100万元，请进行报价和报价明细，市场分析与需求分析，按照3个标准人月进行计算。
  - 第2包：用技术讲故事、场景设计、需求设计——创意包：（1）组织提出本组创意（2）拍摄5分钟视频，展示产品故事，（3）包含描述5分钟视频，小程序或微信公众号制作产品网。包括商业SKETCHUP三维场景，展现出你们的未来教育大数据可视化的风貌，（3）从设计心理学角度详细描述创意、故事、风格，设计理念，创意设计按照3个标准人月进行计算。
  - 第3包：网站、小程序、前端技术——展现包：（1）用网站、小程序或微信公众号制作产品网，小程序软件的绚丽化展现，（2）用三维动画展现智慧车场（3）完成一体化的软件产品，（4）参照"信息之美"奖的模版，设计数据可视化的界面，与数据库第6包合作完成数据可视化的绚丽展示；（5）撰写软件产品申请书，移动端和网站按照5个标准人月的工作量进行报价。
  - 第4包：发明专利、评比算法——发明专利权包：（1）查找发明专利、设计人技术环节，（2）编制核心代码，实现教师激励学生互评评价基础专利算法和核心功能，（3）采用一个人工智能算法或者机器学习的算法，改编一个开源软件，（4）真实申请一个软件专利，提交专利申请文件，核心开发按照5个标准人月进行计算。
  - 第5包：接口及共享库——完成项目的接口及共享库数据调研，并输出接口及共享库需求报告，获取接口及共享库数据的使用说明文件，完成接口函数及共享库数据调用的设计及实现。（1）完成接口软件的需求和流程设计，（2）完成夯实编写格式要求及共享库类型及共享库调用函数规范说明文件，（3）与第5包合作完成数据可视化的底层数据库设计和软件工程实现，软件按照8个标准人月的工作量进行计算。
  - 第6包：软件、数据库、数据可视化、软件著作权——软件和数据库：（1）完成智能需求软件、展示软件基本使用的功能，（2）完成数据库设计，展示软件基本使用的功能，（3）与第5包合作完成数据可视化的底层数据库设计和软件工程实现，软件按照8个标准人月的工作量进行计算。
  - 第7包：树莓派（2人）——完成智能设备的原型并能真实运行，硬件100个考核点能按照5个人月的开发进行报价。
  - 第8包：技术总监、知识图谱、软件工程、项目管理——技术总监和技术标书：（1）负责本组最重要的3张图（知识体系答辩图，施工计划），（2）设计150个关键词和问题答案的脑图，（3）负责答辩环节、体系逻辑、投标书技术标部分，撰写软件工程、测试管理、项目管理、服务管理和文件管理的技术标书，技术设计与管理按照3个标准人月进行计算。根据小组的核心贡献，撰写一篇EI以上会议论文或者核心期刊以上的文章格式的5000~7000字的论文完整格式的初稿。
- 预答辩
- 答辩
- 历史学生作品资料

5. 2020年全面使用开发CO-OP综合管理平台，统一专业实践考核标准，考核学生实习实践成果，为企业提供合格的应用型人才。

四、建设成效

（一）主要成绩

1. 校企团队成果

教育部协同育人项目（2017—2018年）（17项）。上海产学合作教育成果奖（2017—2018年）（1次），如图5所示。组织承办、参加国赛、市赛汇总（2017—2018年）（超过6次）。教师参加各类培训汇总（2017—2018年）（83人次）。

2. 学生获得各类成果

学生获得国家、市级竞赛成果（2017—2018年）（145项）。指导学生双创项目（2017—2019年）（107项）。

图5　产学合作教育成果奖

（二）创新经验

2017级和2018级两届计算机科学技术和物联网工程专业的基地建设的改革试点班，都在第一学期为学生开设了"卓越工程职业导入课（中兴）—职业规划"课程。在课堂上进行职业规划及创新创业知识的传授，课下通过职业规划辩论赛（见图6）进一步强化了大一学生对职业规划的理解。加强学生在学习规划方向的意识和主动性，提高学生对于行业、专业、职业的认知能力学习的积极性，以便建立终身学习的意识，找寻适合自我的学习方法，得以尽早实现学生职业规划的开展。

通过为学生提供充分展示能力的舞台，让同学们各自阐述对职业规划相关问题的理解，搭建一种跨专业同学共同分享职业规划认知的环境，"工—管结合"，鼓励学生全员参与，锻炼综合能力，使学生从大一开始能够认识到职业规划重要性，以便延伸到大学学习规划，最终认识到专业课程规划的重要性。

图 6　计算机科学与技术和物联网工程专业卓越工程职业导入（职业规划）辩论大赛

五、发展规划

基于已建成的基地成果和运营经验，继续深度开展校企合作，对接行业态势、需求推动发展、精准梳理岗位、凝聚培养岗位，全方位、多角度根据企业岗位技能需求和用人要求，继续完善"从企业中来，到企业中去"的操作方法，鼓励学生到基地企业一线进行岗位实习，并根据企业反馈修正培养目标和产教实训技能，形成"调研—培养—反馈"的三阶段闭环控制机制，结合学校发展理念，培养"工—管结合"的特色跨学科应用人才，服务区域社会经济发展，满足市场对具有良好职业素养应用型技术人才的紧迫需求。

附件：1. 国家工程教育专业认证培养毕业要求
　　　2. 智慧学习平台简介
　　　3. 组织承办、参加比赛情况汇总
　　　4. 组织教师参加培训汇总
　　　5. 学生获奖情况
　　　6. 中国大学生计算机设计大赛获奖情况（2017—2018 年）
　　　7. "创青春"上海市大学生创业大赛情况（2017—2018 年）
　　　8. 学生参加创新创业项目情况汇总（2017—2019 年）

附件 1

国家工程教育专业认证培养毕业要求

序号	综合分类	毕业要求	实践式教学模式创新	卓越工程大学生职业素质导入课程创新	CO-OP 校企联盟教育体系建立及运作
1	工程技术及实践专业训练	研究	★		
		问题分析	★		★
		设计/开发解决方案	★		★
		工程知识	★		★
		使用现代工具	★		★
2	个人沟通、态度及创新能力训练	沟通		★	★
		个人和团队	★	★	★
		项目管理		★	
		终身学习	★	★	
3	社会及企业发展研究	职业规范		★	★
		工程与社会		★	
		环境和可持续发展		★	

附件 2

智慧学习平台简介

模块名称	要求
1. 专业运营中心 2. 联合教研中心 3. 虚拟演播中心	（1）校企共建专业课程相关教学过程，包括作业、考核、评价等内容100%上线； （2）实现合作专业学生线上学习时长等数据统计功能； （3）课程资源定期进行更新； （4）校企协同联合编制课程教材线上展示、学习及授课； （5）校企双方协同每年开展一次行业调研、一次专业研讨会，持续优化专业人才培养方案
4. 教育大数据分析系统及智库研究平台	（1）建立完整的学生学习数据、学生就业数据、专业运营数据，并开展可行的大数据分析，在充分的数据基础上构建专业发展的评价模式和评价方式； （2）通过全国智慧学习工场平台汇聚功能，充分对接合作院校、运营团队、受教学生、校企教师、教学资源等全方位教育综合大数据应用分析及可视化展示
5. 教师激励学生互伴平台	在智慧学习工场平台上，完成教师辅导答疑、双创指导及竞赛指导，实现教师对学生的伴学、助学、导学、督学一体化实施
6. 平台对接接口整合系统	（1）实现智慧学习工场平台与现有学校教学系统的对接； （2）实现排课系统、教务管理系统、成绩管理系统、课程资源平台、创新创业管理平台、协同育人管理平台6个接口； （3）保障教学资源平台、管理平台、信息平台的充分共享

续表

模块名称	要求
7. 创新创业中心	（1）以校企教师和学生为主体，在平台上成功设立不少于3个技术中心，跟踪技术前沿，输出创新方案与产品，开展技术服务及创新成果产业化； （2）每年输出不少于2个"互联网+"行业创新解决方案或产品，并组织学生开展不低于一次的针对应用行业与客户的市场化活动

附件3

组织承办、参加比赛情况汇总

序号	时间	承办主办赛事及会议名称
1	2018.10	承办第5届全国高校"联盟杯"互联网+虚拟仿真经营大赛
2	2018.06	承办第45届世界技能大赛全国选拔赛
3	2018.03	承办第45届世界技能大赛上海市选拔赛
4	2017.12	承办第4届全国高校"联盟杯"互联网+虚拟仿真经营大赛
5	2017.08	承办2017年（第10届）中国大学生计算机设计大赛 中华民族文化元素组
6	2017.06	承办第7届全国大学生电子商务"创新、创意及创业"挑战赛上海赛区选拔赛

附件4

组织教师参加培训汇总

序号	培训名称	培训内容	培训时间	培训人次	证书获得
1	第三届全国高校"数据科学与大数据技术"	数据科学与大数据技术	2018.07	2	0
2	第九届全国跨境电子商务实践教学师资高级研修班	跨境电子商务实践教学师资	2018.08	1	1
3	2018年中国大学生计算机设计大赛软件应用与开发决赛作品	大学生计算机设计大赛软件应用与开发决赛作品暨创新人才培养模式研讨	2018.08	2	0
4	调研电子信息工程系工程教育认证情况	电子信息工程系工程教育认证情况	2018.08	1	0
5	教育部、工信部指导物联网工程专业建设研讨会	教育部、工信部指导物联网工程专业建设	2018.08	1	0
6	教育部高等教育教学评估中心组织专业认证培训	教育部高等教育教学评估中心组织专业认证	2018.07	1	1
7	2018年中国大学生计算机设计大赛数字媒体设计类专业组	中国大学生计算机设计大赛软件应用与开发决赛作品暨创新人才培养模式研讨	2018.07	1	0
8	2018年中国大学生计算机设计大赛软件应用与开发决策作品	大学生计算机设计大赛软件应用与开发决赛作品暨创新人才培养模式研讨	2018.08	1	0

续表

序号	培训名称	培训内容	培训时间	培训人次	证书获得
9	2018年教育部产学研协同育人亚马逊AWS Academy师资培养	教育部产学研协同育人亚马逊AWS Academy师资培养与课程建设研讨	2018.07	3	0
10	参加2018 Google师资培育与课程建设（人工智能）研讨会	2018 Google师资培育与课程建设（人工智能）	2018.05	1	0
11	第44届世界技能大赛商务软件解决方案项目国赛工作交流会	第44届世界技能大赛商务软件解决方案项目国赛工作交流	2018.05	1	0
12	2018年教育部产学合作、协同育人会议	产学合作、协同育人	2018.05	3	0
13	移动社交运营与实践研讨会	移动社交运营与实践	2018.06	1	0
14	创新创业及互联网+新媒体营销与社群电商高级师资研修班	创新创业及互联网+新媒体营销与社群电商高级师资	2018.05	1	1
15	调研电子商务人才培养	调研电子商务人才培养	2018.05	1	0
16	高校产教融合与人才培养模式改革研讨会	高校产教融合与人才培养模式改革研讨	2018.03	2	0
17	2018"创新创业"全国管理决策模拟大赛师资培训	"创新创业"全国管理决策模拟大赛师资培训	2018.03	1	1
18	NB-IOT窄带物联网专业培训	NB-IOT窄带物联网专业培训	2018.04	5	5
19	中国工商管理研究年度高端论坛	中国工商管理研究年度高端论坛	2018.03	2	0
20	创新创业及互联网+新媒体营销与社群电商高级师资研修班	创新创业及互联网+新媒体营销与社群电商高级师资研修	2018.05	1	1
21	中国大学生计算机设计大赛高峰论坛暨十周年纪念大会	创新创业及互联网+新媒体营销与社群电商高级师资研修	2018.04	1	0
22	机器学习、人工智能、深度学习的培训	机器学习、人工智能、深度学习的培训	2018.04	5	5
23	"hadop与Spark大数据处理"高级工程师培训班	"hadop与Spark大数据处理"高级工程师培训	2018.05	1	1
24	中国2019年春武汉高等教育博览会	春武汉高等教育博览会	2018.04	4	0
25	2018信息技术新工科产学研联盟师资研讨会	信息技术新工科产学研联盟师资研讨	2018.05	1	0
	2018年小计			44	16
1	物流服务师（RFID）三级	RFID	2017.07	2	2
2	中兴GOTO接入技术	GOTO接入技术	2017.07	1	1
3	第二届全国高等教育计算机类专业在线实验资源建设论坛会议	高校在线实验资源平台建设	2017.07	1	1
4	移动互联业务应用设计与开发	移动互联业务应用设计与开发	2017.07	2	2
5	教育部协同人大数据专业师资培训班	大数据环境搭建及相关实践	2017.07	3	3
6	第二届全国高等教育计算机类专业在线实验资源建设论坛会议	高校在线实验资源平台建设	2017.07	5	5
7	2017年度暑期大数据技术与应用培训	大数据技术与应用	2017.07	3	3
8	全国高校大数据系列课程高级研修班	大数据技术	2017.01	1	1
9	Python数据挖掘应用班	Python	2017.07	4	4

续表

序号	培训名称	培训内容	培训时间	培训人次	证书获得
10	Marketplace Live 师资培训（初级）	Marketplace Live 师资培训（初级）	2017.07	7	7
11	Marketplace Live 师资培训（中级）	Marketplace Live 师资培训（中级）	2017.07	6	6
12	CDA 数据分析员培训	数据分析	2017.01	1	1
13	CO-OP 培训	CO-OP	2017.12	1	1
14	CDA 数据分析员培训	数据分析	2017.01	1	1
15	大数据技术与应用培训	大数据	2017.07	1	1
			2017 年小计	39	39

附件 5

学生获奖情况

时间	数量	国家级			市级			
		一等奖	二等奖	三等奖	特等奖	一等奖	二等奖	三等奖
2018 年	77	2	12	15	2	5	14	27
2017 年	68	3	18	18	1	3	10	15
合计	145	5	30	33	2	8	24	42

附件 6

中国大学生计算机设计大赛获奖情况（2017—2018 年）

序号	获奖时间	项目名称	学生姓名	级别	奖项
1	2017 年	2017 年中国大学生计算机设计大赛	明凤、仲静茹	国家级	一等奖
2	2017 年	2017 年中国大学生计算机设计大赛	王文超、黄锋锋	国家级	一等奖
3	2017 年	2017 年中国大学生计算机设计大赛	梁馨、王蝶	国家级	二等奖
4	2017 年	2017 年中国大学生计算机设计大赛	邢俊宇、梁婧婧	国家级	二等奖
5	2017 年	2017 年中国大学生计算机设计大赛	迟汇、朱涵盛、郭立菲	国家级	二等奖
6	2017 年	2017 年中国大学生计算机设计大赛	张慧林、徐冰、宣丹妮	国家级	二等奖
7	2017 年	2017 年中国大学生计算机设计大赛	李明哲、黄赓、胡宏	国家级	二等奖
8	2017 年	2017 年中国大学生计算机设计大赛	王中秀、严钰杨、夏名迎	国家级	三等奖
9	2017 年	2017 年中国大学生计算机设计大赛	李卓穗、黄雨佳、朱嫣	国家级	三等奖
10	2017 年	2017 年中国大学生计算机设计大赛	赵小岚、范冰鉴、周茂祥	国家级	三等奖
11	2017 年	2017 年中国大学生计算机设计大赛	王多多、尹莲晔	国家级	三等奖
12	2017 年	2017 年中国大学生计算机设计大赛	伍德雪、王瑞琪、赵一郎	国家级	三等奖

续表

序号	获奖时间	项目名称	学生姓名	级别	奖项
13	2017年	2017年中国大学生计算机设计大赛	马佳伟、舒丽、薛晓艳	国家级	三等奖
14	2017年	2017年中国大学生计算机设计大赛	潘高、徐超忙、蔡思雨	国家级	三等奖
15	2017年	2017年中国大学生计算机设计大赛	徐晨芸、吴心宇、任洁	国家级	三等奖
16	2017年	2017年中国大学生计算机设计大赛	王龙、王瑞琪	国家级	三等奖
17	2017年	2017年中国大学生计算机设计大赛	赵一郎、朱禹璋、赵浩	国家级	三等奖
18	2018年	2018年中国大学生计算机设计大赛	王文超	国家级	二等奖
19	2018年	2018年中国大学生计算机设计大赛	李阳艳、杨玉婷、邹晓波	国家级	二等奖
20	2018年	2018年中国大学生计算机设计大赛	卢造发、刘若飞、金天	国家级	二等奖
21	2018年	2018年中国大学生计算机设计大赛	张子晴、赵浩	国家级	三等奖
22	2018年	2018年中国大学生计算机设计大赛	杨煜帆、王文超、夏君瑛	国家级	三等奖
23	2018年	2018年中国大学生计算机设计大赛	雷鸣轩、许子秋	国家级	三等奖

附件7

"创青春"上海市大学生创业大赛情况（2017—2018年）

序号	获奖时间	项目名称	学生姓名	级别	奖项
1	2018年	2018年"创青春"上海市大学生创业大赛	吴佳伦、盛辉、王翡、曹怿	市级	三等奖
2	2018年	2018年"创青春"上海市大学生创业大赛	晋瑶等	市级	三等奖

附件8

学生参加创新创业项目情况汇总（2017—2019年）

年份	数量	校级项目（创新训练）	校级项目（创业训练）	校级项目（创业实践）	市级	国家级
2019年	30	8	3	3	12	4
2018年	29	8	6	1	8	6
2017年	35	20	14	1	19	3
总数	94	36	23	5	39	13

校企协同"六共"模式
——沈阳工学院环境设计实训基地

关键特征：依托企业平台，以提升设计类人才培养质量、服务区域社会经济发展为宗旨，聚焦产教深度融合，突出校企合作，实现企业参与办学的共管、共制、共建、共育、共享、共创的"六共"模式和机制。

创新要点：以高素质应用型人才培养为目标，通过构建校内外实训基地群，确保环境设计实训基地推动专业特色发展，发挥校企合作育人与服务地方经济的实效。

网　　址：http://ysfy.situ.edu.cn/

沈阳工学院环境设计实训基地依托于沈阳鑫酉堂文化传播有限公司组织下的700余家设计机构，由校企双方共同参与对学生的选拔、培养、考核，建立一系列品牌文化活动，如"设计分享沙龙""教学指导委员会""企业专家进校园授课""体验式实践教学""专场招聘与实习就业""创新比赛与创业典型"等。基地面向艺术设计、营销管理领域培养高素质应用型人才，带动专业教育发展，辐射整个形态规划类专业群，服务地方经济水平提升。

一、基地基本情况

基地依托于沈阳鑫酉堂文化传播有限公司（以下简称"鑫酉堂公司"）而建立。鑫酉堂公司是由IDA亚欧国际设计协会转设而成，汇聚国际及国内最具实力的高端精英设计团队，涵盖建筑及空间设计、城市规划、景观设计、工业及产品设计等多个设计行业，以其专业性与系统性引领全球设计在多领域、多行业进行开拓与耕耘，是一个具备国际化视野之综合性公益性设计行业组织及专业性交流平台。

自2013年以来，公司定期邀请家居生活设计艺术领域有影响力的讲师，如林振中、穆拉德、洪忠轩、何大为、克里斯等来沈阳教学，先后组织优秀设计师前往德国、法国、日本、西班牙、斯里兰卡、希腊、意大利等国家游学，同时推荐优秀设计师前往米兰理工大学、香港大学建筑学院、清华大学美术学院等知名学府进修，学习先进设计理念，推动辽沈地区家居设计环境与国际接轨，健康有序发展。

（一）基本功能

1.通过对设计类专业的现场教学，展现工程项目案例，建立全面真实的工程现场学习环境，培养面向环境设计、营销管理领域的高素质应用型人才。

图1　鄂福军老师工地现场讲授

2.开展企业专家进校园教学活动，提升设计类人才的培养水准，提升项目实践水平与能力，了解市场与行业发展状况，补齐其在方案设计、施工工艺、项目管理等领域内的知识短板，提升设计类人才培养质量。

3.结合创新大赛和创业典型的宣讲与培训，提升设计类人才的行业竞争力。面向行业内企业开展人才输送，激发企业潜在发展需求，推进设计业转型升级。

图2　著名设计师袁珂老师讲座后与同学们合影

（二）服务面向

基地以沈阳工学院环境设计专业、视传专业、网络与新媒体专业以及营销类专业学生培养为主体，面向区域行业专业设计人员、管理人员、营销人员等开展培训服务，面向从事室内外空间设计、项目管理的技术人员开展关键空间设计、施工材料介绍、现场跟踪等服务，其中每年服务学生群体不小于 20000 学时，开展设计人员再教育培训不小于 3000 学时。

（三）组成架构

依托鑫西堂公司及其会员单位，建立实践教育基地组织管理体系。管理体系由校企合作领导小组领导，建立基地工作办公室，下设策划宣传组、实践教学组和学生管理组，如图 3 所示。基地实行制度化、标准化、规范化建设，实施校企共建、分层次、二元化、开放与共享式管理。

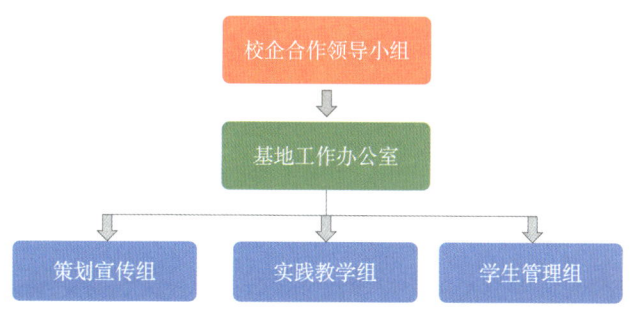

图 3 实践教育基地组织机构框架图

二、全面建设

（一）投入情况

沈阳工学院尤其重视实践教学，实验设备维持费、维修费以及用于专业建设的各项经费逐年递增，在实验仪器设备购置上重点向实践基地倾斜，每年投入经费近 50 万元，资助为期 2 年，共 100 万元。学校每年投入的实践教学运行经费也呈递增趋势，年均每生 1294 元。学校对于实践基地的师资队伍建设经费的投入，年均用于师资培训费用达 15 万元。

鑫西堂公司运营情况良好，且历来重视与高校的合作，对人才培养相当注重，各类实施设备齐全，每年进行学生实习实践条件改造，费用年均 65 万元。

（二）建设过程

1. 创建高效率的实践管理与服务机制

实践基地领导小组每学期定期召开工作会议，研究基地建设和深度校企合作发展的问题，作出推进和深化校企合作的规划，在专业发展规划中将校企合作办学作为重要内容，并作出校企合作年度工作计划、总结，以保证实施有成效。

2. 践行工学结合"教、学、做"一体化的教育模式

充分利用校内外不同资源，立足基地环境开展实习实训，有效促进理论与实践的相互转化，对学生的职业能力与综合素质进行全面培养，为就业打下良好思想基础和保证一定的技能储备。

3. 面向形态规划类专业，开设多层次的实践教学

实践基地主要面向环境设计、工艺美术、视觉传达、风景园林、产品设计等形态规划类专业；在基地开展的实践教学内容主要包括实践性较强的课程、认识实习、专业实训、课程设计、毕业设计、毕业实习等环节，以及学生课外实践活动。

4. 整合基地实践教学资源，共建基地实践教育课程

实践性较强的课程、认识实习、专业实训、课内实践环节调研、毕业设计、毕业实习采取校企联合培养方式，由校企联合确定实践教育的目的、内容和方式，并由企业直接承担部分教学任务。环境设计专业实践课程 60% 以上学时在基地完成，形态规划类其他专业实践课程 20% 以上学时在基地完成。

5. 打造优质实践师资团队

培养和建设好一支素质高、技艺精、能力强的实践教师队伍，主要围绕着使学生具备基本职业能力展开教学。

6. 协力实现校企共赢

企业加强与基地的深度合作及过程指导，充分利用基地资源，让学生在实践中检验和提高专业知识与技能；同时专业教师走向市场，使科研成果面向行业及时转化为生产力，为基地的设计管理实践服务，真正具备"双师型"的从业素质，为企业输送新力量。

7. 着力培养高水平应用型复合人才

各专业从实际情况出发，制定个性化的人才培养思路、目标，研究有鲜明特色的课程结构、课程设置、教学内容。建立起富有个性的知识结构，促进学生个性发展，培养具有创新精神、社会责任感、较强实践与就业能力的应用型创新设计复合人才。

8. 打造面向社会的大学生实践教育平台

依托基地创办实践教育信息管理平台，宣传基地企业文化，展示国内外设计业动态、新闻，开展实习实践交流；面向兄弟院校发布实践基地用人信息，为省内其他高校提供实践案例，进而打造品牌实践教育平台。

三、基地运行

（一）体制机制

1. 政策措施保障

校企双方对合作高度重视合作发展。学校鼓励创新实践教育，以教育发展服务地方经济，先后出台了相关的政策文件，如《沈阳工学院教学改革、创新、实践、质量工程实施方案》，并与企业合作办学。

2. 管理机制保障

基地成立实践教育基地领导小组，校企双方自上而下都有相对应级别的机构和人员对基地建设、人员合作进行全程全方位的监督和指导。整个管理体系完整紧密、层级清晰、机构完整、责任到位、科学合理。

3. 教学体系保障

学校和基地制订了各自的实践教学建设规划和相关的政策措施，深化和拓展了"一中心、二平台（体系）、三层次、四支撑"的实验教学体系。

（二）人才培养

1. 设计分享沙龙

基地面向环境设计专业三个工作室，开展设计分享沙龙活动，每月开设一期专业设计学术讲座，由企业资深设计师将设计案例与设计理念分享给学生，受益学生达4个年级430余人。设计分享沙龙现已成为沈阳工学院校园文化艺术节品牌活动。

2. 企业专家入校授课

依托基地进行了校外综合实训课程教学改革——《专业综合实训1》《专业综合实训2》，并为15名企业授课教师颁发客座讲师聘书。房天下网还对优秀企业方授课教师——乾唐设计的韩禹老师进行采访报道。韩禹老师的课程改革成果被东北环境设计交流平台报道推广，并受到了很多兄弟院校的认可。

图 4　为参与课程改革的企业设计师颁发 15 位客座讲师聘书

3. 体验式实践教学

建立多元立体教学场地，开展体验式教学方式。在理论课的课内实践环节和校外集中实训环节，由基地提供授课场所在单位现场教学。沉浸式教学让学生切身体验，学习效果迅速提升。

图 5　龙发集团考察

4. 毕业实习与专场招聘

每年举办沈阳工学院艺术与传媒学院大型双选会，公司携包括辽宁方林集团在内的 20 余家企业参加，参与学生 300 余人，报名火热。

5. 教学指导委员会

定期召开教学指导委员会，企业方参与教学计划的制订和教学活动。2015—2017 级教学计划的修订以及 3 个年级 60 余门课程教学大纲的编纂，为教学提供了重要依据。

图6 为优秀实习企业颁发证书

（三）社会服务

基地充分发挥校企联合、共同培养、产教融合的创新型教学平台优势，利用实训基地共同面向地区中小企业、政府和事业单位开展相关社会服务，完成抚顺市旅游委游客服务中心设计，东北育才幼儿学园活动中心设计，沈阳工学院校史馆、船钉馆、卓越馆、综合材料工艺展示实验室设计，全校鸟瞰图设计等60多项设计服务项目，师生团队得到良好锻炼。校企协同发展形成典型示范效应，对其他高校的育人机制形成较好影响。

四、建设成效

（一）主要成绩

以为企业培养更多高素质、高技能的综合性人才为根本目标，将基地打造成形态规划类专业群的综合类实践教育基地，建立学生校外实践教育平台、校企产学研合作平台和青年教师实践能力培养平台，形成良性互动的实践教育基地。

图7 逐光生态一等奖 罗倩等

1. 校企合作制订人才培养方案

定期召开专业指导委员会会议，颁发教学指导委员会委员聘书。企业将行业发展需求、用人标准、岗位设置等信息反馈给学校，对人才培养方案提出建议，对实践课程体系及教学大纲把关，对实训课程的教学内容提出建议。

2. 基地承担专业实践课程

课内实践环节以及实践课程部分及讲座由基地公司中资深行业设计师与高层管理人员讲授，加大了教学的力度，增强了学生对设计理念、设计流程、企业文化的了解和认同，增加学生的就业自信心。

3. 基地为学生提供实训场所及指导

形态规划类实践教学分布于每个学期，以认知实训、专业实训、综合实训等形式开展。

整个大学四年的实践教学与基地互动密切、交往频繁，学生能够深入了解行业特征与市场要求，为今后就业创业打下坚实基础，涌现出许多就业以及创业新星。

（二）创新经验——"六共"模式

1. 共管——建立校内专家、校外企业家共同组建的教学指导委员会，针对形态规划类专业群，有针对性地沟通、对接、发挥作用，定期召开专业教学指导委员会会议，共商教学建设与改革。

2. 共制——共同制订人才培养方案，从制订专业建设与发展规划，到修订专业教学计划、编写课程大纲、指导毕业设计、毕业实习等各个教学环节都寻求行业、企业的参与和协作。

3. 共建——共同建设校内外实践基地，密切联系行业协会和企业，建立多种合作形式，提高校企合作的数量、规模和层次。

4. 共育——共同落实学生教学、实习实训、就业等全育人过程，企业深入学校的教学管理，企业一线专家可担任教学工作，使学校的教育、教学工作按照企业要求进行，克服盲目性。

5. 共享——共享深度校企合作成果：教师成长、企业人才储备。

6. 共创——开展创新创业训练和大赛，逐步建立创新创业思维与格局，转变观念，改革教育教学方法，使专业培养的学生真正适应工作要求，成为适应辽沈区域建设的高素质技术应用型专业人才。

五、发展规划

根据校企现有合作基础，充分利用双方资源、人才和技术优势，健全组织管理体系，进一步深化校企合作；探索校企合作、互利双赢、可持续发展的基地建设模式，建设专兼结合指导教师队伍，真正提高学生实践教学的实效，提升高校学生的创新精神、实践能力、社会责任感和就业能力，使校企双方实现人才共育、过程共管、责任共担、成果共享，提升学生的创新精神、实践能力、社会责任感和就业能力，打造面向社会的大学生品牌实践创新教育平台，服务区域社会经济发展，聚焦产教融合，贡献更多力量。

附件：1. 基地保障性制度文件名录
   2. 实训课程简介
   3. 创新创业教育主要成果一览
   4. 基地承担实训课目一览
   5. 基地承担的实践课程一览
   6. 多元立体教学场地统计

附件 1

基地保障性制度文件名录

类别	制度名称
国家	1.《国家大学生校外实践教育基地管理办法》
学校	2.《沈阳工学院校外实践教学基地管理规定》 3.《沈阳工学院关于学生在校外单位进行毕业设计（论文）的管理规定》 4.《沈阳工学院实验教学工作规范》 5.《沈阳工学院教学工作全面质量管理实施方案》 6.《沈阳工学院实验教学工作规范》 7.《沈阳工学院实验项目卡制度》 8.《沈阳工学院实验教师职责》 9.《沈阳工学院仪器设备管理制度》 10.《沈阳工学院关于课程设计的管理规定》 11.《沈阳工学院实习（实训）教学管理条例》 12.《沈阳工学院毕业设计管理规定》

续表

类别	制度名称
实践教育基地	13.《实训基地实践教学工作管理条例》 14.《实训基地教学监督检查实施办法》 15.《实训基地教学责任事故认定细则》 16.《实训基地安全事故管理制度》 17.《实训基地学分认定管理办法》 18.《实训基地学生考核办法》 19.《实训基地指导教师管理办法》 20.《实训基地兼职教师聘任办法》 21.《实训基地教学考核办法》 22.《实训基地教学成果奖励办法》 23.《实训基地优秀教师评选办法》 24.《实训基地对外开放管理办法》 25.《实训基地实习操作规程》 26.《实训基地设备管理和操作规程》 27.《学生提前参加设计性实习管理办法》 28.《学生设计性实习工作校外教学管理办法》 29.《校外实习实训基地建设与管理办法》 30.《校企合作工作管理条例（试行）》

附件 2

实训课程简介

1. 专业综合实训 1/2

通过实训课程，使学生广泛了解家装行业装饰材料的名称、规格、报价，施工工艺的基本做法，通过现场教学、装饰材料市场的调研，使学生巩固课堂理论知识，加深对施工图原理的理解。

2. 计算机辅助效果图设计实训

通过本门课程的学习，使学生对计算机辅助效果图设计的表现方法有比较清晰的理解；熟悉相应的效果图表达方式；掌握空间设计的能力。为进一步学习其他专业课和为日后的实际管理工作奠定理论基础。

3. 居住空间设计（课内实践环节）

通过实训使学生了解居住空间的基本空间构成、实际场地的量尺、CAD平面布置图的创建。通过实践技能的训练，使学生巩固课堂理论知识，加深对居住空间的基本设计原理的理解，掌握从事居住空间设计的基本技能，并运用相关理论处理一些实际问题。

4. 材料与工艺（课内实践环节）

通过本门课程的学习，使学生能够掌握建筑装饰细部与施工工艺的相关知识，理解其在设计中起到的重要意义，了解及掌握建筑装饰细部的设计风格、手法、材料应用及效果表现方式，同时对于施工工艺的具体内容也有所掌握，以及对其在真正设计中如何应用有所掌握。

5. 主题商务空间设计（课内实践环节）

通过实训在实习基地的众多设计公司的办公空间进行参观调研，加强对学生所学知识的理解和掌握，并将理论知识运用到设计中。通过学生对现场的实际调研、测量、总结、比较，撰写调研报告，让学生掌握商务空间设计的具体方法和程序，能够做到熟练地运用所学知识，进行设计表达。

6. 商业空间设计（课内实践环节）

通过在一站式家具广场红星美凯龙进行商业空间调研，进行实地现场拍摄、测量、记录、比较等体验式手段加强对商业空间设计知识的理解和掌握，并将相关理论知识运用到实践中。在实训过程中，通过比较研究设计中的要点，解决设计具体问题，培养学生动脑动手解决商业空间设计问题的能力。

7. 材料与工艺认知实训

通过材料与工艺调研实训课程，使学生广泛了解环境设计的实际情况，材料及工艺的实际应用，行业发展趋势，通过对材料、家居市场及工程项目进行实地的参观考察学习，加强对专业从业状况的认识；有效地将设计与实践进行联系，培养学生的考察交流能力。

8. 毕业实习

使学生熟悉设计的组织及整体运作模式，掌握项目设计的工作程序与方法，开阔学生视野，丰富学生的知识结构，培养良好的职业素质与团队精神，进一步提高学生分析问题和解决问题的能力，为学生的就业和专业发展奠定基础。

9. 毕业设计

学生通过毕业设计，巩固深化所学理论知识，掌握文献检索、资料查询的基本方法；培养学生缜密的思维能力和独立项目设计的研究能力、较强的书面表达能力及论证才能；培养学生形成严谨的治学态度和思维方式，具有开展项目设计工作的初步能力。通过在实习基地进行毕业设计，学生能够更好地了解实际项目、熟悉设计流程、感受行业脉搏，自然地融入就业以及创业。

附件3

创新创业教育主要成果一览

2018年部分获奖情况

序号	获奖项目名称	组别/类别	项目内容	获奖等级
1	2018年（第11届）中国大学生计算机设计大赛	微课与教学辅助类	"回"味无穷	国家一等奖
			会变脸的月亮	国家一等奖
		数媒设计专业组	逐光生态 智逸空间	国家一等奖
			未来已来·智能家居	国家三等奖

续表

序号	获奖项目名称	组别/类别	项目内容	获奖等级
1	2018年（第11届）中国大学生计算机设计大赛	数媒设计类民族元素组	赫图阿拉古城	国家二等奖
		数媒动漫游戏	WAE	国家一等奖
			筑梦巢VR智能家居设计	国家二等奖
		音乐组	江湖	国家三等奖
2	第十届全国大学生广告艺术大赛	网易云音乐	流浪者	国家三等奖
3	第四届全国应用型人才综合技能大赛	"匠心·民族魂"平面设计创新创意大赛	梦之队	三等奖
			初心	三等奖
			马不停蹄	三等奖
			完美	三等奖
			希望和你有故事	三等奖
			ST	三等奖
			游宫记	三等奖
			鸢	三等奖
			小花猫	三等奖
			1	三等奖
			入旧	三等奖
4	2018年辽宁省普通高等学校本科大学生工业设计竞赛	无分类	地震救援机器人	一等奖
			概念除雪车	三等奖
			壁挂式空气净化器设计	三等奖
			简易售货推车	三等奖
5	2018年辽宁省普通高等学校本科大学生环境生态保护科技大赛	科技实物类	智能百叶窗	一等奖
		科技理念类	晨景光湛——会转动的智能活动中心	二等奖
			光的森林	三等奖
6	2018年第2届辽宁省普通高等学校本科大学生新媒体设计竞赛	新媒体创意设计类	壹+益《春节》	三等奖
			中华馨美德	三等奖
			蜗爱	三等奖
			雾里面试	三等奖

附件4

基地承担实训课目一览

序号	实训（实践）课程	基地实践环节	校内学时	基地学时
1	专业综合实训1	材料认知、施工工艺认知、施工图绘制	4	36
2	计算机辅助效果图设计实训	设计图纸计算机设计及表现	32	8
3	居住空间设计（课内实践环节）	现场量尺、平面布置、效果图表现	48	12
4	材料与工艺	材料认知、施工工艺认知、施工图绘制、材料市场调研	40	8
5	主题商务空间设计（课内实践环节）	设计公司办公空间调研考察	44	4

续表

序号	实训（实践）课程	基地实践环节	校内学时	基地学时
6	商业空间设计（课内实践环节）	商业空间调研考察	40	8
7	材料与工艺认知实训	材料认知，施工工艺认知，施工图绘制，材料市场调研，现场教学	4	36
8	毕业实习	毕业实习全过程	0	18周
9	毕业设计	围绕实习岗位、实习内容进行选题，在基地实践指导教师指导下完成	0	15周

附件5

基地承担的实践课程一览

课程名称	所承担课程的实践场地	实践内容
专业综合实训1/2	杨婷空间设计机构、山石空间、袁珂设计事务所、陈飞设计中心	住宅空间量尺、施工现场参观、装饰材料与施工工艺
计算机辅助效果图设计实训	乾唐设计、SSD设计事务所	设计表达训练
居住空间设计	杨婷空间设计机构、山石空间	住宅空间量尺、施工现场参观、装饰材料与施工工艺
材料与工艺	方林装饰、林凤装饰、龙发装饰	材料市场调研、装饰材料认知、施工工艺认知
主题商务空间设计	红星美凯龙国际馆7楼名师设计中心	办公空间测量、调研、整合分析比较
商业空间设计	红星美凯龙	办公空间测量、调研、整合分析比较
材料与工艺认知实训	海天装饰、方林装饰1918、龙发装饰	材料市场调研、装饰材料认知、施工工艺认知、施工现场参观调研
毕业实习	IDA协会14+家理事单位	设计项目流程、设计表达、分析问题与解决问题的能力训练
毕业设计	IDA协会14+家理事单位	整体项目设计、沟通交流、项目汇报、团队协作

附件6

多元立体教学场地统计

实践场地	课程	教学内容
设计公司	主题商务空间设计、办公空间设计、毕业实习、毕业设计	办公空间构成、布局、设计流程、设计项目具体实施
施工现场	专业综合实训1、2，材料与工艺认知实训	装饰材料认知、施工工艺认知
建材市场	专业综合实训1、2，材料与工艺认知实训	装饰材料规格、性能、用途、价格
家居体验店	居住空间设计、专业综合实训1、2	家居产品类型、设计方法、价格、沟通方式
家居卖场	居住空间设计、商业空间设计	家居产品类型、特征、设计方法、商业空间布局、特色、动线

院园合一的协同机制
——青岛黄海学院产教融合实训基地

关键特征： 青岛黄海学院产教融合实训基地通过发扬以优秀传统文化育人、以红色文化育人、以工匠精神实践育人、以创新精神协同育人的"四文化"融合育人特色，在服务地方、产教融合中不断发展壮大。

创新要点： 基地秉持"知行合一"校训，服务半岛蓝色经济，以创新精神培育具有国际视野和专业素养的应用型人才，坚定不移地走内涵发展、特色发展与创新发展之路。构建了"院园合一"校企协同育人机制和"四三二一"双创教育体系，基于产业、学业、创业、就业循环衔接，建立了校政行企共建平台、院园合一协同育人的产教融合生态系统。

一、基地基本情况

基地总投入4800多万元，建有3.4万平方米的实训中心（见图1），包括数控技术、机械加工、汽车维修、电子电工、焊接技术、钳工技术等实训场地；先后与百余家知名企业建立了长期合作关系和校外实习实训基地；通过实行"工学结合""校企合作""订单培养""顶岗实习"的培养模式，每年可接纳实习学生3000余名，满足了

图1 基地实景图

学生实习实训教学的需要。实训基地是黄岛区职业培训服务项目定点机构和青岛市首批高技能人才培养基地，曾作为全国职业院校规范管理推进会暨集团化办学现场交流会的观摩现场。

基地在"院园合一"校企协同育人机制下，以开放视野践行"四三二一"双创教育模式，通过校企合作探索深内涵、强技能、跨学科、大平台的应用型人才培养模式，并以精益思维规划、营建集国际商务、智能制造、互联网金融、物流管理、国际经济与贸易等为一体的产教融合生态圈，凸显了蓝色经济区域特色和实践育人亮点，形成了良好的辐射带动效应。

（一）基本功能

基地以学生发展为中心，定位于应用型创新创业人才培养目标，面向全校学生开放，坚持教学做合一，让学生在实践中提高动手能力，具备服务于实践教学、社会化培育和产学研用的综合功能。目前共建有校内实验室总面积2.5万余平方米，教学仪器设备近12000台套，基地实验室覆盖了学校现有的所有专业，覆盖比例达到了100%。

基地以市场需求为导向，优化模块化、混合式的课程体系，实现了课程开设全覆盖、综合素质全覆盖和多学科专业全覆盖；建立了数字化教学资源库，校企师资共享、人才共育和过程共管。采用"双导师制"开展项目实训、实习等，培养学生的综合实践能力；引企入校，校企共建科技园区，实现学生、员工双身份，生产、教学双环境；开展项目驱动和案例教学，搭建开放式实践教学平台，支持学生持续开展实训活动。

（二）服务面向

基地以青岛黄海学院电子商务类、建筑工程类、智能制造类、影视制作类、计算机类等专业学生培养为主体，面向青岛本土企业、行业的管理人员与技术人员等开展相关培训服务。

（三）组成架构

基地组成架构如图2所示。

基地建有国际商学院、智能制造学院、建筑工程学院、财经学院、艺术学院、护理与健康学院等分设的实验教学中心及公共实验教学中心8个实践育人中心，分为人才培育区、仓储物流区、智库引领区和企业孵化区等区域。

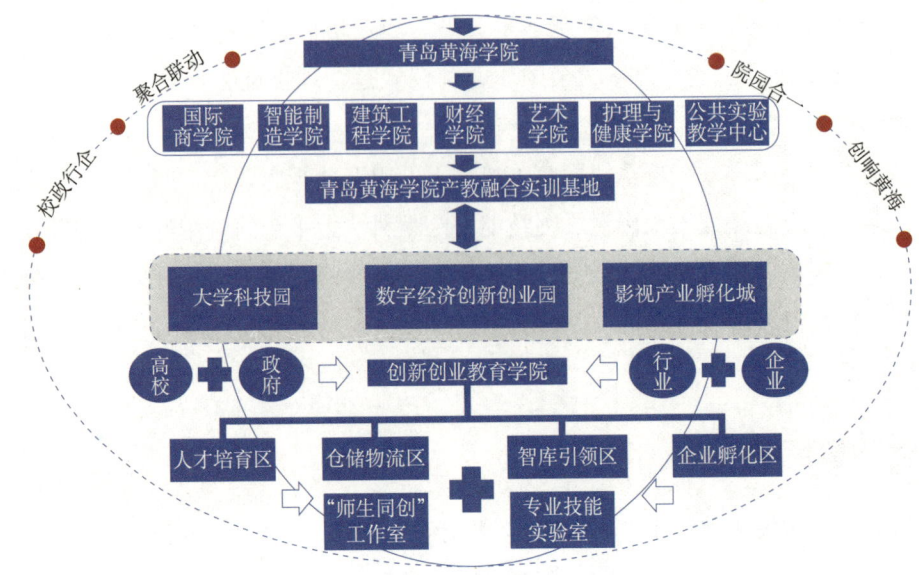

图 2　基地组成架构图

二、全面建设

（一）协同保障

基地成立了由校长任组长、分管副校长任副组长的产教融合工作领导小组，各二级学院成立院级领导工作组，设立专岗人员负责管理，建立了"联动协调、院园合一、专项资助"的工作机制和相关配套制度。

（二）建设过程

1. 全员参与搭建，强化效能管理

基地搭建了全员参与的产教融合工作组织领导体系，并着力做好协调工作，通过构建"全覆盖"的产教融合教育教学和全方位的实践教学服务体系体系，规范了管理制度，强化了效能意识，营建了"理实一体"注重实效的工作氛围。

2. 院园协同助力，四方聚合联动

基地联合智能制造学院、国际商学院、艺术学院和创新创业教育学院等，与数字经济创新创业园、大学科技园和影视产业孵化城合力推动办学发展体制创新、育人实践平台创新和校企合作育人创新，形成了新型的协同育人机制和贯穿"一链"、辐射"两端"

的发展格局,将儒商学堂—企业工坊—创客空间的育人链条贯穿其中,辐射到专业建设和产业发展的两端,凸显了校政行企协同育人特色。

(1)校政行企合作共建,"院园合一"协同育人

基地坚持产教融合、实践育人理念,不断优化资源配置,在政府部门支持下,与阿里巴巴、京东集团、山东网商集团等紧密合作,在青岛市跨境电商协会、青岛大数据协会、青岛西海岸创业联盟的指导下,共建"三园区",实行政府主导、校企合作市场化运营模式。先后与企业、协会共建国际商学院、智能制造学院、创新创业教育学院,不断将"院园合一"协同育人推向深入;与山东网商集团、蓝鸥集团校企共建电子商务、国际经济与贸易、移动应用开发等专业;校企还共建"阿里特色班""跨境电商班",实现了校企协同教学,在多领域建立了产业为体、文化为魂、教育为本的产学研用联合体(见图3)。

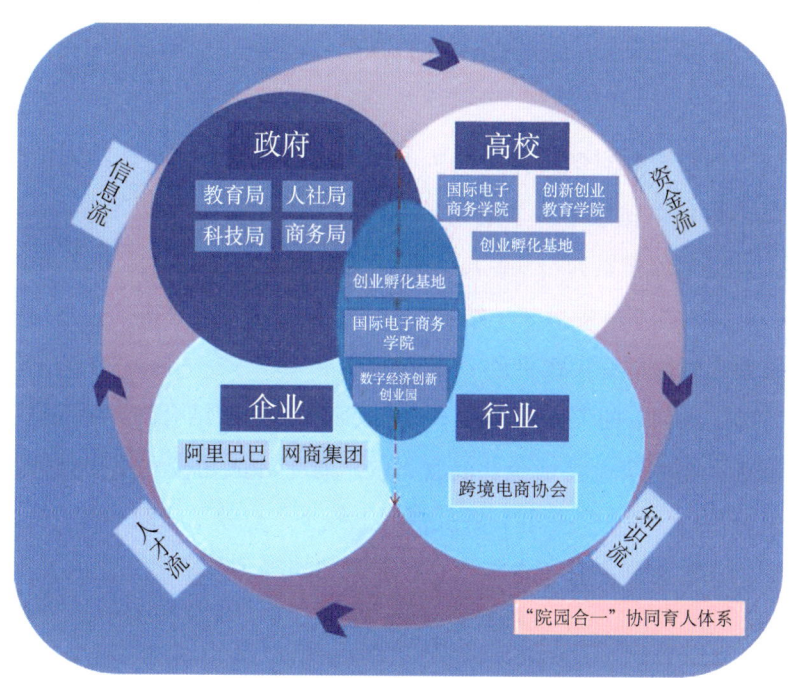

图3 "院园合一"校企协同育人机制

(2)儒商学堂—企业工坊—创客空间的育人链条

儒商学堂,立德树人:国际商务学院、智能制造学院、财经学院、创新创业教育学院和数字经济创新创业园等实现了统一建制,便于系统化开展儒商教育,也将儒学品质贯穿于"专创融合"的学科实践教育。将《国学基础》作为必修课,采用双语教学模式

面向一年级全体本科生授课，并在高年级专业课程教学中渗透中华优秀传统文化精神，通过道德讲堂、企业游学等形式，提升学生的国学素养，培育具有"儒魂商才"品质的精英。

企业工坊，实践育人：学生自儒商学堂学习后，进入企业工坊进行专业实战。在数字经济创新创业园内建立的实训工坊，承担多学科知识的实习实训。企业工坊把"主流工作岗位的需求"作为人才培养的"逻辑起点"，强调"教学做过程"，全程渗透"企业元素"。构建了模块化课程体系，将课堂搬进企业，将项目带进课堂，学生进行企业项目驱动学习。聘请青岛市跨境电子商务协会创始会长、山东网商集团董事长等为企业指导院长，由专门的办公室统筹校企合作事宜，负责园区运营建设。各专业均实行企业和学校双专业带头人、双教研室主任、双导师制度，企业技术骨干和学校教师共同组成教师队伍，各企业工坊至少配备一名技术骨干指导学生专业实践。校企师资共享，实现了人才共育、过程共管、课岗融替、工学结合，以及学生与员工双身份、生产与教学双环境、理论实践一体化、学校制度与现代企业制度相融合，达到了产教融合、校企协同育人的目的。

创客空间，创新育人：学生在企业工坊经过实战后，自愿进入创客空间进行专业创新实践。基地搭建了国家级众创空间——黄海e代人创客空间，设立专项基金，开设创新课程，实施学分积累和转换制度，并开展技能大赛，以项目引领学生双创实践。组建服务中心，为入驻实体提供"一站式"服务，并健全了实体准入、退出机制。

3. 以工作室为载体搭建实践平台

基地以"师生同创"的工作室为载体，配齐配强专兼职结合的导师团队，打造出百余名"双师双能"型师资，聘请企业高管、技术骨干和成功校友担任导师，对参加项目实训的学生进行"一对一"指导，并凭借线上线下"双效"联动平台，实现项目式驱动，依托开放型实验教学中心和青岛市高技能人才培养示范基地，建成青年创业公寓、华东产教园区，建设数学建模、机器人、3D打印、无人机等创客实验室和创客空间，搭建产学研合作实践平台。

三、基地运行

（一）体制机制

基地专注于做好顶层设计，全力践行"四文化"融合育人特色理念，深入推进"院园合一"校企协同育人机制，完善了"四三二一"创新教育系统，将产业、学业、创业和就业四业融为一体，坚持"师生同创"工作室制，密切衔接了产教融合生态系统，为培育应用型人才和服务地方发展助力提能。

（二）人才培养

1. 培养模式

基地融合多学科专业构建了基于创新、创业、创客的实训式人才培养模式，形成了基于企业运营的模块化专业课程体系（见图4）。此一模式目前已延伸到青岛西海岸新区相应的产业园区和集聚区。

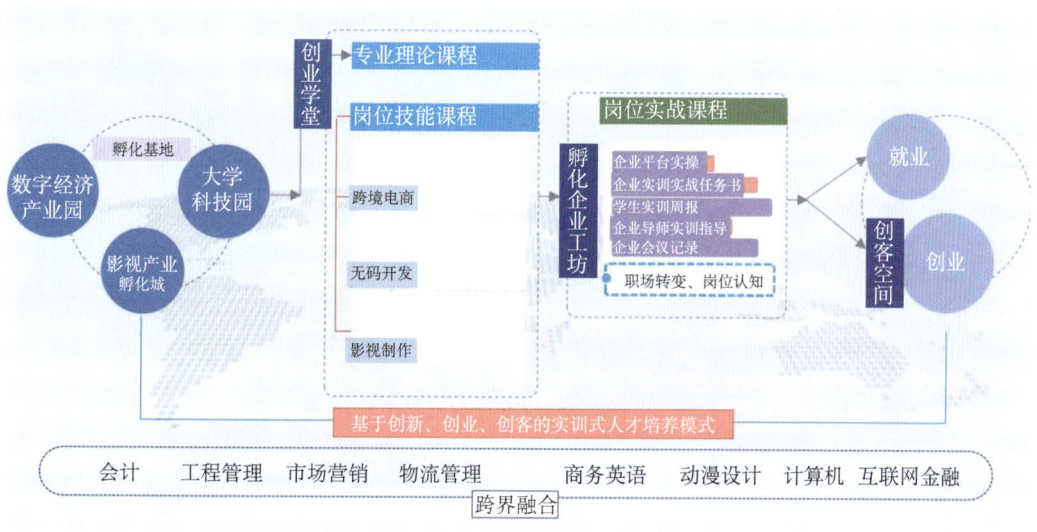

图4 实训式人才培养模式

2. 社会服务

基地发挥智库引领作用，为社会化人才培养提供服务，并加强与服务行业交流，借鉴各实训机构、孵化器、创客空间等的经验与做法。组织教师参加首届全国跨境电商人才培养和产教融合发展论坛，成功举行山东科学大讲堂——跨境电商跨未来活动；选派老师去北京中关村创新教育实践基地考察学习，参加中德生态园海外人才离岸创新创业基地人才项目对接活动和"深化产教融合、服务新旧动能转换"校企合作对接会。

四、建设成效

（一）主要成绩

1. 人才培养见成效

基地通过构建实训式人才培养体系，不仅培育出问鼎家居设计界奥斯卡筑巢奖的获得者，创造了圆梦"中国梦想秀"的自强传奇，也涌现出一大批带动就业的典型。如学生创办公司，反哺母校培训学弟学妹，或带动十几位学弟学妹就业等。2019年3月学校举行BIM产学研中心成立及校企合作签约揭牌仪式，以实训中心为切入点，实现企业反哺高校并推动应用型人才培养。为使产学研用"理实贯通"，基地积极探索多方合作的产教融合新体制，坚持与时俱进，"使无业者有业、有业者乐业"，实现了高质量就业。近三年初次就业率分别为96.51%、96.64%和97.90%。

2. 产教融合育典型

基地持续推进产教融合，高含金量奖项不断增加，人才培养质量不断提升，使得"学生能乐业、学校有口碑、创业有未来"。强师资、重实效，并"以赛促教、以赛促学和以赛促创"，培育齐鲁首席技师、山东省首批科普专家和省级创新创业教育导师库专家共计21位。

（二）创新经验

基地在"院园合一"校企协同育人机制下，坚持以服务为宗旨，以就业为导向，以实训为抓手，以创新为动力，健全了产教融合生态系统，通过建立订单培养制度和创立毕业生召回制，为培养应用型人才打造绿色通道。坚持"德育为先、能力为重"，以"四文化"融合育人特色，将工匠精神融入人才培养全过程；以"师生同创"的工作室制为载体，开展项目式驱动，培育高技能人才；"双聘双岗"，加强了"双师双能"师资队伍建设。

五、发展规划

校政行企，聚合联动；知行合一，创响黄海。基地将瞄准数字经济时代产教融合校企协同育人体系的深度构建，不断做好顶层设计和智库建设，突破学科"瓶颈"和校园壁垒，高效助力实践教学并孵出新希望、创出新天地。

创建"智慧基地",搭建多方参与的协同机制;以"院园合一"校企协同育人机制和"四三二一"双创教育模式为引领,集聚核心资源主导力量,着力打造专业特色、能力本位和跨界融合的课程体系和评价机制,实现优质化培育应用型人才目标;多元化兴建生态型基地,将创新思维、创客精神与文化创意融入协同育人机制,做好"专创融合"工作和跨学科建设;谋划产教融合新格局,深度构建服务体系,努力营造和谐氛围,为人才汇聚创造更广阔的空间。

附件：1. 基地合作企业部分名录
   2. 创新创业教育主要成果一览

附件 1

基地合作企业部分名录

山东网商教育科技集团

山东星科智能股份有限公司

北京华航航空服务有限公司

青岛海艺自动化技术有限公司

青岛鲁川源工贸有限公司

青岛聚东实业有限公司

青岛速美全球国际贸易有限公司

蓝鸥科技有限公司

青岛赞纳国际体育文化发展有限公司

青岛市跨境电子商务协会

青岛金凯创工业品有限责任公司

山东红四月电子商务有限公司

青岛金白菜电子商务有限公司

北京国信安石科技有限责任公司

青岛中恒纸业有限公司

青岛苏比乐进出口有限公司

青岛共创天和人力资源管理有限公司

青岛万麦电子商务有限公司

附件 2

创新创业教育主要成果一览

2018 年以来基地双创项目部分成果：

山东省教学成果二等奖 2 项

获评山东省大学生创业孵化示范基地

成功申报山东省创新创业典型经验高校项目

教育部 2018 年第二批产学合作协同育人立项 11 项

"国创计划"共立项 110 余项

2019 年度山等省就业创业研究立项 10 项

山东省教育科学"十三五"规划 2019 年度课题立项 1 项

2018 年以来基地双创大赛获奖情况：

创青春海尔山东省大学生创业大赛银奖、铜奖各 1 项

全国高校商业精英挑战赛一等奖 1 项

第九届全国大学生电子商务"创新、创意及创业"挑战赛山东赛区一等奖 1 项

"学创杯"2019 全国大学生创业综合模拟大赛山东省省赛本科组特等奖 1 项、一等奖 2 项

"西门子杯"中国智能制造挑战赛西部赛区一等奖 1 项、二等奖 1 项、三等奖 1 项

"临工杯"第十六届山东省大学生机电产品创新设计竞赛一等奖 4 项、二等奖 16 项、三等奖 14 项

山东省智能大学生制造大赛一等奖 10 项、二等奖 13 项、三等奖 13 项

2019 年全国三维数字化创新设计大赛山东赛区特等奖 3 项、一等奖 6 项、二等奖 9 项、三等奖 2 项

三位一体建队伍
——辽宁科技学院新松机器人实训基地

关键特征：集"人才培养、科研创新、产业服务"三位一体，打造师资队伍，提升人才培养质量，推动产教融合，服务社会培训，展示智能制造，倡导开放共享，推进制造业转型升级。

创新要点：以"模块化、项目式"模式携手地方政府，紧密结合区域经济及地方产业发展特点，充分发挥基地人才和科技优势，大力推动协同创新，推动区域由传统产业向新一代信息技术产业、高端装备制造产业进行转型升级。

一、基地基本情况

辽宁科技学院新松机器人实训基地由辽宁省机器人驱动控制工程实验室、重载机器人标准化研究与验证联合实验室、机器人实训基地三部分组成。面向机器人驱动与控制、智能制造领域培养应用型人才的同时，面向区域行业企业开展产品研发、技术改造、标准化研究与验证等技术服务，并承担引领地方机器人产业发展、培养行业企业骨干技术人员的任务。

基地建设总投资 2436 余万元，占地总面积约 4723.67 平方米，设备累计投资约 1236 万元，拥有自平衡小车、履带小车、机器人教学系统、NAO 机器人、四旋翼飞行器、安川机器人、四自由度 SCARA 机器人、智能移动机器人、数控精密测量与控制系统、三坐标测量仪、运动控制卡（器）、水平多关节视觉分拣系统、并联机器人分拣系统、智能制造实训生产线、基础应用实训单元、半实物仿真实训系统、离线编程软件、虚拟教学软件、搬运码垛智能应用实训系统、工业机器人拆装工作站等。基地建设有应用开发中心、综合应用实训中心、智能制造应用实训中心、机器人半实物仿真实验室、机器人基础应用实训中心、机器人结构综合实训中心、工业机器人技术研究实验室、学生创新工作室等；涵盖了从机器人离线编程软件—仿真软件—半实物仿真—基础工作站—拆装实训—典型系统应用—智能制造生产线的完整的机器人实训体系，可容纳300人同时开展教学、培训、实训业务。

（一）基本功能

1. 创造全面真实的工程现场学习环境，培养面向智能制造、机器人驱动与控制领域的高技能应用型人才。

2. 开展机器人应用、系统集成等领域企业技术人员专业技能培训，提升企业技术人员专业技术水平与能力，校企深度融合，引领企业技术进步，锻造"中国工匠"。

3. 面向区域内中小企业负责人开展智能制造等前沿领域内知识认知的宣讲培训，面向社会开展"助力公民科学素质提升，助推大众科技创新创业"的科普工作。

4. 紧密结合区域经济及地方产业发展特点，根据地方经济产业及企业需求，大力推动协同创新，积极参与区域创新和企业技术创新，将学校创新科技成果及创新人才与社会紧密对接，加快学校技术、成果、项目的转化及产业化。

（二）服务面向

基地除完成校内相关学科学生的实训任务外，将服务于兄弟院校，服务于社会，服务于企业。学校、社会、企业持续共享机器人实训培训基地的建设成果。同时为学校和社会企业开展机器人人才培训和其他技术服务，对校企相关科研项目和成果进行推广，并提供技术服务和技术咨询服务。以辽宁科技学院电气类、信息类、机械类专业学生培养为主体，面向区域行业管理人员、企业骨干技术人员等开展培训服务，面向从事产品技术研发、项目管理的工程技术人员开展关键技术研究服务、面向区域大中小学生开展各种形式的科普服务。

（三）组成架构

基地由辽宁省机器人驱动控制工程实验室、重载机器人标准化研究与验证联合实验室、机器人实训基地三部分组成。其中辽宁省机器人驱动控制工程实验室为科研机构，主要负责科研创新工作，包括成果推广、技术服务、技术咨询；机器人实训基地主要负责人才培养和社会培训以及科普工作；重载机器人标准化研究与验证联合实验室主要负责产业服务，包括产品验证与评定、产品合格评估等服务。其组成结构如图1所示。

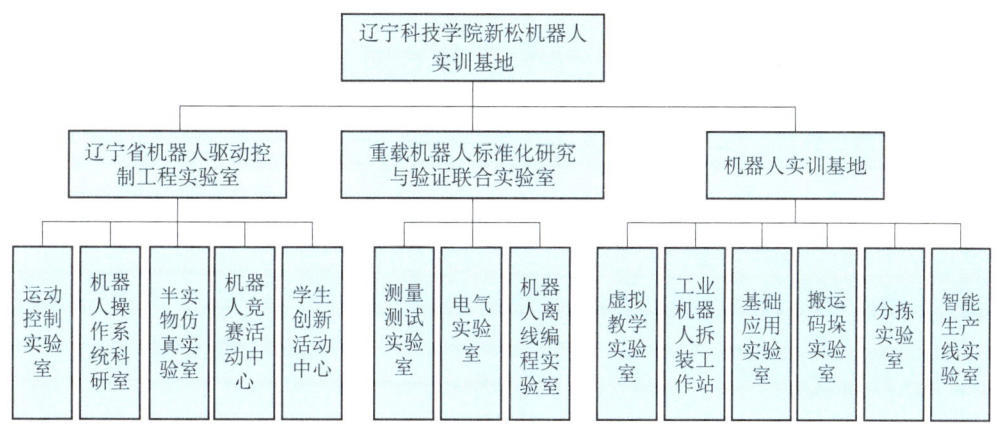

图 1　基地组成架构

实验室实景图如图 2 至图 4 所示。

图 2　基础应用实验室

图 3　工业机器人拆装工作站

图 4　学生创新活动中心

二、全面建设

（一）投入情况

基地总建设投入资金约 2436 万元，其中基础性设施建设投入约 1000 万元、日常运行投入合计 200 万元、设备投入 1236 万元；投资总额中中央财政预算内资金约 1600 多万元，学校投入约 600 多万元，新松公司投资约 200 万元。

（二）建设过程

1. 建立基地的背景与初衷

2017 年，辽宁科技学院为积极推进"中国制造 2025"的国家战略规划，计划依托辽宁省机器人驱动控制工程实验室，将学校逐步建设成为高端技术型人才的培养基地。与此同时，作为国内机器人领域"领头羊"的新松机器人公司正计划选取高校作为其人才需求的供给方。双方通过深入交流一致认为：有必要通过整合各方资源，进一步凝聚学校与企业的力量，促进教育教学改革；让学校培养出更适合工业 4.0 自动化的技能型人才，让高端制造企业的前沿智能制造装备优先在学校应用，让学校设备与企业设备同步，以促进制造业的良性发展。因此，为进一步加强技能型人才培养，辽宁科技学院与沈阳新松机器人公司，本着协作、互助、互利的原则，建立校企合作关系。经双方协商，决定于 2017 年 9 月建立辽宁科技学院新松机器人实训基地。

2. 实训基地总体目标

基地秉承"双元制、专业性、拓展性"的理念，校企双方本着"校企联动、行业深度、创无止境"的思想，针对基地的实际情况，为服务"中国制造 2025"战略，加快培养智能制造领域应用技术人才，提升高等院校主动服务产业转型升级的能力，把实训培训基地建设成为集"人才培养、科研创新、产业服务"三位一体的创新基地，成为具有一定影响力的一流高级技能型人才培训和机器人驱动控制技术研发基地。

基地除完成校内相关学科学生的实训任务外，将服务于兄弟院校，服务于社会，服务于企业，提供机器人人才培训和其他技术服务。基地致力于建设一支专业配置齐全、实力雄厚的成果推广、技术服务、技术咨询队伍。届时，学校、社会、企业将持续共享机器人实训培训基地的建设成果。

三、基地运行

（一）体制机制

企业深度参与，共设管理机构。基地重视产教融合校企合作，充分发挥合作企业的办学主体作用，由学校和新松机器人公司各出一部分人员组成管理机构和教学团队，负责整个基地的运营、管理与教学工作。基地设主任1名，3个组成部分各设副主任1名。基地每个实验室分别配备1名专任教师，负责本实验室的培训、日常教学和管理工作负责。

基地按照实际情况制定较为完善的规章制度（见附件1），保证基地各项工作顺利推进，包括管理总则、行政管理制度、科研管理制度、人员管理制度、仪器设备管理制度、科研平台共享制度、实验室开放基金的申请、实验室人员分工、有关实验室管理和下厂管理的补充规定以及具体事务层面的规章制度，如安全、水、电、奖惩，等等。

（二）人才培养

1. 教材开发与课程资源库建设

基地、学校与新松三方共同制订人才培养方案和专业课配置，配套做好机器人专业教材的开发，紧密结合企业岗位需求，教学过程中结合企业真实典型应用任务，利用新松教育在德国教学资源的优势，参考德国项目试教学和双元制培养的方式，让学校和企业做到零对接，学生毕业即就业。基地联合新松教育，共同丰富专业课程资源，为老师提供多种方式的教辅信息，给学生提供多种渠道和形式的学习内容，建立系统的在线公开课程，为老师实现混合式教学提供基本条件。

2. 师资培训

（1）结合学校现有教师和课程安排情况，针对专业课讲师，进行系统和全面的培训，由新松教育组织协调，安排相应的中高级工程师针对教学过程的需要进行统一培训，以达到对老师教学和实践能力的不断提升。对达到培训要求且考核合格教师颁发认证证书。

（2）利用新松教育在德国教育资源的优势，引进德国教育专家，入校对老师进行相关专业的教学案例分享，结合学校教学环境和条件，帮助学校优化现有的教学过程和管理方式等。

（3）结合新松教育在行业内的地位和人才优势，组织新松和自动化所的工程师到学校给学生针对典型工作任务和岗位培养目标进行实习实训任务的讲解和指导，帮助学生适应企业要求等。

（4）针对专业发展需要，挑选专业优秀讲师，到境外相关专业的应用型大学进行进修学习等。

3. 双创基地

利用新松在行业领域的优势，将新松在服务机器人领域、医疗机器人领域以及移动机器人领域的部分产品引入学校，帮助学生实现"大众创新，万众创业"的目标。

4. 新技术考察与应用

由新松教育组织学校专业团队，到新松教育境外合作方（弗朗霍夫等专业机构）及国内行业领域内先进企业进行学习考察、知识储备，根据教学需求和行业发展，共同开发相关专业的软件、虚拟现实、VR 和 AR 等教学辅助工具。

（三）社会服务

1. 开展社会培训，为社会培养紧缺人才

基地满足院校培养高端应用型人才的需求，解决企业在高级技师与工程师方面的人才缺口，具有生产、教学功能的"智能工厂"实训基地将重点培养高素质、高能力的技师与工程师，技术领域涵盖：焊接、打磨、喷涂、机床上下料、智能传感器、生产监控系统等，旨在锻造"中国工匠"。

（1）毕业生岗前培训。针对毕业生初到企业，课堂的理论知识与企业实际脱节，无法适应企业的生产实际的问题，基地将为企业解决高校人才培养的"最后一公里"问题。以企业化生产设备、企业化标准生产工艺流程，按照企业人才需求标准，根据不同学科方向，以实训培养为重心安排合理的培训内容，使学生尽快将课堂的理论知识与生产实际相结合，提前完成毕业生与企业的对接工作。

（2）企业职工岗位培训。企业在职人员具有扎实的实践基础，但是理论知识相对薄弱。针对此类培训人群，着重理论知识培养，使其明晰实际工程应用中的规律与理论。针对企业转岗培训人员，使转岗人员尽快掌握新岗位技术业务知识和工作技能，取得新岗位上岗资格。转岗培训的对象一般具有一定的工作经历和实践经验，但转移的工作岗位与原工作岗位差别较大，需要进行全面的培训，以掌握新知识、新技能。

（3）社会人员技能培训。针对学历不高的社会闲散人员或下岗再就业人员，提供自动化、电气、机械、信息等基本技能培训，使其尽快掌握一门能够重谋职业的基本技能。针对拥有一定教育背景的人员，提供自动化工程操作、软件操作、数控操作、机器

人应用等相关内容培训，使其成为更能够体现自身价值、为社会创造更大价值的高层次人才。技能培训将为培训合格人员提供相应的技能认定证书或合作企业的能力认定证明。

2. 提供技术服务，为企业解决关键性技术问题

依托于基地门类齐全、种类丰富的生产型制造装备及大批专兼职实训培训指导教师队伍，基地可在培训教学同时，面向社会、企业提供各种技术服务，为企业解决具体技术难题；也可承接技术研发任务，承办各类技能大赛，将其建设成为对外开放，服务于辽宁经济发展的基地。

3. 完成技能认证，提高社会认可度

通过培训、考核进行工信部认证，新松教育与院校共同推进专业学科建设和人才培养体制发展，服务于行业企业人力资源需求，逐步发展成为具有更高行业权威性、广泛社会认可度和认证含金量的认证品牌，为相关人员提升就业市场竞争力和社会认可度。

（1）院校师资技能认证。企业为院校师资提供机器人讲师资格认证以及职业导师认证服务。院校教师通过参加专业培训，考试合格，取得相应资格证书，可明显提升合作专业的师资水平，同时提升合作专业的建设水平和社会认可度。

（2）在校生技能认证。通过测试学生对工业机器人的使用、操作、编程调试及基础维护等实际工作中应具备的职业能力进行认证，旨在提升学生对机器人实际应用能力的学习，考试合格通过后，颁发相应品牌机器人企业认证的"机器人应用能力认证"资格证书。企业为学生提供机器人职业资格认证服务。学生通过考取证书，可大幅提升就业竞争力。

四、建设成效

（一）主要成绩

1. 人才培养成效

作为全国首批具有招收机器人工程专业本科生的 25 所院校之一，截至 2019 年 10 月，基地已连续 3 年招收机器人工程本科生共计 167 名。校企双方完成应用型教材 8 本，完成所有培养方案规定的实训指导书和实验指导书（见附件 2）。首届机器人工程大三 55 名学生已经开始专业课程学习，基地设备均正常投入使用，建有辽宁科技学院—沈阳新松集团公司大学生校外实践教育基地 1 个。

2017年9月至今，机器人工程专业学生在大学生创新创业、论文、知识产权等各方面表现突出，取得了不少优异的成果（见附件3）。与新松集团等多家机器人企业就学生实习实训、校企合作共同育人等事项达成共识，可为学生提供不少于1∶2的实习就业岗位。

2. 服务产业情况

（1）工业机器人培训。自2019年初基地投入运行以来，已经为区域内各类企业提供机器人相关培训3批次共计150人，有效解决了企业需求，提高了本区域内企业采用机器人改造传统生产线的意愿，促进了企业的发展。

（2）对外开放服务。自2019年初基地投入运行以来，基地每月接待来访团队基本都不少于3批次，总计接待参观人数不少于1000人次。

（3）联合企业开展技术攻关、服务企业产业升级等横向课题研究。自基地2017年建立以来，围绕机器人领域，特别是机器人驱动控制领域与多家企业开展课题研究与技术改造工作，已与10余家企业联合开展了18项横向课题研究，获得省市级纵向课题6项，基地在技术服务工作方面取得了良好的成效（见附件4）。

（二）创新经验

引进优质的企业教学实训资源，建立产学合作协同育人的新机制。基地着力打造智能制造＋机器人创新实践基地，把企业级师资和实训实践场景建立起来。同时构建一套完善的产业人才培养支撑体系，使师资培养、项目式教学创新、跨学科跨专业交叉培养逐步递进，相互促进。

坚持"人才培养、科研创新、产业服务"三位一体的创新基地建设思路不动摇。人才培养为根本，科研创新为保障，产业服务为抓手，三者相辅相成、互相促进，学校、社会、企业持续共享机器人实训培训基地的建设成果。坚持以工程实训为主线的三位一体，以提高企业和企业技术人员机器人相关技能为目标，构建良好社会环境，形成良性循环。

五、发展规划

在已有建设成果的基础上，基地充分发挥合作企业对教育教学工作的协同作用，提倡"三学、三做、三创"的改革思路。三学：学技术、做中学、创新学；三做：学中做、做中学、做中创；三创：学创新、做创新、专创融合。大力推进系列化、工程性项目教学，强化学生的综合能力、工程能力、创新能力和可持续发展能力培养，使项目教学成为人才培养过程中的重要手段。

保证人才培养的前提下，以"行业导向、供需互动、优势互补"的合作理念，不断深化校地、校企、校校、校所之间的合作，多元协同，面向区域行业企业大力开展科技创新与社会服务工作，推进区域内制造业产品技术进步与转型。

附件：1. 基地保障性制度文件名录
   2. 基地承担实训课目一览
   3. 机器人工程专业学生创新创业成果一览
   4. 基地科研课题一览

附件1

基地保障性制度文件名录

《工程实验室管理总则》

《工程实验室行政管理制度》

《工程实验室科研管理制度》

《工程实验室人员管理制度》

《工程实验室仪器设备管理制度》

《工程实验室科研平台共享制度》

《关于设立辽宁省机器人驱动控制工程实验室开放基金的申请》

《电信学院有关课题申请、实验室管理和下厂管理的补充规定》

《电气安全管理制度》

《实验室安全管理规定》

《实验室设备管理规定》

《实验室消防管理办法》

《事故处理与奖惩》

《实验室学生管理办法》

《辽宁科技学院大学生创新创业训练计划实施办法》

附件 2

基地承担实训课目一览

序号	实训课目名称	教学目标	面向专业	合作企业
1	工业机械臂半实物仿真实训	了解机器人示教盒上按钮的具体功能、控制柜中的电气元件、掌握机器人示教盒编程的基本语句、训练学生编程能力,为学生在机器人本体操作前打下编程认知基础。	机器人工程、自动化、机械设计制造及其自动化	新松机器人自动化股份有限公司、沈阳中德新松教育科技集团有限公司
2	PLC综合设计实训	掌握PLC与上位机通信、掌握西门子PLC的编程语言、了解PLC的IO、了解检测信号的采集及程序中的调用。为学生在今后的机器人系统集成设计中打下坚实基础。	机器人工程、自动化、机械设计制造及其自动化	
3	工业机器人典型应用实训	掌握机器人在线编程方法、掌握机器人在线编程语句及编程思想、掌握机器人特殊功能指令的使用方法、掌握专用机器人的文件配置方法,为学生职业能力提供保障。	机器人工程、自动化、机械设计制造及其自动化	
4	工业机器人离线编程实训	掌握机器人编程的基本语句及编程思想,了解机器人离线编程软件中的工件实体建模方法,了解机器人离线编程程序在机器人本体上的应用场景,会将离线编程程序应用在机器人本体上,为毕业后就业及进一步机器人开发打下坚实的基础。	机器人工程、自动化、机械设计制造及其自动化	
5	工业机器人工作站拆装与调试实训	掌握机器人机械本体和电气控制柜的拆装,了解工业机器人的教学软件、掌握机器人的机械、驱动、传感、控制及人机交互系统,为学生今后的就业能力做好准备。	机器人工程、自动化、机械设计制造及其自动化	
6	工业机器人系统集成实训	使学生掌握机器人系统集成的流程,以及常用的机器人系统集成设计,以及常用的关键部件的选型设计和工作原理;掌握电气元件的通信方式及I/O接口;掌握编程软件的使用以及常用的编程方法,为毕业之后的继续教育、科学研究、技术开发打下基础。	机器人工程、自动化、机械设计制造及其自动化	
7	制造执行系统课程实训	掌握数字化工厂中的信息管理层的软件系统MES(制造执行管理系统),掌握动作执行层的核心PLC的指令的下发,掌握PLC与机器人之间的通信技术,掌握机器人的远程控制系统,掌握机器人视觉与机器人技术的融合,掌握机器人视觉的标定方法,掌握移动机器人与环境的交互,掌握机器人与数控机床的交互,掌握AGV小车与PLC之间的交互系统。通过实训,使学生对复杂的机器人系统集成系统即数字化工厂有直观认知,对学生全面的掌握智能制造系统有帮助,对学生今后的机器人系统集成设计、开发能力的提升有很大帮助。	机器人工程、自动化、机械设计制造及其自动化	
8	智能仓储系统课程实训	掌握立体仓储系统软件及硬件,掌握堆垛机的定位方法,掌握制作监控界面的软件,掌握调度系统的软件,掌握送料机构,了解智能仓储软件的设计思路。本实训可提升学生在机器人系统集成设计方面的能力。	机器人工程、自动化、机械设计制造及其自动化	

续表

序号	实训课目名称	教学目标	面向专业	合作企业
9	基于视觉的水平多关节并联机器人实训	掌握视觉传感器在机器人系统中的应用,掌握机器人视觉的标定方法,了解机器人分拣算法的原理,了解视觉数据的采集及应用,了解视觉传感器的工作原理,会对视觉传感器进行标定。	机器人工程、自动化、机械设计制造及其自动化	
10	机器人创新实训	掌握机器人二次开发的应用场景,掌握机器人二次开发的软件,会设计机器人上位机控制界面,会根据实际需求控制复杂的运动轨迹,会对机器人的指令二次封装,掌握机器人与上位机的通信方法,能通过上位机控制机器人运动轨迹。本实训可提高学生的兴趣,可设计、开发性强,对学生创新能力提高有益处。	机器人工程、自动化、机械设计制造及其自动化	
11	运动控制技术实训	掌握伺服电机的调试方法,掌握调试伺服电机调试软件,掌握伺服电机调试软件中速度环、电流环、位置环的参数在控制电机中的作用;会分析电机输出曲线,能控制伺服交流电机平稳运行。本实训可为学生在提升就业能力中打下基础。	机器人工程、自动化、机械设计制造及其自动化	

附件 3

机器人工程专业学生创新创业成果一览

创新创业成果:

1. 2018 年辽宁省普通高等学校大学生电子设计大赛,省赛 3 项

2. 2017 年计算机大赛,国家级 5 项

3. 2017 年计算机大赛,省级 8 项

4. 2018 年计算机大赛,国家级 5 项

5. 2018 年计算机大赛,国家级 5 项

6. 全国数学建模大赛,省级 1 项

7. 大学生创业大赛,省级 1 项

8. 2017 全国大学生物联网设计竞赛,省级 1 项

9. 中国国际传感器大赛,省级 1 项

10. 辽宁省大学生物理学术竞赛,省级 1 项

11. "建行杯"第四届辽宁省"互联网+"大赛,省级 1 项

12. "创青春"辽宁省大学生创业大赛,省级 1 项

13. 2018 年金砖国家技能发展与技术创新大赛,国家级三等奖 1 项

14. 全国大学生创新创业训练,国家级 2 项(18 年 1 项、19 年 1 项);省级 5 项(2018 年 3 项、2019 年 2 项)

15. 2018 年辽宁省普通高等学校大学生市场调查与分析大赛,省级 3 项

16. 2018 年全国大学生电子商务"创新、创意及创业"挑战赛辽宁赛区,省级 3 项

论文与知识产权（学生为第一人）：

1. 陈益贤，陈鹏羽，石登龙，孙移，孟昭军. 汽车LED大灯灯光智能切换装置的设计［J］. 汽车实用技术，2018（17）：163-165.

2. 智能调光汽车大灯灯泡装置：ZL201821167816.3.

3. 尹策，赵驰，梁子钰，李晓博，郭诚信，孟昭军. 清除血栓用微型机器人架构与探索［J］. 辽宁科技学院学报，2019，21（4）：14-16，53.

4. 李赫，孙禾，刘岳，赵建海，张才杰. 迎宾巡检机器人系统的构建［J］. 辽宁科技学院学报，2019，21（4）：17-18，26.

5. 谢孟钊，谢飞. 云机器人视角下简析工业机器人的未来发展前景［J］. 现代经济信息，2017（15）：377.

附件4

基地科研课题一览

序号	姓名	项目	到款额（万元）	时间（年）
1	刘前	企业客户资源管理系统设计与开发	8	2017
2	王福庭	EPR系统开发及实现Ⅱ	19.3	2017
3	王福庭	EPR系统开发及实现Ⅲ	10	2017
4	王福庭	EPR系统开发及实现Ⅳ	11.65	2017
5	王福庭	POA系统平台支撑与实践1	6.183	2017
6	苑庆军	本溪市桓仁满族自治县民族文化中心PS全彩屏	7.9648	2017
7	苑庆军	本溪桓仁满族自治县就业服务局LED大屏幕	9.845	2018
8	王福庭	TLS智能控制系统研究	3	2018
9	李润生	可重构继电保护自动装置的研究与开发	15.1	2018
10	王福庭	POA系统平台支撑与实践2	6	2018
11	姜连志	传动系统数字化装配可视化平台研究	15	2018
12	苑庆军	本溪市第三十六中学LED显示屏系统	1.5759	2018
13	于会敏	搪瓷重氮化反应釜、搪瓷氧化反应釜防爆安全自动控制系统开发	2	2019
14	于会敏	搪瓷重氮化反应釜、搪瓷氧化反应釜防爆安全自动控制系统开发2	2	2019
15	姜连志	飞行控制机械手的研制与实践	1	2019
16	姜连志	TC4残余应力检测与抗疲劳振动试验	4	2019
17	孟昭军	辽宁本色再生资源有限公司环境污染治理工程	350	2019
18	苑庆军	富虹国际酒店室内P3综合体LED屏幕合同	9	2019
19	孙禾	省自然基金指导计划项目：多模态信息融合算法研究与工程应用	5	2017

续表

序号	姓名	项目	到款额（万元）	时间（年）
20	樊爱龙	教育厅科技项目：通用便携式脉冲源的研制及液电应用关键技术研究	10	2017
21	高长伟	省自然基金指导计划项目：基于虚拟同步发电机的光伏发电系统控制策略研究	5	2018
22	孟昭军	省自然基金指导计划项目：基于混沌VSLAM的移动机器人大场景动态室内自主定位研究	5	2018
23	张志军	教育厅科学研究经费项目：基于垂直腔面发射激光器（vcsel）的3D机器视觉传感器光源研究	3	2019
24	樊爱龙	辽宁省科技厅自然科学基金指导计划项目：电火花震源换能机理及定向勘探控制方法研究	5	2019

混合所有 四方协同
——东莞职业技术学院建筑工学研一体产教融合实训基地

> **关键特征**：四个建筑产业链上的单位同处一个院内，既是"校中厂"又是"厂中校"，实现"基地共享、人才共育"。
>
> **创新要点**：以混合所有制模式，建筑工学研一体，实现产教融合，在市住房和城乡建设局的主导下，构建政校企协同育人典范。

东莞职业技术学院建筑学院是以混合所有制形式设立的二级学院，"建筑工学研一体产教融合实训基地"是由理事单位——东莞职业技术学院建筑学院、东莞市建筑科学研究所、东莞市建设工程检测中心和东莞市建设培训中心（以下分别简称"建筑学院""建科所""检测中心""培训中心"），共同打造的产教融合实训基地，地处东莞市大岭山镇连平圩连马路旁，并同处于一个大院内。

经过3年多的运行，通过构建"专业共建、课程共担、教材共编、师资共训、基地共享、人才共育"的协同育人合作模式，在建筑产业工业化人才培养、真实生产环境专业课程实操、BIM最新技术攻关、实现"1+X"证书制度上岗培训考证、万名企业员工培训服务、创新创业项目与技能大师工作室建设等方面取得了喜人的成绩，成为一个学生满意度高、企业认可度广、老师成长速度快的高水平产教融合实训基地。

一、基地基本情况

基地由东莞市住房与城乡建设局下属三个单位和建筑学院组成，占地8万平方米，楼宇建筑面积4.45万平方米、设施近1亿元，仪器设备共3250万元。

建科所拥有中级职称以上人员40余人，承担建筑工程科研、试验、检测工作，提供建筑环境、建筑节能、建筑工程施工、房屋质量安全鉴定和建筑工程安全等技术咨询服务。

检测中心现有人员271人（工程师以上职称55人），设备总值2300万元，试验室总面积22026平方米，下设有技术部、质保部、管材管件检测部、化学检测部、结构检测部、桩基检测部。负责对地基基础、常用建筑材料、水电安装材料、混凝土结构、室内环境等项目进行检测。

培训中心同时也是广东省建设行业岗位技能培训东莞基地，主要针对建设行业从业人员开展行业、岗位及技能等培训、实操考证、继续教育，现有60位具有高级工程师或一级建造师的师资队伍。拥有建筑电工、焊工、吊塔、物料提升机、升降机等考证设备。

建筑学院拥有建筑虚拟仿真中心、BIM实训室、建筑综合实训室、装配式建筑和铝模装拆、园林工程等实训基地。

（一）基本功能

1. 开设生产性实训课程

通过建科所、检测中心，开设BIM课程、建筑材料与检测生产性实训课程、建筑质量与安全实训课程（见附件2）。

2. 实施八大员与工种上岗证培训考证

利用培训中心工种岗位考试设备，面向学生和社会提供施工员、质量员、资料员、绘图员、机械员、安全员、材料员、劳务员和工种上岗证的岗位培训和考证。

3. 完成建筑课程实训

利用虚拟现实技术建立起来的虚拟仿真中心，具有虚拟现实的沉浸性和交互性，可满足学生参加动手技能训练的需要。利用土木综合实训室，装配式建筑和铝模实训基地、园林工程实训室，为万科、碧桂园及其配套企业培养掌握万科建造新体系、SSGF建造体系等建筑工业化复合型高技能人才。

4. 开展创新创业项目及实践

依托校企合作，进行技术攻关，解决行业技术难题。利用技能大师工作室，承接建筑园林类项目，培养学生创新创业意识，提高双创能力。

（二）服务面向

基地面向的服务群体以东莞市建设类行业企业为主体，建筑学院教学科研服务为辅。建科所每年技术服务性收入300万元，检测中心每年检测检验收入7000万元，培训中心培训业务收入在800万元，培训人员28000人。

教学服务以培养建筑学院建筑类专业学生为主体，其中每年服务学生群体不小于12000学时，开展岗位、技术人员再教育培训不小于2000学时，开展面向企业管理人员培训不小于1000学时，面向从事产品技术研发、项目管理的工程技术人员服务不少于1000学时。

（三）组成架构

基地位于东莞市建设工程检测中心大院内，由建筑学院、建科所、检测中心、培训中心四个单位共同组成（见图1、图2）。

东莞建科所、检测中心、培训中心（广东省建设行业岗位技能培训东莞基地）、建筑学院局部照片

图1 基地布局

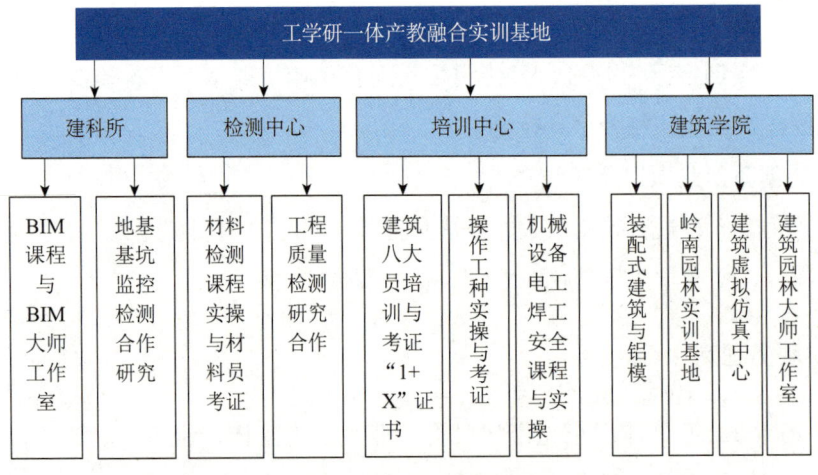

图2 基地组成架构图

二、全面建设

（一）投入情况

基地投入仪器设备3250万元。投资新建9层楼的学生宿舍和3层教学楼，面积近8000平方米，投入资金3000万元。

（二）建设过程

1. 设立管理机构

建筑学院成立了理事会，理事长由东莞市住房与城乡建设局调研员朱川担任，负责协调建筑学院相关事务，成立基地领导小组。

组长：颜新宁（建筑学院负责人）。

副组长：徐伟峰（检测中心主任）、张彤炜（建科所所长）、黄剑（培训中心主任）。

组员：陈春、段淑娟、胡殷、黄志明、袁国防。

基地管理人员：陈芳、孙强、龚晓宏、孙红卫。

2. 建立管理制度

除原单位的管理制度外，建筑学院还出台了相关配套措施和制度（见附件1），特别是混合所有制特聘专业教师管理办法，该办法通过大幅度提高企业特聘教师待遇，大力提高了教师的积极性。

3. 突出生产性实践教学功能

实践教学将学生带入真实的生产环境。如材料检测课程，采用集中实训的办法，将学生分组，下到各个检测室，每一个室指定一名指导老师，制订了实训指导书，经过培训后，参加真实的材料检测试验工作。在完成一定的工作任务后，在各个室进行轮训，达到生产性实训的目的。BIM建模跟岗实训课程，就因为能让学生参与建科所真实项目的建模获得了全国性的奖项。

4. 聚力创新创业教育

设立了汪华清技能大师工作室、建筑风景园林工作室，承担企业的园林建筑、园林工程设计、BIM项目，提高学生创新创业积极性，提升学生动手能力，创新创业成效显著，每年完成10万元的纵向、横向项目经费。

三、基地运行

（一）体制机制

建筑学院采用混合所有制办学模式，建科所、检测中心、东莞职业技术学院是理事单位，不以盈利为目的，具有公益性质，获得的所有利润将用于建筑学院的发展。

在东莞市住房与城乡建设局的领导和四个单位的全力协助下，构建了"专业共建、课程共担、教材共编、师资共训、基地共享、人才共育"的协同育人机制。目前所有建筑设施、实训设备均是免费使用。所有的实操老师均由企业派出，老师授课按照《东莞职业技术学院混合所有制特聘专业老师管理办法》进行管理，并获取报酬。

（二）人才培养

1. 生产性实训单元

生产性实训项目15个，包括：材料检测实训（主要有钢材、水泥、混凝土的性能检测，混凝土用砂、石、拌合物、防水材料、建筑外窗质量性能检测等）和BIM的实训（主要有校园、砥砺楼、匠心楼等BIM模型的建立）。

2. 教学性实训单元

利用基地（工场）和虚拟仿真中心，承担碧桂园对拉片铝模的拆装实训，工地各种电工柜的接线与安全检查、塔吊、工地物料提升机、升降机实操以及相关课程实训（见附件3）。

3. 社会服务

（1）技能培训。培训中心开展建设有关的各种业务培训、岗位教育、技能培训和工程技术人员继续教育培训等。2018年全年培训约28000人，年收入约800万元。

建筑学院建筑工程虚拟仿真中心服务于地方兄弟院校、相关培训单位、万科、碧桂园及其配套建筑企业，提高实训中心的利用率，实现资源共享。

（2）科研与检测。建科所承担建筑工程科研、试验、检测工作，成立了BIM工作室和技能大师室，分别承担BIM建模和建筑园林设计项目。检测中心负责地基基础、常用建筑材料、水电安装材料、混凝土结构、室内环境等项目检测，为建筑科研项目实验提供了有力支撑。

四、建设成效

（一）主要成绩

1. 人才培养成效

2017年9月建筑学院搬入基地，自此基地正式投入使用。目前基地承接了20多门课程（见附件4）、1200课时的实习实训，已有3届学生443人使用了基地。

基地成立了两个技能大师工作室，聘请东莞2018年十大创新领军人物汪华清总工担任技能大师，承担了10多项的实际园林建筑、园林工程项目，并外聘4位教师开发并担任从设计到施工岭南特色相关课程，担任了校庆10周年的校园园林规划与建设工程；聘请建科所张彤炜担任BIM工作室的为大师，带领学生从事BIM建模的业务，实现了多个项目的建模，"大学生技能资源共享平台"等项目在学校"互联网+"、挑战杯等创新创业大赛中，共获得省挑战杯三等奖2项，"赢在东莞"大学生创业大赛三等奖1项，校级三等奖2项、二等奖2项（见附件4）。

2. 服务地方产业

（1）启动万名建造技工培训计划，服务合作建筑企业。与万科合作，建筑学院培训万名建造技工，提高他们的技能。2019年3月，万科在我校隆重举行了万名建造技工培训计划启动仪式，利用基地已培训了2600人。同年7月，建筑学院为中建四局五公司举行300位新员工入职培训。

（2）共建基地，服务产业高端技术技能人才培养。与碧桂园进行深度校企合作，共建SSGF施工技术实训室。碧桂园莞深区域捐赠了一套铝合金模具样板给建筑学院，用来体验替代木模，进行装配式建筑的生产实训，为碧桂园及其配套企业，培养学生掌握SSGF建造体系等产业高端技术。

（3）联合企业开展技术攻关、服务企业产业升级等横向课题研究情况。自基地建立以来，已与6家企业联合开展了7项横向课题研究，基地在技术服务工作方面取得了良好的成效。

（二）创新经验

1. 发挥混合所有制优势，实现产教融合

以混合所有制模式，建筑工学研一体，实现产教融合，在市住房和城乡建设局的主导下，构建政校企协同育人典范。

2. 既是"校中厂"又是"厂中校"

4个建筑产业链上的单位同处一个院内,既是"校中厂"又是"厂中校",实现"基地共享、人才共育"。

3. 建立了具有一线建筑生产经验的高素质双师队伍

基地拥有建筑行业设计、研究、检测、施工、培训等各方面的专家队伍超过100人,从具有高级职称的一线专家中选择担任相关的课程和实训教学,逐步建立一支高素质的双师队伍,承担了7门课程的教学和讲座。

4. 开发了生产性实践特色课程

打造真正理实一体的精品特色课程:《建筑材料及检验检测实训》《建筑机械设备》《建筑电工与焊工》,并编制了3本相应的校本教材。

5. 探索实现"1+X"证书制度,打通社会证书和学校证书的桥梁

2019年我校成为建筑信息模型(BIM)教育部首批试点"1+X"证书制度试点单位。充分利用培训中心的设备和资质,开展施工员、质量员、资料员、机械员、造价员五大员考证和BIM证书考试,打通社会证书和学校证书的桥梁。

6. 推行现代学徒制跟岗实训试点

由于检测中心校企一处,探索了部分学生在第五学期进行现代学徒制跟岗实训试点。

五、发展规划

根据学校双提升计划,建筑学院将从450人规模,扩大到2000人规模。基地将按东莞建筑产业链发展专业群进行扩充和挖掘,规划专业包含:建设工程管理、建筑工程技术、工程计量与造价、建筑智能专业、园林工程技术。

(一)扩大建设规模

1. 建设万科绿色建造中心

基地准备与理事单位东莞市万科房地产有限公司合作,利用学院后面麒麟山近20亩的平地,用来建造万科绿色建造中心,包括安全体验培训厅、工法楼、装配式建筑实训基地等。

2. 扩大建筑材料检测检验实训室规模

在检测中心二楼,按照生产设备要求,基地建设2间建筑材料检测检验实训室。

（二）扩大"1+X"证书制度试点，提升基地培养人才质量

充分利用建筑信息模型（BIM）教育部首批试点"1+X"证书制度试点条件，探索将专业教育和技能证书结合的培养模式，将五大员证书纳入试点，培养适应社会发展和企业需要的复合型技术技能人才。

（三）建立园林工程实训基地

充分利用后山麒麟公园120亩土地，发展园林工程专业生产性实训基地。

附件：1. 基地保障性制度文件名录
   2. 基地承担实训课目一览
   3. 教学性实训相关课程
   4. 基础实训实习主要专业课程
   5. 创新创业教育主要成果一览
   6. 基地承接横向项目一览

附件1

基地保障性制度文件名录

《东莞职业技术学院科研创新平台建设实施意见》
《东莞职业技术学院科研创新团队评选办法》
《东莞职业技术学院科研项目管理办法》
《东莞职业技术学院科研项目经费管理办法》
《东莞职业技术学院优秀科研成果奖评选办法》
《东莞职业技术学院优秀教学成果奖管理办法》
《东莞职业技术学院枣庄学院教学名师评选工作实施办法（试行）》
《东莞职业技术学院"大学生创新创业训练计划"工作方案》
《东莞职业技术学院专业技术人员到企业挂职锻炼实施办法（修订）》
《东莞职业技术学院实训室管理办法》
《东莞职业技术学院校外实训基地管理办法》
《东莞职业技术学院实训室安全操作管理办法》
《东莞职业技术学院建筑学院混合所有制特聘专业教师管理办法》
《东莞职业技术学院安全教育制度》
《东莞职业技术学院安全文明守则和施工工地防火制度》

附件 2

基地承担实训课目一览

序号	实训课目名称	教学目标	面向专业
1	认知实习	本专业学习概况，行业发展前景，对本专业学习有感性认识。	技术、管理、园林
2	建筑材料及检验检测	了解建筑材料的性能及掌握检验检测方法。	技术、管理
3	建筑机械设备	了解工作原理，掌握对塔吊、起重司索工、施工降升机、物料提升机的操作管理要点。	技术、管理
4	建筑电工与焊工	了解建筑电工与焊工的原理及操作的要点。	技术、管理
5	地基与基础	掌握地基与基础的设计原理与施工方法。	技术、管理
6	工种实操训练	了解钢筋工、模板工架子工的工艺方法。	技术、管理
7	建筑材料及检验检测专项实训	掌握主要建筑材料的基本性能及掌握相应检验检测方法。	技术、管理、园林
8	检测员岗位证考取	检测员岗位证考取培训。	技术、管理
9	材料检测专项跟岗实训	提高工作场景的工作技能，适应岗位要求。	技术、管理
10	BIM 工作室项目课程	通过项目训练 BIM 建模，施工方案编制。	技术、管理、园林
11	BIM 比赛训练	组队参与各类 BIM 竞赛。	技术、管理
12	装配式建筑发展讲座	了解装配式建筑发展及运用。	技术、管理
13	绿色建筑讲座	了解绿色建筑新型设计与施工技术	技术、管理、园林
14	BIM 专项研讨与培训	组织学生参与 BIM 技术专项研讨与培训	技术、管理
15	顶岗实习	提高其综合运用专业知识解决工程实际问题的能力，为日后工作打下坚持基础。	技术、管理
16	建筑工程质量与安全管理	学习建筑工程质量与安全管理方面的规范要求及主要工作内容。	技术、管理、园林
17	建筑构造与结构综合识图实训	通过虚拟仿真教学手段对建筑施工图与结构施工图进行识读。	技术、管理
18	建筑施工技术与项目管理综合实训	通过虚拟仿真教学手段学习建筑工程施工工艺，以角色扮演形式体验工程项目管理。	技术、管理

附件 3

教学性实训相关课程

《建筑制图与识图》（36 课时）、《建筑构造》（40 课时）、《建筑结构》（50 课时）、《建筑施工技术》（54 课时）、《建筑工程施工组织设计》（40 课时）、《建筑工程质量与安全管理》（50 课时）、《建筑机械设备》（30 课时）、《建筑工程项目管理》（36 课时）、《建筑工程造价管理》（30 课时）、《建筑工程资料管理》（20 课时）、《BIM 技术应用》（36 课时）、《园林规划设计》（64 课时）、《园林建筑设计》（52 课时）、《园林工程》（52 课时）、《植物造景》（56 课时）等，可承担的实训项目有专业认知实习（16 课时）、建筑构造与识图综合实训（52课时）、工种操作实训（52课时）、建筑施工技术与项目管理综合实训（52课时）等。

附件4

基础实训实习主要专业课程

《建筑材料与检测检验》《建筑材料与检测检验实训》《建筑机械设备》《工种操作实训》《BIM技术应用》《园林建筑设计》《专业认知实习》《顶岗实习》。

附件5

创新创业教育主要成果一览

序号	获奖项目	级别	获奖时间	获奖证书
1	第四届东莞大学生科技创新节"科技创新创业大赛（学生组）"三等奖	市级	2018.12	
2	2018—2019年度广东省职业院校技能大赛园林景观设计赛项二等奖	省级	2019.06	
3	2018—2019年度广东省职业院校技能大赛艺术插花赛项三等奖	省级	2019.06	
4	2018—2019年度广东省职业院校技能大赛艺术插花赛项三等奖	省级	2019.06	

附件6

基地承接横向项目一览

时间	项目	委托单位
2016.07	塘厦小区屋顶花园设计	晟腾装饰
2016.05	鼎峰源著83号	晟腾装饰
2016.09	骑士酒吧庭院改造	骑士酒吧
2017.01	年花盆景设计	熹著园艺
2017.02	大理酒店微景观模型设计	冠标模型
2017.06	洪梅社区公园中心雕塑设计	晴朗广告
2017.06	忠兴环保公司屋顶花园设计	忠兴环保工程公司
2016/2018.12	毕业季花束	学生自主创业
2016.01至今	花艺培训	社区、银行、图书馆等
2018.10	日式庭院设计	私人委托
2018.10	85咖啡屋顶改造	85咖啡屋
2018.11—12	东莞东城观光农业园景观设计	易林生泰规划设计有限公司
2019.01至今	中堂潢涌公园改造	岭南生态文旅股份有限公司
2019.04	校园教师公寓	东莞职业技术学院
2019.07—09	园林工程工艺传承教学平台创业策划	东莞市科景园林
2019.09至今	惠州禾山村改造	卓颐景观

政府主导　多方融通
——宁波卫生职业技术学院家政创业学院

> **关键特征**：以宁波家政创业园和学校家政创业学院融合为思路，整合资源、明确分工、强化合力、注重效益，建立起政府引导、行业参与、社会支持、校企双主体育人的家政服务专业人才培养新路径，推进专业建设，促进行业快速发展。
>
> **创新要点**：以政校行企合作共建为基础，园院融合为总体思路，在家政服务与管理专业创新创业教育保障生态中实现园院互融，家政服务领域校企产学研合作推动行业发展。
>
> **微信号**：ningbojiazheng（宁波家政创业园）；馨语心家

当前，社会经济快速发展，人口老龄化、家庭小型化和服务专业化趋势明显，家政已成为极具民生价值的新兴产业，成为促进经济转型、保障民生的重要战略选择。2013年，宁波卫生职业技术学院积极响应政府要求，率先在浙江省内开设家政服务专业，坚持政校行企协同育人。2018年3月18日，宁波卫生职业技术学院联合宁波市商务局共建全国首家纯家政性质的创业园——宁波家政创业园，由宁波安丽文家庭服务有限公司负责具体运作，宁波市家庭服务业协会予以支持，同时学校在宁波家政创业园成立家政创业学院，依托家政创业园校企合作共同培养家政服务专业人才。

一、基地基本情况

宁波家政创业园由宁波安丽文家庭服务有限公司独立投资1000万元建设而成。创业园总面积3400平方米，共有三层，园区将"有形"和"无形"相结合，搭建了一个创业孵化、信息交流、资源共享、政策咨询、培养培训、学术研讨的合作平台，立足宁波，辐射舟山、绍兴等周边城市。目前园区分为集中教学区、职业培训区、创业实践区、办公运营区等区域，校企共同设计，配置了开展家政服务相关业务的设备设施，其中家政职业经理人培养、家政创业孵化场所面积2000平方米。宁波家政创业园为家政事业的创业者、经营者、服务者提供全面系统的培养培训和创业指导服务；家政创业学院致力于家政人才培养培训、家政创业教育、家政产业研究，承担理论研究等职能。

（一）基本功能

1.依托园区和创业学院开展导师制人才培养，校企合作开发《专业实践教学》《家政创业训练》和《家政经理人》等课程，共同制定课程内容，每个学生都会受到学校导师和园区行业导师的指导，两位老师各有侧重，积极配合，相互支持。通过创新创业导师开展家政服务与管理专业创新创业教育，保障行业需求和人才培养对接，提高人才培养的有效性；通过学校导师保障行业创新创业教育中的教学要求，提高人才培养的针对性。开展小班化教学，同时通过组织创业比赛，选拔优秀创业案例入驻园区进行孵化，逐步形成创新创业教育、创业比赛、创业孵化三线贯通的家政创新创业课程体系（见附件）。授课、实训、活动场景如图1至图4所示。

图1 学生在园区学习母婴培训课程

图2 宁波市家庭服务业协会首任会长胡道林在园区为学生授课

图3 学生在园区进行水果拼盘实操练习

图 4 学校家政服务专业学生在园区开展专业活动

2. 面向社会提供家务助理、母婴照护员、病患陪护员、婴幼儿照护员、养老护理员以及小儿推拿、催乳、产后康复等培训。

（二）服务面向

宁波卫生职业技术学院家政创业学院和宁波家政创业园面向的服务群体以学院家政服务与管理专业学生培养为主体，主要承接学生的始业教育、教学见习和实践教学等教学任务；同时，面向社会人员和学校家政服务与管理专业学生提供创业培训，面向家政服务人员提供各类职业培训。

（三）组成架构

1. 建立创新创业人才培养合作机构

学校在宁波家政创业园设置校外家政服务与管理专业教研室，协助宁波家政创业园推进家政服务与管理等专业的建设，培育家政服务品牌，培养家政服务领域急需的专业技术和管理人才，促进区域家政服务行业发展。

2. 在宁波家政创业园设置学生党员活动基地

园区支持并推动企业建设基层党组织，学校推荐优秀党员教师作为园区党建工作的指导导师，将实习学生纳入企业党组织管理，并建立学生实践期间的思想政治进行考核制度，坚持立德树人，确保学生在园区的培养能实现德技并修、全面发展。

3. 在宁波家政创业园建立园区运行机构

创业园研究中心负责解决家政行业和企业发展痛点问题、产品和运管模式设计、服务与管理标准制定；培训中心负责职业经理人培养培训工作；运营中心负责 O2O 系统的运营管理；技术中心负责智能信息化管理系统和互联网、移动互联网平台系统的设计；创业中心负责入园创业企业的指导工作；市场中心负责家庭服务市场调研、资源整合、战略合作工作；客服中心负责对外信息交流、咨询工作。

二、全面建设

（一）投入情况

以政校行企合作共建为基础，建立"共建共享、归属清晰、权责明确"的合作机制，围绕家政人才培养、家政服务项目研发、家政创业孵化等开展业务，校企各自明确运营职责。

1. 企业负责园区具体运作

宁波安丽文家庭服务有限公司每年投入 300 多万元承担宁波家政创业园日常运行，负责安排经费用于教师培养、项目研究、教学管理、学术活动和学生培养（含创业教育与孵化）等，保障双方合作正常开展；设置"家政发展基金"，自 2020 年起，企业每年分别投入不少于 10 万元、12 万元和 15 万元进入该基金，通过理事会决议该基金可否用于研发项目经费、专业技术人才的培训学习和学生学习补贴、学生奖学金、学生创业孵化启动基金等，其中学生创业孵化启动基金不少于基金年经费总额的 30%。

2. 学校支持园区建设

宁波卫生职业技术学院安排专项工作经费，用于创业学院的日常工作开支及管理人员津贴等，专项经费由创业学院根据工作需要，向学校申报年度用款计划；学校根据创业学院开展人才培养培训工作的实际需求，按照规定购置相关仪器设备，满足创业学院开展学生创业教育与教学实践等相关工作的需要。

（二）建设过程

1. 校外思想政治教育功能模块

依托宁波家政创业园，学校在园区设置党员活动基地，支持企业建设基层党组织，校企双方共同探索学生校外学习实践期间的思想政治教育等工作，把思政教育贯穿于人才培养全过程，共同开展课程思政的探索实践，在创业园开展实践教学的学生统一由企业党组织负责管理，参加园区的各类党组织活动。

2. 家政人才培养培训功能模块

依托宁波家政创业园，企业参与并支持学校全日制家政服务与管理专业人才培养方案制订、课程建设、校内实验实训中心建设，提供教学实践场地与设施；企业承担学校家政服务与管理等专业的教学实践工作；与甲方共同开展行业导师制、现代学徒制的培养工作，保障学生的合法利益；企业优先安排学校家政服务与管理专业学生见习、实习、社会实践，优先录用学校家政服务与管理专业学生在企业就业；校企双方合作开展家政服务与管理等专业成人学历教育与非学历培训工作，共同开发家政服务相关培训项目和教学资源。

3. 家政创业教育与孵化功能模块

依托宁波家政创业园，校企双方共同培养家政服务类创业人才。企业帮助学校孵化学生创业项目，对学校学生创建创业公司予以扶持，根据情况在资金、技术、人员、场地等方面予以相应支持；校企双方共同开发《家政创业训练》《家政经理人》等创业相关课程，共同设计课程内容、教学计划和考核方法；在园区的支持下，学校在家政服务与管理等专业人才培养方案中开设创业相关课程，并赋予相应学分。

4. 家政师资培养功能模块

依托宁波家政创业园，学校安排专业教师到园区挂职、访问工程师培养和下基地锻炼，参与企业的项目研发、业务培训等活动；学校招聘高层次的家政服务专业人才，根据创业园发展需要，可优先安排在园区实践锻炼；学校为园区优秀人员开展教学能力、科研能力等方面培训。

5. 家政产业研究功能模块

依托宁波家政创业园，在园区成立"家政产业研究中心"，共同组织家政服务相关研究、学术会议和主题讲座，设置研究项目，开设公益课堂向社会普及推广家政知识，开展职业培训推广行业标准。

三、基地运行

（一）体制机制

宁波家政创业园由宁波商务局授牌，宁波卫生职业技术学院参与建设，宁波安丽文家庭服务有限公司负责运行。依托宁波家政创业园，创业学院探索建立"共建共享、归属清晰、权责明确"的合作机制，明确工作职能，建立工作保障体系。

创业学院实行理事会领导下的院长负责制，创业学院理事会由宁波市商务局、宁波卫生职业技术学院、宁波安丽文家庭服务有限公司共同倡议成立，是创业学院建设和管理的决策机构，学校分管创业工作的校领导为理事长，宁波市商务局市场运行与消费促进处负责人、企业董事长为副理事长；常务理事由宁波市商务局市场运行与消费促进处业务主管，学校教务处处长、科研处处长、地方服务与合作处处长、家政服务与管理专业所在学院——公共服务与管理学院院长、企业总经理担任；理事会秘书处设在学校公共服务与管理学院，创业学院院长任秘书长，秘书处具体负责合作事项的日常运作与工作推进，创业学院行政班子由校企双方推荐，创业学院理事会聘任。

（二）人才培养

1. 办学上实现互融

园院互融优化了专业协同治理的能力，通过整合社会行业资源，提高了行业参与学校办学的深度和广度，加强了政校行企协同育人的能力，建立起企业和学校双主体育人的保障机制。

2. 师资队伍实现互融

创业园推荐、学院聘用，学院推荐、创业园聘用，两种途径实现师资的在行业、学校之间的双向流动机制，提高行业参与人才培养的能力，也提高了学校参与行业发展的能力。

3. 创新创业教育实现互融

以学院教育为主，以园区孵化转化推动为主，两者对接协同，形成从"教育—训练—孵化—创业"的流程化的家政服务与管理专业人才创新创业的实现路径。

4. 创业条件实现互融

园区提供场地、设备、客户资源等以及业务指导，学院提供教学师资、学生，院园共同获得政府创业政策支持，实现政府—学校—园区"三位一体"的创业保障体系。

5. 培养方式实现互融

园院互融改变了以往学生学习和实践脱离的现状，确立了在创新创业教育中工学结合的人才培养方式，在学中练、练中学，实现了学生创新创业教育和实践结合、和孵化结合、和实战结合。

（三）社会服务

1. 校企合作开展项目研发

立足区域家政服务产业发展需求，依托宁波家政创业园，校企联合成立"家政产业研究中心"，共同组织家政服务相关研究、学术会议和主题讲座，营造本区域家政行业学术氛围，并向社会普及推广家政知识，创业园根据自身发展需要，设置研究项目开展技术研发、产业研究和标准制定等，企业员工可参与学校组织的教学科研项目申报，合作编写教材和制作教学资源；促进家政产学研合作成果转化。

2. 校企共享科研成果

由学校主导完成的家政服务标准、家政培训标准等研发成果首先在宁波家政创业园推广应用，通过开展家政职业培训和岗前训练，引领行业发展新趋势，打造家政服务品牌，将宁波家政创业园打造成区域家政服务的高地和标杆。

四、建设成效

宁波家政创业园和创业学院在宁波市商务局的指导下，通过整合资源、明确分工、强化合力、注重效益，逐步建立起政府引导、行业参与、社会支持、企业和学校双主体育人的家政服务与管理专业人才培养的新路径，推进家政服务与管理等专业的建设，在教学实践、人才培养、科学研究、创新创业教育、产品研发等方面开展全方位合作；构建示范性"产学研"服务平台，共建宁波家政创业园平台，培育家政服务品牌，培养家政服务领域急需的专业技术和管理人才，促进宁波市家政服务行业的快速发展，提升行业水平。

（一）主要成绩

1. 园院融合模式下育人实践稳步推进

学校在园区设置党员活动基地，支持企业建设基层党组织，将实习学生纳入企业党组织管理，学校及时向园区带教老师传达职业教育的新思想和新要求。2018年9月通过双向选择，2016级家政服务与管理专业16名有创业意向学生到宁波家政创业园进行教学实习，园区进行创业孵化。目前共有近10名学生留在宁波家政创业园区就业。在园区实习的宁波卫生职业技术学院2015级家政服务专业学生苏丙松获企业年度新人奖，同时开办宁波宏仁家庭服务有限公司入驻宁波家政创业园，打造"舒管家"品牌。同时，校企共同推动与嵊州职业技术学校达成了"3+2"家政服务专业人才培养合作协议。

2. 园院融合模式推动行业稳步发展

依托宁波家政创业园，推广由学院牵头开发的《病患陪护员》《家务助理员》《母婴照护员》和《病患培训员》四个家政服务工种培训标准，组织开展育婴等家政公益培训；学校依托宁波家政创业园，校企合作联合开发商务部项目《幼儿照护服务标准》。目前有10多家家政企业入驻园区，参加了湖南永顺等地的家政服务项目。2019年4月10日，国家发展和改革委员会办公厅发布《关于召开全国信用APP观摩活动暨社会化信用服务现场会的通知》，由园区开发的"阿拉家政"作为企业APP和支付宝一起代表浙江入选邀请，最终获得全国第12名的好成绩。

3. 园院融合模式的社会影响日益扩大

截至目前，宁波家政创业园和家政创业学院被中国高职高专教育网、《浙江教育报》、《宁波日报》、宁波电视台等各类媒体报道10余次。2018年3月在宁波家政创业园举行了宁波家政学院理事会共同商讨家政创业工作。同年4月，在宁波家政创业园举行了浙江省家政从业人员培训与能力提升研讨会，有来自省内外的30余家家政企业来园区参观交流。同年8月，宁波市政协专门在宁波家政创业园召开行业调研会议。有浙江省妇女干部学校、贵阳护理职业学院等院校来宁波家政创业园调研家政服务专业人才培养情况（见图5），有四川自贡市商务局、宁波市家庭服务业协会、镇海家庭服务业协会等政府部门和行业协会来园区参观。同年11月，行业领军人物、全国人大代表、济南阳光大姐家庭服务有限公司董事长卓长立来园区调研。2019年3月，经评审，根据学校办学经验总结的《建立政校行企合作机制，探索家政服务专业人才培养新模式》被国家发展和改革委员会、人力资源社会保障部和商务部认定为首批全国家政服务业发展典型案例。

图5 浙江省妇女干部学校来园区调研

（二）创新经验

1. 人才培养模式上的创新

首先，导师培养建立了引企入教的有效途径。以跨界融合为突破，利用园区优势重点整合具有多领域背景的具有现代商业思维的创业导师资源，实现人才的跨界提升，也为行业的转型升级提供保障。其次，导师培养建立了提高人才培养质量的保障途径。通过"三参与、三指导"（参与课程设计、参与课程教学、参与学生选拔、指导创业比赛、指导创业孵化、指导职业规划）全面参与到创新创业人才培养人才的全过程。最后，导师培养建立了学生多样化选择的成长途径。通过导师培养，为学生量身定做创新创业教育的内容，既有课程教学，也有课后指导；既有技术培训，又有职业规划；既有集中教学，又有个人辅导，为学生家政创业、岗位创业、业务创新提供不同的指导，提高学生的职业认可度，促进了学生成才的多样化路径形成。

2. 政校行企合作模式上的创新

高职院校作为人才培养的供给侧，为了顺应当今时代家政行业的人才培养要求，理应将创新创业教育贯穿到家政服务与管理专业人才培养的全过程，着力培养学生的创意思维、创新意识和创业精神。然而，受现实条件及学生自身能力水平的制约，学生创新创业能力的养成及实践是不可能仅凭学校一己之力促成的。通过园院融合模式，以产教融合、校企合作为指导思想，确定了高职院校和企业、行业、政府之间利益结合点，解决了家政领域行业创新创业实践问题，提高了实践的真实感、实践的创业可能性，提高了家政服务与管理专业人才培养质量，以人才培养推动行业发展，找到了一条家政行业留住人才、发展人才的有效途径。

五、发展规划

坚持以习近平新时代中国特色社会主义思想为指导，全面贯彻党的十九大精神，认真落实全国教育大会精神和党中央、国务院关于教育综合改革的决策部署，根据《国务院办公厅关于深化产教融合的若干意见》（国办发〔2017〕95号）、《关于印发加强实训基地建设组合投融资支持的实施方案的通知》（发改社会〔2018〕1464号）、《浙江省人民政府办公厅关于深化产教融合的实施意见》（浙政办发〔2018〕106号）等文件精神，发挥宁波家政创业园重要主体作用，拓宽与创业学院融合路径，拓宽企业参与办学的途径，以宁波家政创业园为基础，促进家政服务专业人才培养供给侧和家政服务产业需求侧结构要素全方位融合，健全完善需求导向的家政服务人才培养模式，培养大批高素质创新人才和技术技能人才，专业建设与家政服务产业转型升级相适应，服务标准生产和技能教学同步推进，增强家政服务产业核心竞争力，在人才培养、科学研究、社会服务等方面汇聚发展新动能为行业提供有力支撑。

以产教融合家政创业园区建设为重点，围绕人才培养、社会培训、科学研究、文化传播和创新创业五大功能，经过三年的建设周期，建设成具有产品标准开发和技能教学结合、专业性和通用性结合、专业建设和社会培训结合、线上和线下结合，学历教育和职业证书相结合等鲜明特色的国内一流、省内领先的家政服务专业人才培养培训基地、技术开发推广基地、文化体验基地和产品创新创业基地。政校行企协同育人合作机制持续加强，人才培养培训条件持续改善，职业院校支撑行业发展的能力显著提升，培养培训一批数量充足、质量优良的家政服务专业人才，开发一批引领趋势、技术领先的家政服务行业标准，完成一批学习灵活、普及可靠的家政服务专业教学资源，培育一批理念先进、产品优质的家政服务创业项目。

附 件

创新创业教育、创业比赛、创业孵化三线贯通的家政创新创业课程体系

模块			主题与内容	课时	培训方式
模块1：创业教育	家政创新创业培训基础篇（32课时）	创新创业意识与创业原理	创新创业意识和素质、家政企业家精神、创业基本原理	8	讲师分享，课堂互动
模块1：创业教育	家政创新创业培训基础篇（32课时）	创业核心能力	决策力——家政行业的敏锐嗅觉	4	讲师分享，课堂互动
			创新力——互联网应用技术	4	
			团队力——构建你的家政创业团队	4	
			营销力——制订家政市场营销计划	4	
			理财力——制订你的家政企业财务计划	4	
			合规力——培养家政企业法律意识	4	
模块2：创业比赛	家政创业实战篇（28课时）	创业实战探索	家政创业经营模拟沙盘演练	8	课堂互动+课外实操
			学生家政创业项目的经营探索活动	8	
			经营探索成果检阅与辅导	4	
		创业实务辅导	家政企业开办流程与项目经营实务辅导	4	课堂互动/创业比赛
			家政创业计划的评估与完善	4	
模块3：创业孵化	家政创业孵化篇（40课时）	创业实践	家政企业创办	40	注册公司
			家政企业经营		
合计				100	

"一带一路"上的实训基地

——恒华科技职业技术学院"一带一路"职业教育产教融合实训基地

> **关键特征：** 引入中国职教标准，整合中国优质资源，恒华科技与卢旺达劳动力发展局（WDA）签订了战略合作协议（MOU），共同制定培养标准，共同开发培训课程，打造示范实训基地，打通招生就业链条，为卢旺达培养大量的实用型技术人才。
>
> **创新要点：** 构建以云计算、移动互联、大数据为特征的MOOC智慧教育解决方案，实现认证互通、资源共享。与"一带一路"沿线国家（或地区）当地中资企业的携手合作，服务卢旺达知识经济，拉动科技项目投资，建设知识经济产业园，形成教育经济产业带，构建"一带一路"地区"互联网＋职业教育＋智慧产业"发展的美好蓝图。

一、基地基本情况

恒华科技以全球视野投资500万美元在卢旺达建立恒华职业技术学院（以下简称"学院"），与当地政府、学校及中国企业开展深度合作，致力于构建与中国企业和产品"走出去"相配套的职业教育发展模式，注重培养符合中国企业海外生产经营需求的本土化人才，推动"一带一路"沿线国家（或地区）的经济发展。

2018年，恒华科技以重型机械操作为切入点，通过职业技术教育培训（重型机械操作、电力工程、测绘、机械维修、无人机操作等），为卢旺达培养大量的实用型人才，截至2018年底，已培养本地实用型职业技术人才逾百人，大大促进了当地职业技能水平的发展。

二、全面建设

（一）投入情况

北京恒华伟业科技股份有限公司（以下简称"恒华科技"）创立于 2000 年，注册资本金 4.02 亿元，属于国家规划布局内重点软件企业、北京市高新技术企业，2014 年在深圳证券交易所 A 股（创业板）上市。2018 年度恒华科技实现营业收入 11.84 亿元，近三年复合增长率近 50%。2018 年末在职员工 1136 人，技术研发人员占比 68.3%。

公司使用自有资金 500 万美元投资设立卢旺达子公司，并以子公司为基础在卢旺达本地建立了恒华职业技术学院。公司领导亲赴卢旺达，指导相关资质办理工作，注册成立恒华科技发展有限公司。设立的卢旺达子公司作为恒华科技在卢旺达办学的实体，为卢旺达职业技术学院的建立提供了有力的资金支撑与组织保障。

（二）建设过程

1. 与卢旺达劳动力发展局（WDA）签订 MOU

2018 年 2 月 12 日，卢旺达劳动力发展局（WDA）与恒华科技签订了《关于发展操作技能的谅解备忘录（MOU）》。MOU 明确了由 WDA 协调 Nyamata TVET School 作为恒华职业学院合作伙伴，为建立职业技术学院提供了良好的资源支持与政府背书。

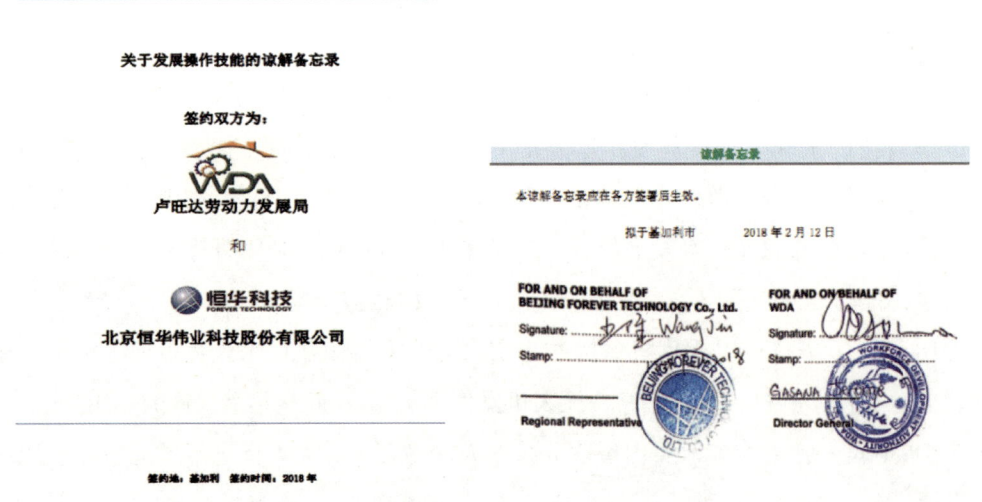

图 1　与卢旺达劳动力发展局签订 MOU

2. 制订《恒华科技—卢旺达职业教育培训商业计划书》

在卢旺达培训项目规划方案的基础上，职教团队细化完善规划内容，明确了恒华教育短期、中期、长期阶段规划目标，提出恒华教育五年发展商业计划，决定有目标、分阶段、有步骤地开展恒华职业教育业务。

3. 成立恒华科技卢旺达子公司——恒华科技发展有限公司

2018年3月15日，经董事会研究同意，恒华科技使用自有资金500万美元投资设立卢旺达子公司，注册成立恒华科技发展有限公司。公司作为恒华科技在卢旺达办学的实体，为卢旺达职业技术学院的建立提供了有力的资金支撑与组织保障。

4. 恒华科技—锡林郭勒职业学院职业教育战略伙伴校企合作签约

基于锡林郭勒职业学院对恒华教育发展方向的认同，以及恒华科技对国内优质职教资源整合的发展需求，公司与锡林郭勒职业学院签订战略合作协议，建立了长期的合作伙伴关系。该战略合作使得恒华教育在国内拥有了良好的职业技术培训支撑。

5. 卢旺达培训者赴中国培训项目成功实施

为了更好地培养卢旺达本地化应用技术人才，恒华职业学院制订了重型机械培训者赴华培训计划，以锡林郭勒职业学院为国内培训基地，通过近两个月的培训，培养一批卢旺达种子学员。再通过这些种子学员作为培训者，培养当地技术人才。通过转培培训设计（Trainers Training），在成本最小化的基础上，不但为恒华职业学院培养了一批教职人员，更解决了部分学员只熟悉当地语言的难题，使得恒华职业学院可以快速建立培训业务，获得本地化运营能力。

图2 学员通过技术培训

6. 恒华职业学院重型机械课程体系通过 WDA 认证

恒华职业学院在 WDA 的体系下办学，离不开规范的职业技术课程体系。通过借鉴国内重型机械课程培训内容与培训方法，恒华职业学院组织力量基于卢旺达 REQF 认证框架，开发出《TVET Certificate III in Heavy machines operation》课程体系，并获得 3 级课程体系认证。该课程体系的建立，使得恒华职业学院重型机械培训纳入到卢旺达国家标准的培训体系当中，更能够让培训学员具备 WDA 技能学分互认的资格。恒华职业学院重型机械课程体系通过 WDA 国家 3 级课程体系认证，是恒华职业学院在 WDA 体系下规范化培训办学的重要里程碑。

图 3 课程认证体系

7. 完成恒华职业学院场地建设

根据恒华科技与 WDA 签订的 MOU，由 WDA 协调 Nyamata TVET School 为恒华职业技术学院重型机械训练提供培训用地，前期由 Nyamata TVET School 前期提供 2.1 公顷土地作为一期重型机械业务的训练用地。在公司支持与多方努力下，搭建了临时板房、设备厂棚等基础设施，初步完成了职业学院的场地建设工作，为后续学员住宿、设备管理等办学工作奠定了基础。

8. 恒华职业学院（Forever TVET Institute）挂牌成立

在经过了基本的师资准备、课程准备、场地准备后，恒华职业学院（Forever TVET Institute）于 2018 年 6 月 28 日正式挂牌并按期开班。Nyamata TVET School 校长

Mr.John、WDA 局长 Mr.Gasana、区政府负责人 Mr.Richard 等当地官员对学院建设工作给予了积极的评价。WDA 局长 Mr.Gasana 于次日亲赴项目指导工作，并协调职业院校认证项目组进驻，为恒华职业学院（Forever TVET Institute）后续获取学校认证与独立办学做充分的评估。

9. 完成卢旺达本地招生培训百余人

学院积极思考对策，在项目前期制订了线上线下混合的宣传招生方案，线上配合当地学员的使用习惯开通了"Facebook""Twitter"等网上宣传与招生渠道，线下直接深入当地学校，赴 Nyamata TVET School、Kavumu Training Center 等对想要掌握技能的年轻人进行精准宣传。除了传统的推广方式，学院还制订了一系列营销策略，综合运用阶梯还款、关系营销、学员转介、WDA 背书品牌营销等多种方式。恒华职业技术学员自 2018 年 7 月开班至今，在最小投入的情况下，已经顺利完成 5 期的重机课程培训，培训学员共计 120 余人，迅速获得了初期的生源与良好的口碑。

图 4　学员实践教学基地

三、基地运行

（一）建设目标

学院通过开展职业技术教育培训（TVET），促进卢旺达重型机械、电力、测绘和交通等方面的技能发展，培养一批高技术人才。同时基于公司在卢旺达的教育培训应用实践，充分运用公司的互联网技术优势，提升卢旺达职业技术教育培训领域的现代化水平。

具体目标如下：

1.通过开展共同合作，促进卢旺达在重型机械、电力、测绘、交通等方面的技能发展。

2.基于市场需求，为卢旺达劳动力就业市场培养更多拥有良好技术水平的高技能人才。

3.出于可持续发展的目的，培训重型机械、电力、测绘、交通及相关职业的职业技术教育本地师资。

4.借鉴中国成熟经验，不断探索MOOC、SPOC、VR、VI、学习积分、学分互换、认证互通、资源共享、学分银行等本地化教育运营方式，引入"互联网+"教育模式。

（二）人才培养

1.教学模式

采用线上线下相结合的培训模式，学员可在学院进行短期培训，掌握职业技能，也可通过在线课程的学习，掌握相应知识。组织学生参与国内外技能竞赛等活动，在交流中提高培训质量和学员技能水平。设立技能评价系统，颁发职业技能培训认证证书，促进学员的学习积极性，为学员就业提供有力支撑。搭建国内外技术服务交流平台，实现教育资源的对接和共享，达到可持续学习的目标。

2.课程内容

恒华职业技术学院在课程内容的构建上，以业务和实用能力为导向，建立知识和能力模型。结合当地实际需要，开发符合当地学员需求的课程体系，恒华职业技术学院的重型机械课程体系已经获得卢旺达劳动力发展局颁发的国家认证，成为当地重型机械操作培训的能力认证标准。

以"重型机械驾驶与操作培训"为例：

（1）课程目标。本培训旨在培养符合下述要求的专业重型机械驾驶与操作人员：

①遵纪守法，具有良好的职业道德、社会责任感和团队合作精神；

②了解重型机械驾驶行业的基本信息、政策、法规，适应现代工程施工需要；

③较系统地掌握本专业技术基础理论和维护保养知识；

④熟练掌握重型机械的驾驶与操作作业技能。

（2）课程列表。拟定的重型机械驾驶与操作培训课程见附件。

（三）结果应用

1. 考核结业

（1）培训考核。根据培训课程的实际情况，测试内容包括：职业技能理论考核、虚拟仿真模拟考核和真机实操考核三部分。根据课程安排，学员将先进行理论学习，通过理论考试后方可进入虚拟仿真模拟阶段，考核合格后进入真机实操训练阶段。

（2）结业标准。在学校规定培训周期内，修完培训计划规定的全部课程，并通过全部规定的课程考核。

（3）证书颁发。参照公司与 WDA 签署的 MOU，毕业生的证书由恒华职业技术学院和卢旺达劳动力发展局（WDA）共同签章。

通过国家交通局重型机械操作考试的学员，获得由卢旺达国家交通局颁发的卢旺达特种设备操作驾驶执照（F 照）。

2. 就业帮扶

学院积极与当地的基建公司、电力公司、工程公司等开展合作，负责学生的就业推荐和就业指导工作，努力提升毕业生的就业率。具体措施如下：

（1）为毕业生提供职业生涯规划、就业形势、就业政策、就业技巧、职业素质拓展等方面的指导，帮助他们进行能力评估、关注就业形势、掌握就业政策、提升就业能力和整体素质。

（2）定期收集市场最新招聘信息，并通过短信、电话、电子邮件等多种载体及时为毕业生提供就业信息，跟踪其就业情况。

（3）开展毕业生就业供需见面会、双向选择活动和专场招聘，组织学生参加校外人才市场的求职应聘活动。

（4）学院与卢旺达子公司实时对接，有选择性地定期向子公司项目部输送适合的毕业生。

四、建设成效

（一）主要成绩

恒华职业技术学院自 2018 年 7 月开班至今，已经顺利完成 5 期的重机课程培训，培训学员共计 120 余人，迅速获得了初期的生源与良好的口碑。为卢旺达提供了即时可用的人才储备；恒华职业技术学院的教学体系和考评标准，为卢旺达职业技术人才考核的标准制定提供了参考；恒华职业技术学院的建立，完善并拓宽了卢旺达职业教育体系和结构。

该项目积极响应国家"一带一路"倡议，推动公司技术升级和国际化转型。项目开发的《恒华科技重型机械课程体系》获得卢旺达劳动力发展局（WDA）认可，恒华职业技术学院获得卢旺达劳动力发展局（WDA）颁发的职业技术教育办学资格证书。2018年7月习近平主席访卢旺达期间，《人民日报》《光明日报》、人民网、卢旺达电视台报道了恒华科技职业技术学院的办学实践。

恒华科技通过职业技术学院与当地的中资企业和各领域龙头企业建立良好关系，积极输送学院人才到各大公司提供专业服务，提高学员实际工作能力。同时，依托公司的项目工程，更实现了人才内部转化。

恒华职业技术学院作为卢旺达第一所提供重机培训，且后续将会逐步开设无人机、测绘、电力等专业培训的职业院校，无论对于卢旺达还是恒华科技自身，都有着重大的意义。在卢旺达设立的恒华职业技术学院，无论是培训学院的建立过程，教学的课程设置，还是项目团队的搭建，都具有可复制性。为接下来中国企业参与"一带一路"国家职业教育和人才培养提供了积极的参考。

（二）创新经验

人才培养：该项目的顺利实施将在重型机械操作、电力工程、测绘、机械维修、无人机操作等领域为卢旺达培养符合本地市场需求的特色专业实践应用型人才，且缩短了培养时间，节省了项目成本，最终提升当地劳动力专业水平，为卢旺达经济的持续发展源源不断地积累所需要的人力资本。

品牌影响：学院正在与卢旺达劳动力发展局（WDA）及 Nyamata TSS 学校共同打造优秀职业教育品牌，打算运用互联网技术构建职业教育联盟，未来该项目将成为联合国教科文组织在东非各国职业教育培训的示范标杆。

社会效益：该项目的顺利实施将提高卢旺达劳动力的技能水平，提升劳动者就业能力，增加就业机会，提升人才竞争力，改善生活水平，巩固提高中等职业教育发展水平，创新发展高等职业教育空间，完善职业教育人才多样化成长渠道，持续为卢旺达教育事业提供发展助力。

五、发展规划

未来，学院将充分运用互联网技术及资源优势，借鉴国内的成熟经验，不断探索MOOC、SPOC、VR、VI、学习积分、学分互换、认证互通、资源共享、学分银行等本地化教育运营模式，基于对市场的认识和分析，持续谋求合作机会与发展契机。

项目将探索运用互联网手段优化包括办公自动化、科研管理、教学教务、财务、招生、离校、就业等诸多教育教学业务流程，实现对学生的全周期管理；为WDA建立职教云、职教资源库等，协助构建卢旺达国家共建共享的职教信息化生态圈。恒华科技职业教育未来5年投入与发展初步规划如图5所示。

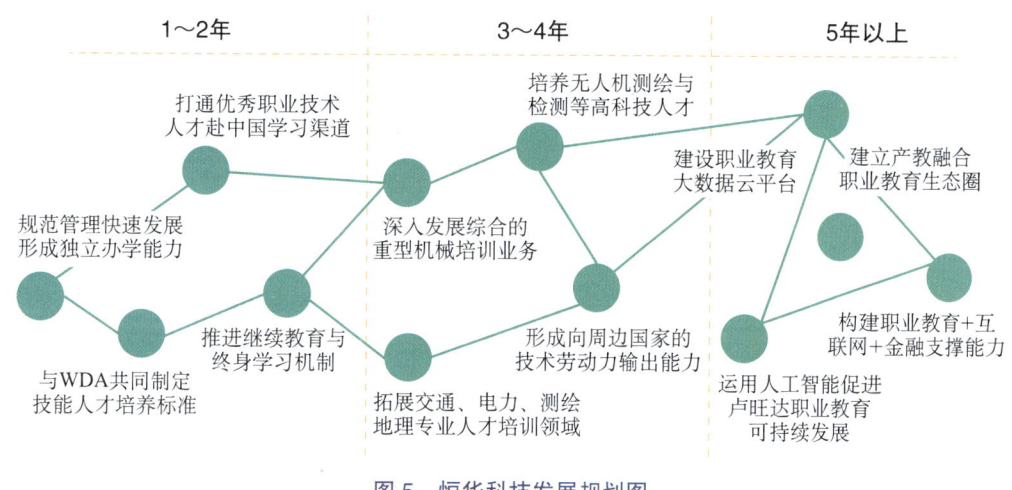

图5 恒华科技发展规划图

附 件

重型机械驾驶与操作培训课程列表

课程列表（一）		
序号	课程内容	学时
1	重型机械基础知识、基本构造	6
2	职业道德与法律	4
3	动力装置	5
4	发动机构造与原理	5
5	液压系统	4
6	传动系统	6

续表

课程列表（一）		
序号	课程内容	学时
7	电气设备	3
8	操作系统	7
9	工作装置	4
10	破碎锤操作规程	6
11	启动停车检查	3
12	重型机械养护与维修	7
13	重型机械驾驶技术与操作技术	8
14	安全基础知识及省油技巧	2
15	视频观看：上下板、上下车	4
16	视频观看：操作与保养	6

课程列表（二）		
序号	课程内容	学时
1	启动、关闭、行走、转向等单项基本操作	3
2	挖掘作业	7
3	上下坡、扫平操作	6
4	上下板车	4
5	装车	7
6	刷坡	3
7	挖沟（沟侧挖掘）	4
8	挖沟（沟端挖掘）	6
9	装载	5
10	挖土甩方	7
11	找平	3
12	破碎	5
13	90°挖土	4
14	180°挖土	6
15	直线挖掘	3
16	曲线挖掘	7

政府引导搭平台
——天津市大学软件学院软件人才培养基地

> **关键特征**：为适应经济结构战略性调整，推动区域软件与信息服务业的高质量发展，聚焦产教深度融合，政产学共建新型软件与信息技术服务业人才培养基地，充分发挥企业重要主体作用，构建了人才培养供给侧和产业发展需求侧互动融合的新机制。
>
> **创新要点**：坚持"教学与产业相融、学校与企业互动"的办学理念，通过构建"多高校、多企业、多层次、集群式"协同育人模式，努力破解软件人才培养中人才链、产业链、学科链、创新链四链融合对接难题。
>
> **网　　址**：https://www.tjise.edu.cn/

天津市大学软件学院软件人才培养基地（以下简称"基地"）是由天津市教委、市科委、滨海高新区政府和相关高校协商共建的软件与信息技术服务业人才培养基地。作为天津市率先建设、国内唯一一所以新体制、新机制运行管理的产教融合软件人才培养基地，围绕"更好发挥企业重要主体作用，促进人才培养供给侧和产业需求侧结构要素全方位融合"等产教融合深化课题，不断探索创新，形成了一系列行之有效的"天软方案"，受到了教育部主管司局多次表扬，并推荐在多个全国性会议上介绍"天津经验"。

一、基地基本情况

在天津市委、市政府规划下，由滨海高新区投资 7.5 亿元建设基础设施，天津市产业相关部门、行业企业投入 1.2 亿元进行软硬件平台建设，基地教学实训区建筑面积 8 万平方米，生活配套区建筑面积 8.5 万平方米，包括学生餐厅、学生宿舍、工程师公寓、专家楼及配套附属商业；基地建有 6740 余个座位多媒体教室、4201 个校企合作实习实训工位、1643 个创新创业工位和万兆高速网络的实践教学平台；并依托该平台集聚优质实践教学资源，形成以"共享资源、实习实训、创新创业、就业服务"为核心功能的共建、共享、共赢的新型产教融合协同育人环境。基地协同育人环境如图 1 所示。

图 1 基地协同育人环境

（一）基本功能

1. 复现软件行业新技术、新应用和核心架构，建立全面真实的工作学习环境，培养高技能应用型人才。

2. 面向天津市乃至全国的高等院校本科大学生，进行学分制实践教育培养训练，实现人才培养与行业需求的有机衔接。

3. 建立"主动学习、工程创新、职业素养、课程思政"的特色实践教学体系，构建了从工程实践到创新创业的专创融合人才培养生态系统。

4. 开展企业骨干技术人员专业技能培训，提升企业骨干技术人员专业技术水平与能力，引领企业技术进步。

（二）服务面向

基地自 2009 年与天津市市属高校合办天津市示范性软件学院，目前合作院校已达到 6 所，培养了 7 届毕业生，在凸显各高校自身特色基础上个性化阶梯递进式开展实践教学，受益学生达 4670 余人。

基地牵头实施"天津市卓越软件工程师教育培养计划"，辐射天津市市属具有软件工程专业的全部 9 所高校。自 2013 年实施以来，该计划受益学生达 600 余人。应天津市智能科技产业发展需要，基地培育专业已拓展至计算机科学与技术、网络工程、物联网工程、信息安全等智能科技产业相关专业。

基地联合培养高职升本科学生，实施"0.5+1+0.5"的培养模式，自 2011 年实施以来，合作高校由 3 所增加至 5 所，受益学生达 5510 余人。

基地建成以来，累计合作高校 79 所，由天津市辐射至河北、山东、山西等 10 个省份，实施以"卓越实训""卓越实习""毕业设计真题实做"为主的育人项目及知名企业岗前培训，每年受益学生超过 11000 人次。自 2013 年以来，为产业输送毕业生累计逾 11600 人。

基地带动多所高校 10 余个非软件工程专业的教学改革，以各自学校的行业背景为特色，分别在日语、信息与计算科学、艺术设计、信息管理与信息系统等专业上开展复合型软件人才培养试验，人才培养质量均有提高。

（三）组成架构

基地由工程实践教育基地、大学生双创实践基地、产业创新中心三大部分组成。其中工程实践教育基地为教学性实训单元；大学生双创实践基地为生产性实训单元；产业创新中心为技术领域产业学院雏形。其组成结构如图 2 所示。

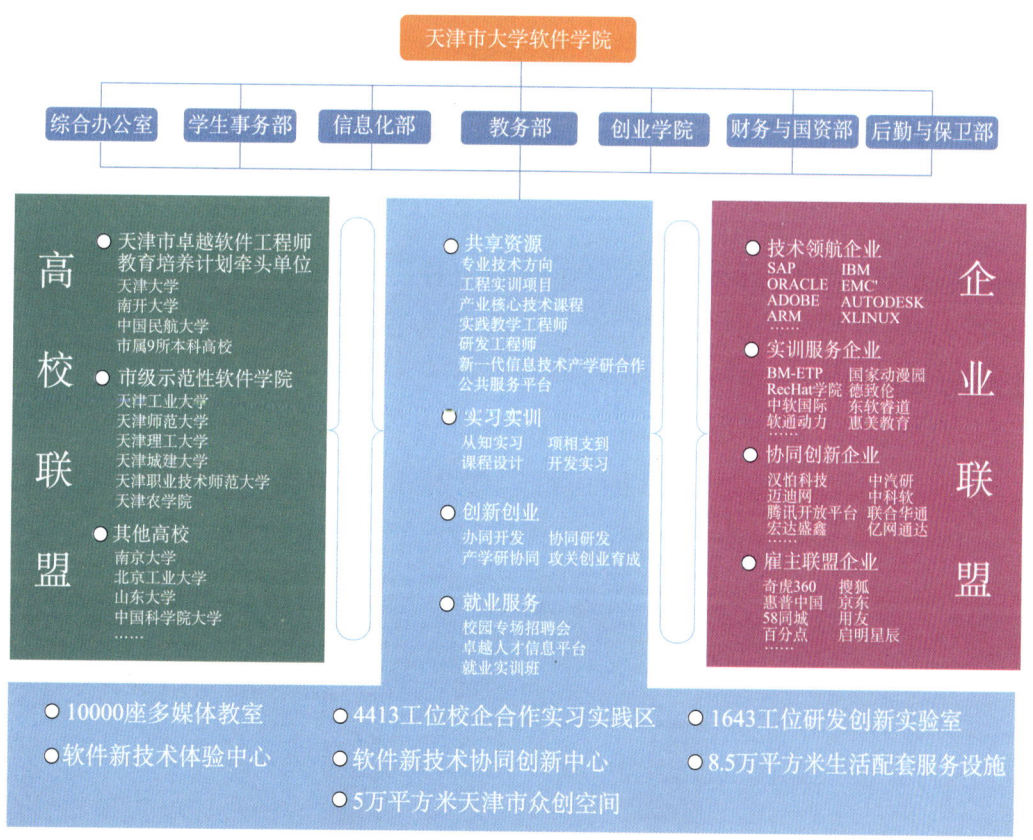

图 2 基地组成架构

工程实践教育基地涵盖云计算技术创新实验室、物联网技术创新实验室、虚拟现实创新实验室、信息安全创新实验室、摄影摄像技术创新实验室5个专业实验室，57个项目实训室。基地是一个以天软智慧社区平台、工程实践教育互动平台、创新创业综合服务平台、云计算服务管理平台、大数据整合平台等为核心，既相互独立又交互融合的面向服务架构的产教协同信息化平台，集合教育、科技、产业优势资源，以新成果、新课程和新项目为主要内容开展实践教学。

大学生双创实践基地包括"天软·创魔方"和"中北·天软创业学院"2个国家级众创空间，专注于"互联网+"产业的创新创业型人才孵化，聚集了一大批城市智能化、数字媒体、虚拟现实企业，使产业优势与双创企业引入方向和双创人才孵化方向高度融合，促进区域内技术、人才、资本、信息等创新要素资源的合理流动和高效组合。

产业创新中心带动华为、Tridium、科大讯飞等多家企业构建产业学院雏形。一方面推动云计算、智能制造、人工智能领域的产教融合，另一方面基地与天津市区域发展的产业布局相呼应。

二、全面建设

（一）投入情况

在天津市委、市政府规划下，由滨海高新区投资7.5亿元建设基础设施，天津市产业相关部门、行业企业投入1.2亿元进行软硬件建设，于2010年9月建设完成投入使用，占地165000平方米。天津市教委、科委、新技术专业园区管委会共建其他协议书如图3所示。基地部分现场图如图4所示。

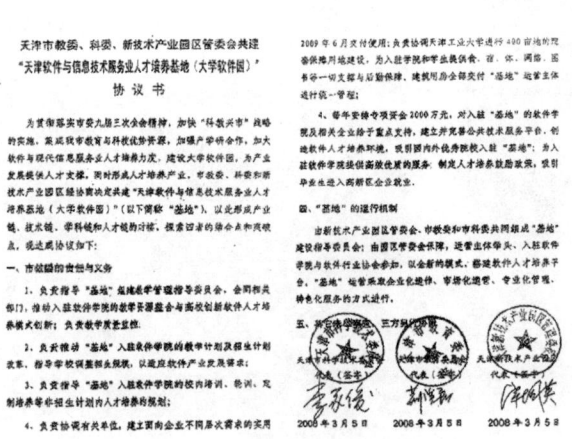

图3　共建基地协议书

图 4 部分现场图

（二）建设过程

基地受天津市教委直接管理，由高校一线教育教学人员、产业一线技术管理人员组成的专门管理运行团队负责基地管理运行服务。

基地组建了由工程教育专家、行业技术专家、行业人力资源专家组成的教学指导委员会，每年根据国家信息技术产业发展规划及产业发展趋势，主持遴选行业热点企业及领军企业进驻基地，并对人才培养进行咨询指导。

基地依据行业应用、架构特点、技术体系、开发工作量等指标，持续选择企业实际开发项目充实实训项目库。以此为基础，依据企业用人需要、高校办学定位、学生知识基础、职业进阶路径等因素选择实训项目进行调优聚类、二次开发，建设实训方案库，使高校制订教学计划时，就有了一个"递进升级、动态调整"的柔性实践教学体系供其选择使用。

三、基地运行

（一）体制机制

天津市大学软件学院作为基地的运行管理单位，是天津市教委管理的正局级事业单位，负责基地的建设、运行、管理，同时投资成立了天津天软人才基地管理有限公司，实行"事业单位企业化运行管理"。在此管理体制下，建立起了基地运行的如下主要机制：

1. 产教责任共同体管理机制

基地作为产教责任共同体建设的主导与核心，通过人才培养目标定位与教学方案设计，组织协调人才培养与教育教学活动，有效平衡了校企各自利益诉求，实现了权责利互为依托，大幅度提高了高校、学生、企业三方互动融合的浓度和密度，打造共商、共建、共享的工程教育产教责任共同体，打通工程人才培养的"最后一公里"。

高校保持了人才培养过程的主导地位。基地建立了独有的遴选考核机制，集聚并动态保持了150余家软件与互联网行业领先企业及创新团队常驻，并与300余家作为"人才消费者"的行业用人单位一起参与"产教责任共同体"建设，使高校可以"低成本、便利化"实现在真实的企业实践教学环境中进行人才培养，通过实践教学资源集聚共享平台，高校可以获得持续稳定且与产业和经济社会发展紧密衔接的优质实践教学资源，实现人才培养与行业需求的有机衔接。

产业企业获得了人才培养过程的主体地位，通过"双向自主选择"培养真正适合行业企业需求的学生，使教学内容真正符合产业需要。企业在获得高校技术支持、成果转让转化、毕业生遴选等方面也得到了实实在在的实惠。同时，多家高校的大量学生形成的"规模效应"使企业在参与人才培养中投入的工程师、设备等关键实践教学资源的使用效率得以提高，生均培养成本下降，大幅提高了企业参与人才培养的动力和可持续性。

2. 合作企业遴选与退出机制

对应产教深度融合办学新模式，基地建立了合作办学企业信息获取、遴选、合作、评价、退出的全周期管理机制。基地与合作办学企业每年签订基于实训任务、就业服务、教学行为等9项指标在内的目标考核责任书；组织制订了企业实践教学的教育标准、教学计划、教学规范、质量评估等系列评价文件，对企业实践教学内容、教学过程和就业质量进行全方位监管和评价，以实现对合作办学企业"留优汰劣"动态调整，有效地解决了高校遴选适合自身办学特色的企业及企业解除合作"善后"难题。

3. 实训专业技术方向的动态调整机制

为主动适应企业对新技术发展的人才需求，建立了实训专业技术方向动态调整评价指标体系，以行业发展引导专业方向为指针，多维度对专业方向的设置及投入进行量化评估，解决了超前规划新专业技术方向和调整老专业技术方向缺乏行业研究依据的问题。依靠动态调整模型，不断优化协同育人教学模式，规范了基地的实践教学投入，实现了学校加大创建人才培养环境投入与企业发挥自身优势全力提高工程实践教学质量两方面同频共振。每年根据企业需求和学生志愿调整企业实训技术方向，每个技术方向形成实践课程模块。

（二）人才培养

1."1 引导、6 驱动"实践教学体系

基地融合多样化产业需求，针对不同高校不同层次的学生，设置教学环节，量身定制了多模式的人才培养方案和课程体系，建设了从认知到体验再到实践、创新的"递进式"实践教学体系。在统一的开放共享平台上组成以企业导师为主体、优秀工程师与高校教师双师协同的教学团队，实施项目驱动式的教学模式；学生在项目引导下打破学校界限组成团队，自主选择参与项目开发。实施企业化学生管理模式，让学生熟悉企业角色，感受真实企业氛围。已形成基地特色育人项目：市示范性软件学院项目、市卓越实验班项目、高职升本科项目。

2. 多方联动的"四多"教学组织方式

基地联动多方共同建设了多行业领域、多技术路径的实践教学项目库和方案库，精准服务不同办学特色高校、不同软件专业方向学生的需要，极大程度实现"因材施教、因人培养"，同时破解了实践教学资源及时更新难题。企业每年提交实训技术方向、实训项目、实习内容、达成水平和本方向就业前景计划书；学生可以根据自己的学习兴趣、就业意向和学习能力等选择实训企业、实习技术方向、实践工程项目和创业项目，不同高校的学生可自主组队完成一个工程实训项目，形成了"多企业—多项目、多高校—多学生"互动交融的实践教学组织方式，实现与行业需求的有效衔接，深化了高校、学生、企业三方在教学实施层面的深度融合。基地每年开设与产业发展匹配的包括软件开发、软件测试、嵌入式技术、大数据与云计算、互联网技术、智能软件开发、多媒体技术等近 30 个专业实训技术方向，培养方案与课程体系一年一更新，一届一调整。学生"一人一张课表"，自主选择、自主学习。

3."软件工程+X"实践课程体系

面向天津市高校不同专业学生，创造开放进阶学习空间。整合优质企业培养资源，开设岗位技术课程、提供企业真实项目。多元多样培养（学分置换），初步形成大软件工程实践课程体系。已经针对 79 个高校，高职升本科、本科、研究生 3 个层次学生，定制了 334 套培养方案，开发了 500 余项工程实践实训项目，开设了 200 多门产业核心技术课程，近 1000 多个企业课程实验；企业编写出版了 20 多部企业技术教材，自编实验讲义和实习指导书 22 部，在平台上开放共享使用。

（三）社会服务

1. 行业企业培训服务

基地充分发挥产教融合创新平台的先发优势，利用实训基地共同面向地区中小企业、政府和事业单位开展相关行业社会培训服务，协助开拓地区培训服务和技术服务市场。

2. 服务区域产业发展

依托大学生创新创业实践基地集聚的140余家信息技术企业及创新团队，形成了每年亿元级规模的新一代信息技术产业创新集群，对天津市产业升级和智能科技发展形成了有力支撑。

四、建设成效

（一）主要成绩

1. 形成了独具特色的育人生态环境

经过8年的建设，目前基地有全国140余家信息技术企业及创新团队常驻，300余家企业用人单位加盟，为天津市6所示范性软件学院和9所卓越IT工程师培养院校本科生培养提供工程实习实训和软件项目研发创新服务。国内79所高校的信息技术相关学院将实践教学环节安排在基地实施。同时，基地也是高校IT教师和企业技术人员的教学能力提升培训基地，成为产教融合开放共享，"多企业、多高校、多层次"办学，集工程实训和创新创业为一体的全国最大的新型产教融合实践教学基地，实现了资源共享、规模培养、按需育人、适应供给。

2. 实现了规模化定制的高质量就业

目前，产学合作企业增至25家，协同创新企业增至123家，雇主联盟企业增至360余家；自2013年以来，参与产学合作人才培养工程师达1300余人，累计培养学生50257人次，为产业输送毕业生达11600人。

自2013年以来，基地培养的毕业生就业率和就业质量明显提升。例如，天津工业大学软件工程专业采用产教融合协同育人模式后，毕业生的实践经验和能力逐渐得到社会和考生的认可，连续5年毕业生就业签约率在全校工科专业中名列前茅。自2013年起，基地已成功创办6届市高校卓越工程师实验班，交叉复合25个实训专业技术方向，共培养754名优秀学生，吸纳19家企业、工程师78名，每年企业投入资金不少于100

万元，学生优质就业率逐年递增。

（二）创新经验

在软件人才培养基地的建设和使用中，始终以工程实践与创新创业为主线，聚焦协同育人提升学生实践创新能力。校方和合作企业深度合作，率先建立了政府引导、多元投入的实践教学资源集聚机制，不仅在硬件设备上合作，更重要的是在培养方案、人才培养规格、实践课程等方面深度合作，真正实现了产教深度融合。

基地创建了"多企业—多项目、多高校—多学生"互动融合的新型教学组织方式，联动多方共同建设了多行业领域、多技术路径的实践教学项目库和方案库，精准服务不同高校不同学生的学习需要，更大程度实现"因材施教、因人培养"，实现与行业需求的有效衔接，提高高校、学生、企业三方在教学实施层面的深度融合，创新性地破解了实践教学资源及时更新难题。

五、发展规划

在已有建设成果的基础上，持续优化集聚功能，充分发挥合作协同育人企业对教育教学工作的作用，开展专创融合教学方法创新研究，深度开展产学合作。

面向区域行业企业，建设更加良好且具有规模的新一代信息技术实践教学环境，进一步完善信息化平台，使其成为能够整合政府、产业、学校、研究机构、金融机构等多方资源的公共服务平台，建设实践教学培养体系的教学质量保障体系、质量评价体系，开展"人工智能、物联网、信息安全、大数据、数字媒体+X"复合人才培养，"机器人+X"应用人才培养，持续增强人才链、产业链、学科链、创新链对接的深度和效度。

基地将以习近平新时代中国特色社会主义思想为指导，继续秉承"教学与产业相融，学校与企业互动"的产学合作协同育人教育理念，坚持不懈地进行改革与创新，努力将基地建设成在国内领先、特色鲜明的高水平、国际化一流软件人才培养基地，为产教融合人才培养改革创新更好地发挥示范作用。

附件

基地承担实训技术方向一览

专业领域	专业方向	实训技术类别
软件设计	软件开发	企业级应用开发（Java）
		企业级应用开发（.net）
		互联网应用开发（Java）
		大前端体验开发
		互联网产品设计开发
		智能终端应用开发
软件设计	电子商务	互联网营销
	大数据	大数据技术应用
	人工智能	人工智能技术应用
	软件测试	原型开发与软件测试
系统与安全	网络空间安全	网络信息安全
		大数据安全
	云计算	云平台系统架构与管理
		数据中心网络管理
		OpenStack 开发
数字媒体	影视动漫	三维动画
		影视后期
		数字漫画设计
	新媒体技术	UI 交互设计
		虚拟现实
		网络与新媒体
物联网	物联网	物联网应用开发
		智能控制系统开发

服务产业聚焦行业

深度融合共育光伏人才
——新余学院 & 江西赛维 LDK 太阳能产教融合实训基地

关键特征：充分发挥学院新能源类专业特色等优势，以培养新能源产业转型升级和公共服务发展需要的高素质应用型人才为主要目标，以推进与新能源企业产教深度融合、校企合作为主要路径，在人才培养、双师型队伍建设、实验实训、产学研项目、培养培训等方面与企业开展全方位合作。

创新要点：秉承对接地方优势产业、服务新余发展大局的思路，以合作办学、合作育人、合作就业和发展为脉络，延伸产学研合作深度，促进学生进课题组、进科研平台、进科研团队，建设科技成果转化的高地，打造培养高素质应用型人才的重要基地。

网　　址：http://www.xyc.edu.cn/

新余学院 & 江西赛维 LDK 太阳能产教融合实训基地，是新余学院为新能源专业特色建设的产学研全方位合作的实训基地，基地建设由市政府高位推动，校企双方通力合作，自双方签署联合办学协议以来，学院设立光伏材料、光伏发电等专业，为基地培养专业人才。基地拥有完整的太阳能产业流程、先进的生产设备、优秀的技术团队，为新能源专业学生提供了一流的实习实训平台。双方本着"融合、共赢、发展"的原则，在合作办学、合作育人、合作就业、合作发展等方面开展了深度合作，在学生的实习或就业、教师的挂职锻炼、技术研究的攻关、课题的申报方面取得了多项成果，促进了校企双方共同发展，打造了一个校企深度合作、共同发展的典范。

一、基地基本情况

（一）基本功能

依据新余学院的人才培养方案，以及转型发展应用型人才培养目标的要求，建设校级示范性产教融合基地，基本功能有：

1. 为基层管理人员提供深造机会。
2. 建立产学研合作交流平台。
3. 建立理论加实践的实习实训场所。

其中，依托研发技术力量，基地积极组织专业相关的技术高管以及工程师以专题形式到学院针对《太阳电池原理与工艺》等校企合作课程进行课堂授课。

（二）服务面向

基地的服务群体以新余学院新能源科学与工程学院的材料科学与工程专业、新能源科学工程与器件专业、新能源科学与工程专业学生为主体，开展实习实训服务；针对基地基层管理人员、企业技术人员等开展理论培训服务；同时面向从事产品技术研发、课题申报的成员，提供方案研讨、技术论证服务。

（三）组成架构

基地的建设以丰富新能源专业内涵为指导，以构建"双师型"结构管理团队为重点，在基地公司中优选10名左右技术骨干作为兼职教师，与学校的具有企业挂职锻炼经历的专业教师共同建设基地教师团队（见图1）。

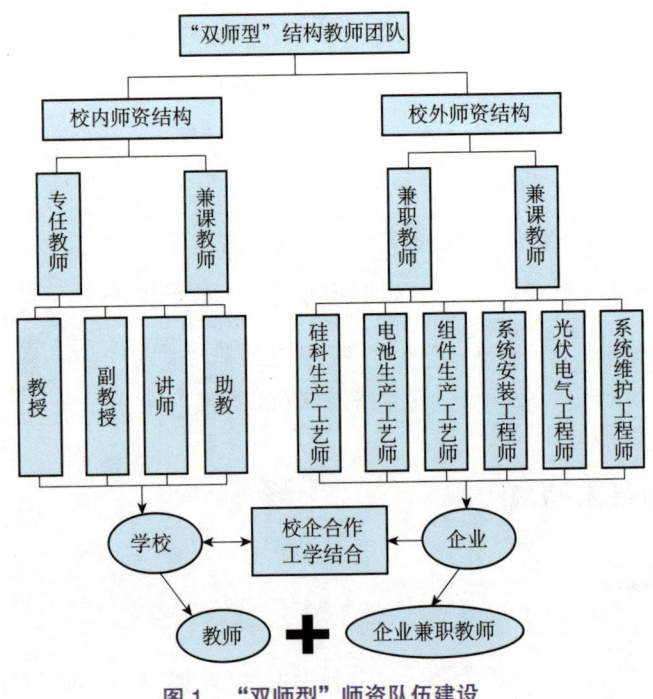

图1 "双师型"师资队伍建设

二、全面建设

（一）投入情况

基地建设主要由企业投入资金和场地，高校投入师资和管理，主要投资建设实践场所两处。一处位于学院理工楼的"光伏产业流程陈列室"，建设面积90平方米，企业资助设备资产15万元。本场所展示了光伏系统的整个产业链产品变化，直观显示光伏系统从冶金硅—多晶硅—硅锭—硅片—电池—组件—系统的加工过程，学生通过实践课程，加深对太阳能产品工艺流程的理解。主要服务于材料科学与工程等本科专业的《光伏设备概论》《太阳电池材料》课程，用于学生课外的见习实践项目。另一处位于基地厂区的四号车间，配有办公室一间，充分利用基地生产与经营的软硬件资源，着力培养学生专业技能与职业素质，开展学生实习、教师挂职、课题研究活动，充分发挥基地的建设价值。

（二）建设过程

1. 设立混编管理机构

基地与新能源科学与工程学院融合协同运行，设主任1名、副主任2名、指导老师10名、联络员1名。基地设办公室，配置基本硬件设备（计算机、打印机、桌子、柜子等），保障功能高效运行。

2. 企业深度参与

基地由企业人事部门牵头，技术研发部门、行政部门参与，与高校共同开展基地建设，承担以新能源专业方向课程教学，课程实践为主的教学工作，校企共同组建了双师双能型混编师资团队，极大提高了教学成效。

3. 强化产学研深度

依据学院发展总体规划，根据教师挂职锻炼要求，学院鼓励具有高职称和高学历的教师进入基地，推动双师型教师队伍的建设，切实提高教学质量，近年来教师到企业挂职8人，参与科研课题4项。

4. 发挥制度保障作用

基地建设在寻求学校制度支持的同时，持续加强内控机制建设，充分发挥制度的保障作用，制订了《实习基地建设三年发展规划及实施方案》《新余学院校外实践教学基地建设及管理办法》等文件，形成互助共赢、持续稳定、合作发展长效机制。

三、基地运行

(一) 体制机制

产教融合基地以实习实训平台，带动专业建设及科研发展，促进了企业、学校、学生三方的共同发展。企业理论水平上的提高，促进了工艺的改进和效率的提升；学校专业建设更加合理，打造了专业特色和优势，丰富了科研方向；学生专业素养的提高，促进了创新思维的建立，提升了就业率和考研率。

(二) 人才培养

为进一步加强课堂教学同企业生产实践相融合，提升广大学生处理生产实践问题的能力，学院每学期都邀请基地企业的资深工程师，进入课堂为广大教师和学生开展专题讲座；并在专业建设当中，邀请基地专家参与修订人才培养方案，确保人才培养与行业发展相适应。

(三) 社会服务

基地的目标是建设成为新能源产业高素质应用型人才培养基地，以满足新能源新材料产业发展对高素质应用型人才的要求，带动新能源材料与器件和材料科学与工程专业全面建设与改革。学院围绕新能源产业引进储备高层次人才，并充分发挥智力和博士人才资源优势，努力将科研成果转化和产学研有效结合，促进全市新能源优势产业快速发展。

四、建设成效

(一) 主要成绩

1. 合作办学

（1）签署合作协议。在新余市政府的推动下，新余学院与赛维公司于2007年签署了第一份了合作办学协议，并在二级学院新能源科学与工程学院开设了"赛维班"。同时随着合作的深入，2010年5月双方签署了《技术研发合作框架协议》，2014年6月双方签署了《新余学院与赛维LDK太阳能高科技有限公司合作发展协议》，双方在专业设置、就业实习、人才培养方案制订、技能培训和产学研上开展全方位合作。截至目前，基地已为赛维公司培养了883人。

图2　新余学院"赛维班"开班仪式

（2）教师挂职锻炼。为提高教师队伍的实践能力，提升教学水平，新能源学院选派12名教师在赛维公司基地挂职锻炼，为公司技术咨询、设备改造、成果转化提供人才力量；同时也为学院打造了一支专兼结和、结构合理、素质过硬的的"双师型"教师队伍。

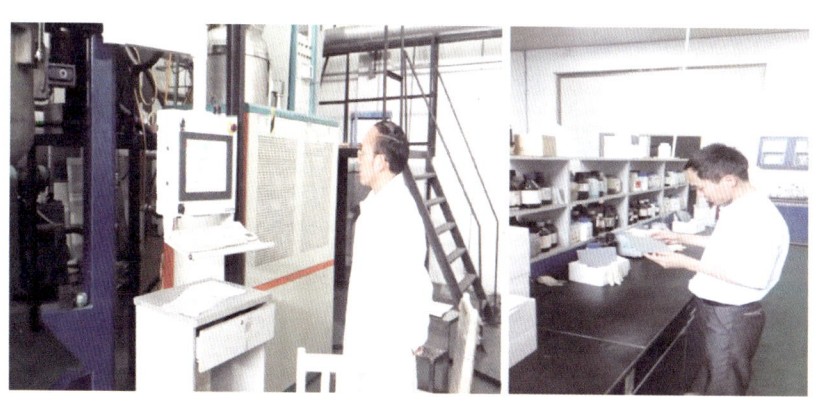

图3　学院教师在企业挂职锻炼

2. 合作育人

（1）共同修订人才培养方案。在制订人才培养大纲前，新能源学院经常走访赛维公司基地调研光伏产业发展情况，梳理人才培养思路。同时邀请基地资深工程师积极参与论证人才培养方案，为人才培养方案的精准定位把脉。

图4　基地工程师参与人才培养方案论证

（2）共建应用型课程。新能源学院本科专业的课程在企业专家指导下，制订了与行业发展相适应的培养大纲，根据核心课程标准，实施应用型课程建设，完成《化工原理》《光伏发电技术》《材料测试与分析技术》3门优质应用型课程建设。每门应用课程充分融入了行业的技术发展动态、要求掌握的核心原理，配以鲜活的生产现场资料、丰富的素材分档，使多媒体课件有血有肉，广泛应用于实际教学当中。

（3）企业高管与工程师进课堂。依据转型发展应用型人才培养目标的要求，以及新能源科学与工程学院的人才培养方案校企合作安排，赛维公司基地积极组织专业相关的技术高管以及工程师等以专题形式到学院针对《太阳电池原理与工艺》等校企合作课程进行课堂授课。例如，工艺部长王建鑫工程师为新余学院学生讲授《多晶硅生产技术》，给同学们带来了生动的理论联系实践的讲座。

（4）共建实验室。为充分展示现实企业产品，开展理实一体化教学，新能源科学与工程学院联合赛维公司，建设了光伏产业工艺流程陈列室，将公司产品分类展示，为本专科专业学生提供很好的见习场所。

（5）建设实习实训基地。为建设高效稳定的实习实训基地，新能源学院与赛维公司共同建设了新余学院校级示范性实习实训基地，并制订了实习规章制度和实训基地管理制度，完善了实习基地建设三年发展规划及实施方案，为学院学生的实习工作做好了制度保障。

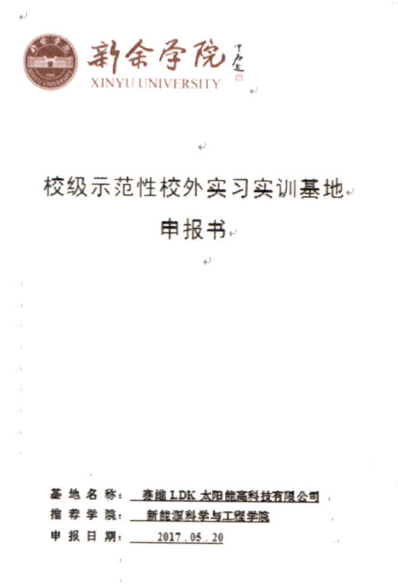

图5 校级示范性校外实习基地申报

3. 合作就业与发展

（1）合作就业。为了培养应用型人才，新余学院与赛维公司开展合作办学，在新能源学院开设了"赛维班"；"赛维班"毕业生可以直接入职。为了毕业生能够更快融入未来的职场生活，赛维公司针对新入职毕业生开设了毕业培训班，对毕业生进行专题培训。2008年以来，新能源学院累计有560余名优秀毕业生入职赛维公司，在工艺、销售、设计、法务、品检、铸锭等工作岗位上发挥着自己的专长，并在短时间内成为各自岗位的中坚力量，涌现出了一大批优秀人才。

图6 毕业生在赛维公司基地就业

（2）共建协同创新中心。新余学院牵头，并联合赛维公司与南昌大学、中国科学院过程工程研究所等单位申报江西省光伏技术与产业发展协同创新中心。同时新能源学院与赛维公司签署校级太阳电池硅材料协同创新中心合作协议。该校级协同创新中心由学院江西高等学校硅材料重点实验室的研究团队与赛维公司队共同构建而成，围绕光伏硅材料领域中一些关键技术与共性技术展开全面合作，努力建成省内乃至全国具有一定影响力的硅材料研究基地，为新余市乃至江西省光伏产业的可持续发展提供强有力的技术支撑。

（3）联合项目研发。新能源科学与工程学院与赛维公司基地联合开展项目研发，开展的项目有江西省高等学校科技落地计划项目《外加磁场下冶金法多晶硅定向凝固技术》、江西省科技支撑计划项目《直流磁场下多晶硅定向凝固技术研究》，项目经费70余万元。2018年，学院与该公司联合申报江西省重点研发计划《TOPCon高效电池技术开发及产业化》，项目经费50万元。此外，学院教师与赛维公司签订《金刚线切割多晶硅片制绒技术研究》产学研合作项目，用专业知识协助基地解决了金刚线切割多晶硅片的制绒难题，有助于提高多晶硅太阳电池光电转换效率。可为高效低成本金刚石线切割多晶硅片制绒问题研究提供一种新方法，为推广金刚石线切割技术铺平道路，促进其实际应用转化。

（4）合作共赢。校企的深度合作开创了共同促进发展的新局面，学院教师会同新余市科技局为赛维公司成功申报了"新余市国家硅材料及光伏应用产业化基地"，并为公司申报"国家光伏工程技术中心"的成功打下坚实基础。

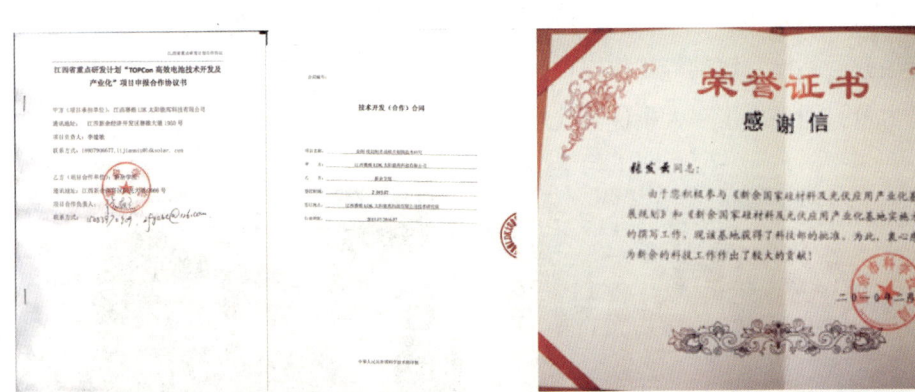

图7　学院与赛维公司联合项目开发　　　　图8　参与教师所获荣誉证书

（二）创新经验

新余学院新能源科学与工程学院在建设产教融合实训基地之初，就以合作共赢为目标，充分发挥地方新能源优势，融入区域经济发展，面向光伏等新能源产业开展科技攻关和服务。一方面发挥学院智力和博士人才资源优势，与企业开展技术攻关，将科研成果转化和产学研有效结合。另一方面，学院从新生入学开始，就以应用型人才培养为目标指向，对学生开展"三进工程"，即学生进课题组、进科研平台、进科研团队。借助实训基地等资源平台，实现"传、帮、带"的功能，发挥学术团队的作用，形成学术氛围、培养创新思维、动手实践能力。通过"三进工程"，学院考研上线率逐年上升，2019届考研上线率约为50%。近4年学生在各大学报发表论文20余篇。

五、发展规划

根据学院整体发展规划，产教融合实训基地的建设将进一步体现"面向现代化，面向未来，面向社会需求"的时代精神，坚持以培养创新型的应用人才作为基地建设的指导思想，进行基地与学科一体化建设，实现建设"品牌基地、一流基地，培养应用型人才"的目标。

巩固校企之间深度的合作机制，从而建设稳定、多元化的新能源类专业实习基地，使产学研合作经常化、制度化，加强师资队伍的建设和激励机制的保障，切实提高新能源专业人才培养的特色。

附件：1. 基地保障性制度文件名录
　　　2. 基地承担实训课目一览
　　　3. 企业兼职教师一览
　　　4. 新能源学院基地科研项目一览
　　　5. 创新创业教育主要成果一览
　　　6. 参加"三进工程"学生论文发表情况

附件1

基地保障性制度文件名录

《实习基地建设三年发展规划及实施方案》
《新余学院校外实践教学基地建设及管理办法》
《新余学院服务全市经济社会发展三十条措施》
《新余学院科研成果级别认定办法（修订）》

《新余学院新能源科学与工程学院绩效分配办法(试行)》(余学院新能源党字〔2019〕1号)
《新余学院纵向科研项目管理办法》
《新余学院科研成果级别认定办法(修订)》
《实训基地管理制度》
《实习实训教学管理规范》
《学生毕业实习管理办法》
《学生专业实习组织与管理办法》
《实习实训考核制度》
《实习企业调查问卷》
《学生实习满意度调查表》

附件2

基地承担实训课目一览

序号	二级学院	专家姓名	性别	单位名称	职称/职务	讲座题目
1	新能源	王建鑫	男	赛维	工程师	化工原理
2	新能源	何亮	男	赛维	高级工程师	太阳电池材料
3	新能源	何亮	男	赛维	高级工程师	晶体生长基础
4	新能源	李建敏	男	赛维	工程师	多晶硅与硅片生产技术
5	新能源	何亮	男	赛维	高级工程师	多晶硅与硅片生产技术
6	新能源	王建鑫	男	赛维	工程师	太阳能级硅提纯技术与装备
7	新能源	王建鑫	男	赛维	工程师	材料合成与制备方法
8	新能源	何亮	男	赛维	高级工程师	表面科学与技术
9	新能源	何亮	男	赛维	高级工程师	光伏材料最新进展
10	新能源	王建鑫	男	赛维	工程师	新能源材料与器件产业的最新进展

附件3

企业兼职教师一览

序号	姓名	学位	职称	担任课程方向
1	胡动力	硕士	高级工程师	晶体生长加工
2	章金兵	硕士	高级工程师	浆料回收
3	李松林	学士	高级工程师	光伏设备研发
4	曾绍春	学士	工程师	太阳电池工艺

续表

序号	姓名	学位	职称	担任课程方向
5	黄雪雯	硕士	工程师	太阳电池组件工艺
6	刘俊	硕士	工程师	电气控制
7	刘华	硕士	工程师	电气、振动
8	付红平	硕士	工程师	光伏系统地基设计
9	罗鸿志	硕士	工程师	光伏系统电气设计
10	徐云飞	硕士	工程师	光伏系统强电设计

附件4

新能源学院基地科研项目一览

序号	项目名称	合作单位	负责人	经费（万元）
1	外加磁场下冶金法多晶硅定向凝固技术	江西赛维LDK太阳能高科技有限公司	罗玉峰	50
2	直流磁场下多晶硅定向凝固技术研究	江西赛维LDK太阳能高科技有限公司	罗玉峰	3
3	江西省一工业篇一光伏志	江西省工业和信息化委员会	张发云	8
4	金刚线切割多晶硅片制绒研究	江西赛维LDK太阳能高科技有限公司	王发辉	2
5	江西省重点研发计划"TOPCon高效电池技术开发及产业化"	江西赛维LDK太阳能高科技有限公司	张发云	合作申报100万元

附件5

创新创业教育主要成果一览

近四年新余学院新能源科学与工程学院依托基地建设团队参加的大赛及获奖情况：

序号	竞赛名称	竞赛项目	获奖等级	奖项级别	获奖时间
1	第十四届挑战杯全国大学生课外学术科技作品竞赛江西赛区	自来水余能发电利用系统	三等奖	省级	2015
2	第十四届挑战杯全国大学生课外学术科技作品竞赛江西赛区	tio2/sno2/pedot：pss纳米多孔复合薄膜的低温制备及作为对电极的光电性能	三等奖	省级	2015
3	第十四届挑战杯全国大学生课外学术科技作品竞赛江西赛区	新余市太阳能光伏电站的现状研究	二等奖	省级	2015
4	江西省"农商杯"青年创业创新大赛	太阳能旅行冷热杯	优胜奖	省级	2015
5	中国创翼青年创业创新大赛	太阳能旅行冷热杯	银翼奖	国家级	2015
6	第八届全国大学生创新创业年会	太阳能旅行冷热杯	项目展示奖	国家级	2015

续表

序号	竞赛名称	竞赛项目	获奖等级	奖项级别	获奖时间
7	江西省学生商业计划书	太阳能旅行冷热杯	优秀奖	省级	2015
8	2015年新余市优秀大学生创新创业项目评选	太阳能旅行冷热杯	优秀奖	市级	2015
9	2015年新余市优秀大学生创新创业项目评选	薄膜光伏电池式垂直帘	优秀奖	市级	2015
10	2015年新余市优秀大学生创新创业项目评选	互联网控制室内太阳灶	优秀奖	市级	2015
11	2015年新余市优秀大学生创新创业项目评选	新型汽车降温隔热消音覆膜	优秀奖	市级	2015
12	2015年新余市优秀大学生创新创业项目评选	LED汽车照明	优秀奖	市级	2015
13	中国创翼青年创业创新大赛（市赛）	Wings科普教育	团队组一等奖	市级	2015
14	第四届全国"TRIZ"杯大学生创新方法大赛	新型隔热消音覆膜	三等奖	国家级	2016
15	中国创翼青年创业创新大赛（省赛）	Wings科普教育	创翼之星	省级	2016
16	2016年"创青春"全国大学生创业大赛（省赛）	Wings创新工作室	铜奖	省级	2016
17	第五届江西省大学物理竞赛	大学物理理论实践	三等奖	省级	2016
18	2016年江西省大学生化学实验大赛	化学实验	三等奖	省级	2016
19	第五届全国"TRIZ"杯大学生创新方法大赛	基于TRIZ理论的磁悬浮式风力发电机	三等奖	国家级	2017
20	第五届全国"TRIZ"杯大学生创新方法大赛	基于TRIZ理论薄膜光伏式电池垂直帘	三等奖	国家级	2017
21	第十四届挑战杯全国大学生课外学术科技作品竞赛江西赛区	磁悬浮式风力发电机	二等奖	省级	2017
22	第六届全国"TRIZ"杯大学生创新方法大赛	基于TRIZ理论的洗衣洗澡多功能一体机	三等奖	国家级	2018
23	江西省第七届大学物理竞赛	大学物理	二等奖	省级	2018
24	第十二届大学生节能减排社会实践与科技竞赛	一种太阳能垂直帘的设计与制作	三等奖	国家级	2018
25	2019年江西省大学生电子综合设计大赛	纸张计数显示装置	二等奖	省级	2019

附件6

参加"三进工程"学生论文发表情况

论文名称	学生姓名	发表期刊	获奖时间
核壳结构NiO/CMs固载Pt用于催化氧化甲醇	袁多禄	新余学院学报	2017
铈和镧掺杂氧化亚铜的第一性原理理论研究	刘勇	新余学院学报	2017
锂电池正极材料磷酸铁锂的前驱体磷酸铁的制备	刘慧	新余学院学报	2017

续表

论文名称	学生姓名	发表期刊	获奖时间
10.6KW分布式光伏发电系统的设计——以东莞市为例	李志明	新余学院学报	2017
孔形成剂辅助溶胶–凝胶法制备WO_3电致变色薄膜	罗晓瑞	5th International Conference on Advanced Design and Manufacturing Engineering	2017
Characterizations of Nickel Oxide Thin Films Prepared by Reactive Radio Frequency Magnetron Sputtering	夏雪峰、姜二帅	5th International Conference on Advanced Design and Manufacturing Engineering	2015
铈和镧掺杂氧化亚铜的第一性原理理论研究	李婉莹	新余学院学报	2017
High-efficient Sky-blue and Green Emissive OLEDs Based on FIrpic and FIrdfpic	李芬芬、刘玉华	Synthetic Metals	2017
Enhanced Electrochromic Properties of TiO2 Nanoporous Film Prepared Based on an Assistance of Polyethylene Glycol	罗晓瑞	International Conference on New Material and Chemical Industry	2017
Alkali-assisted Hydrothermal Route to Control Submicron-sized Nanoporous Carbon Spheres with Uniform Distribution	叶锋	Colloids and Surfaces	2017
碳纳米管和二甲基亚砜对钙钛矿太阳电池中PEDOT：PSS空穴传输层的协同影响	罗晓瑞	无机材料学报	2018
基于ZnO电子传输层的钙钛矿太阳能电池性能	张帅旗	新余学院学报	2018
裂纹模板法制备的金属网栅透明导电薄膜光电性能	韩春	新余学院学报	2018

面向三七产业　创新人才培养
——文山学院现代生物医药实训基地

> **关键特征**：三七是名贵中药材，三七产业是云南省重点打造的"千亿"产业。基地聚焦产教深度融合，突出三七产业种植、加工、产品创新、营销的链节组合，推进三七产业转型升级，提升三七产业人才培养质量，服务区域社会经济高质量发展。
>
> **创新要点**：以三七产业核心技术创新为切入点，以研究、服务为引领，双进双推为抓手，校企共建共享，发挥育人实效，推进产业发展。
>
> **网　　址**：http://sqyjy.wsu.edu.cn/

文山学院面向三七产业的现代生物医药实训基地由三七新型种植实训平台、三七现代化加工实训平台、文山三七研究院三部分组成。基地的定位遵循习总书记对高等教育提出的"两个根本"的要求，抓住传统三七产业向现代生物医药转型升级的契机，采用农科教结合、产学研协作，着力提升学生综合实践能力，打造一流实践基地，培养一批三七产业急需的高素质的复合应用型人才，促进文山学院应用型本科示范校建设。

基地以解决企业技术"瓶颈"为结合点，以项目申报实施为载体，整合校企优势资源，联合开展技术攻关，共享研究成果，实现成果转化，引领产业发展。学生参与研究和生产全过程，实行校企双导师制，实现课程设计、实践教学、考核机制等方面的有效衔接，应用型人才培养质量不断提升。

一、基地基本情况

基地总投资1.76亿元，占地27公顷，包含三七种质资源圃6.67公顷，三七新型种植基地17.33公顷，三七皂苷提取及大健康产品生产线5条共15300平方米、文山三七研究院8020平方米，有院士工作站2个、专家工作站2个、三七质量检测中心1个、省级认定科研平台4个、省级认定科技创新团队3个，可同时容纳800人开展教学业务。

基地通过三大平台建设，以推进三七产业转型升级、提升三七产业人才培养质量、服务区域社会经济发展、引领行业企业发展为目标，聚焦产教融合，突出产业链节模块组合。实现科技创新和成果转化，为三七产业发展提供科技服务。

（一）基本功能

1. 应用型人才培养

展现三七产业关键技术和架构，呈现全面真实的三七种植、加工、营销、创新研究的现场学习环境，培养面向生物医药大健康产业、现代智慧农业的高技能应用型人才。

2. 产业人才培养

以项目申报、实施为载体，通过校企联合技术攻关，实现技术输出，提升双方人员专业技术水平与能力，为产业发展提供人才支撑。

3. 创新能力提升

吸引国内外的科研团队研究三七产业的核心关键技术，校企合作共同开发新产品，为三七产业的转型升级提供技术支持。

4. 弘扬三七文化

校企共同成立"文山学院三七文化研究院"，进行三七文化挖掘、整理、创新和传承。

（二）服务面向

基地面向的服务群体以文山学院三七产业专业群的在校学生、三七产业从业人员为主，一是服务学生培养，每年不小于10万人·时；二是服务行业人员培训，面向三七行业管理人员、企业骨干技术、种植户等开展培训，每年不小于5500人次；三是开展科学研究，承接国内外三七科研团队项目不少于10项。基地承担实训课目如附件2所示。

（三）组成架构

基地组成架构如图1所示。三七新型种植实训平台是文山学院与文山苗乡三七股份有限公司共建的文山三七科技示范园，具有全国最大的三七种质资源圃，收集育种材料4000多份，建成三七工厂化育苗、三七连作障碍克服、三七农残和重金属降低等功能区，可容纳600人同时开展教学活动。平台布局如图2所示。

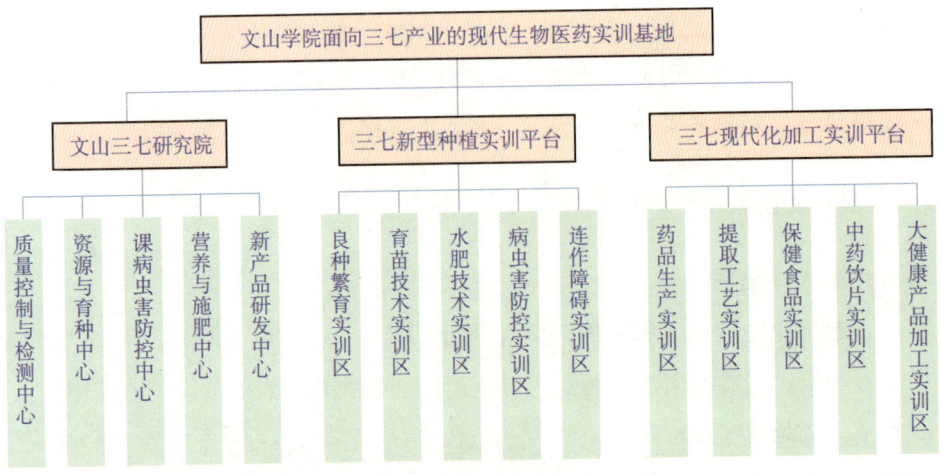

图 1　基地组成架构

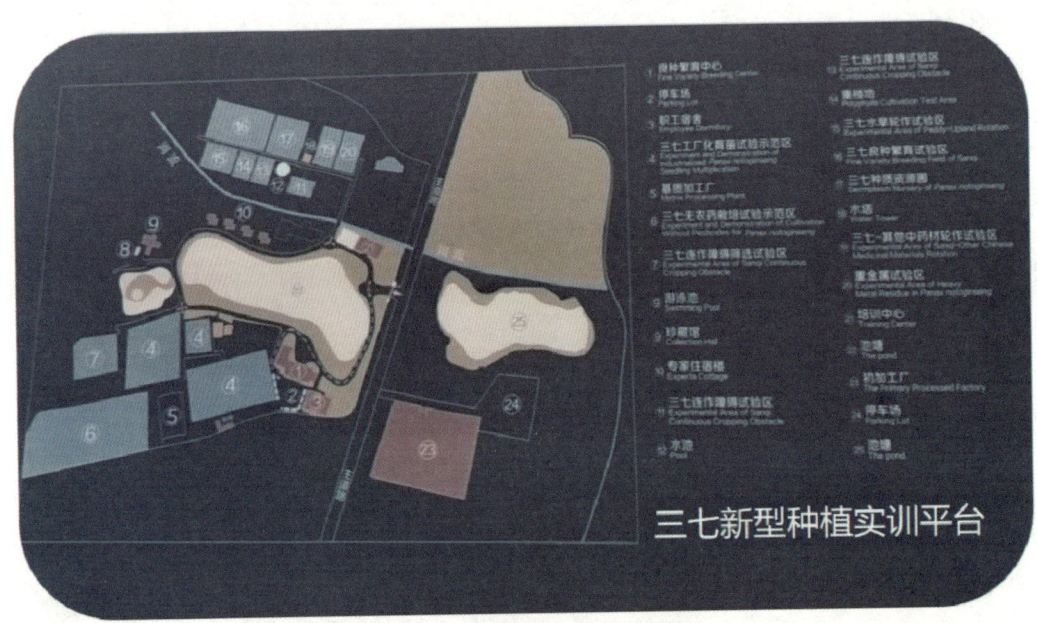

图 2　三七新型种植实训平台布局

三七现代化加工实训平台是文山学院与金七药业股份有限公司共建的三七生物医药与大健康生产线，涵盖 3000 平方米三七皂苷提取生产线、1500 平方米三七中药饮片生产车间、2200 平方米三七酒生产线、1800 平方米三七花饮料生产线、1800 平方米三七速溶茶生产线和 5000 平方米现代仓库和三七产品销售电子商务设施，可容纳 200 人同时开展三七药物、食品加工实践课程教学。平台布局如图 3 所示。

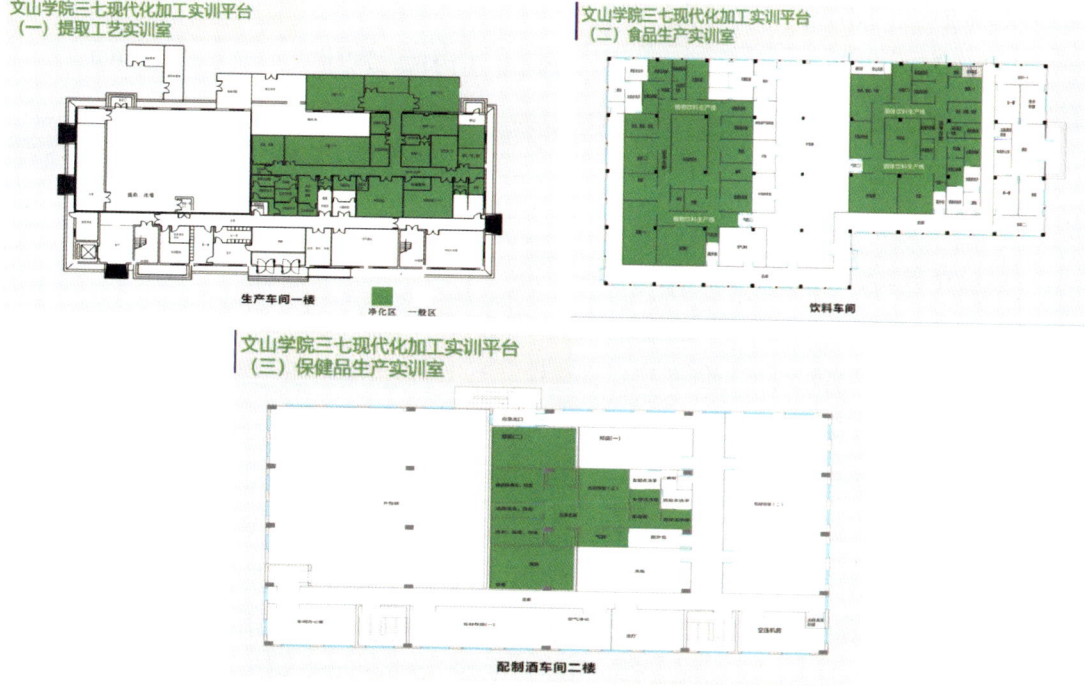

图 3　三七现代化加工实训平台布局

文山三七研究院是文山学院下属的全国唯一专门从事三七研究的权威科研机构，专兼职副高以上人员不少于 30 人。下设资源与育种中心、病虫害防控中心、营养与施肥中心、质量控制与检测中心、新产品研发中心共 5 个中心。研究院能出具法定检测报告，有省级认定科研平台 4 个、省级认定科技创新团队 3 个、专家工作站 1 个。基地与文山学院三七产业专业群的专业设置相对应，也与云南省打造"千亿"三七产业需求相呼应。

二、全面建设

（一）投入情况

基地总建设投入资金约 17600 万元，其中基础性设施建设约 10800 万元、设备投入 6800 万元。

三七新型种植实训平台占地 24 公顷，总投资 5000 万元，其中基础建设约 4500 万元，设备投入 500 万元。

三七现代化加工实训平台占地 2.2 公顷，总投资 9000 万元，其中设备金额 5000 万元，基础建设 4000 万元。

三七研究院由文山学院独立建设，于 2014 年 10 月建设完成，总投资约 3600 万元，占地 8000 平方米，其中基础建设约 2300 万元，设备投入 1300 万元。

（二）建设过程

1. 设立产教融合协同育人联盟

基地与三七产业专业群融合协同运行，成立产教融合协同育人联盟，设主任 1 名，联盟下设人才培养模式改革与创新中心、课程资源建设与创新中心和双导师制运行保障中心三个中心，与三七产业专业群下设机构一体化运行。

2. 企业深度参与

文山苗乡三七股份有限公司及金七药业股份有限公司为代表的三七龙头企业深度参与基地建设，表现在：一是共同建成科研平台，学院现有的三七省级重点实验室、工程技术中心都是与这些企业联合共建。二是共同承担国家科技支持计划、云南省重大科技专项等项目，平台互为支撑。三是为吸引优秀生源，激励先进，激发学生的学习热情，校企合作设立"校长特别奖"，采用共建产业学院、示范专业、企业订单班等方式共同培养应用型人才。"校长特别奖"第一期收到企业赞助经费共 150 余万元。四是共同组建了双师双能型混编师资团队，学院与企业互派人员进驻，参与人才培养方案修订、课程体系设置、承担专业方向课程及企业课程、职业素质课程、课程实践、毕业论文等的教学工作。五是共同开展三七文化研究，苗乡三七股份有限公司先期投入 100 万元作为三七文化基金，支持文山学院成立"三七文化研究院"，开展三七文化项目建设、联合申报与三七文化相关的各级各类项目，提升三七文化建设水平；面向学生开设三七知识课程，普及三七知识，实施三七产业人才培养及文山学院应用型本科人才培养示范校建设。

3. 突出实践教学主体功能

基地依据学校《文山学院实践教学管理规定》《文山学院实验室教学管理制度》等文件，促进实验教学、实验技术改革与成果转化，提高学生的实践能力。鼓励教师在实验教学中打破常规，进行创新性实验；与多家企业或机构深入合作，不断加强基地建设，提升基地服务教学的能力。

4. 强化双师双能型师资队伍建设

基地依据学校发展总体规划，制定《文山学院"双师型"教师队伍建设实施办法》《文山学院教师进修管理办法》等制度，建立了一支竞争力强的教师队伍。

5. 聚力创新创业教育

基地成立双创中心，把大学生创新计划纳入人才培养方案和教学计划，由校企师资组成混编导师组，鼓励优秀教师担任"大学生创新创业训练计划"导师，邀请企业专家和行业资深工程师开设创新创业系列讲座，将三七主流技术带入双创课堂。以赛促学，鼓励学生参与创新创业及学科竞赛，混编师资团队与学生形成创新合力，推进创新创业教育。

6. 发挥制度保障作用

基地重视长效机制的形成，在寻求学校制度支持的同时，持续加强内控机制建设，充分发挥制度的保障作用，制定了《文山学院科技成果转化管理办法》《文山学院教学成果奖培育评选实施办法》等文件，营造自我约束、自我完善、自我创新的可持续发展态势。

三、基地运行

（一）体制机制

基地与文山学院三七产业专业群融合协同运行，成立产教融合协同育人联盟，组建校企合作团队，与三七产业专业群下设机构一体化运行。

产教融合协同育人联盟：联盟由文山学院牵头，三七产业龙头企业为成员单位组成，负责协调校、企之间的各项工作，确定每年工作的主要方向。联盟每半年至少召开1次会议，邀请政府行业主管部门参与。

校企合作团队：以基地为基础，根据文山学院在三七研究的技术优势，针对不同三七企业的技术需求，校企共同组建应用开发团队、工程服务团队开展项目设计、咨询、应用开发及工程服务等工作，服务三七产业。

（二）人才培养

1. 生产性实训单元

基地有实训课程约42门，可以满足三七现代农业种植、三七产地加工、三七产品加工、制药设备与车间设计、中药鉴定、植物组织培养等实训课程教学要求。

该单元可满足设施农业科学与工程、植物科学与技术、制药工程、食品科学与工程等多个专业的专业技术基础课及专业课程的教学要求。

2. 教学性实训单元

基地实训课程由三七龙头企业公司与文山学院共同开发，数量共计 10 门，涵盖三七栽培和三七加工两个方向，学生学习兴趣高，对实训课程的满意度高达 93.7%（见附件 2）。

（三）社会服务

基地充分发挥三七产教融合平台的资源整合优势，一是选育三七新品种，对三七产业提供良种服务；二是通过技术物资配套服务，向三七行业推广辐射新技术、新产品；三是向中小企业提供技术支撑和人才保障；四是作为政府行业智库，承接政府部门的技术培训服务工作。

四、建设成效

（一）主要成绩

1. 人才培养成效

基地成立双创中心，将三七主流技术带入双创课堂，以赛促学，鼓励学生参与创新创业及学科竞赛，混编师资团队与学生形成创新合力，创新创业成效显著，3 年来，学生参加大学生创新创业训练计划项目，获国家级（高教司）立项 59 项，获省级（教育厅）立项 109 项，其中与三七有关项目 19 项；参与大学生创新创业大赛，获得省级奖项 6 项。

2. 服务产业情况

三七茎叶、花两个产品获得了云南省卫计委批准其可作为云南省地方特色食品原料使用，支撑了三七地上部分作为食品原料使用的合法化。

打造文山州三七质量检测中心，获得 CMA 资质认证，每年为三七行业监测和检测 300 多份样品。

依靠科技领先，支撑文山三七大数据中心建设及万亩三七农业物联网建设，建成文山三七大数据中心。

积极扶持三七龙头企业的发展。扶持文山苗乡三七股份有限公司成为云南省最大规模的三七种植龙头企业；扶持文山华信三七股份有限公司成为规模最大的三七初加工厂；扶持文山金七药业公司成为文山州三七药品及保健品生产的龙头企业之一。

打造文山三七专家团队，"云南省高校三七活性成分研究及健康产品开发科技创新团队""云南省高校三七安全无污染种植初加工关键技术科技创新团队""云南省高校三七无公害种植产业技术科技创新团队"3个团队获批为省级创新团队。

弘扬三七文化，建成三七科普文化长廊及三七科技馆，获批为省级科普教育基地。

3. 基地成果显著

联合企业开展三七产业关键技术攻关，获得国家发明专利10项，发布中药材领域首个无公害标准，获得省级以上奖励20余项。

"中药大品种三七综合开发关键技术创建与产业应用"研究成果获得国家科学技术进步二等奖，"三七标准化与产业发展关键技术研究与应用"获得云南省级科学技术奖励一等奖。

选育出"文院紫七1号""苗乡三七1号""滇七1号"和"苗乡抗七1号"等三七新品种。

与三七企业合作开展技术攻关，研究成果发表于国际期刊《分子植物》和《科学报道》，为解决三七的连作障碍问题奠定了良好的理论基础。

（二）创新经验

1. 三七研究院是桥梁

三七产业是云南省重点打造的生物医药大健康产业的重要支撑，是文山州的支柱产业，云南省各级政府高度重视三七产业的发展。文山三七研究院有34年的技术积累，以三七龙头企业迫切需要解决技术输出为基础，开展联合共建，具有良好凝集力。

2. 共建共享是基础

校企双方共建共享云南省三七工程技术研究中心、云南省三七农业工程实验室、云南省高校三七应用技术重点实验室、云南省高校三七及地方特色食品开发利用工程研究中心等平台，根据企业和岗位需求实现人才培养与企业需求的对接。

3. 双进双推是关键

基地制定《文山学院"双师型"教师队伍建设实施办法》等政策措施，鼓励教师进企业，企业技术骨干进学校，共同建设"双师型"教师队伍；实施企业关键技术攻关、企业岗位员工培训，提升企业员工素质，推动企业发展；发挥双方优势，组建技术攻关项目组，教师、学生、企业骨干共同参与、相互促进、共同发展。

4. 学生质量是根本

基地以人才培养为落脚点，强化质量意识，实行校企双导师制，加强实践教学，缩短学生岗位适应过程，提升学生培养质量。

五、发展规划

学校按照将习近平总书记给全国涉农高校书记校长和专家代表回信的精神，进一步完善基地的新型人才培养功能，通过调整、优化、升级、换代、新建的方法，推进专业供给侧改革，下大力气优化升级原有专业，还要根据三七产业布局一些新建专业。基地将推进符合云南三七产业需求的"五链合一"（产业链、学科链、人才链、创新链、服务链），进一步打造成集聚先进生产要素的大平台、新型人才培养的大课堂、现代职业三七从业者培育的大学校、科技成果转化的孵化器。

文山学院面向三七产业的现代生物医药实训基地将以习近平新时代中国特色社会主义思想为指导，聚焦三七产业关键技术创新，聚焦三七人才培养，进一步提升文山学院服务文山三七产业高质量发展的能力。

附件：1. 基地保障性制度文件名录
   2. 基地承担实训课目一览
   3. 实训课程、课时、课程结构模块和课程评价标准一览
   4. 创新创业竞赛主要成果一览
   5. 2016—2019 年文山学院大学生创新创业训练计划项目一览（三七方向）
   6. 基地科研课题一览

附件 1

基地保障性制度文件名录

《文山学院科研项目管理办法》

《文山学院科研经费管理办法》

《文山学院国家社会科学基金项目资金管理办法》

《文山学院学术专著出版基金管理办法》

《文山学院科研成果转化管理办法》

《文山学院知识产权管理办法》

《文山学院专利工作管理办法》

《文山学院高层次科研教研项目奖励实施办法》

《文山学院教学改革研究项目管理办法》

《文山学院关于进一步推进教学改革研究的实施办法》
《文山学院教学成果奖培育评选实施办法》
《文山学院"双师型"教师队伍建设实施办法》
《文山学院教师"传帮带"实施办法》
《文山学院教师进修访学实施办法》
《文山学院实验室工作条例》
《文山学院实验教学管理制度》
《文山学院实践教学管理规定》
《文山学院大学生科研成果奖励办法》
《文山学院大学生创新创业园入驻管理办法》

附件2

基地承担实训课目一览

序号	实训课目名称	教学目标	面向专业
1	三七营养与施肥	掌握三七的配方施肥技术,为三七的种植提供实践依据	设施农业科学与工程、植物科学与技术
2	三七工厂化育苗原理与技术	掌握工厂化育苗的基本原理和实操技能,解决生产中的实际问题	设施农业科学与工程、植物科学与技术
3	作物遗传育种学	学会育种技术和掌握育种实操技能	设施农业科学与工程、植物科学与技术
4	三七栽培学	学会三七栽培过程中对光、温、水、肥、气等要素的掌握;掌握三七栽培必需的建棚技术、田间管理技术	设施农业科学与工程、植物科学与技术
5	三七植物保护学	学会植物病害、虫害的诊断、鉴定方法,掌握农业有害生物的综合防治方法及操作技能	设施农业科学与工程、植物科学与技术
6	三七产地养护加工学	掌握三七等中药材的采收、产地加工、贮藏保管、包装等技能	制药工程、设施农业科学与工程
7	三七产品加工学	掌握三七产品加工方法及质量控制方法及技能	制药工程
8	制药设备与车间设计	提升学生车间相关设备的选择和工艺设计的能力	制药工程
9	制药工艺学	掌握药物制备工艺条件筛选的基本方法及药物结构修饰的基本方法及技能	制药工程
10	制药过程安全与环保	掌握制药过程中的安全管理措施及注意事项,规范制药过程中的操作及环境保护措施	制药工程

附件 3

实训课程、课时、课程结构模块和课程评价标准一览

名称	名称子项	相关情况	备注
实训课程数量及结构模块	省级精品课程	132 课时	《植物学》省级线上精品课程
	产教融合课程数量	2018 年 2 门课程 2019 年 4 门课程	总课程数量
	产教融合课时数量	2018 年 72 课时 2019 年 180 课时	
	出版教材数量	2018 年 2 本教材	
课程评价标准	满意度调查	2018 年满意度 93.7%	

附件 4

创新创业竞赛主要成果一览

1. "极致三七"在 2018 年"建行杯"第四届云南"互联网+"大学生创新创业大赛主赛道中获得省级铜奖

2. 教师左瑞娟 2017 年在云南省首届创新创业师资教学技能大赛中获得省级铜奖

3. 教师左瑞娟被评为 2018 年大学生创新创业校级优秀指导教师

4. "野生八月瓜的种植与市场研发"在 2018 年"建行杯"第四届云南"互联网+"大学生创新创业大赛主赛道中获得省级铜奖

5. 创业项目：云南省八月瓜绿色农业有限公司在 2018 年"创青春"云南省大学生创业大赛中获得省级铜奖

6. 教师胡展育被评为 2018 年大学生创新创业校级优秀指导教师

附件 5

2016—2019 年文山学院大学生创新创业训练计划项目一览
（三七方向）

序号	来源部门	项目编号	项目名称	负责人	指导教师	立项年度
1	高教司	201611556007	文山"绿三七"电子商务有限责任公司	庞怀书	蒋鸿	2016
2	省教育厅	S201611556027	文山特色及特有植物标本制作	李能	刘伟	2016
3	高教司	201711556001	三七黑斑病菌对常用农药的抗药性研究	张鸿	龙月娟	2017

续表

序号	来源部门	项目编号	项目名称	负责人	指导教师	立项年度
4	高教司	201711556022	一种三七冰红茶饮料的开发	李妹花	陈云 丁长春	2017
5	高教司	201711556021	霸王三七鸡	谢兴缘	左瑞娟	2017
6	高教司	G201811556001	云七语茶，禅意人生	黄厚梅	谭福能	2018
7	高教司	G201811556002	七子白古方系列软膜的研发	杨文清	詹云静 赵芳	2018
8	高教司	G201811556009	"金不换"中医养生馆	李奋洁	李付惠	2018
9	省教育厅	S201811556002	虫草水晶标本制作	腾晓春	李建平	2018
10	省教育厅	S201811556008	三七收割采摘清洗机	刘俊岭	黄卫华	2018
11	省教育厅	S201811556009	三七直播间	许景斯	王玉萍	2018
12	省教育厅	S201811556016	极致三七	熊新梅	左瑞娟	2018
13	高教司	201911556001	三七茎叶发酵茶系列产品开发	施越洋	陈红惠	2019
14	高教司	201911556007	三七须根酵素脂质体产品开发	兰旭婷	唐成飞	2019
15	高教司	201911556009	三七蜜片	王崇玉	黄再强	2019
16	高教司	201911556004	七花酵素饮料	高怡芳	詹云静 赵芳	2019
17	高教司	201911556003	文山地区色素植物的引种栽培及其营养成分、抗氧化性研究	黄雁	陈云	2019
18	省教育厅	S201911556027	三七盆栽	徐蓉	左瑞娟	2019
19	省教育厅	S201911556028	三七育种	李春平	左瑞娟 陈皖芬	2019

附件6

基地科研课题一览

序号	姓名	项目	签订	合作单位
1	陈中坚	三七新型农业社会化服务体系建设	2015年1月	文山苗乡三七公司
2	高明菊	文山三七脱农残清洗技术研究	2015年7月	文山荣祥三七商贸有限责任公司
3	陈中坚	三七连作障碍机理研究	2015年10月	文山苗乡三七公司 沈阳药科大学
4	冯光泉	产业技术领军人才	2015年11月	云南农业大学 云南特安呐制药集团股份有限公司
5	黄天卫	三七节水及化学除草技术试验示范	2015年11月	文山生物科技成果转化服务中心
6	孙玉琴	草果花而不实关键技术研究	2015年11月	马关县草果研究所
7	韦美丽	虾肽肥在三七上应用技术研究	2016年1月	广东湛江博泰生物化学有限公司

续表

序号	姓名	项目	签订	合作单位
8	冯光泉	赵大庆专家工作站	2016年2月	长春中医药大学 云南白药集团 文山七花有限责任公司
9	毛忠顺	克服三七连作障碍技术体系构建及应用（三七真菌病害防控关键技术研究）	2016年6月	云南农业大学
10	陈中坚	苗乡三七公司技术委托服务	2016年7月	文山市苗乡三七实业有限公司
11	王朝梁	云南省高校三七活性成分研究及健康产品开发科技创新团队	2016年12月	金七药业股份有限公司
12	陈中坚	三七物联网建设与运营	2017年3月	神谷药业公司
13	王朝梁	三七中药饮片标准化建设	2017年4月	康美药业股份有限公司
14	周家明	三七地上部分茎叶花爽饮料研究开发	2017年5月	文山金旺药业有限责任公司
15	周家明	三七茎叶花食品开发及技术服务	2017年8月	云南人羡花化妆品有限公司
16	冯光泉	风化煤的微生物转化及三七专用肥的研究	2017年8月	中澳怡柯唯生物技术研究与发展有限责任公司
17	孙玉琴	300亩石漠化山区苦参家化栽培技术示范基地建设	2017年9月	西畴百汇药材林果种植有限公司
18	冯光泉	三七须根食用安全性研究和评价	2017年10月	文山州三七及中医药产业发展中心
19	王勇	三七根腐病发病机制和绿色防控技术研究	2017年10月	文山苗乡三七公司
20	陈中坚	注射用血塞通（冻干）标准化建设	2017年10月	黑龙江珍宝岛药业公司
21	冯光泉	三七新食品原料研究与开发	2017年11月	长春中医药大学 云南白药集团 文山七花有限责任公司
22	王朝梁	三七产业大数据建设质量检测中心项目	2017年11月	文山州三七及中医药产业发展中心
23	高明菊	云南诺特金参口腔护理用品有限公司合作（协议未盖章）	2017年	云南诺特金参口腔护理用品有限公司
24	王朝梁	产业技术领军人才	2018年2月	金七药业股份有限公司
25	赵爱	三七健康产品开发及技术服务	2018年3月	文山市华信三七科技有限公司
26	周家明	三七保健酒开发及技术服务	2018年5月	文山龙欢酒业有限责任公司
27	陈中坚	无公害三七种植技术集成及产业化	2018年5月	文山苗乡三七公司
28	王朝梁	云南省高校三七及地方特色食品开发利用工程研究中心	2018年9月	金七药业股份有限公司
29	冯光泉	三七茎叶、花为原料的大健康食品开发	2018年11月	云南唯七诺健康科技有限公司

专业跟着产业走
——烟台南山学院纺织工程专业实训基地

> **关键特征**：校企一体、产教融和，共建实训基地
> **创新要点**：搭建集教育、培训、研发于一体的共享型协同育人实践平台

烟台南山学院纺织工程专业实训基地由纺织品性能检测实训基地、纺织品生产实训基地两大部分组成。基地基于"校企一体、产教融和"的建设思路，联合行业组织、企业共同搭建集教育、培训、研发于一体的共享型协同育人实践平台。

一、基地基本情况

基地由烟台南山学院与山东南山智尚科技股份有限公司共同建设，包括学校主导建设的实验室13个和企业主导建设的检测中心1个、生产基地1个（包括染色、纺纱、织造、后整理4个分厂）。

（一）基本功能

1. 纺织品性能检测实训基地主要用于纺织品检测能力的教学、培训和对外各项检测服务工作。

2. 纺织品生产实训基地主要用于产品设计、工艺、设备、制作等方面技能、技术培训，并协助企业相关产品研发、技术改进等工作。

（二）服务面向

基地面向的学生服务主体是烟台南山学院纺织工程、现代纺织技术、纺织品检验与贸易专业学生，企业服务主体是全国毛纺织企业技术人员。

学生培养通过校企共同制订培养方案、共建师资队伍，联合开展日常实践教学任务。同时，依托综合实训项目、创新实训环节等对接企业生产任务，实现共赢。企业技

术人员培训通过与中国毛纺织行业协会联合成立毛纺培训基地，根据企业需求，有针对性地定期开展相关培训工作。

（三）组成架构

1. 基地的系统构架如图1所示：

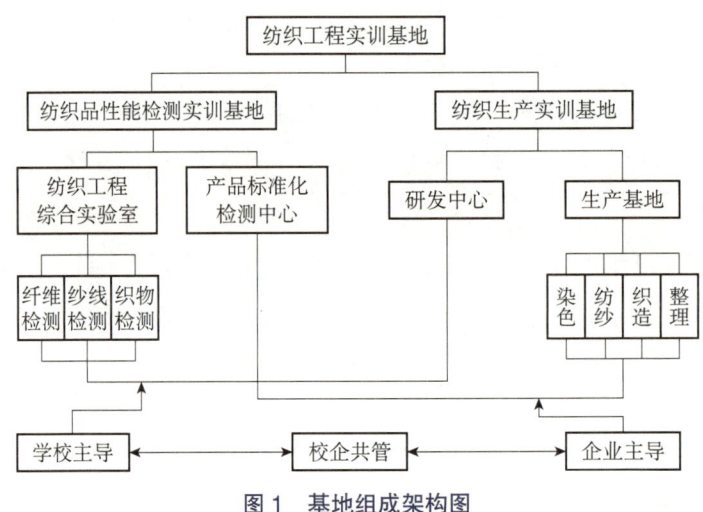

图1　基地组成架构图

2. 纺织工程专业实训基地的主要设备明细如附件2所示。

3. 纺织工程专业实训基地部分图片如图2所示。

图2　基地部分实景展示

二、全面建设

(一) 投入情况

纺织品性能检测实训基地由烟台南山学院和山东智尚科技股份有限公司共同建设，于 2013 年 3 月建设完成，总投资约 1100 万元，其中烟台南山学院投资 450 万元，山东南山智尚科技股份有限公司投资 650 万元，试验场地面积 790 平方米。

纺织品生产实训基地直接对接实际生产。其中，产品研发实训室由烟台南山学院投资 200 万元建成，占地 500 平方米。染色厂、纺纱厂、织造厂、后整理厂直接依托企业生产车间，生产车间即为实践课堂。山东南山智尚科技股份有限公司的精纺产业拥有毛精纺纱锭 15 万锭，13000 吨制条生产线、800 吨 Arcano 生产线、200 万米丝光呢绒生产线、年产高档精纺呢绒 3000 万米（其中紧密纺面料 800 万米），是目前全球最大的紧密纺面料生产基地之一。

(二) 建设过程

1. 建设思路

烟台南山学院与山东智尚科技股份有限公司同属南山集团。南山集团自上而下推行"校企一体"发展策略，南山学院依此确立"专业跟着产业走"的办学思路，校企一体共筑产学研平台。

利用这一先天优势，纺织工程专业明确了实训基地的建设思路，校企一体、产教融和，共建实训基地。实训基地即是培养学生技能的教学场所，又是资源共享的产学研平台。

针对企业人才需求情况，纺织工程专业实训基地建设主要分为两大块：一是纺织品性能检测实训基地，二是纺织品生产实训基地。

（1）纺织品性能检测实训基地。该实训基地仪器种类繁多，每种仪器配备数量可根据使用情况而定，以求尽量扩展学生的涉猎面，但占地面积小。这一特点使得基地建设可以以院校为主导，服务于教学，也服务于企业，实行开放式运行模式，达到资源共享的目的。

整合校企实验室现状，进行整体规划，小部分实验室设置在企业，以针对不同出口标准的毛精纺产品性能检测仪器为主；大部分实验室设置在学校，涵盖各类原料、纱线、面料的常规性能及部分特种性能的检测仪器。实验室进行校企共管，统筹运行。

（2）纺织品生产实训基地。该实训基地应直接对接实际生产，包括产品研发、纺纱、织造、染色、后整理等生产环节。其特点是生产流程长，设备种类繁多，投资大、占地面积大。这一特点使得基地建设可以以企业为主导，生产车间即为实践课堂，在不扰乱秩序的情况下获得良好的教学效果，需要一套完善、合理的运行机制。学校可以辅助建设简单的产品研发实训基地，包含必备的梳理、纺纱、整经、织造小型实训设备，服务于教学的同时，帮助企业开发新产品，实现共赢。

2. 管理机制

实训基地设立管理办公室，实行主任负责制，由南山集团任命，负责实训基地的建设、发展、培训及统筹管理，实现校企共赢。下设两个副主任，分别负责学校实训基地及企业实训基地的管理及对接工作，商讨确定实训基地阶段性的任务工作安排，确保教学、生产、培训工作顺利进行。基地的每一个实验室都配置管理人员1名，由相关的学校教师和企业技术人员担任，他们共同设计、指导实训项目的开展工作。

基地制定了各项管理办法，包括实训基地管理办法、实训设备管理办法、实训材料、低值易耗品管理办法、实训基地卫生安全管理办法等，以保障实训基地的日常运行工作顺利开展。

三、基地运行

（一）体制机制

基地建设开放式地融入行业、企业资源，搭建"产学研平台"和"培训平台"，把教育、行业和企业有机联系起来，形成资源共享、协同发展的新局面。

校企共建产学研平台，将企业资源与教育资源有效融合，实现校企双赢。校行共建培训平台，开展成果推广和技术服务。二者相辅相成，形成集教育、培训、研发于一体的共享型协同育人实践平台。

（二）人才培养

1. 学生培养

校企共同制订教学计划，针对实训环节联合开展人才培养工作。实训课程设置"基础、专业、综合、创新"四个层次，如图3所示。

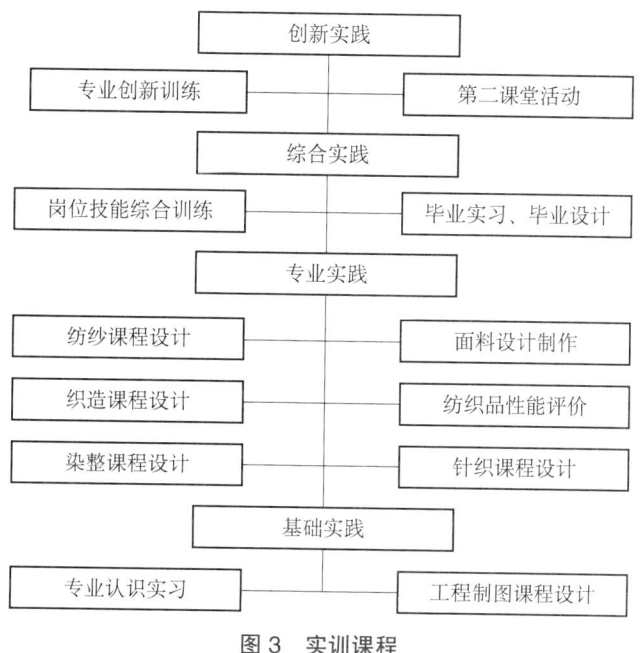

图3 实训课程

其中,专业认识实习、纺纱课程设计、织造课程设计、染整课程设计、面料设计制作、纺织品性能评价、针织课程设计、毕业实习、毕业设计、岗位技能综合训练、专业创新训练、第二课堂活动12个实训环节均在纺织品专业实训基地完成。

专业实践环节中的6门课程的教学大纲由学校老师、企业导师结合企业生产实际与学生培养技能标准共同制定,教学环节主要在学校相关实验室完成。专业认识实习、综合实践与创新实践的5门课程由学校老师、企业导师共同指导完成,评价指标包括企业导师评价与学校教师评价两部分,各占50%。其中,第二课堂活动形式灵活自由,以兴趣小组的形式共同开展校企联合项目的开发工作,所修学分可以代替专业选修课学分。

2. 社会服务

(1)依托产学研平台,进行成果推广。联合企业共开展课题研究20项,实现成果转化9项,帮助企业实践经济利润1000余万元,获省部级科研奖励3项。这些技术支持提升了企业的综合竞争力,打破了欧美日等西方国家在高档呢绒领域的技术限制,在设备改进、产业技术升级等方面起到了积极的推进作用。

(2)培训工作。2017年我校联合中国毛纺织行业协会启动了"毛纺行业继续教育工程"专业人才培训班的工作。之后在威海和江苏相继开展两次培训工作,具体情况如表1所示:

表 1　　　　　　　　　　　　培训工作

培训时间	2017.10.17—2017.10.22	2018.3.18—2018.3.20
培训地点	山东威海	江苏张家港
培训内容	染整、检测、企业管理与设备维护	纺纱、织造、纺织品设计
参与培训企业数量	15	29
培训人数	66	85

培训内容根据企业实际需求进行设计，理论、实践相结合，并根据企业生产实际情况进行指导，受到企业的一致认可和好评。

四、建设成效

（一）主要成绩

1. 人才培养成效

（1）人才培养质量显著提高。2016年、2017年、2018年、2019年烟台南山学院纺织工程专业学生考研率分别为30.8%、34.6%、28.6%、60%，其中90%以上的学生考入"211""985"高校；2017届毕业生中有1人通过雅思考试，成功申请全额奖学金到澳大利亚迪肯大学留学。

近三年，烟台南山学院纺织工程专业毕业生就业率均为100%，近三年毕业生质量跟踪调查显示，学生的综合素质、从业技能普遍较高，受到用人单位的一致好评。

（2）学生工程实践能力和创新能力明显提高。近几年学生参与竞赛成果丰硕，获得全国大学生机械创新设计大赛二等奖1项，山东省大学生机械创新设计大赛二等奖1项，"红绿蓝杯"中国高校纺织品设计大赛一等奖1项、二等奖3项、单项奖2项，齐鲁大学生创业计划大赛三等奖1项，"唯尔佳"优秀新产品一等奖1项、二等奖2项、单项奖2项，山东省第三届校服设计大赛二等奖1项等20余项。

近三年，学生通过岗位技能训练课程深入企业，帮助企业解决实际生产问题并进行论文的撰写，发表北大核心以上论文22篇，其中2篇被评为省级优秀毕业论文；普通论文6篇。

2. 服务产业情况

（1）产学研成效显著。烟台南山学院与山东南山智尚科技股份有限公司、威海迪尚华绮毛纺织有限公司共建产学研基地。校企联合开展教学研究，申报省级教改立项4项，发表教改论文10余篇，公开出版"十三五"普通高等教育本科部委级规划教材7

部，建设羊毛模块双语课程4门，获得校级教学成果奖3项，纺织之光教学成果奖1项。

校企联合开展课题公关，获得山东省科学技术进步三等奖1项，中国纺织工业联合会科学技术进步二等奖2项，发表科研论文70余篇，其中EI收录3篇，核心论文40余篇；受理发明专利8项。校企共建实验平台，获批"十三五"山东省高等学校工程技术研发中心——毛精纺工程技术研发中心。

（2）培训成效显著。依托培训基地，分别在威海迪尚华绮毛纺织有限公司和江苏鹿港文化股份有限公司开展"毛纺行业继续教育工程"专业人才培训工作，对全国44家企业150余名技术人员进行了知识、技术培训，受到企业的一致认可和好评。《中国纺织报》以"打造行业教育平台，培育毛纺智造工匠"为题进行了专题报道。

通过培训，基地与10余家企业建立联系，校企共同育人，同时为企业输送大批的优秀人才，实现校企共赢。

（二）创新经验

依托基地建设，探索形成了产教融合的新型实训基地的运行模式。通过资源整合，采取统筹规划，统一管理，最大程度上实现了资源共享。

依托基地建设，搭建产学研平台和培训平台，在服务教学的基础上增加服务行业的技术支持和技术培训功能，建设集教育、培训、研发于一体的实践平台，实现行业、企业和教育教学的协同发展。

五、发展规划

纺织工程专业实训基地围绕"创新应用型人才"培养目标，不断加强软硬件建设，以提高人才培养能力。

在人才培养方面，继续加强双师型师资队伍建设，根据企业需求开发综合性、创新性实践教学项目，提高学生的实践能力和创新能力。

在社会服务方面，继续扩展、加深与行业、企业的合作，依托两个平台开展科学研究和成果推广。

根据人才培养和社会服务需求，加强硬件建设。实训室扩建一是围绕研究方向建设专业化工作室，为研发工作提供有力保证；二是鼓励支持自主研发检测设备，为企业提供个性化服务需求。

进一步完善基地的管理及运行模式，形成高效有序的管理机制和开放的运行模式。

附件：1. 基地具体建设情况介绍
　　　2. 基地主要设备明细
　　　3. 基地保障性制度文件名录
　　　4. 创新创业教育主要成果一览
　　　5. 基地科研课题一览

附件1

基地具体建设情况介绍

实训基地名称	实训室名称	占地面积（平方米）	设备数量	基本功能	受众群体
纺织品性能检测实训基地	纤维性能检测实训室	149	73	纤维长度、细度、回潮、外观、机械、静电等性能检测	纺织工程、现代纺织技术、纺织品检验与贸易等专业学生学习及纺织企业技术人员培训
	纱线性能检测实训室	80	21	纱线细度、捻度、条干、强力、摩擦等性能检测	
	织物性能检测实训室	211	43	织物的强力、耐磨、起球起毛、透气、透湿、悬垂、色牢度、保温、阻燃等性能检测	
	产品标准化检测中心	350	74	针对不同标准的产品性能测试体系实训	
纺织品生产实训基地	产品研发实训室	502	45	产品设计制作	
	染色厂	8000	27	纤维染色	
	纺纱厂	12000	45	纺纱原理、流程及工艺	
	织造厂	6000	42	织造原理、工艺	
	后整理厂	10000	12	后整理工艺	

附件2

基地主要设备明细

序号	仪器设备名称	型号规格	数量	单价（万元）	备注
1	KES风格仪	KES-FB-AUTO-A	1	80	纺织品性能检测实训基地
2	纤维长度试验仪	AL100	1	75.8	
3	纤维细度试验仪	OFDA100	1	50.5	
4	FAST风格仪		1	40	
5	日晒牢度机	YG611	1	40	
6	日晒牢度机	CI3000+	1	40	
7	万能电子强力机	H10KL	1	24	

续表

序号	仪器设备名称	型号规格	数量	单价（万元）	备注
8	马丁代尔耐磨起球试验仪	M235	1	15	
9	条干均匀度测试分析仪	YG138	1	13.8	
10	全自动透气量仪	YG461-3	1	11.2	
11	电脑式织物透湿仪	YG601H	1	8.5	
12	欧标缩水试验机	M223CML	1	8	
13	织物汽蒸收缩仪	SCR：001	1	8	
14	多功能电子织物强力机	YG026H	1	7.8	
15	皂洗色牢度试验机	M228C	1	7.7	纺织品性能检测实训基地
16	冲击摆锤试验仪	DA-6400	1	6	
17	织物强力机	YG（B）026H-250	1	5.9	
18	纤维细度分析仪	YG002C	1	5.8	
19	织物悬垂性仪	YG811L	1	5	
20	乱翻式起毛起球仪	RTP-2	1	5	
21	ICI 起球试验仪	P-6	1	5	
22	美标缩水率试验机	M233-5	1	5	
23	日标摩擦牢度仪	RT-200	1	5.2	
24	卧式浆纱机（6锭）	GA391	1	7.4	
25	全自动大提花小样机	SGA598	2	23	纺织品研发中心
26	全自动单纱整经机	GA193-600	1	20	
27	全自动剑杆织样机	SGA598	5	17.6	
28	手摇针织横机	12VD Ⅱ	10	0.45	
29	全自动络筒机	POLAR M	2		
30	细纱机	451C3	2		
31	粗纱机	NSC 的 FMB8N	2		企业生产基地
32	并条机	PB33	2		
33	针梳机	NSC 的 GC15	2		
34	精梳机	NSC 的 PB32	2		

附件3

基地保障性制度文件名录

《烟台南山学院实训基地建设与管理办法》

《烟台南山学院实验室管理制度》
《烟台南山学院仪器设备管理办法》
《烟台南山学院材料、低值易耗品管理办法》
《烟台南山学院实验室卫生安全管理办法》
《烟台南山学院实验室开放管理办法》
《烟台南山学院综合性、设计性实验项目管理办法》
《烟台南山学院实习工作管理规定》
《烟台南山学院培训项目管理办法》
《烟台南山学院科研项目管理办法》
《烟台南山学院科研经费管理办法》
《烟台南山学院优秀科研成果奖评审暂行办法》
《烟台南山学院科研成果奖励办法》

附件4

创新创业教育主要成果一览

烟台南山学院纺织工程专业实训基地双创大赛及其他竞赛获奖情况：

1. 2014年国家级大学生创新创业训练计划项目2项
2. 第六届全国大学生机械创新设计大赛获二等奖1项
3. "红绿蓝杯"第七届中国高校纺织品设计大赛单项奖1项、优秀奖3项
4. 2015年山东省齐鲁大学生创业计划竞赛1项
5. 2016年第一届龙口市创业大赛三等奖1项
6. "红绿蓝杯"第八届中国高校纺织品设计大赛一等奖1项
7. 2016"唯尔佳"优秀新产品设计大赛优秀奖2项
8. 第36届"唯尔佳"优秀新产品评比大赛一等奖1项、二等奖2项
9. "红绿蓝杯"第九届中国高校纺织品设计大赛二等奖2项
10. 第37届"唯尔佳"优秀新产品评比大赛二等奖4项、三等奖2项
11. "红绿蓝杯"第十届中国高校纺织品设计大赛二等奖1项
12. 第37届"唯尔佳"优秀新产品设计大赛二等奖1项、三等奖4项

附件 5

基地科研课题一览

序号	姓名	项目	签订	合作企业
1	潘峰	高档精纺面料风格与面料成型性研究与预测（2014014）	2014.03	中国纺织工业联合会
2	潘峰	抗紫外凉爽丝毛面料技术开发与应用（2014015）	2014.03	中国纺织工业联合会
3	刘刚中	羊毛织物户外产品开发	2015.06	山东南山智尚科技股份有限公司
4	潘峰	毛精纺虚拟纺纱技术的研究	2015.01	山东南山智尚科技股份有限公司
5	刘美娜	服装保暖性测试及评价体系开发研究	2017.01	山东省教育厅
6	曹贻儒	羊毛染色体系节能节水新技术的开发与应用	2014.06	山东南山智尚科技股份有限公司
7	潘峰	环保型复合功能毛精纺织物技术开发与应用	2010.01	中国纺织工业联合会
8	潘峰	拉细羊毛纺织染整成套技术研发与应用	2010.01	中国纺织工业联合会
9	潘峰	高支强捻超薄纯毛产品的技术开发与应用	2013.01	中国纺织工业联合会
10	潘峰	凉爽舒弹轻薄精纺面料的研究与应用	2013.01	中国纺织工业联合会
11	潘峰	毛精纺阻燃面料的研究开发	2011.03	山东南山智尚科技股份有限公司
12	曹贻儒	弹性纤维及助剂在毛精纺弹性织物中的应用研究	2012.06	山东南山智尚科技股份有限公司
13	刘刚中	防辐射精纺毛织物产品开发	2013.01	山东南山智尚科技股份有限公司
14	李世朋	纯毛织物防微雨技术研究	2012.01	山东南山智尚科技股份有限公司
15	潘峰	集成纺丝毛蝉翼纱超薄精纺面料关键技术研究与应用	2009.01	山东南山智尚科技股份有限公司
16	金晓	大豆蛋白纤维染色工艺研究	2013.06	山东南山智尚科技股份有限公司
17	潘峰	羊毛拉伸细化和定形工艺研究	2009.10	山东南山智尚科技股份有限公司
18	潘峰	维普纺纱技术在毛精纺生产中的应用研究	2010.01	山东南山智尚科技股份有限公司
19	曹贻儒	羊毛染色体系节能节水新技术	2010.06	山东南山智尚科技股份有限公司
20	潘峰	可机洗纯羊毛织物清洁性加工技术开发与应用	2010.01	山东南山智尚科技股份有限公司

四链融合 九群对接
——湖南三一工业职业技术学院装配式建筑生产性实训基地

> **关键特征**：以坚持帮助企业发展为主体，以学历教育与短期培训为双翼，深度校企合作，聚焦装配式建筑产业，推进建筑工业化，服务区域经济发展，培养输送高技能复合型人才。
>
> **创新要点**：以"资源共享共用"为指导思想，深度校企合作、产教融合，形成企业与学校之间的"九链对接"，立足企业痛点、难点，精准培养企业所需人才。

一、基地基本情况

基地由学院与三一集团有限公司共同建设，是国内首个PC（预制混凝土构件）全装配式住宅产业化基地，占地近25000平方米，拥有价值2000多万元的校内PC生产线，50余个实训工位；价值2000多万元的施工设备（搅拌站、塔机、起重机、泵车等）；7栋实训样板房、3套体系吊装工法楼、10余个专业实验室，能同时容纳1000名学生开展生产性实训教学。先后获批3个国家级基地资质，国家级装配式建筑产业基地、国家级住宅产业化基地、住建部唯一一家建筑工业化研究中心。基地获得的资质荣誉如图1所示。

图1 基地资质荣誉

（一）基本功能

1. 人才培养实训基地

基地充分满足机电一体化、建筑工程施工等专业开展生产性实习实训，形成校内基础实习实训、综合实习实训、模拟仿真实训和现场实践实习逐层次提高的实践教学环境，从而满足建筑工业化专业群的实践教学需求。面向全国装配式建筑企业、高职院校、社会人员、学生等人员构建装配式建筑全产业链7个模块短期培训课程体系。

2. 新装备研发测试生产基地

合作单位"三一快而居"专门从事PC生产设备的研发制造与销售，依托该基地，先后完成PC生产线设备（如布料机、振捣台、拆布模机器人、划线机、预制构件运输车等）众多关键性设备的研发、测试，以及信息化管理平台的研发与应用（PBIS系统、MES系统等）。目前PC生产线全国销售400余条，市场占有率超50%。

3. 接待交流参观基地

基地常年接待企业客户考察调研、同类院校交流、政府行业指导等，并常年服务于"住博会"企业参观环节、区域重大接待企业参观环节等，为建厂规划、资源配置、运营管理、质量保障、人才培养等提供建议和意见。

（二）服务面向

基地主要服务群体以湖南三一工业职业技术学院建筑类、机电类等专业学生培养为主体，面向全国装配式建筑企业、高职院校、社会人员、学生等开展短期培训服务，其中每年服务学生群体不小于50000学时，人数不少于500人，开展短期培训不小于10000学时，人数不少于1000人。同时为区域建筑企业，提供预制构件产品服务。

（三）组成架构

基地由生产性实训单元PC超级工厂材料检测实验室、构件管理维护中心和科研机构PC装备测试中心组成，如图2所示。

1. PC超级工厂

PC综合自动化生产线是基地的核心，设备有导向轮、驱动轮、模台、侧翻机、清理机、喷油机、缓凝土输送机、布料机、振动台、模台横移车、堆垛机、养护窑等，如图3所示。

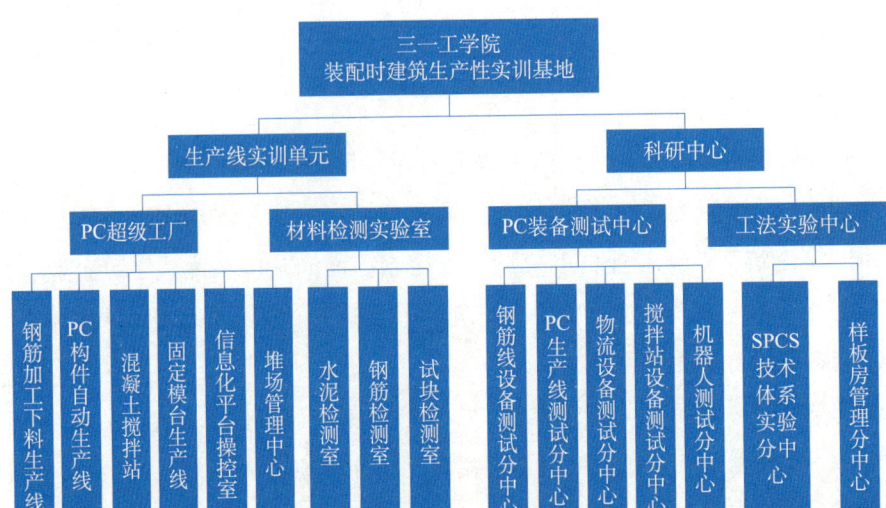

图 2 基地组成架构

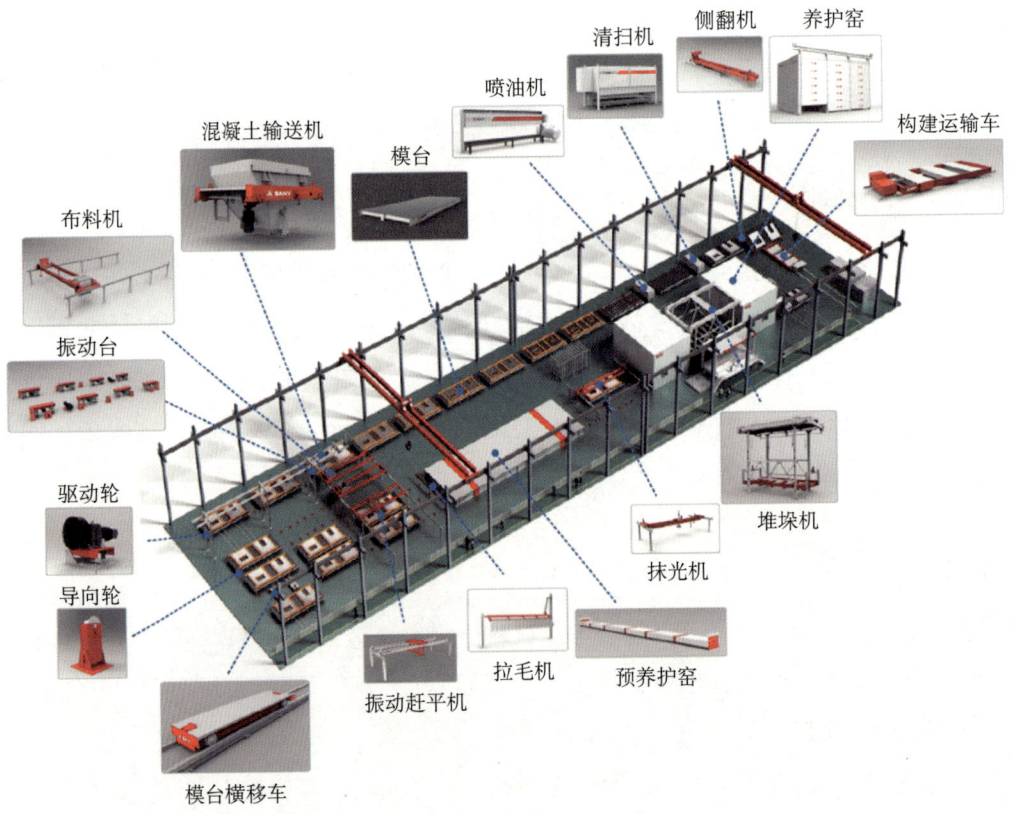

图 3 PC 超级工厂

2. 材料检测实验室

现有测量实验室、混凝土材料实验室、力学实验室、3D打印实验室、模型制作实验室等10余间基础实验室，配置的仪器设备价值近200万元，能够开展测量、绘图、仿真、检测等实验实训项目，如图4所示。

图4 材料检测实验室1

3. PC装备测试中心

主要涵盖PC构件生产、运输、施工所涉及的如材料制备（搅拌站）、构件制作（如PC生产线）、产品运输（如预制构件运输车、重叉等）、装配（如重塔等）设备测试分中心，以及信息化控制管理平台（如PBIS、MES等）测试中心。

4. 工法实验中心

由样板房和工法楼组成。样板房主要包括别墅型、低层、中高层等多区域、多风格的装配式建筑样板楼7栋，以及剪力墙体系、框架体系的吊装工法楼，用于训练划线定位、构件吊装、节点连接、套筒灌浆、质量检测等。

二、全面建设

（一）投入情况

装配式建筑生产性实训基地建设资金投入经费约5000万元，其中企业投入4500万元，学校投入500万元。

1. 经费使用

校企双方共同制定了《实习实训基地建设专项资金管理办法》，基地建设经费实行专户、专账、专款使用，做到统一管理，层层落实，跟踪过程，监测绩效。基地建设专项资金主要用于体制机制建设、实训场地建设、师资队伍建设、实践教学体系建设，以及社会服务能力等方面的建设，以保障基地建设的顺利实施。

2. 经费预算

（1）企业投入资金主要用向（如表1所示）。

（2）学校投入资金主要用向（如表2所示）。

具体投入如表3所示。

表1　企业投入资金主要用向　　　　　　　　　　　　　　　　　　　单位：万元

年度	投入经费					共计
	校企合作	硬件建设	团队建设	实践教学体系建设	社会服务能力	
2016	2	1125	150	73	150	1500
2017	0	1135	150	75	140	1500
2018	0	1135	150	65	150	1500
小计	2	3395	450	213	440	4500

表2　学校投入资金主要用向　　　　　　　　　　　　　　　　　　　单位：万元

年度	投入经费					共计
	校企合作	硬件建设	团队建设	实践教学体系建设	社会服务能力	
2016	2	40	20	18	20	100
2017	2	81	20	17	20	150
2018	2	155	30	33	30	250
小计	6	276	70	68	70	500

表3　具体投入使用情况

序号	实验实训场地	功能	投入（万元）	建设状态
1	PC超级工厂	各种典型预制构件的生产制作，新装备的测试、教学培训	2000	已完成
2	材料实验室	混凝土材料实验、检测，钢筋实验等	100	已完成
3	建筑机械实训中心	泵送、起重、桩工、土方机械操作	2000	已完成
4	BIM机房	Revit、pkpm、planbar等BIM软件实训	60	已完成
5	测量实验室	各种施工项目要素的测量实训	12	已完成
6	3D打印实验室	3D打印技术培训、建筑部品的建模	20	已完成
7	工法楼	框架结构、剪力墙结构体系、SPCS结构体系展示与实操	550	已完成
8	套筒灌浆实训区	灌浆料拌制、灌浆机使用、灌浆等	10	扩建中
9	PC构件制作实训区	划线、拼模、布筋、预埋	20	扩建中
10	构件展示区	各类典型构件、预埋件、工装展示	30	扩建中
		合计投入	4712	

（二）建设过程

1. 健全校企合作体制机制

建设模式：基地的建设模式以本院为主体，与拥有一定规模自动化生产线企业深度合作为基础，以机电一体化特色专业为依托，落实"引企入校"，校企共建"校中厂"模式的生产性实习实训基地的建设模式。

运行机制：校企合作开发实训项目，基地生产性实习实训产品或教学案例80%以上来源于真实生产（经营）项目。企业生产、技术、标准、设备向基地院校无偿开放，形成校企专业技术人员定期换岗交流机制。

管理模式：基地与合作企业共同组成管理机构，负责基地的建设与管理。将企业先进的管理理念、管理方法与职业文化引入基地，建立科学合理的管理模式，实施基地院校统一管理下的"专业（群）基地"运作模式，统筹发挥基地的教学、生产（经营）、培训、鉴定和技术服务功能。

2. 升级师资团队配置

通过进修学习、企业挂职锻炼、开展技术服务等途径，提高专业教师的教学与科研能力，形成一支数量足够、相对稳定的实习实训指导教师与培训师队伍。实习实训指导教师具有企业工作经历，同时具有中级以上专业技术职务或高级职业资格，"双师型"教师为100%；直接从企业聘请技术人员不低于20%，外聘技术人员具有中级以上专业技术职务或高级职业资格证书。

3. 完善实践教学体系

实践教学体系设计：面向自动化生产线生产、维修与保养的需要，确立能覆盖自动化生产加工技能、自动化生产线装配调试技能、诊断维修技能和职业态度、职业素养要求的三大能力模块。从基础实训逐步实现理实一体化教学，最后到综合实训，实训安排层次递进，并建立三大能力模块的实践教学标准、学生训练标准、考试评价标准。

实践教学组织与实施：以分组教学、现场教学、项目教学为主要手段，实施以作品（典型工作任务、工作项目）为载体的实习实训和师资培训，全程实现"做中教、做中学"。师资培训按照专业教学能力、专业实践能力和顶岗实习等环节组织实施，对项目训练过程和形成的结果进行考核，开展教学观摩活动，提高教师教学能力。毕业生获得中级及以上职业资格证书比例达100%。

4. 丰富实践教学资源

资源平台：开发相应的教材、课件、软件、视频等资源库，资源库建设总容量达100G。老师和所有学生共享实践教学服务系统，每位老师的教学资料、老师和学生的教学交流，都能通过实践教学服务系统提供和进行，初步实现网上答疑及学习者自主等需要。

教学资源：实践教学体系中的每一个实训项目都制定教学标准，包括教学计划、教学情境设计、实训教学课件、实践教学考核标准。以企业实际生产流程为项目导向，将教学知识点融入项目，开发新型的实用教材。可以让学生"理"与"实"紧密联系在一起，实现岗位与实训基地"零距离"感。

5. 提高服务社会能力

除了服务本专业以外，还要服务校内其他相关专业的相关课程的实践教学，并在适当条件下扩展服务区域和对象，实现职业院校共享共用。年接纳其他职业院校学生实习实训与培训实现500人日以上。同时服务区域内相关社会职业培训，特别是服务于全国装配式建筑企业、高职院校、社会人员等开展短期培训服务。开展短期培训，年培训人数实现1000人日以上，为区域内职业院校实习实训项目建设、管理和培训提供指导和服务。

三、基地运行

（一）体制机制

装配式建筑生产实训基地采用校企双主体的经营管理模式，与企业签署协议，明确在资源配置、成本核算、收益分配、财产管理、师生实训等方面的职责权利，共同制定生产经营等方面的管理制度，形成以"契约"为保障的利益共享机制。这种模式适用于校企合作建设实训基地的管理，有利于生产经营与实践教学的协调，在保证学生实训质量的前提下，谋求基地的经营利益最大化。同时建立了校企双方共同的使命愿景（为企业发展赋能），在价值观和愿景使命方向的一致性，为校企合作顶层设计和深度融合奠定了重要基础，从而实现了校企双方双赢的局面，并在产教融合发展过程中总结出一套发展理论，如图5所示。

（二）人才培养

1. 课程体系构建

根据市场人才需求调研，结合学院实际，定位对接人才需求量最大、技术含量较高的产业链的中端环节。通过对产业链上技术链进行分析，对应转化成课程，形成装配式建筑专业课程体系，如图6所示。

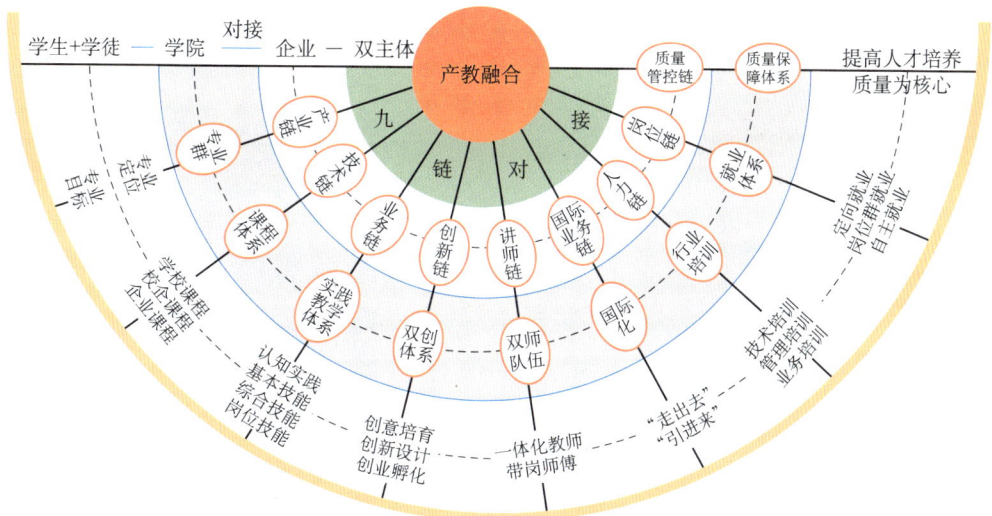

图 5　产教融合之"九链对接"

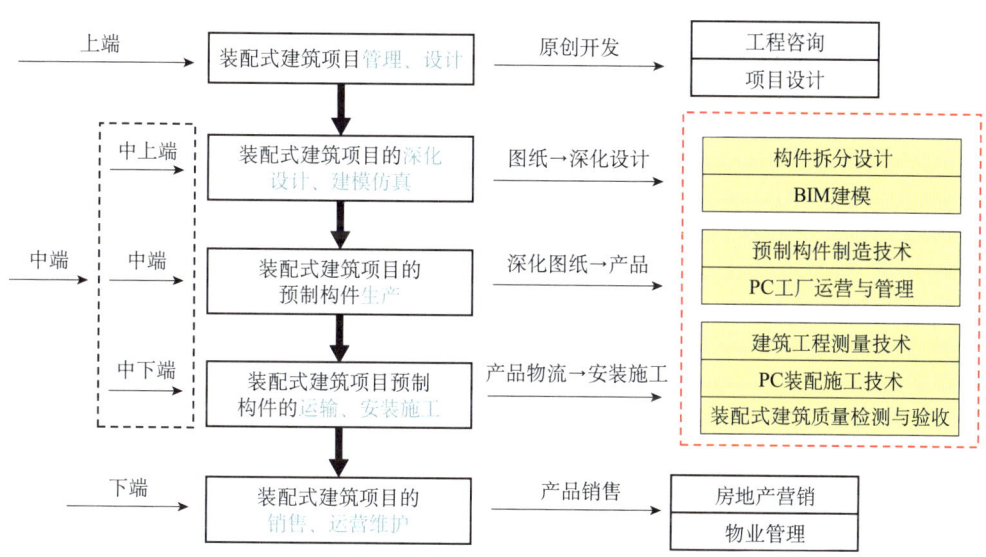

图 6　装配式建筑专业课程体系

2. 专业实践教学实训

实践教学体系根据课程的学习项目，按照简单到复杂、单一到综合的原则，实践课程实施由单元实践、课程实践、综合实践到毕业设计的顺序进行递进（如图 7 所示）。在实训基地（中心）建设中，除了引进企业线外，按照产业链上的岗位要求，建立与现代学徒制相适应的相应的"教学工厂"或"教学实训车间"，让学生在真实的工厂和车间环境里"做中学"，让教学在生产性实训中开展，让专业教师与企业技师共同参与对学生的教学实训指导，培养与产业要求相适应的技能人才。

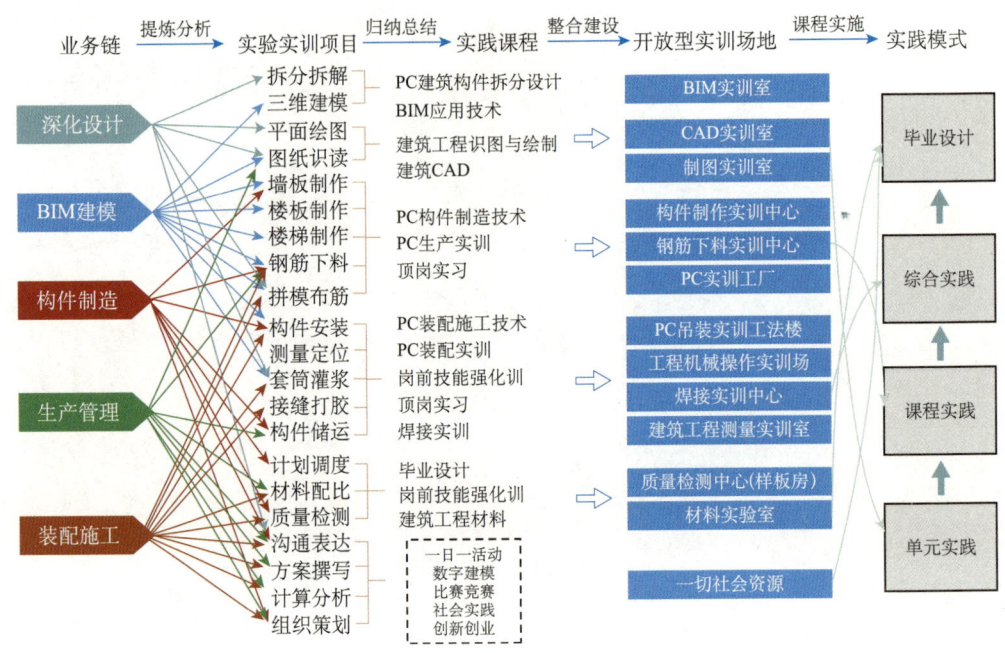

图7 基地实践教学实训

3. 课程评价标准

实践教学组织与实施主要以分组教学、现场教学、项目教学为主要手段，实施以作品（典型工作任务、工作项目）为载体的实习实训和师资培训，全程实现"做中教、做中学"。

课程评价模式以学生为主，教师引导，自主学习，学院、事业部双向考核（如图8所示），从学生反馈、学生收获、行为变化、产生效果等多个维度进行评价（如图9所示）。

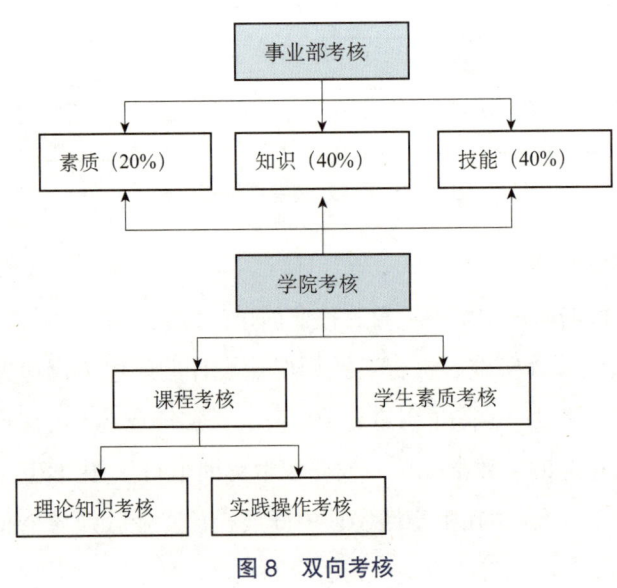

图8 双向考核

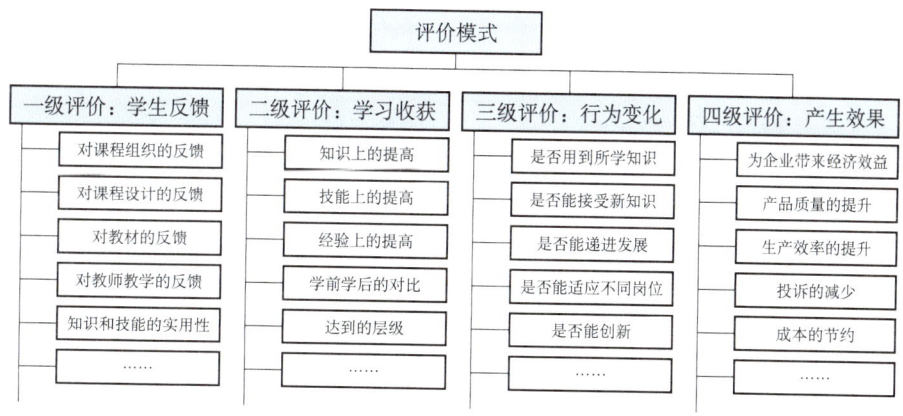

图9 评价模式

（三）社会服务

1. 基地行业培训服务

基地充分发挥"校中厂、厂中校"的资源优势，通过与企业的深度融合，利用实训基地共同面向地区企业、政府和其他院校开展相关行业社会培训服务，如图10所示。

图10 人才培训社会服务

2. 服务区域项目建设

依托装配式建筑生产性实训基地，累计在长沙区域承接了12个建筑项目，供应了6000件预制构件，共生产混凝土总量19296立方米，满足了区域企业的产品需求。

3. 持续输出产业人才

基地建设以来，通过学历教育、短期培训方式，累计为区域经济发展输送了2000余名高素质高技能复合型人才，一定程度上缓解了企业人才难聘之痛。

四、建设成效

（一）人才培养成效

截至 2019 年 10 月，基地已与三一筑工、三一快而居、杭州万霆科技、湖南建工五建公司、东方红、沙坪建筑等 10 余家企业就学生实习实训、校企合作共同育人等事项达成共识，为学生提供不少于 1∶2 的实习就业岗位。

基地重在系统构建大、中专装配式建筑产业人才培养学历教育体系，稳定、系统、批量地为行业、企业培养输送装配式建筑产业技术人才。目前学院装配式建筑方向在校学生 500 余人，培养 BIM 设计与信息化管理、工厂化制造、装配化施工等技术技能型人才。学院师生参加内外部比赛竞赛 600 余人次，获得国家、省市院等各级奖励 50 余人次。

（二）服务产业情况

1. 企业短期培训

基地根据企业需求制订七大模块的短期培训方案（见表 4），从设计到生产、管理到施工、设备到服务，全方位满足客户的需求，并可提供"驻工厂培训"和"驻施工现场培训"服务，为客户解决"人才难聘"的后顾之忧。

表 4　　　　　　　　　　　培训模块

序号	模块	对接岗位
1	研发设计	研发设计师、拆分拆解工程师、工艺工程师
2	工厂管理	PC 厂长、中心主任、计划员、储备厂长
3	生产制造	PC 生产操作员、质检员、实验员、构件制作员
4	项目经理	施工项目经理、安全管理员、质量管理员
5	装配施工	吊装队长、施工员、起吊设备操作员
6	设备营销	营销经理
7	售后服务	服务工程师

培训对象主要有：

（1）装配式建筑企业（院所）设计、制造、施工等技术人员与生产管理、现场管理等管理人员；

（2）本科、高职、中职等院校专业教师；

（3）职业院校学生；

（4）从事传统建筑施工的人员（浇筑工、钢筋工、模板工及管理人员等）；

（5）装配式建筑施工项目业主单位、监理单位技术管理人员；

（6）城镇、农村闲置劳动力（就业上岗培训，培训合格后可以协助推荐到相关企业就业）。

累计组织开展装配式建筑产业人才培训30余期，学员来自全国18个省市地区，累计培养装配式建筑产业人才超过1000人。

2. 对外交流宣传

基地积极与外部开展各种交流活动，共同探讨产业人才的培养。累计接待政府单位、外部院校、行业企业参观等90余次，积极参加筑博会、装配式建筑行业论坛活动。

五、发展规划

在已有建设成果的基础，充分发挥合作企业对教育教学工作的协同作用，开展工学结合、三级递进、项目化教学等实践教学方法创新研究，深度开展校企合作、校校合作。面向装配式建筑领域行业企业培养大量懂技术、能吃苦、会管理的产业人才，BIM设计与信息化管理、工厂化制造、装配化施工等技术技能型人才。

今后一个时期，基地将深化产教融合、校企合作，以推进制造业转型升级、提升制造业人才培养质量、服务区域社会经济发展、引领行业企业发展为己任，聚焦产教融合，做出更大贡献。

附件：1. 基地硬件资源
   2. 校外实践基地
   3. 基地承担实训课目一览
   4. 基地教科研成果
   5. 基地师生奖项

附件 1

基地硬件资源

序号	实训室名称	主要实践项目	对应实践内容
1	制图实训室	1. 建筑施工图 2. 结构施工图	1. 建筑平面图 2. 建筑立面图 3. 建筑剖面图 4. 建筑详图 5. 基础图
2	CAD 实训室	1. CAD 绘图环境及基本操作 2. CAD 绘图操作 3. 建筑工程制图国家标准 4. 绘制建筑图	1. 图层、凸显、颜色、坐标等 2. 线的绘制，复制、扑捉、移动，文字书写，标注尺寸 3. 图幅、图框，建筑施工图中常用符号
3	BIM 实训室	1. Planbar 软件基本操作 2. 建筑建模 3. 结构拆分建模 4. 水电工艺等预埋建模 5. 模型数据文件输出	1. 软件服务器设置：基界面本操作 2. 创建建筑墙、建门、窗、梁、柱、板、楼梯、异形构件 3. 墙板自动拆分、手动拆分，创建墙企口、预制墙及配筋、预制梁及配筋、预制柱及配筋、叠合楼板 4. 符号预埋件创建与调用、线性预埋件创建与调用、给排水预埋、电预埋、斜支撑等其他预埋
4	材料测试实验室	1. 细度实验 2. 坍落度实验 3. 混凝土试块硬度实验 4. 混凝土用砂实验	1. 水泥细度检测、标准稠度用水量、水泥胶砂强度试验 2. 普通砼拌合物和易性试验 3. 砼立方体抗压强度试验 4. 观密度试验、堆积密度试验、筛分析试验
5	建筑工程测量实训室	1. 水准测量 2. 角度测量 3. 距离测量 4. 平面控制测量 5. 高程控制测量 6. 场地平整施工测量 7. 建筑物的定位与放线	1. 水准仪的构造、检验和校正方法；高程概念、高程测量基本方法（水准测量、三角高程测量） 2. DJ6 光学经纬仪，水平角测量，竖直角测量，经纬仪检验与校正，水平角测量误差与注意事项 3. 钢尺量距、普通视距测量、光电测距、直线定向等 4. GPS 测量方法 5. 高控程控制测量的方法，三四等高程控制测量的方法 6. 场地平整施工测量的土方量计算
6	质量检测中心	1. 结构认知 2. 节点检测 3. 防水检测 4. 构件质量检测	1. 预制构件及其应用认知 2. 节点连接的部位，方式 3. 防水的部位及防水效果 4. 构件质量检测

附件 2

校外实践基地

序号	基地名称	企业名称	企业类型	容纳人数	建立日期
1	三一快而居实训基地	三一快而居	民企	100	2016.07

续表

序号	基地名称	企业名称	企业类型	容纳人数	建立日期
2	湖南三一筑工实训基地	湖南三一筑工	民企	60	2017.09
3	装配式建筑人才培养实训基地	三一城建住工（禹城）	民企	50	2017.10
4	装配式建筑人才培养实训基地	方圆建设集团	民企	50	2017.10
5	装配式建筑人才培养实训基地	杭州万霆科技	民企	30	2018.03
6	装配式建筑人才培养实训基地	东方红建筑	民企	40	2018.10
7	装配式建筑人才培养实训基地	沙坪建筑	民企	40	2018.10
8	装配式建筑人才培养实训基地	湖南建工集团	国企	30	2019.06

附件3

基地承担实训课目一览

序号	实训课目名称	教学目标	面向专业
1	PC构件制作	掌握PC生产线各设备的操作使用方法，掌握叠合楼板、条形板、剪力墙、楼梯、梁柱、阳台等房屋构件生产方法及工艺要求	建筑工程施工、新型建筑材料、建筑动画与模型制作
2	PC生产线设计	掌握PC综合自动化生产线的操作与设计，主要掌握中央控制系统、模台循环系统、模台预处理系统、布料系统、养护系统及脱模	机电一体化、建筑工程施工、建设项目信息化管理、新型建筑材料、建筑动画与模型制作
3	PC装配施工	掌握叠合楼板、条形板、剪力墙、楼梯、梁柱、阳台等房屋预制构件施工现场的吊装技术	建筑工程施工、建设项目信息化管理、新型建筑材料、建筑动画与模型制作
4	建筑工程测量	掌握生产线各设备在安装前的测量定位方法，测量设备的使用，掌握各预制构件在安装过程中的基础施工测量、平面控制、高层控制、主体施工测量等项目的测量方法	建筑工程施工、建设项目信息化管理、新型建筑材料、建筑动画与模型制作
5	装配式建筑质量检验与验收	掌握预制构件浇筑过程中的质量控制及检验、屋面工程质量控制与检测、防水工程质量控制与检测及水、电、气等工程安装质量控制与检测	建筑工程施工、建设项目信息化管理、新型建筑材料、建筑动画与模型制作
6	装配式建筑材料实验室	掌握装配式建筑混凝土材料试验、新材料研发、出具检验报告等质量保障工作	机电一体化、建筑工程施工、建设项目信息化管理、新型建筑材料、建筑动画与模型制作
7	PC工厂运营与管理	熟悉PC工厂生产组织流程、人员准备、材料准备、设备准备，能够进行调度管理，工期进度管理、质量管理、安全管理等	建筑工程施工、建设项目信息化管理、新型建筑材料、建筑动画与模型制作
8	装配式建筑职业技能培训	掌握从设计到生产、管理到施工、设备到服务全产业链知识，并提供"驻工厂培训"和"驻施工现场培训"服务	企业、高职院校、社会人员、学生

附件 4

基地教科研成果

1. 基地成果

序号	基地项目	来源
1	新型建筑工业化集成建造工程技术	中华人民共和国住房和城乡建设部
2	基于生产性实训基地的装配式建筑产业人才培养模式研究与实践	湖南省教育厅
3	PC 构件制作技术精品课程	长沙市教育局
4	省级校企合作生产性实训基地	湖南省教育厅
5	装配式建筑专业课程体系建设	湖南三一工业职业技术学院

2. 专利成果

序号	专利名称	发明人	公告日期	专利权人
1	装配式剪力墙及建筑物结构	马云飞、李青山、孙海宾	2017.05.11	三一筑工科技有限公司
2	预制柱与基础连接结构及建筑物	马云飞、李青山、李哲龙	2017.03.20	三一筑工科技有限公司
3	预制梁与墙板连接结构及建筑物	马云飞、李青山、李哲龙	2017.11.03	三一筑工科技有限公司
4	预制墙板与预制墙板连接结构	马云飞、李青山、李哲龙	2017.11.03	三一筑工科技有限公司
5	预制构件的连接结构及装配式建筑物	马云飞、李青山	2017.11.03	三一筑工科技有限公司
6	墙板单元及基础、多层组合墙板结构	纪波、李青山、盛珏	2017.12.08	三一筑工科技有限公司
7	混凝土预制构件连接结构及房屋建筑	马云飞、李青山	2017.11.03	三一筑工科技有限公司
8	预制楼板与预制墙板连接结构及建筑物	马云飞、李青山、李哲龙	2017.10.13	三一筑工科技有限公司
9	预制楼板连接结构及建筑物	马云飞、李青山、李哲龙	2017.11.03	三一筑工科技有限公司
10	预制构件的连接结构及装配式建筑物	马云飞、李青山	2017.11.03	三一筑工科技有限公司
11	混凝土预制板及叠合楼板	马云飞、李青山、孙海宾	2018.02.09	三一筑工科技有限公司
12	预制楼板连接结构及建筑物	马云飞、李青山、李哲龙	2017.11.03	三一筑工科技有限公司

3. 科研成果

序号	科研名称	成果
1	PBC（螺栓）墙板结构体系	《PBC（螺栓）墙板结构技术规程》《装配式多层混凝土结构技术规程》
2	PLC（套环）墙板结构体系	《PLC（套环）墙板结构技术规程》《装配式多层混凝土结构技术规程》
3	螺栓灌浆连接装配式混凝土剪力墙结构体系	《螺栓灌浆连接装配式混凝土剪力墙结构技术规程》
4	抽孔连接装配式混凝土剪力墙结构体系	《抽孔连接装配式混凝土剪力墙结构技术规程》
5	三一建筑设计研究院编制《三一装配式混凝土建筑集成设计指南》	《三一装配式混凝土建筑集成设计指南》
6	三一建筑设计研究院编制《三一装配式混凝土建筑集成设计指南——机电》	《三一装配式混凝土建筑集成设计指南——机电》
7	三一筑工工艺工法部独立编制《三一筑工施工工法》	《三一筑工施工工法》

附件 5

基地师生奖项

序号	所获奖项	等级	获奖人员	获奖日期
1	三一杯装配式技能竞赛学生组优胜奖	全国	彭淼、李可馨	2018.12
2	三一杯装配式技能竞赛学生组优秀教练	全国	郭剑、胡军林	2018.12
3	2018年全国职业院校信息技术技能大赛高职组第一届"装配式建筑信息化模型（BIM）技术应用大赛"三等奖	全国	吴思思、刘志坚、廖晚汝	2018.06
4	2018年全国职业院校信息技术技能大赛高职组第一届"装配式建筑信息化模型（BIM）技术应用大赛"优秀指导教师	全国	郭剑、胡军林	2018.06
5	2018年全国职业院校"建设教育杯"职业技能竞赛高职组装配式混凝土建筑虚拟施工操作比赛三等奖	全国	曹楚旭、李涛、蒋定心	2019.02
6	2018年全国职业院校"建设教育杯"职业技能竞赛高职组装配式混凝土建筑虚拟施工操作比赛优秀指导教师	全国	江雄、郭剑、胡军林	2019.02

"文科"改革新路径
——阿坝师范学院科学工作能力实训基地

> **关键特征**：全面贯彻落实党的教育方针和政策，提升文科学生实践能力水平，填补了学校教育与社会需求之间的能力空白，有效地推进了应用型文科人才培养模式改革。
>
> **创新要点**：积极推动应用文科转型改革，倡导构建工作科学的理论体系，探索了一条"新文科"应用型转型的新路径，为学校服务地方提供了有力支撑，在学校的应用转型发展过程中发挥了重要的引领和示范作用。
>
> **网　　址**：http://ss.abtu.edu.cn/

一、基地基本情况

阿坝师范学院科学工作能力实训基地以推进提升学校人才应用型培养、提高人才就业质量、服务区域社会经济发展、引领行业企业发展为目标，定位于跨学科、跨专业，融各层次学生教学与实践为一体的综合性教学机构与实训示范基地，开展应用型文科人才培养与课程改革创新，引领学校应用型文科专业人才培养机制改革，开展在职人员工作能力提升培训服务，是学生职业成长与学校服务社会的重要载体。

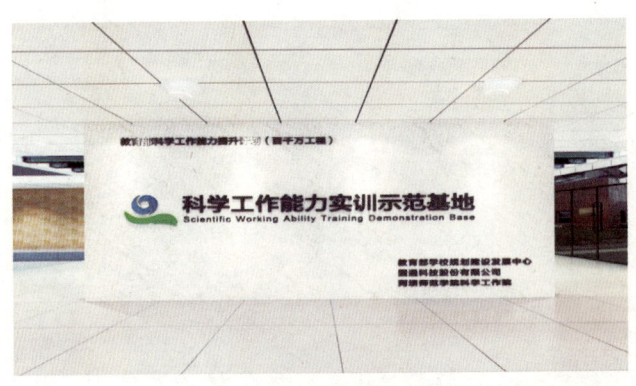

图1　实训基地形象展示墙效果图

（一）基本功能

基地的基本功能：达成一个目标，解决两个问题，确立三个面向，服务四个需求，实现四个对接，破解三个难题。以促使文科学生以职业能力为导向，对接职业岗位要求，完成专业知识、工作经验与实践能力的转换，达到"会一事、精一岗、通一行、知百业"为目标。从人才培养角度，解决学生职业认知不足和工作经验缺乏的问题。面向学生实践能力提升的各个环节，面向学生专业能力培养的不同层面，面向学生职业成长的各个阶段，通过服务学生的职业认知、职业定向、职业准备、职业提升需求，实现对接专业课程内涵建设、对接就业岗位要求、对接学生职业成长需要、对接社会行业服务需求，因此破解文科学生实训难、工作经验积累难、工作水平提升难的问题。

（二）服务面向

基地面向的服务群体以阿坝师范学院在校本专科学生为主体，开展科学工作能力教学和实训，同时面向区域行业管理人员、政府、企业骨干技术人员等开展专业化培训服务，面向从事财会、行政、人事、营销等工作的文职岗位人员提供有偿培训服务、面向院校教师组织课题申报及研究工作并提供相应研究经费、面向在阿坝师范学院圆通科学工作院中接受过工作标准训练的学员及社会人群、组织、单位提供个人和团队工作能力等级评价认证服务。

（三）组成架构

科学工作实训示范基地包括五大功能中心：

1. 科学工作体验中心。主要解决学生的职业发展定位，即"想干什么岗位"的问题。

2. 科学工作能力训练中心。训练中心包含通用工作能力训练中心、行政工作能力训练中心、人事工作能力训练中心、财经工作能力训练中心四大训练中心。主要解决学生"岗位干什么和工作怎么干"的问题。

3. 科学工作能力等级评价中心。主要解决"岗位工作干的怎么样"的问题。

4. 科学工作标准研究中心。主要解决"岗位工作标准是什么"的问题。

5. 精准人才交流中心。主要解决"岗位需要什么人才"的问题。

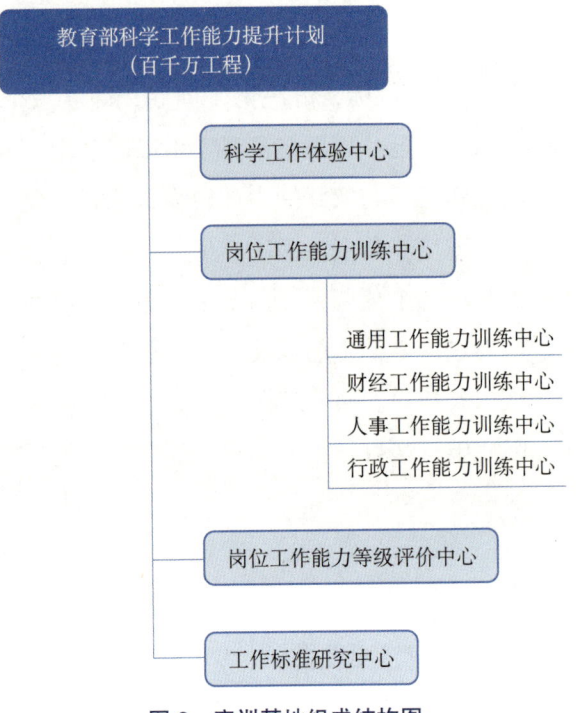

图 2　实训基地组成结构图

二、全面建设

（一）投入情况

学校将"科学工作能力实训示范基地"建设纳入学校"十三五"实验室建设规划，建立项目专项资金，配合申请中央与地方财政专项资金，按照高标准、统筹规划、逐步实施的原则，全力保证建设工作的顺利进行。

项目总投资 877.4 万元，其中项目基本配置费用 480 万元。2018—2019 年，学校又陆续投入 397 万元用于条件建设、课程建设、工作标准研究。其中，投入 15 万元开展《初中教育工作标准研究》课题的研究；投入 250 万元用于财经工作能力训练中心建设；2019—2020 年校级重点实验教学示范中心建设（建设期 2 年），投入经费 12 万元；实验教学质量提升项目 6 项（占综合实训项目 60%），投入 2.4 万元。

（二）建设过程

基地建设工作由教育部规建中心批复、指导，圆通科技股份有限公司技术指导、建设支持,中国工作标准研究院提供课题研究支撑,阿坝师范学院负责项目实施建设、教学规划支持,圆通科学工作院负责人才培养、课题研究、产教融合服务等运营工作。

2017年5月21日,在教育部学校规划建设发展中心和四川省教育厅的大力支持下阿坝师范学院建成圆通科学工作院和科学工作能力实训示范基地。

2018年10月20日通过教育部学校规划建设发展中心组织的专家评审验收。

2019年3月,基地被批准为阿坝师范学院"重点校级实验教学示范中心",进行立项建设。

1. 设立管理机构

阿坝师范学院是全国第一家建成科学工作能力实训示范基地和圆通科学工作院的高校。在学校层面,成立以校长任组长,主管教学副校长任副组长,教务处、校地合作处等相关职能部门负责人构成的"科学工作能力实训"项目领导小组,负责体制建设、实验经费投入、基地建设与运行的宏观指导,推进文科人才培养综合改革。

在管理层面,成立圆通科学工作院,由主管教学的副校长担任院长,选拔任命了1名执行院长,担任科学工作能力实训示范基地主任。在业务运行层面,设办公室主任1名,训练中心共设主任4名(通用、人事、行政、财经四大训练中心各1名),工作标准研究中心主任1名、人才交流中心主任1名。

基地实行主任负责制,统筹协调实训基地事务,对接圆通科技执行主任与合作项目,调配实验实训教学人员和教学资源,实现资源共享,确保实验实训教学的有序进行和建设目标的实现。

图3 圆通科学工作院成立大会

2. 企业深度参与

学校重视产教融合校企合作，充分发挥利用企业的教学优势资源和学校的办学主体作用。一是企业深度参与专业共建及人才培养方案的制订。基于圆通制科学工作标准体系，积极开展专业改革试点，共同制订人才培养方案、课程教学大纲、学业考核评价体系。二是师资队伍建设上与企业保持深度融合。派出专业教师参加由圆通科技股份有限公司组织的课程教学培训，在教学方法上积极吸收圆通制教学法，极大提高了教学成效。三是在教学运行上，依照企业制定的《圆通制教学运营规范》开展教学，将专业知识紧密地与行业工作经验结合。四是积极和企业、行业开展合作，共同研究开发工作标准，与圆通科技公司和中小学共同开展具有师范院校特色的行业工作标准研究，目前《初中教育工作标准体系研究》项目正在实施。五是学生积极参加企业组织的行业竞赛活动。通过参加大学生科学工作能力竞赛，检验培养成效，锻炼实践能力。

通过企业的深度参与，推进专业、课程、教学方法和学生实训方式的改革，体现文科专业的实践和应用型取向。

3. 突出实践教学主体功能

圆通科学工作院和科学工作能力实训示范基地在促进实验教学、实验技术改革，提高学生的实践能力方面功能突出。基地实验教学理念是"以老师为主导和以学生为主体"。教学活动以真实职业工作情境为出发点，经过"老师教、学生练、动手做和讲工作"四个教学环节，在教学过程中还穿插情景模拟和团队研讨的教学方式，积极践行"知行合一、工学一体"的教学思想，实现了"把老师解放出来，使学生投入进去"的教学追求，真正做到了让学生"在工作中学习和在学习中工作"，践行学校提出以"教"为中心向以"学"为中心的转变，从"传授模式"向"学习模式"转变的教育教学改革要求。

4. 强化科研与队伍建设

在科研上，鼓励实训教师申请承担相应岗位工作标准或教材研究开发任务，开展工作标准及维护更新等研究，将相关研究项目纳入学校科研项目管理，予以一定的经费支持，对进行教材更新和软件标准升级，保证合作研究成果能够良性循环。2018年我们承接中国工作标准研究院委托课题《初中教育工作标准体系研究》，将基础教育一线优秀教师的教育工作经验提升为行业科学工作标准，填补了中国工作标准数据库资源在教育行业工作经验领域的空白。2019年校级综合实训项目立项建设，基地立项数占全校文科专业立项数的60%。

在教学队伍的建设上,依据学校发展的总体规划,鼓励圆通科学工作院和科学工作能力实训示范基地教师科研创新,不断更新理念引领实践先行追求知行合一,跨学科跨部门组建团队教师多元,建立一支竞争力强的创新团队。通过引入圆通科技股份公司的教学团队来校培训、送出教师培训、内部自培等方式,已培训校内指导教师87人,这些教师分布在全校所有的文科专业中。

5. 聚力创新创业教育

鼓励基地教师担任创新创业项目指导教师,鼓励教师利用实训课程开展创新创业训练,对基地的师生申请创新创业项目给予一定的经费保障和政策支持。积极组织学生竞赛,训练培养学生创新思维。2017—2019年,基地连续举办三届校内科学工作能力竞赛;2019年,组织参加一次全国科学工作能力竞赛,参加四川省"挑战杯"全国大学生课外学术科技作品竞赛。

6. 发挥制度保障作用

注重在圆通科学工作院和科学工作能力实训示范基地形成长效机制,从政策支持、制度效应等方面发挥着保障作用,2018年开始,学校先后制定和修订了《阿坝师范学院本科教学质量与教学改革工程项目管理暂行办法》《阿坝师范学院实验教学示范中心建设管理办法》《阿坝师范学院综合性设计性实验教学管理办法(试行)》《阿坝师范学院实验实训建设指导委员会章程》《阿坝师范学院本科教学质量与教学改革工程项目管理暂行办法》等政策文件,通过一系列相关政策文件和措施保证产教融合项目的顺利推行。2019年,"科学工作能力实训示范基地"成功获批"校级实验教学示范中心"立项建设(建设2年)。同时建立相关教学评价与质量督查制度,将较多的经历投身于实验教育模式、教学体系、教学内容及教学计划的充实和修改,形成教学实践和专业改革的良性循环。

三、基地运行

(一)体制机制

阿坝师范学院圆通科学工作院和科学工作能力实训示范基地以"互联网+"的创新思维,通过构建"线上+线下"的模式,把大学双创师生、行业技术企业、政府产业园区有机的联系起来,形成改革创新、开放融通、共享共赢的创新合作。

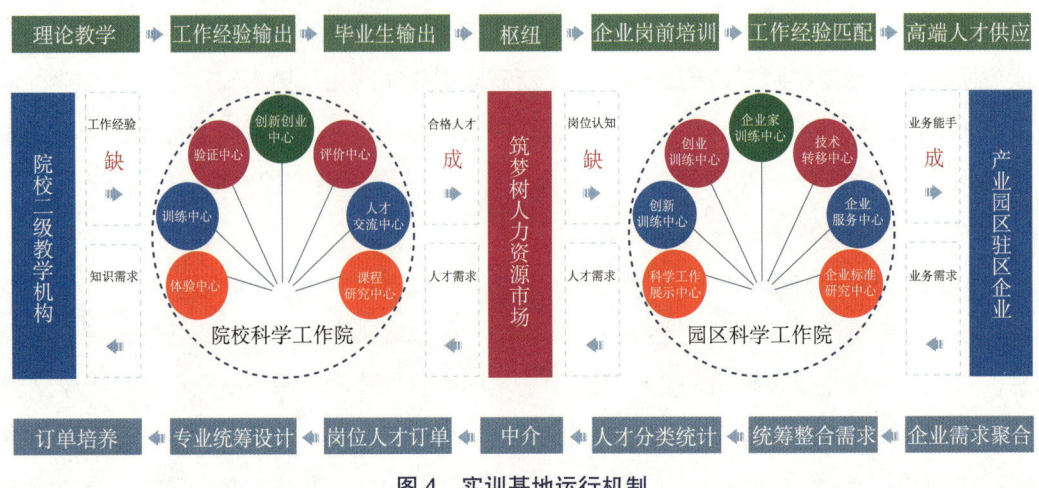

图 4 实训基地运行机制

（二）人才培养

在按照"专业试点先行，培训全覆盖推进，打造实训项目金课，积极参加创新创业"的模式，依托科学工作能力实训平台，将专业建设、课程建设、师资建设融合在一起，以《文科工作经验教学规范》为纲，依托中国工作标准数据库资源，以真实工作任务创设情境，将科学工作标准课程化，在工作标准训练过程中注重与真实岗位实践融合一体，积极探索文科转型和应用型转型人才培养模式和方法。

1."卓越经理人"岗位精英人才专业改革试点培养

以 2018 级文秘专业为基础，成立"卓越经理人"岗位精英人才班，结合圆通制科学工作标准训练体系，以应用型人才培养为导向，修订文秘专业的人才培养方案，将原来大量的理论性课程结合科学工作标准转换为了实践性课程，例如《行政管理学》由原来的纯理论性课程，转化为了具有鲜明职业和岗位特色的实践性课程《行政岗位工作标准训练》。

2.科学工作通识工作标准训练文科专业全覆盖

基地成立至今，已面向全校开放招收三届学员，免费开展通识工作标准训练。学员总数 603 人，来自汉语言文学、英语、会计学、思想政治教育、小学教育、学前教学等 17 个本专科专业，已实现文科专业学生参加科学工作标准训练 100% 覆盖，教学总学时达到 208 学时，基地开放实训学时 118 学时。

3.通过科学工作标准综合实训项目探索"实训金课"

基于圆通制工作标准，开展文科综合实训项目，纳入实验教学质量提升项目经费支持范围，以圆通制工作标准和真实的工作情景为基本教学内容、吸收圆通制教学方法，极力推动文科应用型转型的实训"金课"探索。

4. 积极培育学生参加创新创业和各种竞赛

通过培训学员，积极指导学员参加创新创业，学会运用圆通制工作原理和可科学工作思维，解决实际问题，形成实践能力。

（三）社会服务

在社会服务方面，紧密联系四川省教育厅、人力资源与社会保障厅、阿坝州等相关部门，加强地方需求人才的培养，面向地方经济培养适岗人才。面向社会企事业单位，积极开展员工培训与测评，招聘就业服务与人才选聘服务。通过藏羌民族文化传承与非物质文化遗产保护相关工作标准与流程研究，形成较为成熟的教材与标准流程，更好地参与藏羌民族文化传承，服务地方社会经济。

四、建设成效

（一）主要成绩

1. 人才培养成效

专业改革试点方面。学校与圆通科技股份有限工作合作共同制订专业人才培养目标、共同制订培养方案、共同实施课程开发和共同推进人才培养过程改革，目前已经取得积极成效。"卓越经理人"岗位精英人才专业改革试点顺利推进，产教融合路径明晰。在破解文科学生实训难、破解文科学生工作经验积累难、破解文科学生工作水平提升难三个难题方面取得了卓有成效的经验。

课程建设方面。以《文科工作经验教学规范》为纲，通过两年多的努力，已经完成《科学工作能力实训》《通识工作实务》等多门课程建设任务。

学习成果方面。截至 2019 年 9 月，面向全校开放招收三届学员，免费开展通识工作标准训练，培训学员总数 603 人。2019 年 4 月，学员参加全国大学生工作能力竞赛。我校共派出三支代表队共计 15 名同学参赛，15 名同学全部获奖。其中，团队总决赛 1 个一等奖、1 个二等奖、1 个三等奖，个人赛取得 6 个一等奖、6 个二等奖和 3 个三等奖。1 名指导教师获评"全国文科应用转型改革名师"荣誉。

实践教学方面，为外国语学院、经管学院、文学院等二级学院的本科"实践教学周"提供实训场地和体验课程，累计人时数达到960，为学校应用型转型人才培养提供了重要支撑。

创新创业方面。注重培养学生科学工作思维下的创新思维，2019年5月，基地学员参加四川省挑战杯大赛，8人获三等奖。

2. 服务产业成效

通过不断更新观念，以服务行业发展、产业转型，培养新时代各行各业及各产业所需的人才为出发点，为"产教融合、协同育人"提供保障。积极参与接待及协助接待的外部团队，服务于社会化企事业单位，服务地方产业转型升级的能力得到了进一步提升。

成为文科应用转型交流研讨的重要平台。基地自成立以来，接待了温州大学等10余所国内本科高校和美国、泰国等国外高校到基地交流研讨30余次，为省外其他地区本科高校培养指导教师62人，已成为文科应用转型的重要研讨平台。

图5 泰国正大管理学院洪风院长访问

（二）创新经验

科学工作能力实训示范基地是以工作科学理论为基础，以岗位工作标准为核心，以科学工作标准实训为主要活动形式的文科专业实训教学平台，通过平台建设，在促使文科学生以职业能力为导向，对接职业岗位要求，完成专业知识、工作经验与实践能力的转换，对接专业课程内涵建设、对接就业岗位要求、对接学生职业成长需要、对接社会行业服务需求，破解文科人才培养过程中文科学生实训难、工作经验积累难、工作水平提升难的方面取得了一定的创新经验。

通过两年多文科应用转型改革实践，学校整合了大量社会资源参与人才培养过程，不断丰富了学校应用转型发展内涵，培养了一批懂工作、会工作的学生，锻炼了一支能适应文科应用转型改革的教师队伍，探索了一条"新文科"应用型转型的新路径，为学校服务地方提供了有力支撑，在学校的应用转型发展过程中发挥了重要的引领和示范作用。

五、发展规划

新时代，新使命。未来阿坝师范学院与圆通科技将进一步深化共建合作，充分利用科学工作能力实训基地，借助圆通科学工作院这一平台，共同促进文科创新发展。双方将坚持本科层次、突出应用特征，强化职业能力，深化创新创业教育，抓好应用型课程建设和实践培训过程管理，以科学工作院为引领，深化教育教学改革，推进产教融合、校企合作、打造一流本科教育，构建文科类应用型人才培养体系。开发适配学校所有专业的就业岗位认知实习的相关教学材料，提供更多的企业资源、行业资源，引导科学工作院与地方行业协会的合作。共同为文科高校转型发展探索新路径。

附件：1. 基地保障性制度文件名录
2. 基地科研课题一览
3. 文科工作经验教学规范课程
4. "卓越经理人"岗位精英人才专业课程改革对照
5. 2019年基地获批立项的校级教学质量提升项目一览

附件 1

基地保障性制度文件名录

《教育部国家发展改革委财政部关于引导部分地方普通本科高校向应用型转变的指导意见》
《阿坝师范学院圆通科学工作院建设方案》
《阿坝师范学院圆通科学院运营方案》

《阿坝师范学院圆通科学院产教融合工程项目建设方案》
《文科工作经验教学规范》
《阿坝师范学院本科教学质量与教学改革工程项目管理暂行办法》
《阿坝师范学院实验教学示范中心建设管理办法》
《阿坝师范学院综合性、设计性实验教学管理办法（试行）》
《阿坝师范学院实验实训建设指导委员会章程》
《阿坝师范学院本科教学质量与教学改革工程项目管理暂行办法》

附件2

基地科研课题一览

课题	签订时间	合作企业
《初中教育工作标准体系研究》	2017.09	中国工作标准研究院

附件3

文科工作经验教学规范课程

课程类别	序号	课程名称	教学实数			学分	实施学期	考试考查
			理论	训练	总学时			
公共基础课	1	科学工作原理—圆通制	32		32	2	1	考试
	2	科学工作体验学	16	24	40	2	1	考查
专业基础课	3	科学工作评价学	16	24	40	2	2	考查
	4	通识工作基础与实务	16	64	80	3	3	考查
	5	通用工作基础与实务	16	40	56	2	4	考查
专业核心课	6	行业工作经验概论	32		32	2	5	考查
	7	行业工作标准训练	16	40	56	2	5	考查
	8	岗位工作经验概论	32		32	2	6	考查
	9	岗位工作标准训练	16	64	80	3	6	考查
综合实践课	10	工作标准实践与验证	8	204	212	5	7、8	考查
		合计	200	460	660	25		

附件 4

"卓越经理人"岗位精英人才专业课程改革对照

序号	原专业课程	学分	现行课程	学分
1	多媒体技术 1	4	科学工作评价学 通识工作基础与实务	3
2	公务员与公招考试指导	2	通用工作基础与实务	2
3	行政管理学	4	行政岗位工作标准训练	4
4	专业实习	6	工作标准实践与验证	6
5	毕业设计	2	科学工作体验学	2
6	公共选修课程	2	科学工作原理·圆通制	2
7			行政经理工作经验概论	1
8	多媒体技术 2	4	多媒体技术	4
	合计	24		24

附件 5

2019 年基地获批立项的校级教学质量提升项目一览

实训项目名称	工作标准类别	实训学时
基于圆通制工作标准的应用文写作能力综合实训	行政工作标准	32
圆通制记账凭证编制工作标准与规范训练	财经工作标准	32
员工招聘面试工作标准与规范训练	人事工作标准	32
职业素养训练工作标准与规范训练	人事工作标准	32
行政经理职业情境综合模拟训练	行政工作标准	32
圆通制工作标准与规范训练	通用工作标准	32

建在铁路上的实训基地
——河南铁路与轨道交通行业产教融合实训基地

> **关键特征：** 以服务铁路与城市轨道交通行业发展为宗旨，以满足行业人才需求为导向，注重产教融合，提升人才培养质量，围绕铁路与轨道交通行业发展和技术进步，为行业技能型人才培训和培养技术技能型人才提供保障。
>
> **创新要点：** 以校企合作为基础，产教融合为主导，通过混合所有制的组合，创新体制机制，搭建专门用于学生实训的铁路与轨道交通行业真实生产环境，确保实训基地能够发挥职业教育协同育人和服务铁路与轨道交通行业发展的有力支撑。

河南铁路与轨道交通行业产教融合实训基地依托河南禹亳铁路运营线、现场生产环境、机车车辆、信号设备等，形成产教融合实训基地，在面向铁路与轨道交通行业培养应用型人才的同时，面向区域行业企业开展职工培训等服务，承担并引领为行业培养高素质技能人才的重任，具有服务和辐射区域经济建设及铁路与轨道交通企业发展，承担培养技术骨干和职业院校学生的实训实习任务。

一、基地基本情况

基地建设总投资约6000余万元，分步、分期完成建设。基地占地200亩，有铁路站场、机车车辆、铁路线路、机车车辆检修库、铁路轨道车及施工起重机和平板车辆的组合设备等。配套设施可同时容纳300人开展教学和实训任务。

实训基地以推进铁路与轨道交通行业人才培养质量、服务区域社会经济发展、促进行业企业进步为目标，聚焦产教融合，突出产学研组合、理实一体和现场模式教学改革为目标，实施校企共建和开放共享。

（一）基本功能

1. 瞄准铁路行业最高技能岗位的铁路机车司机进行培养，与铁路企业共建实训基地，克服了国铁不能提供学生上手操作的不便，在真实的现场环境中，使用真实的机车设备，让学生进行实操训练，保证了学生的技能培养质量。在历次参加国家铁路局组织的考试中，通过率较高，学生保持了好成绩。全面真实的现场学习环境，培养出了优秀的高技能应用型人才。

2. 开展铁路与轨道交通行业企业职工专业技能培训，提升地方铁路企业骨干技术人员和职工专业技术水平与能力，并接收郑州铁路职业技术学院、西安铁路职业技术学院、华北水利水电大学、河南机电职业学院的铁路与轨道交通类专业的学生实训和实习任务。

3. 强化真实环境下的职业能力训练，推动实施"1+X"证书制度，提高学生培养质量和双师型教师队伍整体素质。实施产教融合，为铁路与轨道交通职业教育调结构、补短板做出贡献。

4. 为中国中铁和中国通号公司培养施工领域紧缺的铁路轨道车司机。近年来，随着铁路建设的大发展，铁路施工企业的轨道车司机出现紧缺现象。为此，基地专门购置了铁路轨道车和起重机一体设备及施工平板车组合设备，开展了铁路轨道车司机的技能人才培养。

5. 实训基地可以承担为铁路车、机、工、电、辆各系统的各工种提供全方位的实训培养任务。

（二）服务面向

实训基地面向的服务群体是河南省铁路与轨道交通行业企业，主要以面向河南机电职业学院、郑州铁路职业技术学院、华北水利水电大学等高校的铁路和轨道交通类专业学生培养为主体，面向区域行业管理人员、企业骨干技术人员和职工开展培训服务。

（三）组成架构

实训基地以河南省校企联合会（校企合作社会组织）牵头，北京中铁文化传播中心有限公司（原铁道部远程教育项目规划设计机构）、河南中航铁路发展有限公司（原河南省地方铁路局许昌分局改制）、河南禹亳铁路发展有限公司（国有及社会资本混合所有制的河南三门峡至江苏洋口港铁路项目法人）、河南机电职业学院（河南省教育厅直属公办高职院校）等单位合作与共同投资，注册成立"河南豫铁轨道交通管理咨询有限公司"，作为实训基地的运营管理主体。

产教融合实训基地按照"人才共育、过程共管、成果共享、责任共担"的原则，遵循"立足产业、携手行业、服务企业、成就职业"的校企合作机制，建立长期紧密的校企合作关系，并进行体制创新。社会组织和铁路企业及职业院校以不同方式参与基地共建共享。

二、全面建设

（一）投入情况

基地总建设投入资金约 6000 万元，其中基础性设施建设约 2000 万元，日常运行投入合计 200 万元，设备投入 3000 万元；投资总额中拟申请财政职业教育专项资金约 5000 万元，企业投入约 1000 万元。

产教融合实训基地于 2019 年 1 月开始建设，占地 200 亩，实训基地设在许昌禹亳铁路机辆段内，车务实训设在禹亳铁路苏桥西站。目前，已有东风 4 型内燃机车和铁路轨道车及起重吊车和工程运输平板车各一组，具有实训线路 1000 米和机车车辆检修实训库 1000 平方米。

（二）建设过程

1. 设立混合所有制管理机构

实训基地与河南机电职业学院在深度融合和协同发展中，共同成立"中铁轨道交通学院"（二级学院），从产、学、研、创方面，为实施现场教学模式改革创造了条件。中铁轨道交通学院设院长 1 名（由企业人员担任），书记和副院长各 1 名（由学校教师担任），同时与实训基地形成一体化办学的运行机制。

2. 企业深度参与

实训基地充分发挥合作企业的办学主体作用，合作企业派出管理及技术人员组成教学和管理团队，承担专业课程教学任务，实训基地课程以实践教学为主，双方共同制订人才培养方案和课程设置等工作，共同组建双师型教师团队，提高了教学效果和人才培养质量。

3. 突出实践教学功能

实训基地依据铁路与轨道交通行业的发展需要，以技能人才应具备的知识、能力、素质要求为培养目标，以岗位技能标准为依据，建立科学合理的实训实习模块化体系，以"产教结合，校企一体"的培养思路，进行实训科目组合，强化学生技能，服务铁路与轨道交通行业的发展。提升实训基地服务专业实训教学的能力。

4. 强化双师型教师队伍建设

建立一支具有创新能力的师资团队，探索校企合作和产教融合的现场教学模式，推动双师型教师队伍的建设，切实提高专业教学质量，校企双方共同制订方案，着力培养符合条件的双师型教师，实训基地为建设一支合格的教学团队做出了贡献。

5. 发挥制度保障作用

实训基地重视校企合作的体制机制建设，成立校企合作决策机构，在加强外延建设的同时，加强内控机制建设，以充分发挥制度保障作用，将实训基地的近期建设与长远规划相结合，高起点规划，分步骤实施。

三、基地运行

（一）体制机制

创新体制机制，采取多种组合形式：一是设备投资多元化，设备生产企业以实际设备进行投入；二是场地投资企业化，铁路企业以运输场地和部分设备进行投入；三是资金资源组合化，社会组织以资金和资源进行投入；四是产教融合一体化，与河南机电职业学院合作成立混合所有制的"河南机电职业学院中铁轨道交通学院"，把学校办在企业，行业融入院校，形成了行业与企业、职业院校的协同发展命运共同体。

（二）人才培养

基于产教融合实训基地，打造"铁路机车司机培训班"品牌。基地根据铁路行业机车司机岗位高技能人才十分紧缺的实际情况，连续举办多期"铁路机车司机培训班"，为铁路行业机车司机培养做出贡献。具体教学成果如下：

1. 具有完善的培训与实训管理体系。专设项目管理办公室（铁路高技能机车司机培训项目）；专设铁路岗位技能实训场；专设理论培训与现场实训的教学体系。

2. 可以为"一带一路"沿线国家铁路提供专业实训服务。基地拟与泰国暹罗大学合作建立"泰国暹罗大学中泰轨道交通学院",将来的产教融合实训基地,可以承接泰国和东南亚国家的铁路与轨道交通类专业的学生实训和实习任务。

3. 具有铁路岗位技能培训专业化教材。产教融合实训基地配备与专业岗位技能同步的专业实训教材,全部是来自铁路行业的岗位技能教材(是院校没有的),其中,按照行业岗位要求的自编教材,在实训教学中发挥着重要作用。

4. 与岗位技能无缝衔接的专业课程。铁路机车司机培训班的理论课程和实训课程,紧密结合国家铁路局的考试大纲进行设置,学生经过理论培训和实训以后,直接参加国家铁路局组织的考试,获取铁路机车车辆 J5\J6 驾驶证。

5. 拥有来自铁路一线的专业师资。产教融合实训基地教师全部来自铁路职工教育一线的双师型教师,具有很强的理论功底和操作技术;理论联系实际的教学方式,提高了学生理论知识的理解运用能力;工学结合方式,学生易懂易学易记。指导实训的老师是来自铁路一线的高级技师,实现了理论和实训的优质教师全覆盖。

6. 拥有铁路机车车辆专业的实训设备。DF-4 型内燃机车、铁路轨道车、起重车、施工专用平车,以及其他相关行车设备,均可供学生实训实习使用,保证了实训实习的质量。

7. 具备国家标准的铁路站场和线路条件。产教融合实训基地依托河南禹亳铁路发展有限公司的基础设施和线路设计时速 160 公里 / 小时的电气化铁路,其全部设备与国家铁路同类标准完全一致,是全国极少有的能够为学生提供铁路与轨道交通专业实训实习条件的铁路线(国铁由于运量饱和,列车密度大,安全要求严,是不允许学生动手实习操作的)。

8. 具备严格的铁路安全教育和考核标准。铁路行业安全大于一切,学生在实训实习前,必须按照铁路行业要求,进行严格的安全培训和考核,观看安全教育警示片,强化安全意识。经过考试获得满分后,才能够进入真实生产环境进行实训实习,学生的上岗实习与铁路安全规章和新职工入职标准实现完全对标。

9. 按照河南唯一的省级铁路与轨道交通技能综合实训基地标准进行规划建设。根据国务院《关于印发国家职业教育改革实施方案的通知》(国发〔2019〕4 号文件)精神,实训基地建设标准以中国国家铁路总公司的标准化职工教育培训基地规定的标准为依据,建设和打造河南省具有区域辐射功能的铁路与轨道交通产教融合示范实训基地。

（三）社会服务

1. 实训基地为铁路行业提供培训服务

基地充分发挥产教融合和校企合作优势，面向河南地区的地方铁路企业和单位开展相关的社会培训服务。

2. 服务河南轨道交通产业发展

依托实训基地，在郑州国家中心城市建设过程中，根据郑州市轨道交通规划的21条地铁线路，培养轨道交通行业紧缺的技能技术人才，与郑州地铁、洛阳地铁等企业合作，为未来轨道交通企业储备和培养有关技能人才，很好地发挥了产教融合实训基地的作用。

四、建设成效

（一）主要成绩

1. 人才培养成效

截至目前，实训基地已成功举办铁路机车司机培训班四期。为华北水利水电大学、郑州铁路职业技术学院、西安铁路职业技术学院、河南机电职业学院提供铁路专业实训和实习2000人次。

2. 服务产业情况

为河南禹亳铁路的河南三门峡至江苏洋口港铁路项目的1200公里全线贯通后运营筹备人才，并签订定向培养学生定单3000人，与铁路行业的深度合作，在学生实习实训、校企合作协同育人等方面取得初步成果。

（二）创新经验

按照教育部印发《关于深化职业教育教学改革，全面提高人才培养质量的若干意见》精神，把"产教融合、校企合作""工学结合、知行合一"作为新时期全面提高人才培养质量的基本原则。铁路与轨道交通行业企业深入参与职业教育，实现产教深度融合，强化生产性实习的重要性，是提高人才培养质量的关键。实训基地在完成应用型人才培养的同时，面向行业企业开展培训服务。该基地属于企业主导型产教融合实训基地，兼顾生产性与教学性功能，以深化产教融合，目标是建设成为具有区域辐射功能、服务职业院校学生生产性实习的高水平、专业化产教融合实训基地。

五、发展规划

1. 以培养铁路高技能人才为切入点

铁路机车和轨道车驾驶是铁路行业综合技术含量最高的职业，对执业人员要求严、专业技术强、培养周期长，是职业院校培养不了的专业技能。基地要抓住独有的产教融合优势，整合优势资源，培养优秀技能人才。

2. 以掌握行业规章和职业要求为内容

为了精准对接行业岗位技能，实现学生技能水平与企业岗位技能的无缝链接。产教融合实训基地要把行业规章和职业课程作为必修课，按照行业标准进行人才培养。

3. 以胜任现场工作岗位技能为目标

产教融合实训基地的实训流程与考核标准，与行业的工作岗位技能标准进行对标，是提高学生培养质量的关键环节。要以中国国家铁路总公司发布的"铁路特有工种技能培训规范"作为技能实训标准模块，培养的学生完全胜任铁路岗位要求。

4. 以服务铁路运输企业为宗旨

近年来，我国铁路与轨道交通事业的大发展，使得该行业技能人才异常缺乏，产教融合实训基地始终以满足铁路运营企业人才需要为宗旨，进行全产业链的岗位人才技能实训设计，符合铁路行业发展与人才培养的同步需求。

以上所述，产教融合实训基地是在国家政策指导下，按照铁路与轨道交通的行业特点和人才需要，以及国家铁路交通建设的实际需要，提高职业教育人才培养质量，培养大国工匠，这是我们所做出的战略选择。

今后，产教融合实训基地将不断完善基础设施，不断完善服务功能，不断提高人才培养质量，为建成具有区域辐射功能的"铁路与轨道交通产教融合示范实训基地"做出努力。

附件

基地承担实训课目一览

序号	实训课目名称	教学目标	面向专业
1	铁路机车检修	通过基本科目训练，以强化学生的实践能力，进一步提升学生对铁路机车检修的实际操作能力	铁道机车、铁道车辆、轨道交通车辆技术、轨道交通机电技术

续表

序号	实训课目名称	教学目标	面向专业
2	铁路机车驾驶	通过实训使学生熟悉和掌握东风4型内燃机车的构造、柴油机、空气制动机等原理。掌握驾驶基本技能	铁道机车（驾驶方向）、轨道交通车辆技术（电客车驾驶方向）
3	轨道交通运营管理	培养学生能熟练应用轨道交通运营理论，熟悉自动闭塞、接发列车、客运服务等专业技能	轨道交通运营管理、铁道运输
4	机车钳工	通过机车钳工实训单元训练，提升学生对钳工理论和实操的实际应用与操作能力	铁道机车
5	车辆钳工	通过车辆钳工实训单元训练，提升学生对钳工理论和实操的实际应用与操作能力	铁道车辆、轨道交通车辆技术
6	信号控制技术	熟悉信号控制理论与实践应用，掌握信号控制设备维护能力	轨道交通信号控制
7	线路工程	熟悉线路维护设备实际操作，具备一定的线路检查和维护的能力	铁路线路工程
8	铁路接触网供电	熟悉供电设备的数据采集与监控系统，具备一定的接触网施工维护实际操控能力	铁道供电、轨道交通机电技术

打造行业检测新标杆
——许昌学院食品安全检测与品质控制产教融合创新实训基地

> **关键特征：** 以技能为基础，以课题为任务，以能力为目标，以学生为中心，以市场为导向，聚焦产教深度融合，并进一步加大科研成果的转化和服务社会能力。
>
> **创新要点：** "以学生为中心，以市场需求为导向，以实用为主线"的教育理念创新；"一结合、四对接"的新型人才培养模式创新；产教深度融合，面向市场、服务区域发展的经营模式创新。
>
> **网　　址：** http://shipin.xcu.edu.cn/

在转型发展的大环境中，许昌学院食品与生物工程学院坚持学校"地方性、应用型、服务性"的办学理念，本着立足河南，面向全国，为国家，尤其是河南省的经济社会发展培养高素质应用型人才的办学目标，与河南洁宇检测技术有限公司在互惠互利、共同发展的基础上建立全面的产学研合作关系，实现优势互补、合作双赢，共建食品安全检测与品质控制产教融合创新实训基地。

一、基地基本情况

食品安全检测与品质控制产教融合创新实训基地建设于2017年2月，注册资金3000万元，面积3900平方米，仪器总价值超过3000万元（主要仪器设备如附件1所示）。该基地设备齐全、技术先进、条件优良，可开展食品感官评价以及以致病菌、金属元素、农药残留、兽药残留、食品掺假、食品添加剂等食品质量安全指标为检测对象的检测工作，每学期可接纳50名食品质量与安全、食品科学与工程实习生进行实验操作实习实训。

（一）基本功能

1. 学生培养

学生培养是本基地建设的最基本功能。通过食品安全检测与品质控制实训学习，旨在提高学生调查研究、文献检索和搜集资料的能力，提高食品检测理论和实际结合的能力，提高学生之间的协同合作及组织工作能力；使学生掌握食品检测相关的常规仪器和大型仪器的使用，同时可以开拓视野，增长见识；使学生能灵活运用理论知识解决实际食品生产、检测过程中的问题，同时综合检验所学知识，完成从学习岗位到工作岗位的初步过渡。

2. 服务社会

服务社会的职能主要包括食品安全检测服务、培训服务和食品安全信息推广服务三大部分。基地具有完全独立法人地位，已获得食品检测第三方CMA计量认证，在资质认定范围内可公正、独立、专业地出具具有法律效力的检测报告。自开展检测服务以来，全力为社会提供"公正、诚信、科学、严谨"的检测检验服务。基地还可以为区域行业管理人员、企业骨干技术人员等开展培训服务；面向消费大众，推介安全食品、推广食品安全信息服务。

3. 成果转化

基地具有一支治学严谨、团结协作、勇于创新的团队。在这个团队里，既有学术造诣深厚、立于学科前沿、具有人格魅力、在专业领域有较大影响的专家，又有一批基础扎实、肯于钻研、有学术潜力、朝气蓬勃的青年骨干。实训课程现有教授1人、副教授2人、讲师9人、工程师2人、助理实验师2人，另外，合作企业管理人员和技术人员4人。团队专业结构、年龄结构和学历结构合理，大部分人员都具有博士学位或中级以上职称，专注于食品安全检测与品质控制的理论和实践研究，科研和教学相辅相成，相互促进，共同发展，加大科研成果的转化和服务社会能力。团队基本情况如附件2所示。

（二）服务面向

基地面向的服务群体以许昌学院食品与生物工程学院食品科学与工程和食品质量与安全专业学生培养为主体，同时面向区域行业管理人员、企业骨干技术人员等开展培训服务，面向食品生产企业、销售行业和政府职能部门的检测和提供决策服务，面向消费大众，推介安全食品、推广食品安全信息。

（三）组成架构

基地实行主任管理制，下设公共服务、创新平台、创新团队等模块，架构如图1所示。

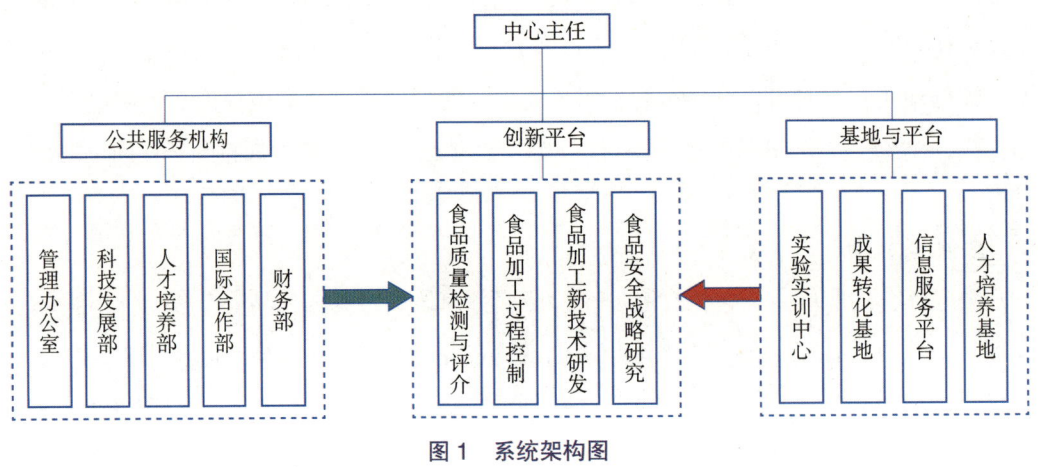

图1 系统架构图

二、全面建设

（一）投入情况

基地注册资金3000万元，面积3900平方米。每年仪器设备、试剂耗材的购买，团队人员的培训，实训场所的整改，投入300万～500万元。下设4个管理科室（质控室、综合技术室、综合办公室、业务室）和5个检验科室（理化分析室、气相分析室、微生物室、液相分析室、元素分析室）。拥有高效液相色谱仪、高效液相色谱—质谱联用仪、气相色谱仪、气相色谱–质谱联用仪、离子色谱仪、原子吸收分光光度计、原子荧光分光光度计等先进仪器设备，仪器总价值超过3000万元。

（二）建设过程

基地建设于2017年2月，为许昌学院食品与生物工程学院与河南洁宇检测技术有限公司联合共建。基地建立了有效的管理机制，并具有一支结构合理、富有敬业精神的团队。基地实行主任管理制，下设公共服务、创新平台、创新团队等模块。基地主要场所位于许昌学院食品与生物工程学院6楼，平面示意图如图2所示。

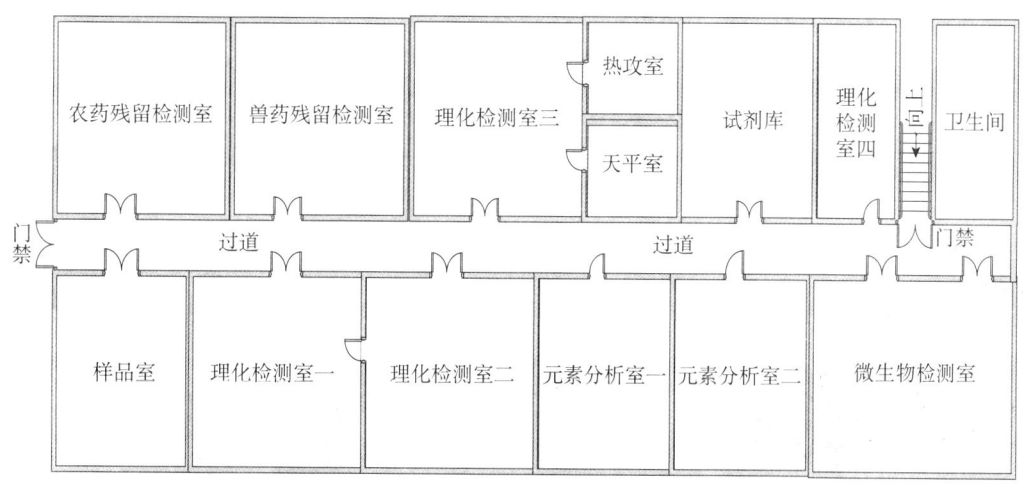

图 2 平面示意图

结合食品安全检测与品质控制产教融合实训基地的发展定位，以及以培养学生为中心的创办宗旨，结合实际食品生产、检测过程中所遇到的项目，基地设立了一系列相关的实训课程，是许昌学院实现"强实践"专业培养方案的重要基础。通过集中实践教学环节，提高学生实践动手能力和创新能力。团队成员编写《食品质量检测》实训实习教程一部。该教程为参加实训实习的学生提供了理论和实践指导，制度化和规范化中心的运行和管理。参考食品安全检测技术中的关键性技术与理论问题，结合自编教程，基地主要开设的课程如附件 3 所示。

基地实行实训项目批次轮转制，保证每位实习生都能学到十大类食品检测项目，主要为食品检测中的常规理化检测、微生物学检验以及使用大型仪器的检测项目。例如，气相色谱仪、气相色谱质谱联用仪、高效液相色谱系统、高效液相色谱-质谱联用仪以及原子吸收光谱仪等检测技术。实训中重点培养学生的实验素养，提升学生的检测能力；实训结束后通过对盲样的检测施行食品检测实训效果评价制度。

课程评价标准主要包括过程考核（占比 60%）和实习实训报告考核（占比 40%）两大部分。过程考核的评价主题包括教师（占比 25%）、行业专家（占比 20%）、学生（占比 15%）三类。报告考核的评价主题包括实训内容，语言、字数和篇幅，以及格式要求三类，分别占比 20%、10% 和 10%。

基地建设成立以来，受到了各级领导的关心与支持。2018 年 5 月 15 日，河南省副省长霍金花与河南省教育厅厅长郑邦山来基地视察；2018 年 6 月 21 日，河南省科学技术厅厅长马刚一行来基地考察调研；2018 年 6 月 29 日，许昌市刘胜利副市长来基地指导工作；2019 年 3 月 29 日下午，河南省政协副主席张震宇来基地进行调研。各级领导对于基地学生培养、科研合作成果转化、创造经济效益等工作给予了高度肯定，并提出了一系列要求和期望。

图 3　各级领导视察基地建设情况

三、基地运行

（一）体制机制

为使基地工作能够有序开展，进一步加强对学生实训实习工作的管理，特制定了一系列管理办法。总体要求如下：

1. 学生的管理方法

（1）实习实训是培养方案中规定的重要组成部分，均属必修课，每个学生都应认真参加，获得及格以上（含及格）成绩方准毕业。

（2）学生须参加实训前的操作规程及安全方面的各项教育活动，要认真学习实训指导书，了解实训计划和具体安排，明确实训的目的和要求。

（3）学生应将实训内容逐日记录在实习手册上，认真积累资料并写出实习报告。

（4）要刻苦学习专业知识和技能，主动接受指导教师、专业技术人员的指导。

（5）严格遵守学校的各项规章制度和实训环节的有关规定。

2. 指导教师的管理方法

（1）做好准备，认真组织，严格考勤。

（2）实训过程中注意了解学生的思想动态及要求，做好双方的协调工作。

（3）结合自己的专业进行相关的实践活动，并给学生必要的专业指导。

（4）做好学生安全管理工作，确保实训期间学生的安全。

3. 企业的管理办法

（1）实训单位领导需重视，关心爱护学生，安排并落实单位专业人员对学生的实训工作进行指导。

（2）在学生开始实训的第一天，安排专人将企业的各项管理要求、安全纪律要求向学生传达，并明确对学生的要求。

（3）对实训期间，擅自脱离岗位和单位超过三天的学生，及时与指导教师沟通，以保证学生的人身安全、心理健康、综合业务素质。

（4）对学生的实训表现进行记录，填写学习考核表。

（5）对实训期间表现优异的学生，考虑重点培养，优先录用。

（二）人才培养

基地的人才培养运行模式主要是基于"OBE"理念，使本科教育由课堂教育逐渐向课堂教育和企业实习相结合的方式蜕变，形成了"学做"相结合，"专业对接产业""教师对接师傅""实习实训基地对接生产车间""校园文化对接企业文化"的"一结合、四对接"的新型人才培育模式，具体包括以下四种模式。

1. 订单式人才培育模式

基地结合行业需求和专业特色，形成了一套完善的校企合作教育体系与模式，满足企业的要求，为定向培养人才提供"订单"式教育服务。

2. 校内设厂的人才培育模式

基地将企业的生产线和相关辅助部门搬进校园，对接高校教育团队，学校提供生产场所以及必要的配套条件，合作企业投入相关设备自主经营，形成校内设厂、产教融合、功能分区、互利互补的双赢局面。

3."借水行舟"式人才培育模式

"借水行舟"让教育资源流动起来，把能利用的相关资源充分利用，在校园中建立学生实习实训基地，实现学校、企业、学生三赢局面。

4. 市场导向型的技术服务模式

以市场为导向，采取"订单"式人才培养模式，以最小的投入获得最大的人才收益。实现从传统教学体系到现代教学体系的转变，提升学生的技术素质、能力素质和职业素质，解决学生的就业问题，促进教师科研成果的转化等，都将发挥重要的作用。

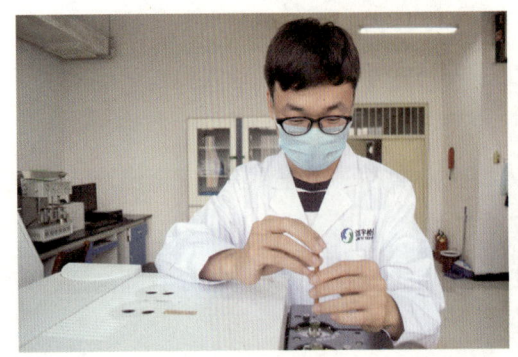

图 4　学生在不同科室的实训情况

四、建设成效

（一）主要成绩

1. 学生培养

经过近两年的发展，基地已为本专业毕业生提供就业岗位共 25 人次，现每年增加 10 人次左右。依托基地，学院取得了一系列成果，使创新创业教育理念落到实处，并于 2018 年 8 月份获批了第三方食品检测资质。到目前为止，基地已承担了近 100 名食品质量与安全和食品科学与工程专业学生的实习实训工作。基地培养的学生，受到了食品生产企业、院校和科研机构以及国家机关单位的一致好评，毕业生"就业好、能力强、受欢迎"。

2. 平台建设

基地对学生的培养，以技能为基础，以课题为任务，以能力为目标，以学生为中心，以市场为导向，并进一步加大科研成果的转化和服务社会能力。为此，基于基地，学校建立了一系列的平台，并获得了一些相关成果，具体如附件 4 所示。

（二）创新经验

基地的基本功能是学生培养，其次是面向市场、服务社会。基地的创新经验主要体现在以下三个方面。

1. 教育理念的创新

基地根据食品科学与工程和食品质量与安全专业人才需求的特点，以及目前高等教育人才培养存在的问题，从地方应用型本科院校的特色和优势出发，提出"以学生为中心、以市场需求为导向、以实用为主线"的教育理念，是对传统教育理念的重要创新。

2. 产教深度融合的创新

通过与河南洁宇检测技术有限公司的深度合作，基地为学生提供了真实的企业化实践条件，建立并充分利用了校内与企业深度融合的实训环境，实现理论学习与实践操作的"无缝对接"。基地将企业的生产线和相关辅助部门搬进校园，对接高校教育团队，学校提供生产场所以及必要的配套条件，在校内营造真实的企业环境，形成真实的项目案例库，做到校企融合、学用结合，培养出了"懂专业、技能强、能合作、善做事"的应用型卓越工程人才。

3. 面向市场、服务区域发展的创新

基地具有完全独立法人地位，已获得CMA计量认证，在资质认定范围内可公正、独立、专业地出具具有法律效力的检测报告。每年基地的经济收入可用于反哺教学、购买相关的仪器设备和试剂耗材、引进行业优秀人才、优化师资结构等。另外，基地积极开展社会培训服务、政府决策服务、安全食品推介服务和食品安全信息推广服务等。

五、发展规划

虽然基地的研究成果已被河南牧业经济学院、安阳工学院、信阳农林学院等兄弟院校食品类专业借鉴参考，但相比国内一些兄弟院校，例如烟台大学医学院，尤其与德国应用大学相比，所研究的人才培养模式还有很多需要完善改进之处。在今后的教学改革研究中，基地将努力争取多个方面的支持，努力构建以学生为中心，食品检验机构和食品生产企业融合，销售行业、安全食品推介平台、政府决策服务和食品安全信息中心四大模块支撑的产教融合实训平台，即"一个中心、两个融合、四个支撑"的产教融合实训体系（如图5所示）。

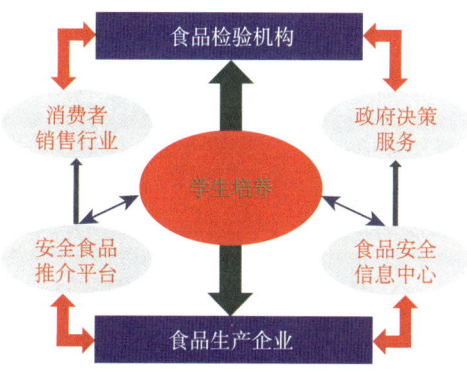

图5　基地未来发展规划

附件：1. 基地主要仪器设备一览
　　　2. 基地团队基本情况一览
　　　3. 基地开设课程一览
　　　4. 代表性成果清单

附件 1

基地主要仪器设备一览

名称	型号	科室
气相色谱仪	7890A	农残检测科室
气相色谱-质谱联用仪	7890B/7000C	农残检测科室
气相色谱仪	GC9800	农残检测科室
液相色谱仪	1260FLD	兽残检测科室
液相色谱仪	1260DAD	兽残检测科室
液相色谱仪	1260RID	兽残检测科室
液相色谱-质谱联用仪	Agilent1290-G6470A	兽残检测科室
离子色谱仪	WYIC6100	兽残检测科室
原子吸收分光光度计	A3AFG-00	重金属检测科室
原子吸收分光光度计	4530F	重金属检测科室
原子荧光光度计	PF32	重金属检测科室
数显恒温生化培养箱	SPX-250B	微生物检测科室
电热恒温水浴锅	DK-8D	微生物检测科室
恒温培养摇床	HZ150L	微生物检测科室
离子计	PXS-270	理化检测科室
pH 计	PHS-25	理化检测科室
便携式 pH 计	PHB-4	理化检测科室
浊度计	WGZ-1	理化检测科室
紫外分光光度计	T6 新世纪	理化检测科室
紫外分光光度计	T6 新世纪	理化检测科室
荧光分光光度计	F96S	理化检测科室

附件 2

基地团队基本情况一览

类别	姓名	职称/学历	专业	工作单位	分工
基地负责人	王德国	教授/博士研究生	微生物学	许昌学院	主任

续表

类别	姓名	职称/学历	专业	工作单位	分工
基地成员	张晓华	讲师/博士研究生	分析化学	许昌学院	管理人员
	高雪丽	副教授/博士研究生	食品科学	许昌学院	管理人员
	王迪	工程师/本科	法律	河南洁宇检测技术有限公司	管理人员
	赵建勋	副教授/本科	化学	河南洁宇检测技术有限公司	管理人员
	郭永平	工程师/本科	环境检测	河南洁宇检测技术有限公司	技术培训人员
	刘秀平	工程师/本科	环境检测	河南洁宇检测技术有限公司	技术培训人员
	张良	讲师/博士研究生	微生物学	许昌学院	技术培训人员
	李伟民	讲师/博士研究生	食品质量与安全	许昌学院	理化项目检测
	王永辉	讲师/博士研究生	食品科学	许昌学院	理化项目检测
	刘海英	讲师/博士研究生	食品科学	许昌学院	重金属检测
	魏泉增	讲师/博士研究生	食品科学	许昌学院	农残检测
	程晶晶	讲师/博士研究生	食品科学	许昌学院	农残检测
	张莹丽	讲师/博士研究生	食品质量与安全	许昌学院	兽残检测
基地成员	郭孝辉	讲师/博士研究生	食品质量与安全	许昌学院	微生物检测
	宋春美	讲师/博士研究生	微生物学	许昌学院	食品掺假检测
	陈晨	讲师/博士研究生	分析化学	许昌学院	食品掺假检测
	郑晶晶	助理实验员/硕士研究生	分析化学	许昌学院	兽残检测
	余小娜	助理实验员/硕士研究生	微生物学	许昌学院	微生物检测

附件3

基地开设课程一览

序号	课程分类	主要内容
1	理化指标检测	碱度、酸价、水分、灰分、乙醇浓度、pH值、总酸（以乙酸计）、脂肪、耗氧量、过氧化值、挥发性盐基氮、蛋白质、氨基酸态氮、氮、铵盐等
2	重金属检测	汞、砷、硒、铅、镉、铬、锌、铜、铁、钙等
3	农药残留检测	有机氯农药、倍硫磷、对硫磷、甲胺磷、甲拌磷、甲基毒死蜱、甲基对硫磷、马拉硫磷、咪鲜胺、氰戊菊酯、水胺硫磷、亚胺硫磷、3-甲硫基丙醇等
4	兽药残留检测	苯并(a)芘、黄曲霉毒素B1、黄曲霉毒素M1、孔雀石绿、隐性孔雀石绿、甲醛次硫酸氢钠、过氧化苯甲酰等
5	致病微生物检测	菌落总数、大肠菌群、沙门氏菌、金黄色葡萄球菌、商业无菌等
6	食品掺假检测	蜂蜜掺假、粉条掺假、腐竹掺假、肉掺假、食用油掺假等

附件 4

代表性成果清单

序号	成果名称	成果类别	负责人	项目经费
一、已有平台				
1	河南省食品安全生物标识快检技术重点实验室	河南省重点实验室	王德国	
2	河南省生物标识快检产品与装备工程实验室	河南省工程实验室	王德国	
3	食品质量与安全快速检测技术研究与应用	河南省科技型创新团队	王德国	
4	食品质量与安全快速检测技术研究与应用	河南省高校科技创新团队	王德国	
5	食品科学与工程	河南省第九批重点学科	王德国	
6	食品质量与安全	河南省一流本科专业建设点	王德国	
7	食品工程	许昌学院重点学科	王德国	
8	食品安全卓越应用型人才培养实验班建设	许昌学院卓越工程师基地	王德国	
二、代表性在研或支持项目				
1	蜂蜜抗氧化活性研究及其在蜂蜜品质控制中的应用	国家自然科学基金项目	张晓华	24万元
2	食品企业污水质量快速检测方法研究	许昌市科技局支持许昌学院发展校地合作专项	王德国	15万元
3	食品企业污水质量快速检测方法研究	横向项目	王德国	20万元
4	酱汁发酵改进工艺提供咨询指导	横向项目	王德国	1万元
5	酸枣仁产品关键技术研究	横向项目	高雪丽	30万元
6	净菜（茭白、莲藕等）关键技术研究	横向项目	高雪丽	10万元
7	辣椒碱单抗及胶体金试纸的研制	横向项目	宋春美	3万元
8	甲基苯丙胺单抗的研制	横向项目	宋春美	5万元